STATISTICS

统计学

冒小栋◎主　编
韩胜娟　周燕芳◎副主编

江西人民出版社
Jiangxi People's Publishing House
全国百佳出版社

图书在版编目（CIP）数据

统计学 / 冒小栋主编 ；韩胜娟，周燕芳副主编. -- 南昌 ：江西人民出版社，2024.6
ISBN 978-7-210-14983-5

Ⅰ. ①统… Ⅱ. ①冒… ②韩… ③周… Ⅲ. ①统计学-高等学校-教材 Ⅳ. ①C8

中国国家版本馆 CIP 数据核字(2023)第 236321 号

统计学
TONGJIXUE

主　　编:冒小栋
副 主 编:韩胜娟　周燕芳
责任编辑:徐　旻
封面设计:回归线视觉传达
江西人民出版社 Jiangxi People's Publishing House 全国百佳出版社 出版发行
地　　址:江西省南昌市三经路 47 号附 1 号(邮编:330006)
网　　址:www. jxpph. com
电子信箱:jxpph@ tom. com
编辑部电话:0791-88629871
发行部电话:0791-86898815
承 印 厂:南昌市红星印刷有限公司
经　　销:各地新华书店

开　　本:787 毫米×1092 毫米　1/16
印　　张:22
字　　数:450 千字
版　　次:2024 年 6 月第 1 版
印　　次:2024 年 6 月第 1 次印刷
书　　号:ISBN 978-7-210-14983-5
定　　价:49. 80 元
赣版权登字-01-2024-300

前 言

大数据时代,统计素养成为人的素养的重要组成部分,我们每个人都应具备数据思维,数据思维的基础就是统计学。统计学是关于收集、分析、解释、陈述数据的科学,其研究的目的,通常是从大量数据中找规律性,找不同因素之间的相关性以及可能存在的因果关系。

本书系统地介绍了统计学的基本理论与方法,共分十章:统计与统计数据,统计数据的收集、整理和显示,统计数据的描述,时间序列分析,统计指数,抽样推断,列联分析,方差分析,相关与回归分析,Excel 软件在统计中的应用。通过学习,读者将能较好地掌握基本统计思想和各种定量分析方法,提高分析问题的能力。

本书由华东交通大学长期在第一线担任统计学课程教学工作且具有较丰富的教学和实践经验的专业教师编写,与以往教材相比,具有以下几点特色:

(1)融入思政育人元素。坚持课程育人理念,突出教材内容的德育主线,将党的二十大精神较好地与课程内容相融合,充分发挥教材的铸魂育人功能,为培养德智体美劳全面发展的社会主义建设者和接班人奠定坚实基础。

(2)突出"应用型、实用性"的原则。结合经济管理类专业的培养方向和课程教学大纲的要求,紧密联系现实生活实际,尽可能对社会经济现象中的一些最新实例进行分析和阐述,并在课后练习中安排了相应的技能训练,力求培养学生分析问题和解决问题的综合能力和创新精神,提升学生的实践能力和职业能力。

(3)内容体系完整且力求通俗易懂。本教材在内容体系的设计上充分体现了"大统计"思想,基本涵盖了我国经济管理类专业统计学本科学习必须掌握的专业知识。写作风格上,尽可能避免抽象晦涩的语言,力图简明扼要地阐明统计的基本概念、思想、方法等,而对公式的由来、推导等内容,本书不再作过多表述。

(4)具有"交通"特色。教材在部分章节内容上选取交通行业或企业相关数据作为案例进行分析，与学校的“交通特色、轨道核心”定位相契合，符合学校对学生培养特色的要求。

全书由冒小栋担任主编，韩胜娟、周燕芳任副主编。全书编写分工如下：冒小栋编写第一章与附录，汪凌、冒小栋编写第二章，周燕芳编写第三、五章，韩胜娟编写第四、七章，徐晓阳编写第六、九章，徐渤海编写第八、十章。全书由冒小栋总纂、定稿，韩胜娟、周燕芳对全书内容进行了校审。

本书受江西省一流专业华东交通大学经济统计学专业建设经费资助，同时也是江西省高等学校教学改革研究省级重点项目“新工科理念下经济统计学专业大数据人才培养模式研究(JXJG-19-5-9)”的阶段性成果。

由于编者水平所限，教材中的错误和疏漏之处在所难免，敬请同行和读者们提出宝贵意见，以便我们继续努力，促进教学研究型高等院校经济管理类专业统计学教材的建设和统计学课程教学的改进。

编　者

2024 年 6 月

目录

第一章　统计与统计数据

知识目标

(1)了解统计发展简史及统计在社会经济生活中的应用。
(2)了解统计研究的对象、统计研究的具体方法。
(3)理解统计的含义、统计工作过程、统计的基本职能。
(4)理解统计学的几个基本概念。

技能目标

(1)能在实践中采用大量观察法去分析和研究经济现象。
(2)能结合现实生活中的具体事例说明总体、总体单位、标志、指标和指标体系。

案例导入

中华人民共和国2022年国民经济和社会发展统计公报(节选)

初步核算,全年国内生产总值1 210 207亿元,比上年增长3.0%。其中,第一产业增加值88 345亿元,比上年增长4.1%;第二产业增加值483 164亿元,增长3.8%;第三产业增加值638 698亿元,增长2.3%。第一产业增加值占国内生产总值比重为7.3%,第二产业增加值比重为39.9%,第三产业增加值比重为52.8%。全年最终消费支出拉动国内生产总值增长1.0个百分点,资本形成总额拉动国内生产总值增长1.5个百分点,货物和服务净出口拉动国内生产总值增长0.5个百分点。全年人均国内生产总值85 698元,比上年增长3.0%。国民总收入1 197 215亿元,比上年增长2.8%。全员劳动生产率为152 977元/人,比上年提高4.2%。

年末全国人口141 175万人,比上年末减少85万人,其中城镇常住人口92 071万人。全年出生人口956万人,出生率为6.77‰;死亡人口1 041万人,死亡率为7.37‰;自然增长率为-0.60‰。

年末全国就业人员73 351万人,其中城镇就业人员45 931万人,占全国就业人员比重为62.6%。全年城镇新增就业1 206万人,比上年少增63万人。全年全国城镇调查失业率平均值为5.6%。年末全国城镇调查失业率为5.5%。全国农民工总量29 562万人,比上年增长1.1%。其中,外出农民工17 190万人,增长0.1%;本地农民工12 372万人,增长2.4%。

全年居民消费价格比上年上涨2.0%。工业生产者出厂价格上涨4.1%。工业生产者购进价格上涨6.1%。农产品生产者价格上涨0.4%。12月份,70个大中城市中,新建商品住宅销售价格同比上涨的城市个数为16个,持平的为1个,下降的为53个;二手住宅销售价格同比上涨的城市个数为6个,下降的为64个。

年末国家外汇储备31 277亿美元,比上年末减少1 225亿美元。全年人民币平均汇率为1美元兑6.726 1元人民币,比上年贬值4.1%。

新产业新业态新模式较快成长。全年规模以上工业中,高技术制造业增加值比上年增长7.4%,占规模以上工业增加值的比重为15.5%;装备制造业增加值增长5.6%,占规模以上工业增加值的比重为31.8%。全年规模以上服务业中,战略性新兴服务业企业营业收入比上年增长4.8%。全年高技术产业投资比上年增长18.9%。全年新能源汽车产量700.3万辆,比上年增长90.5%;太阳能电池(光伏电池)产量3.4亿千瓦,增长46.8%。全年电子商务交易额438 299亿元,按可比口径计算,比上年增长3.5%。全年网上零售额137 853亿元,按可比口径计算,比上年增长4.0%。全年新登记市场主体2 908万户,日均新登记企业2.4万户,年末市场主体总数近1.7亿户。

城乡区域协调发展稳步推进。年末全国常住人口城镇化率为65.22%,比上年末提高0.50个百分点。分区域看,全年东部地区生产总值622 018亿元,比上年增长2.5%;中部地区生产总值266 513亿元,增长4.0%;西部地区生产总值256 985亿元,增长3.2%;东北地区生产总值57 946亿元,增长1.3%。全年京津冀地区生产总值100 293亿元,比上年增长2.0%;长江经济带地区生产总值559 766亿元,增长3.0%;长江三角洲地区生产总值290 289亿元,增长2.5%。粤港澳大湾区建设、黄河流域生态保护和高质量发展等区域重大战略扎实推进。

绿色转型发展迈出新步伐。全年全国万元国内生产总值能耗比上年下降0.1%。全年水电、核电、风电、太阳能发电等清洁能源发电量29 599亿千瓦时,比上年增长8.5%。在监测的339个地级及以上城市中,全年空气质量达标的城市占62.8%,未达标的城市占37.2%;细颗粒物($PM_{2.5}$)年平均浓度29微克/立方米,比上年下降3.3%。3 641个国家地表水考核断面中,全年水质优良(Ⅰ~Ⅲ类)断面比例为87.9%,Ⅳ类断面比例为9.7%,Ⅴ类断面比例为1.7%,劣Ⅴ类断面比例为0.7%。

(资料来源:国家统计局,http://www.stats.gov.cn/sj/zxfb/202302/t20230228_1919011.html)

三、案例分析

2022年是党和国家历史上极为重要的一年。党的二十大胜利召开,擘画了全面建设社会主义现代化国家、以中国式现代化全面推进中华民族伟大复兴的宏伟蓝图。面对风高浪急的国际环境和艰巨繁重的国内改革发展稳定任务，在以习近平同志为核心的党中央坚强领导下，各地区各部门坚持以习近平新时代中国特色社会主义思想为指导，按照党中央、国务院决策部署，统筹国内国际两个大局，统筹疫情防控和经济社会发展，统筹发展和安全，坚持稳中求进工作总基调，完整、准确、全面贯彻新发展理念，加快构建新发展格局，着力推动高质量发展，加大宏观调控力度，应对超预期因素冲击，经济保持增长，发展质量稳步提升，创新驱动深入推进，改革开放蹄疾步稳，就业物价总体平稳，粮食安全、能源安全和人民生活得到有效保障，经济社会大局保持稳定，全面建设社会主义现代化国家新征程迈出坚实步伐。

以上统计数据是如何通过统计活动取得的？统计活动在社会经济中有何重要意义？如何有效地发挥统计活动的作用？统计活动中采取哪些研究方法？这些就是本章要解决和思考的问题。

第一节　统计与统计学

一、统计学的发展概况

由于人类的统计实践随着早期的计数活动而产生，因此，统计发展史可追溯到远古的原始社会，也就是说距今足有 5 000 多年的漫长历程。但是，能使人类的统计实践上升到理论上予以概括总结的程度，即成为人类的统计实践上升到理论予以总结和概括的一门系统的科学——统计学，距今仅有 300 多年的历史。从统计学的产生和发展过程来看，大致可以划分为三个阶段：萌芽期、近代期和现代期。

（一）统计学的萌芽期

统计学初创于 17 世纪中叶至 18 世纪，主要有国势学派和政治算术学派。

1. 国势学派

国势学派产生于 17 世纪的德国，代表人物是康令（H. Conring）、阿亨瓦尔（G. Achenwall），代表作品是《近代欧洲各国国情学概论》，他们在大学中开设了一门新课程，最初叫作“国势学”。他们所做的工作主要是对国家重要事项的记录，偏重对事件的叙述，而忽视量的分析，因此又被称为记述学派。

国势学派首创了“统计学”一词，用统计学代替国势学，并提出了至今仍为统计学者所采用的一些术语，如“统计数字资料”“数字对比”等。该学派在建立“显著事项”的概念和研究各国的显著事项时，主要是系统地运用了对比的方法来研究各国实力的强弱。该学派的特点是偏重于事物质的解释而忽视量的分析，因而对比后人所认为的统计学，人们将该学派看作是“有名无实”学派。

2. 政治算术学派

政治算术学派起源于 17 世纪的英国，主要代表人物是威廉·配第（W. Petty）和约翰·

格朗特(J. Graunt)。威廉·配第在他所著的《政治算术》一书中,对当时的英国、荷兰、法国的"国富和力量"进行数量上的计算和比较,做了前人没有做过的从数量方面来研究社会经济现象的工作。约翰·格朗特通过对伦敦市60多年的人口出生和死亡资料的计算,并对当时的人口现象进行了统计整理和分析,揭示了人口统计现象中的某些规律性事实。

该学派的主要贡献在于:在对社会经济现象的数量登记、列表、汇总、记述等过程中,对统计经验进行了全面、系统的总结,明确地提出了大量观察法、典型调查、定期调查等思想。同时,第一次运用可度量的方法,依靠数字来解释与说明社会经济现象。然而,该学派毕竟还处于统计发展的初创阶段,它只是用简单的粗略的算术方法对社会经济现象进行计量和比较,而没有使用"统计学"这一名称,故人们将该学派看作是"有统计学之实,无统计学之名"的"有实无名"学派。

(二)统计学的近代期

统计学的近代期是18世纪末至19世纪末,主要有数理统计学派和社会统计学派。

1. 数理统计学派

该学派主要代表人物是比利时的凯特勒(A. Quetelet)。他的主要贡献是将概率论引入社会现象的研究之中,开创性地发现了大量现象的统计规律性并应用了许多统计方法,使统计学在定量研究方面走上了新的发展阶段,起到了承上启下、继往开来的作用。故凯特勒被欧美统计学界誉为数理统计学派的奠基人——"近代统计学之父"。

由于数理统计是在概率论的基础上发展起来的,因此,随着自然科学的迅速发展和技术的不断进步,对数理统计方法又提出了进一步的要求。这样,数理统计学就从统计学中分离出来,自成一派。又由于这一学派主要在英美等国发展起来,故又称英美数理统计学派。

2. 社会统计学派

社会统计学派以德国为中心,由德国经济学家克尼斯(K. G. A. Knies)首创,主要代表人物有恩格尔(E. Engel)和梅尔(G. V. Mayr)。他们强调统计学是以社会现象总体为研究对象、以大量观察法为研究方法,目的在于明确社会现象的内部联系和相互关系,因此,该学派认为统计应当是包括资料的收集、整理,以及对其分析研究的一门实质性科学。随着社会经济的发展,要求统计能提供更多更有效的调查、整理的方法,所以,社会统计学逐步从实质性科学向方法论转化。

(三)统计学的现代期

20世纪初,大工业的发展对产品质量检验问题提出了新的要求,即只抽取少量产品作为样本对全部产品的质量好坏作出判断。因为大批量产品要做全面的检验,既费时、费钱又费人力,加之有些产品质量检验要做破坏性检验,全部检验已不可能。1908年,英国的威廉·西利·高赛特(W. S. Gosset)提出了小样本T统计量,利用T统计量就可以从大量的产品中只抽取较小的样本完成对全部产品质量的检验和推断，这样就使统计学进入了现代统计学（主要是推断统计学）的新阶段。以后经过著名的罗纳德·埃尔默·费希尔（R. A. Fisher）给出的F统计量、最大似然估计、方差分析等方法和思想，乔治·奈曼（J. Neyman）和小皮尔逊（E. S. Pearson）的置信区间估计和假设检验，亚伯拉罕·沃尔德（A. Wald）的序贯抽样和统计决策函数等，到20世纪中叶构筑了现代统计学的基本框架。

从世界范围看，自20世纪50年代以后，统计理论、方法和应用进入了一个全面发展的新阶段。一方面，统计学受计算机科学、信息论、混沌理论、人工智能等现代科学技术的影响，新的研究领域层出不穷，如多元统计分析、现代时间序列分析、贝叶斯统计、非参数统计、线性统计模型、探索性数据分析、数据挖掘等。另一方面，统计方法的应用领域不断扩展，几乎所有的科学研究都离不开统计方法。因为不论是自然科学、工程技术、农学、医学、军事科学，还是社会科学都离不开数据，要对数据进行研究和分析就必然用到统计方法，甚至纯文科领域的法律、语言、历史、新闻等都越来越重视对统计数据的分析。国内外人文与社会学科普遍开设统计学的课程，可以说统计学与数学、哲学一样成为所有学科的基础。

在我国，新中国成立前的统计十分落后，基本上照搬英美数理统计学派的内容。新中国成立后，主要采用苏联的社会经济统计学和统计组织体制，统计学发展比较迟缓。进入20世纪80年代，随着中国从计划经济体制向社会主义市场经济体制转轨，统计也进入了全面改革的现代化的新时期。

党的十八大以来，以习近平同志为核心的党中央高度重视统计工作，习近平总书记先后主持审议通过了多部重大统计改革文件，为统计工作擘画了新蓝图、构建了新体制、赋予了新职能、明确了新任务。习近平总书记多次对统计工作作出重要讲话、指示及批示，对防范和惩治统计造假、弄虚作假，深化统计管理体制改革，推动高质量发展，完善国民经济核算体系，真实全面反映新经济，做好重大国情国力调查，推进统计制度方法改革等方面提出明确要求。这些重要论述高屋建瓴、思想深邃、内涵丰富，是习近平新时代中国特色社会主义思想在统计工作中的具体体现，极大地深化了对统计工作规律的认识，是新时代做好统计工作的根本指针。统计理论工作者总结我国的丰富历史经验，同时兼收并蓄世界各国统计科学发展的先进成果，在内容上，日益深入社会经济管理的各个领域，强调社会经济现象本质规律的揭示，不断拓展其研究领域；在方法上，既采用传统的统计描述方法，又采用现代统计推断方法，加上计算机、互联网、大数据、人工智能等的应用，正在努力建设一门既符合世界统计科学发展总趋势，又服务于中国特色社会主义建设事业的现代统计学。

二、统计的概念和特点

（一）统计的概念

统计作为一种社会实践活动已有悠久的历史。在外语中，“统计”一词与“国家”一词来自同一词源。因此，可以说自从有了国家就有了统计实践活动。最初，统计只是为统治者管理国家的需要而收集资料，弄清国家的人力、物力和财力，作为国家管理的依据。

今天，“统计”一词已被人们赋予多种含义，在不同场合，“统计”一词具有不同的含义。它可以是指统计数据的收集活动，即统计工作；也可以是指统计活动的结果，即统计资料；还可以是指分析统计数据的方法和技术，即统计学。

1. 统计工作

统计工作是指对客观存在的社会经济现象的数量方面进行收集、整理和分析研究工作的总称，它是一种社会调查研究活动。统计工作在人类历史上出现得比较早。随着历史的发展，统计工作逐渐发展和完善起来，使统计成为国家、部门、事业和企业、公司和个人及科研单位认识与改造客观世界和主观世界的一种有力工具。统计工作，可以简称为统计。例如，某统计局工作人员在介绍自己工作时，会说我是做统计的。这里所说的统计指的就是统计工作。

2. 统计资料

统计资料是统计工作过程中所取得的各项数字资料和其他与之相联系的资料的总称。它是进行国民经济宏观调控的决策依据，是社会公众了解国情、国力和社会经济发展状况的信息主体。不管是个人、集体和社会，还是国家、部门和事业、企业、公司及科研机构，都离不开统计资料。例如，公司和企业要管理好生产和销售，必须进行市场调研、生产控制、质量管理、人员培训、成本评估等，这就需要对有关的生产资料、市场资料、成本资料、人员资料、质量数据等进行收集、整理、分析和研究；国家要进行经济建设和社会发展，更离不开有关国民经济和社会发展的统计资料。

例如，我国“十四五”规划提出的经济社会发展主要目标：一是经济发展取得新成效。发展是解决我国一切问题的基础和关键，发展必须坚持新发展理念，在质量效益明显提升的基础上实现经济持续健康发展，增长潜力充分发挥，国内生产总值年均增长保持在合理区间、各年度视情提出，全员劳动生产率增长高于国内生产总值增长，国内市场更加强大，经济结构更加优化，创新能力显著提升，全社会研发经费投入年均增长7%以上、力争投入强度高于“十三五”时期实际，产业基础高级化、产业链现代化水平明显提高，农业基础更加稳固，城乡区域发展协调性明显增强，常住人口城镇化率提高到65%，现代化经济体系建设取得重大进展。

二是改革开放迈出新步伐。社会主义市场经济体制更加完善，高标准市场体系基本建成，市场主体更加充满活力，产权制度改革和要素市场化配置改革取得重大进展，公平竞争制度更加健全，更高水平开放型经济新体制基本形成。

三是社会文明程度得到新提高。社会主义核心价值观深入人心，人民思想道德素质、科学文化素质和身心健康素质明显提高，公共文化服务体系和文化产业体系更加健全，人民精神文化生活日益丰富，中华文化影响力进一步提升，中华民族凝聚力进一步增强。

四是生态文明建设实现新进步。国土空间开发保护格局得到优化，生产生活方式绿色转型成效显著，能源资源配置更加合理、利用效率大幅提高，单位国内生产总值能源消耗和二氧化碳排放分别降低13.5%、18%，主要污染物排放总量持续减少，森林覆盖率提高到24.1%，生态环境持续改善，生态安全屏障更加牢固，城乡人居环境明显改善。

五是民生福祉达到新水平。实现更加充分更高质量就业，城镇调查失业率控制在5.5%以内，居民人均可支配收入增长与国内生产总值增长基本同步，分配结构明显改善，基本公共服务均等化水平明显提高，全民受教育程度不断提升，劳动年龄人口平均受教育年限提高到11.3年，多层次社会保障体系更加健全，基本养老保险参保率提高到95%，卫生健康体系更加完善，人均预期寿命提高1岁，脱贫攻坚成果巩固拓展，乡村振兴战略全面推进，全体人民共同富裕迈出坚实步伐。

六是国家治理效能得到新提升。社会主义民主法治更加健全，社会公平正义进一步彰显，国家行政体系更加完善，政府作用更好发挥，行政效率和公信力显著提升，社会治理特别是基层治理水平明显提高，防范化解重大风险体制机制不断健全，突发公共事件应急处置能力显著增强，自然灾害防御水平明显提升，发展安全保障更加有力，国防和军队现代化迈出重大步伐。

上述相关目标的确定，就需要我国经济社会统计资料和其他相关数据资料，需要有关各国的相关统计数据资料，以此为基础进行分析和决策。还有像《中国统计年鉴》《中国交通运输统计年鉴》《中国教育统计年鉴》以及国家统计局每年年初公布的《国民经济和社会发展统计公报》等即是统计数据资料，也可称为统计。再如，电视台、电台和报纸杂志所说的“据统计……”的统计指的就是统计数据资料。

3. 统计学

一般来说，统计学是对研究对象的数据资料进行收集、整理、分析和研究，以显示其总体的特征和规律性的学科。统计学的研究对象是客观事物的数量特征和数据资料。统计学是以收集、整理、分析和研究等统计技术为手段，对所研究对象的总体数量关系和数据资料去伪存真、去粗取精，从而达到显示、描述和推断被研究对象的特征、趋势和规律性的目的。统计学，亦可简称为统计。例如，我们所学的课程——统计课，实际指的是统计学课程。

早期统计学的学派之一“政治算术学派”的创始人威廉·配第和约翰·格朗特，首先在其著作中使用统计数字和图表等方法来分析研究社会、经济和人口现象，这不仅为人们进一步认识社会提供了一种新的方法和途径，也为统计学的发展奠定了基础。

统计数据的收集是取得统计数据的过程，是进行统计分析的基础；离开了统计数据，统计方法就失去了用武之地。如何取得所需的统计数据是统计学研究的内容之一。

统计数据的整理是对统计数据的加工处理过程，目的是使统计数据系统化、条理化，符合统计分析的需要。数据整理是介于数据收集与数据分析之间的一个必要环节。

统计数据的分析是统计学的核心内容，它是通过统计描述和统计推断的方法探索数据内在规律的过程。

首先，统计学是一门有关统计数据的科学，统计学与统计数据有着密不可分的关系。在英文中，“statistics”一词有两个含义：当它以单数名词出现时，表示作为一门科学的统计学；当它以复数名词出现时，表示统计数据或统计资料。从中可以看出，统计学与统计数据之间有着密不可分的关系。统计学是由一套收集和处理统计数据的方法所组成的，这些方法来源于对统计数据的研究，目的也在于对统计数据的研究。统计数据不用统计方法去分析也仅仅是一堆数据而已，无法得出任何有益的结论。

其次，统计数据不是指单个的数字，而是由多个数据构成的数据集。单个的数据显然用不着统计方法进行分析，仅凭一个数据点，我们也不可能得出事物的规律，只有对同一事物进行多次观察或计量得到大量数据，才能利用统计方法探索出内在的规律性。

统计的三个含义是紧密结合、相互联系的，统计学是从统计实践中产生的，只有在统计实践中接受实践的检验，在实践中得到发展，统计学才能成为指导统计工作的科学。统计工作与统计资料是过程与结果的关系。

（二）统计学的特点

统计学按其研究对象包含的内容，可以分为广义统计学和狭义统计学。广义统计学以社会现象、经济现象、自然现象的数量方面作为其研究对象。广义的统计学既不属于社会科学，也不属于自然科学，它是一门跨学科的独立的通用方法论科学。狭义统计学是指社会经济统计学、数理统计学等。本书阐述狭义统计学中的社会经济统计学，所涉及的统计数据处理过程是指狭义社会经济统计工作。

社会经济统计学是一门独立的社会科学。它是通过一套独特的统计方法对社会经济现象的量的方面进行统计研究，探索社会经济发展规律在具体地点、时间条件下的数量表现。其中心内容是社会经济认识活动是怎样进行的，它的活动方式、方法受什么因素制约，用什么方法、遵循什么原则才能反映社会经济总体的实际情况，怎样深入认识社会经济总体及其发展的数量规律性等等，具有如下五个特点：

1. 数量性

数量性是社会经济统计学一个最显著的特点。所谓数量性，就是用数据表述客观事实和依据客观事实的逻辑归纳作出定量推断。统计学用大量数字资料说明事物的规模、水平、结构、比例关系、普遍程度、发展水平、发展速度等。可见,数量性是统计学研究对象的基本特征。一切客观事物都有质和量两个方面,事物的质与量总是密切联系、共同规定着事物的性质。没有无量的质,也没有无质的量。一定的质规定着一定的量,一定的量也表现为一定的质。量变引起质变,质变又能促进新的量变。这种质与量相互关系的哲学观点,是统计学研究社会现象数量关系的准则。例如,要分析和研究国民生产总值,就要对其数量、构成及数量变化趋势等进行认识,这样才能正确地分析和研究国民生产总值的规律性。

2. 总体性

即统计是从整体上研究现象的数量表现,把握事物的变化规律。统计研究强调研究对象集合特征,通过对总体现象的整体归纳,消除个别的、偶然的因素影响,使总体呈现相对稳定的规律性事实。因此,只有从总体上去进行定量认识才能够认识事物总体发展的规律。统计学研究对象的总体性,并不否认对个别单位的调查研究,是从对个体的实际表现的认识过渡到对总体的数量表现的认识。以大量观察为依据的综合数量特征形式来研究现象的发展过程,不可避免趋于一般化、抽象化。因此,在对现象整体进行研究的同时,有必要选择个别有代表性的典型单位,进行深入调查和研究,使人们对现象整体的认识更加深刻和丰富。这个过程可以简称为从个体到总体,只有从个体开始,才能对总体进行分析研究,更好地分析研究现象总体的规律性。例如,工资统计分析,要反映、分析和研究一个地区的工资情况,先要从每个职工的工资开始统计,然后再综合汇总得到该地区的工资情况。

3. 具体性

社会经济统计学是研究具体地点、时间、条件下的社会经济现象的数量方面,这一特点是社会经济统计学与数学及数理统计学的根本区别,数学所研究的量是抽象的量,而统计学所研究的量是社会经济现象具体的量。另一方面,统计学研究社会经济现象的量,并不是孤立地研究量,而总是与质紧密联系在一起的,也就是说社会经济统计学是计算量而又比较质的科学。但是,社会经济统计学毕竟是研究量的科学,虽然把社会经济统计学与数学区别开,这并不是说,统计不需要利用数学研究方法。事实上,在实际统计工作中,在研究具体的经济现象时,要注意广泛利用各种数学分析方法。

4. 社会性

统计学的研究对象是社会经济现象的数量方面,社会经济现象是人类社会活动的条件、过程和结果;人类社会活动是人们有意识、有目的的活动,各种活动都贯穿着人与人之间的关系、人与社会的关系。所以统计学在研究社会现象时,还必须注意正确处理好涉及人与人之间关系的社会矛盾。

5. 广泛性

统计学研究的数量方面非常广泛,包含全部社会现象的数量方面。统计学几乎不同程度地渗透到所有人类活动的领域。它既研究生产关系,也研究生产力以及生产力和生产关系之间的关系;它既研究经济基础,也研究上层建筑以及经济基础和上层建筑之间的关系;此外,还研究生产、流通、分配、消费等社会再生产的全过程以及社会、政治、经济、军事、法律、文化、教育等全部社会现象的数量方面。

第二节 统计学的研究对象和研究方法

统计学是通过一套独特的统计方法对大量社会经济现象的量的方面进行的研究。因此,只有明确了研究对象,我们才能根据它的性质、特点提出相应的研究方法,达到认识研究对象客观规律性的目的。

一、统计学的研究对象

关于统计学的研究对象,当前国内外有不同的看法。关于这个问题的争论已经延续了几百年,不同的学派有不同的观点,各执己见,争论不休。目前国内比较一致的看法是,统计学的研究对象是指统计研究所要认识的客体。一般地说,统计学的研究对象是客观现象总体的数量特征和数量关系,以及通过这些数量方面反映出来的客观现象发展变化的规律性。量是事物属性的重要方面,事物的量和事物的质密切联系、相互制约并共同决定事物的性质和特征。通过社会调查或科学实验,掌握事物变化的量的表现、量的关系、量的界限等,是认识事物规律性的基本方法。

统计学在研究社会经济现象的数量方面,主要是运用科学的方法去收集、整理、分析国民经济和社会发展的实际数据,并通过统计所特有的指标和指标体系,表明所研究现象的规模、水平、速度、比例和效益等,以反映社会经济发展规律在一定时间、地点、条件下的作用。这与社会经济统计工作的研究对象既相同又有区别。统计学的研究对象和社会经济统计工作的研究对象虽然都是社会经济现象的数量方面(对象一致),但统计学偏重从理论角度进行研究,而统计工作则是从实践上进行具体研究(重点不同)。由此可以简单地讲,统计学的研究对象是社会经济现象方面的理论和方法,是统计工作实践经验的概括与升华,而社会经济统计工作的研究对象是社会经济现象在具体时间、地点和条件下的数量表现。

二、统计学的分科

统计方法已被应用到自然科学和社会科学的众多领域,统计学也发展成为由若干分支学科组成的学科体系。从统计方法的构成来看,统计学可以分为描述统计学和推断统计学;从统计方法的研究和应用角度来看,统计学可以分为理论统计学和应用统计学。

（一）描述统计学和推断统计学

1. 描述统计学

描述统计学（Descriptive Statistics）研究如何取得反映客观现象的数据，并通过图表形式对所收集的数据进行加工处理和显示，进而通过综合概括与分析得出反映客观现象的规律性数量特征。研究内容包括统计数据的收集方法、数据的加工处理方法、数据的显示方法、数据分布特征的概括与分析方法等。

2. 推断统计学

推断统计学（Inferential Statistics）则是研究如何根据样本数据去推断总体数量特征的方法，它是在对样本数据进行描述的基础上，对统计总体的未知数量特征作出以概率形式表述的推断。

描述统计学和推断统计学的划分，一方面反映了统计方法发展的前后两个阶段，另一方面也反映了应用统计方法探索客观事物数量规律性的不同过程。从图 1-1 我们可以看出描述统计学和推断统计学在应用统计方法探索客观现象数量规律性中的地位。

从图 1-1 可以看到，统计研究过程的起点是统计数据，终点是探索出客观现象内在的数量规律性。在这一过程中，如果收集到的是总体数据（如普查数据），则经过描述统计之后就可以达到认识总体数量规律性的目的了；如果所获得的只是研究总体的一部分数据（样本数据），要找到总体的数量规律性，则必须应用概率论等理论并根据样本信息对总体进行科学的推断。

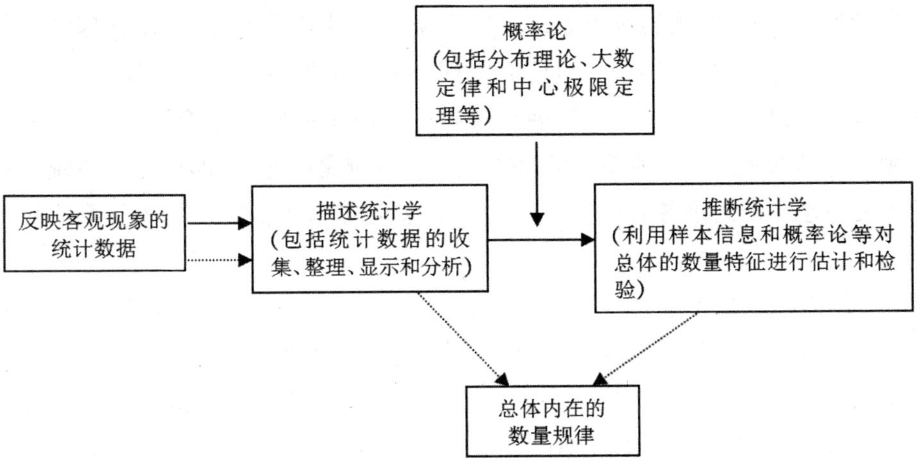

图 1-1　统计学探索客观现象数量规律性的过程

显然，描述统计和推断统计是统计方法的两个组成部分。描述统计是整个统计学的基础，推断统计则是现代统计学的主要内容。由于在对现实问题的研究中，所获得的数据主要是样本数据，因此，推断统计在现代统计学中的地位和作用越来越重要，已成为统计学的核心内容。当然，这并不等于说描述统计不重要，如果没有描述统计收集可靠的统计数据并提供有效的样本信息,即使再科学的统计推断方法也难以得出切合实际的结论。从描述统计学发展到推断统计学,既反映了统计学发展的巨大成就,也是统计学发展成熟的重要标志。

(二)理论统计学和应用统计学

1. 理论统计学

理论统计学(Theoretical Statistics)是指统计学的数学原理,主要研究统计学的一般理论和统计方法的数学理论。由于现代统计学用到了几乎所有方面的数学知识,从事统计理论和方法研究的人员需要有坚实的数学基础。此外,由于概率论是统计推断的数学和理论基础,因而广义地讲统计学也是应该包括概率论在内的。理论统计学是统计方法的理论基础,没有理论统计学的发展,统计学也不可能发展成为现今这样一个完善的科学知识体系。

2. 应用统计学

在统计研究领域,从事理论统计学研究的人是相对很少的一部分,大部分是从事应用统计学(Applied Statistics)研究。应用统计学是研究如何应用统计方法去解决实际问题。由于在自然科学及社会科学研究领域中,都需要通过数据分析来解决实际问题,因而,统计方法的应用几乎扩展到了所有的科学研究领域。例如,统计方法在生物学中的应用形成了生物统计学,在医学中的应用形成了医疗卫生统计学,在农业试验、育种等方面的应用形成了农业统计学。又如,统计方法在经济和社会科学研究领域的应用形成了若干分支学科,在经济领域的应用形成了经济统计学及其若干分支,在管理领域的应用形成了管理统计学,在社会学研究和社会管理中的应用形成了社会统计学,在人口学中的应用形成了人口统计学,在风险管理与保险中的应用形成了保险精算学,等等。以上这些应用统计学的不同分支所应用的基本统计方法都是一样的,即都是描述统计和推断统计的主要方法。但由于各应用领域都有其特殊性,统计方法在应用中又形成了一些不同的特点。

作为一名优秀的应用统计工作者,不但要能熟练地掌握和应用各种统计方法,而且必须具备所研究和应用领域的专业知识。因而,专业知识和统计方法是做好统计应用的两个基本功。例如,要做好经济统计工作,其基本条件是要具备经济理论和统计方法的知识和能力,当然还需要有计算机操作及编程能力、写作能力、表达能力等其他能力。这就要求统计应用人才是一名复合型人才,这也是人文、社科、理、工、农、医所有专业都开设应用统计方法这门课程的缘由。

三、统计的基本职能和活动过程

(一)统计的基本职能

统计的基本职能包括信息职能、咨询职能、监督职能。《中华人民共和国统计法》

（以下简称《统计法》）第二条规定："统计的基本任务是对经济社会发展情况进行统计调查、统计分析，提供统计资料和统计咨询意见，实行统计监督。"这是《统计法》对我国政府统计基本任务的法律规定，也是对我国政府统计信息、咨询、监督三大职能的法律认可。

统计信息职能是指根据科学的统计指标体系和统计调查方法，灵敏、系统地采集、处理、传输、贮存和提供大量的以数据描述为基本特征的社会经济信息（反映经济社会发展状况）。统计咨询职能是指通过对统计数据的综合分析和专题研究，为科学决策和管理提供各种可供选择的咨询建议与对策方案。统计监督职能是指统计具有揭示社会经济运行中的偏差、促使社会经济运行不偏离正常轨道的功能，也就是统计部门以定量检查、经济监测、预警指标体系等手段，揭示社会经济决策和执行中的偏差，使社会经济决策及其运行按客观规律的要求进行。

统计的三大职能是相互联系、相辅相成的。统计信息职能是基础职能，是统计咨询、监督职能有效发挥的保证和基础，而统计咨询和监督职能则是信息职能的延伸和深化，二者的强化又反过来促进统计信息职能的优化。只有同时发挥统计的信息职能、咨询职能和监督职能才能体现和发挥统计的整体功能，才能发挥统计工作的应有作用。

（二）统计活动过程

从理论上讲，一项完整的统计工作可分为四个阶段，即统计设计、统计调查、统计整理和统计分析。

1. 统计设计

统计设计是根据统计研究对象的特点和研究的目的、任务，对统计工作的各个方面和各个环节的通盘考虑和安排，是统计认识过程的第一阶段，即定性认识阶段。统计设计之所以必要，是因为统计是一项需要高度集中统一的工作，没有预先科学的设计，没有具体的工作规范，就难以达到预期的目的。因此在一项大规模的统计活动开始前，必须进行统计设计。

2. 统计调查

统计调查是根据统计研究的对象和目的要求，根据统计设计的内容、指标和指标体系的要求，有计划、有目的、有组织地收集统计原始资料的工作过程，是统计认识过程的第二阶段，即定量认识阶段。统计用数字说话，而各种统计数字都直接来自统计调查，管理者和决策者都需要根据大量翔实的统计信息进行管理和决策，科研工作者也需要根据统计调查得到的资料进行科学研究。调查是统计的基础，没有调查，就没有发言权。调查的方式方法主要有统计报表制度、普查、抽样调查、典型调查、重点调查等。

3. 统计整理

统计整理是指根据统计研究的目的，将统计调查得到的原始资料和次级资料进行科学的分类和汇总，使其条理化、系统化的工作过程，是统计认识过程的第三阶段。这个阶段的主要任务就是为统计分析阶段准备能在一定程度上说明总体特征的统计资料。但在实际工作中，统计整理与统计调查和统计分析并非总是截然分开的，而是相互交织在一起的，它是统计调查的继续，也是统计分析的开始。统计调查和统计整理都是一种定量认识活动。

4. 统计分析

统计分析是统计认识过程的最后阶段，是在统计整理的基础上根据研究目的和任务，利用科学的统计分析方法，对统计研究对象的数量方面进行计算、分析的工作过程。统计认识的结论要从分析中得出，因此，这一阶段虽然是对统计资料的计算分析，但其目的却是要揭示统计研究的对象的状况、特点、问题、规律性等，所以这是统计认识的定性阶段。

因此，从认识的顺序来看，上述四个阶段是从定性认识开始，经过定量认识，再到定性认识的循环往复的过程，即定性认识（统计设计）—定量认识（统计调查和统计整理）—定性认识（在定量认识的基础上进行的统计分析）的过程。

四、统计研究的具体方法

统计研究的具体方法按研究的手段划分，主要有大量观察法、统计分组法、综合指标法、统计推断法和统计模型法。

1. 大量观察法

大量观察法是指统计在研究社会经济现象及其发展变化过程中要从总体上加以观察，对现象总体的全部或足够多数的个体进行调查研究并综合分析，从而反映现象总体的数量特征。采用大量观察法是由现象的复杂性及其联系的普遍性所决定的。现象总体是在诸多因素综合作用下形成的，总体内各个个体既受主要因素的影响，又受次要因素的影响；既受必然因素的影响，又受偶然因素的影响。总之，各个个体的数量表现差别较大，不能任意抽取某个个体进行观察。只有在对现象的质进行分析的基础上，观察现象总体的全部或抽取足够多的个体进行观察，才能使次要因素、偶然因素的影响相互抵消，从而揭示现象的本质规律。

2. 统计分组法

统计分组法是根据统计研究的需要和现象内在的特点，按一定标志，把总体划分为若干个不同部分或组的一种统计方法。应用统计分组可以揭示现象的不同类型。在分组的基础上，可以研究现象总体内部构成及内部数量关系。统计分组与统计指标是结合运用的。对于统计分组来说，需要有一定的指标来反映分组的内容，才能揭示现象总体内在的本质特征和内在的数量关系；对于统计指标来说，有了科学的分组，才能计算出实在的而非笼统的统计指标，才不至于掩盖现象内部的矛盾和差异。

3. 综合指标法

将大量观察所得的资料进行加工、汇总，就可以得到反映现象总体一般数量特征的综合指标。运用各种综合指标对现象总体的数量方面进行分析,这种分析方法叫综合指标法。常用的综合指标有三类:总量指标、相对指标和平均指标。在这三类指标的基础上展开统计分析的具体形式有对比分析、平均分析、变异分析、动态分析、指数分析、经济模型分析(包括相关回归分析、平衡分析和预测分析)等。

4. 统计推断法

在统计研究中,某些现象所包括的个体是有限的,另一些现象所包括的个体的量非常大或无限,对于前者可用综合指标法进行分析,而对于后者,则采用统计推断法进行分析。统计推断法是根据局部样本资料,按一定的置信标准,用样本数据来判断总体数量特征的统计分析方法。统计推断法广泛用于对总体数量特征的估计和对总体某些假设的检验。

5. 统计模型法

在统计研究中,某些现象之间存在着数量变动关系,因此研究某一现象变动与另一现象变动之间的关系及程度就非常必要。在研究现象间的变动关系和程度时,需要根据现象的特点,确定一定的假设条件,拟合相应的数学方程,这种方法叫作统计模型法。

第三节 统计学中的基本概念

一、总体与总体单位

(一)总体

总体亦称为统计总体,是统计研究的具体对象,是根据一定的目的和要求所确定的研究事物的全体,它是由客观存在的、具有某种共同性质的许多个别单位构成的整体。如研究某一地区工业企业时,则该地区所有工业企业组成的整体就是总体;又如研究某一学校学生情况,则该学校所有学生组成的整体就是总体等。

总体可以分为有限总体和无限总体。总体所包含的单位数是有限的,称为有限总体,如人口数、企业数、商店数等。总体所包含的单位数是无限的,称为无限总体,如连续生产的某种产品的生产数量、大海里的鱼资源数等。对有限总体可以进行全面调查,也可以进行非全面调查;但对无限总体只能抽取一部分单位进行非全面调查,据以推断总体。

(二)总体单位

总体单位简称个体,是组成总体的每一个事物。总体单位可以是人、物,可以是组织机构或单位,也可以是某种现象的状态。当统计总体是某一地区交通运输企业时,则该地区的每一个交通运输企业是总体单位;当统计总体是某一学校学生时,则该学校的每一个学生是总体单位。

确定总体与总体单位,必须注意两个方面:

(1)构成总体的单位必须是同质的,不能把不同质的单位混在总体之中。例如,研究工人的工资水平,就只能将靠工资收入的职工列入统计总体的范围;同时,也只能对职工的工资收入进行考察,对职工由其他方面取得的收入就要加以排除,这样才能正确反映职工的工资水平。

(2)总体与总体单位具有相对性,随着研究任务的改变而改变。同一单位可以是总体也可以是总体单位。例如,要了解某一地区交通运输企业的生产经营情况(研究目的),总体是该地区的全部交通运输企业,每一个交通运输企业是总体单位;要了解某一交通运输企业职工工资情况(研究目的范围变小),总体是该企业所有职工,总体单位是每一位职工。

二、标志、指标与指标体系

(一)标志

总体单位标志简称标志,是说明总体单位属性和特征的名称。总体单位是标志的直接承担者,标志是依附于总体单位的。从不同角度考察,每个总体单位可以有许多特征。如每个职工可以有性别、年龄、民族、工种等特征,这些都是职工的标志。

标志按特征不同分为品质标志和数量标志。品质标志表示事物的质的特性,是不能用数值表示的,如职工的性别、民族、工种等。数量标志表示事物的量的特性,是可以用数值表示的,如职工年龄、工资、工龄等。品质标志主要用于分组,将性质不相同的总体单位划分开来,便于计算各组的总体单位数,计算结构和比例指标。数量标志既可用于分组,也可用于计算标志总量。

(二)指标

指标亦称统计指标,是反映总体的数量特征的名称和具体数值。例如,2022 年全国国内生产总值(GDP)为 1 210 207 亿元(初步核算),这就是指标,是说明总体综合数量特征的。在实际工作中,每一项统计指标都由时间范围、空间范围、指标名称、统计方法、指标数值和计量单位六个方面组成。

1. 统计指标的特点

统计指标主要有三个方面的特点:

(1)数量性。即所有的统计指标都是可以用数值来表现的。这是统计指标最基本的特点。统计指标所反映的就是客观现象的数量特征,这种数量特征是统计指标存在的形式,没有数量特征的统计指标是不存在的。正因为统计指标具有数量性的特点,才能对客观总体进行量的描述,才使统计研究运用数学方法和现代计算技术成为可能。

(2)综合性。这是指统计指标既是同质总体大量个别单位的总计,又是大量个别单位标志差异的综合,是许多个体现象数量综合的结果。例如,某人的年龄、某人的存款额不能叫作统计指标，一些人的平均年龄、储蓄总额、人均储蓄才叫作统计指标。统计指标的形成都必须经过从个体到总体的过程，它是通过个别单位数量差异的抽象化来体现总体综合数量特点的。

(3)具体性。统计指标的具体性有两个方面的含义：一是统计指标不是抽象的概念和数字，而是一定的具体社会经济现象的量的反映，是在质的基础上的量的集合。这一点使社会经济统计和数理统计、数学相区别。二是统计指标说明的是客观存在的、已经发生的事实。它反映了社会经济现象在具体地点、时间和条件下的数量变化。这一点又和计划指标有所区别。统计指标反映的是过去的事实和根据这些事实综合计算出来的实际数量，而计划指标则说明未来所要达到的具体目标。

2. 统计指标的分类

(1)统计指标按其作用和表现形式的不同，可分为总量指标、相对指标和平均指标。总量指标是反映在一定时间、地点和条件下的社会经济现象总体规模或水平的统计指标。总量指标是最基本的综合指标，其形式为绝对数，亦称绝对指标。

相对指标是用两个有联系的总量指标进行对比的比值来反映社会经济现象数量特征和数量关系的综合指标。相对指标也称作相对数。

平均指标是反映社会经济现象总体各单位某一数量标志在一定时间达到的一般水平。表现为平均数。

(2)统计指标按其说明总体内容的不同分为数量指标和质量指标。数量指标是说明总体外延规模的统计指标。例如，人口数、企业数、工资总额、商品销售额、铁路旅客发送人数、高铁运营里程等等。数量指标所反映的是总体的绝对数量，具有实物的或货币的计量单位，其数值的大小随着总体范围的变化而变化，它是认识总体现象的基础指标。

质量指标是说明总体内部数量关系和总体单位水平的统计指标。例如，人口的年龄构成、性别比例、平均单产、平均工资、铁路网密度等等。它通常是用相对数和平均数的形式表现的，其数值的大小与范围的变化没有直接关系，反映的数量特点不同。

3. 指标与标志的区别和联系

(1)主要区别。第一，标志是说明总体单位特征的，指标是说明总体特征的。例如，一个工人的工资是数量标志，全体工人的工资总额是统计指标。

第二，标志有用文字表示的品质标志和用数值表示的数量标志，指标一般是用数值表示的。

(2)主要联系。第一，统计指标的数值多是由总体单位的数量标志值综合汇总而来的。例如工资总额是各个职工的工资之和，工业总产值是各个工业企业的产值之和。由于指标与标志的这种综合汇总关系，有些统计指标的名称与标志是一样的，如上例中的工业总产值。

第二，标志与指标之间存在着变换关系。如果由于统计研究目的的变化，原来的统计总体变成总体单位了，则相对应的统计指标也就变成了数量标志。反过来，如果原来的总体单位变成总体了，则相对应的数量标志也就变成了统计指标。

（三）指标体系

指标体系就是各种相互联系的统计指标所构成的一个有机整体，用来说明所研究现象各个方面相互依存和相互制约的关系。由于现象的复杂多样性，各种现象之间相互联系的性质，只用个别统计指标来反映是不够的，需要采用指标体系来进行描述。统计指标体系因各种现象本身联系的多样性和统计研究的目的不同而分为不同的类别。

（1）根据所研究问题的范围不同，可以建立宏观指标体系和微观指标体系。宏观指标体系就是反映整个现象大范围的指标体系，如反映整个国民经济和社会发展的统计指标体系。微观指标体系就是反映现象较小范围的指标体系，如反映企业或事业单位的统计指标体系。介于这两者之间的可以称为中观指标体系，如反映各地区或各部门的统计指标体系。

（2）根据所反映现象的范围内容不同，指标体系可以分为综合性指标体系和专题性指标体系。综合性指标体系是较全面地反映总系统及其各个子系统的综合情况的统计指标体系，如国民经济和社会发展统计指标体系。专题性指标体系则是反映某个方面或问题的统计指标体系，如经济效益指标体系。

指标体系也可以指若干个统计指标之间的联系，表现为一个方程关系。例如，工资总额=平均工资×职工人数；商品销售额=商品销售量×商品销售价格；等等。指标体系对于统计分析和研究具有重要的意义。通过一个设计科学的统计指标体系，可以描述现象的全貌和发展的全过程，分析和研究现象总体存在的矛盾以及各种因素影响现象总体变动结果的方向和程度，也可以对未来的指标进行计算和预测，对未来现象发展变化的趋势进行预测。

三、数据的计量与类型

（一）数据的计量尺度

1. 定类尺度

又称类别尺度，按事物的某种属性对其进行平行的分类或分组（只能测度事物之间的类别差，其他差别无法得知）。例如，按照性别将人口分为男、女两类，按肤色分为白种人、黄种人、棕种人、黑种人四类，按洲别分为亚洲人、欧洲人、美洲人、非洲人、大洋洲人五类。

2. 定序尺度

又称顺序尺度，是对事物之间等级差别和顺序差别的一种测度。它不仅可以测度类别差，还可以测度次序差（不能测量类别之间的准确差值，只能比较大小，不能进行加、减、乘、除数学运算）。例如，人可以根据年龄分为幼年、少年、青年、中年、壮年、老年等类别，满意程度可分为非常满意、比较满意、一般、不满意、很不满意几类。

3. 定距尺度

又称间隔尺度，是对事物类别或次序之间距离的测度。该尺度通常使用自然或物理单位作为计量尺度。例如，30℃和20℃之间相差10℃，-30℃和-20℃之间也是相差10℃。定距数据可以进行加、减运算，不能进行乘、除运算。其原因为定距尺度中没有绝对零点（定距尺度中的"0"是作为比较的标准，不表示没有）。

4. 定比尺度

又称比率尺度。由于定比尺度有绝对零点（定比尺度中的"0"表示没有，或者是理论上的极限），因此，不仅可以进行加、减运算，还可以进行乘、除运算。例如，绝对温度300 K（26.85℃）时理想气体的体积是273.15 K（0℃）时的1.1倍，温度也是1.1倍，则绝对温度和体积都是定比尺度。一般来说，定比尺度的数据不可能取负值，也不会取零值，因为要么就是不存在了，要么就是极限情况。如，绝对零度只能无限接近，不可能完全达到。如果一个物体的体积为零，那么它要么不存在，要么是数学中的抽象概念，比如，几何中的点、线、面的体积都为零。而一个人的年龄为0时呢？作为社会学意义上的人，可以认为其是极限（开始）。

（二）数据的类型

1. 按照计量尺度分类

按照数据的计量尺度，统计数据可以分为定类数据、定序数据、定距数据、定比数据四类。定类数据和定序数据说明事物的品质特征，通常用文字来表述，其结果均表现为类别，因而也可统称为定性数据或者品质数据。它说明事物的品质特征，不能用一个统一单位的数值来表示。定距数据和定比数据说明现象的数量特征，通常用数值来表现，因而也可统称为定量数据或者数值数据，它说明事物的数量特征，是能够用一个统一单位的数值（比如，身高可以用厘米、米或英寸等，体重可以用千克或磅，温度可以用摄氏度或开尔文，声音的频率可以用赫兹或弧度/秒）表示的，这里的"统一单位"是指对不同的变量值都可以使用这个单位，而不是一定要使用这个单位。

从本质上来说，定性数据的取值是文字性的、描述性的，定量数据的取值是数字性的、度量性的。但我们也经常用数字来区别定性数据，比如，用"1"表示性别为"男"，用"2"表示性别为"女"，表面上看它们也是用数字来表示的。然而，这只是一种规定，对应关系具有随意性，如果用"1"表示性别为"女"，用"2"表示性别为"男"，也是一样可行的，并不会影响这个问题的结果，就是用"0"表示性别为"男"，用"1"表示性别为"女"也可以。而定量数据的取值直接反映了其属性，是不能随便改变的。

同样表示身高，用"厘米"就是定量数据，用"很高、中等、不矮、矮个"来描述就是定性数据。同样表示成绩，用分数就是定量数据，用"优、良、中、差"来描述就是定性数据。但一般来说，定量的数据容易用定性的语言来描述，而且也多是定序的（即使不严格）；

但定性的数据就不容易用定量的语言来描述，定序数据还好一点，可以给它规定一个对应的数值，比如，用绩点来代替“优、良、中、差”，就成了定量数据。而要把定性数据变成定量数据就非常困难，原因是定性数据是无序的，而定量数据无论如何都有一个自然的顺序关系包含在里面（并且其差异主要都是由其数值大小的差别决定的），这就是“无中生有”的难度。

定性数据的取值与数字的对应关系，一旦作出规定，在使用的过程中就要保持一致，不能一会儿“1”表示“男”，一会儿“1”又表示“女”。就像定量数据的单位（以及定距数据的零点）一旦选定就必须保持一致，不能一部分数据用这个单位，另一部分数据用另一个单位，而把它们的数值拿来直接进行比较或计算。

2. 按照数据的收集方法分类

按照数据的收集方法，可以将统计数据分为观测数据和实验数据。观测数据是通过调查或者观测而收集到的数据，是在没有对事物进行人为控制的条件下得到的，有关社会经济现象的统计数据几乎都是观测数据。实验数据是在实验中控制实验对象而收集到的数据。如对一种新药疗效的实验数据，对一种农作物新品种的实验数据，对高速铁路被动碰撞试验的测试数据等，自然科学领域的大多数数据都是实验数据。

3. 按照所描述现象与时间的关系分类

按照所描述的现象与时间的关系，可以将统计数据分为截面数据和时间序列数据。截面数据是在相同或者近似相同的时间点上收集的数据，所描述的是现象在某一时刻的变化情况，通常是在不同的空间上获得的数据。例如，2022 年我国各地区的生产总值数据就是截面数据。时间序列数据是按照时间顺序收集到的，用于描述现象随时间而变化的情况。如 2012—2022 年我国高铁营业里程数据就是时间序列数据。

区分数据的类型非常重要，不同类型的数据有着不同的统计方法来进行处理和分析。例如，对于定类数据，我们通常计算出各组的频数或者频率，计算其众数或者异众比率，进行列联表分析和卡方检验；对于顺序数据，我们可以计算其中位数、四分位差以及等级相关系数等；对于数值型数据，我们可以用更多的统计方法进行分析，如计算各种统计量，进行参数估计和假设检验、相关与回归分析等。

四、变异、变量与变量值

变异是指总体单位之间、同类总体不同空间的具体表现各不相同，存在着差异。例如统计中的标志和指标都是可变的，人的性别有男女之分，各时期、各地区、各部门的工业总产值各有不同等，这种差别就叫变异。变异就是有差别的意思，包括质的差别和量的差别。变异是统计的前提条件。

可取不同值的属性（比如年龄、性别、身高、体重等）称为变量，即变量是可变的标志（包括数量标志、品质标志）或统计指标，其取值即为变量值。变量按变量值的取值是否连续可分为连续变量与离散变量两种。在一定区间内可任意取值的变量叫连续变量，其数值是连续不断的，相邻两个数值可作无限分割，即可取无限个数值，其数值可以用小数来表示。例如，生产零件的规格尺寸，人体测量的身高、体重、胸围，高铁营业里程等为连续变量，其数值只能用测量或计量的方法取得。可按一定顺序一一列举其数值的变量叫离散变量，其数值表现为断开的，一般用整数来表示。例如，旅客发送人数、职工人数、动车组数、学校数、医院数等，这种变量的数值一般用计数方法取得。

但实际取值时，连续变量往往也有可能只取整数值，比如履历表上的年龄、天气预报的温度、考试时的分数等。这说明离散变量和连续变量不是截然分开的，特别是在实际统计中，经常会有交叉。比如，离散变量的平均值，一般来说都不再是整数，如家庭中孩子数的平均值。

本章小结

统计学是关于数据收集、整理、分析的方法论科学。统计包括三层含义：统计工作、统计资料、统计学。它既体现了活动过程与成果的关系，也反映了理论与实践的关系，三者是相辅相成的有机整体。

统计的研究对象是大量的社会现象的数量表现、数量关系及数量变化的规律性。其特点是数量性、总体性、具体性、社会性、广泛性。

一项完整的统计工作必须根据统计研究的目的和要求，经过统计设计、统计调查、统计整理、统计分析四个阶段。

统计总体是由许多个别事物在某一共同性质的基础上所组成的整体，总体单位是组成总体的个别事物。二者是整体与局部的关系，随着研究目的的转变，总体与总体单位可以相互转化。

标志是说明总体单位特征的属性的名称，按照其具体表现的性质不同，可分为品质标志和数量标志。标志的具体数值称为标志值。指标是说明总体数量特征的名称，按其说明总体现象的内容和性质的不同，有数量指标和质量指标之分。标志可以用文字和数字来表现，而指标一般用数值来表现。指标数值是由单位标志值综合、汇总而来的；指标与标志可随着总体与总体单位的转变而转变。

数据的计量尺度有定类、定序、定距、定比四种，其数据的级别越来越高，反映的信息含量越来越多。变量是可变的标志（包括数量标志、品质标志）或统计指标，其取值即为变量值。变量按其取值的特征不同，可分为连续变量和离散变量。变异是指总体单位之间、同类总体不同空间的具体表现各不相同，存在着差异。变异包括质的差别和量的差别，是统计的前提条件。

思考与练习

课后思考

1. 统计一词有几种含义？
2. 什么是统计学？怎样理解统计学与统计数据的关系？
3. 统计学与数学有何区别与联系？
4. 什么是统计指标？统计指标和标志有什么区别与联系？
5. 数据的计量尺度有哪些？请分别举例说明。

知识自测

1. 单项选择题

(1)统计学的研究对象是(　　)。

A. 抽象的数量关系　　B. 客观现象的规律性

C. 客观现象的数量特征和数量关系　　D. 社会经济统计认识过程的规律和方法

(2)“统计”一词的基本含义是(　　)。

A. 统计调查、统计整理、统计分析　　B. 统计设计、统计分组、统计计算

C. 统计方法、统计分析、统计计算　　D. 统计学、统计工作、统计资料

(3)下列标志中，属于数量标志的有(　　)。

A. 性别　　B. 工种　　C. 工资　　D. 民族

(4)一个统计总体(　　)。

A. 只能有一个标志　　B. 只能有一个指标

C. 可以有多个标志　　D. 可以有多个指标

(5)对 50 名职工的工资收入情况进行调查，则总体单位是(　　)。

A. 50 名职工　　B. 50 名职工的工资总额

C. 每一名职工　　D. 每一名职工的工资

(6)某班学生统计学考试成绩分别为 75 分、61 分、70 分和 88 分，这四个数字是(　　)。

A. 指标　　B. 标志　　C. 变量　　D. 标志值

(7)下列属于品质标志的是(　　)。

A. 工人年龄　　B. 工人性别　　C. 工人体重　　D. 工人工资

(8)商业企业的职工数、商品销售额是(　　)。

A. 连续变量　　B. 前者是连续变量，后者是离散变量

C. 离散变量　　D. 前者是离散变量，后者是连续变量

(9)在下列问题的表述中，说法错误的是(　　)。

A. 标志是说明总体单位特征的

B. 指标是说明总体特征的

C. 在不同研究目的中，指标和标志可以相互对调

D. 变量是可变的数量标志

(10)下列变量中属于定序变量的是(　　)。

A. 居民可支配收入　　B. 新能源汽车销量

C. 企业所有制类型　　D. 产品等级

2. 判断题

(1)三个同学的成绩不同，因此存在三个变量。(　　)

(2)统计数字的具体性是统计学区别于数学的根本标志。(　　)

(3)统计指标体系是许多指标集合的总称。(　　)

(4)一般而言，指标总是依附在总体上，而总体单位则是标志的直接承担者。(　　)

(5)运用大量观察法，必须对研究对象的所有单位进行观察调查。(　　)

(6)连续变量的取值是连续不断的，不能一一列举。(　　)

(7)统计的三大职能中信息职能是最基础的职能。(　　)

(8)质量指标是反映总体质的特征，因此，可以用文字来表述。(　　)

(9)统计指标具有社会性、数量性和具体性。(　　)

(10)总体随着研究目的的改变而变化。(　　)

技能训练

就本章的引导案例及阅读资料，讨论下面问题。

1. 结合本章内容，说明如何应用统计方法反映我国国民经济发展的综合状况。

2. 生活中有哪些常见的统计数据？

3. 统计学与你所学专业之间有何关系？

第二章　统计数据的收集、整理和显示

知识目标

(1)了解统计调查的概念、意义和种类。
(2)理解各种调查组织方式的特点和应用条件。
(3)了解统计整理的含义及其重要性。
(4)了解数据整理的内容、数据分组的意义。
(5)掌握分组标志的选择原理和方法。
(6)掌握分组体系的类型和方法、经济统计中的常用分类。
(7)理解分配数列的含义、类型和作用。
(8)掌握变量数列的编制方法、统计图表的绘制方法及基本要求。

技能目标

(1)能根据调查目的选择科学的调查方法。
(2)能熟练地掌握调查问卷的设计技巧和方法。
(3)能熟练运用数据整理技术进行数据整理和分组。
(4)能够根据不同的统计原始数据编制相应的分配数列。
(5)能利用所学的知识对经济现象特征进行准确的描述和表达。
(6)能利用实际资料和分组结果熟练地编制统计表和绘制统计图。

案例导入

《铁路行业统计调查制度》总说明

(一)统计调查目的

根据国家统计及行业监管需要,为掌握全国铁路行业基本情况,对铁路行业经济运行进行监测、研判,为政府部门决策提供咨询服务,根据《中华人民共和国统计法》《中华人民共和国统计法实施条例》《中华人民共和国铁路法》和《铁路行业统计管理规定》等相关法律法规和规定,基于铁路各专业统计规则,制定本统计调查制度。

(二)统计调查对象及范围

铁路统计调查对象包括在中华人民共和国境内从事铁路管理、运输生产经营、固定资产投资、主要设备制造及运用等活动的国家机关、企业事业单位和其他组织。

统计范围为全国铁路运输企业、铁路固定资产投资项目、铁路主要设备制造及运用企业。

(三)统计调查内容

铁路行业统计调查内容包括铁路运输企业能源消耗与库存、铁路线路及铁路运输基本设备、铁路客货运输量、铁路运输企业主要财务状况、铁路固定资产投资及项目、铁路电子商务交易、铁路交通事故、铁路主要设备制造等。

(四)统计调查方法

《铁路运输业电子商务交易平台情况》为重点调查,其他调查项目为全面调查。

(五)统计调查频率及时间

铁路行业的统计调查频率主要为月、年报,少数为季报,具体上报日期参看各统计报表。

(六)组织实施

由国家铁路局统一布置。中国国家铁路集团有限公司负责所属铁路局集团公司、专业运输公司和其控股合资铁路公司涉及铁路运输、铁路固定资产投资、铁路大型施工设备的统计及向国家铁路局报送工作。

(七)统计资料公布与数据共享

本统计调查产生的全国铁路旅客发送量、旅客周转量、货运总发送量、货运总周转量、固定资产投资完成额每月20日前在国家铁路局门户网站公布。本统计调查获得的数据按规定与国家统计局等有关部门共享,共享责任单位及负责人为国家铁路局综合统计机构及其负责人。

(八)质量控制

统计调查对象报送数据前须经其统计负责人、单位负责人审核、签字盖章。国家铁路局统计机构统计人员对统计调查对象报送的数据应用表内校验、表表校验以及历史数据比对等方法通过铁路统计信息系统进行校验及人工复核,对于统计数据不完整或者存在错误的,应当由统计调查对象依法予以补充或者改正。

(九)使用单位名录库情况

本调查制度使用本部门基本单位名录库以及国家基本单位名录库共享信息。

——摘录自《铁路行业统计调查制度》第一部分总说明(国家铁路局制定,国家统计局批准,2021年6月)

(资料来源:国家铁路局,https://www.nra.gov.cn/xxgk/gkml/ztjg/gfzd/gfxw/202204/t20220405_289478.shtml)

案例分析

2022 年,全国铁路旅客发送量 16.73 亿人,旅客周转量 6 577.53 亿人公里,货运总发送量 49.84 亿吨,货运总周转量 35 945.69 亿吨公里,这些铁路行业统计数据通过铁路行业完整、成熟的统计调查制度的实施,得以翔实地反映我国铁路行业运行状况。那么,统计数据是如何取得的?统计调查方式和方法通常有哪些?数据整理过程中又要注意什么问题?如何通过相应的统计图表形象具体地反映铁路行业运行状况?通过本章的学习,我们可以对统计调查与整理的基本内容有所了解。

第一节　统计数据调查概述

一、统计调查的意义及分类

统计调查是统计工作过程中的重要一环,是根据统计工作的目的、任务和要求,运用科学的调查方法,有计划、有组织地向社会收集数据资料的过程。

(一)统计调查的意义

统计调查对于各行业具有重大现实意义,主要体现在以下两个方面。

1. 调查是人们正确认识社会的基本方式

人类对客观社会的认识一般通过两种方式,一种是看,另一种是听。这两者跟调查紧密联系,看就是对社会的观察,听就是对社会信息的接受,它们通常是调查的两个重要工具,有时还相互结合。调查是人们正确认识社会的基本方式。例如:对于一个手机生产商或手机经销商来说,大学生最喜欢什么款式、什么功能的手机必须通过调查才能准确地了解他们的需求,从而进行产品开发或推销策略;如果一个国家想要了解自身发展状况如何,就必须对各省、自治区、直辖市、地区、县、乡的各行各业,以及相关方面进行调查,才能了解真实状况,从而制订出合理的发展规划,确立正确的发展方针,作出有效的发展决策。对于一个即将毕业的大学生来说,要想获得一个适合自身专业,有前途、薪水又不错的工作,也必须进行大量的调查,然后有针对性地准备,才能应聘成功,达成自身目的,只靠碰运气则成功的机会很小。

2. 统计调查是统计工作的基础环节

统计工作是在一定的统计理论指导下进行的一系列科学活动过程,包括数据的收集、整理、分析和预测,各个环节相互联系、相互依存。其中数据的收集(即统计调查)担负着收集基础资料的任务,是整个统计工作的基础环节。如果统计调查阶段获得的数据不正确,那整理出来的结果就毫无意义,分析预测的结论也就是错的。如果统计调查阶段获得的数据不全面,则分析预测的结论就不准确,也就不能真正反映客观现实状况,甚至有可能还会出现与实际相反的结论。

（二）统计调查的要求

统计调查是统计工作的基础性工作，这一步骤获取的资料的好坏与生产厂商获取的原材料的好坏一样重要。如果原材料不好，则成品必然不好；统计调查中获取的数据资料存在问题，那么统计工作的结果必然存在缺陷。所以，统计调查的要求较严格，主要体现在以下四个方面。

1. 准确性

准确性是指统计调查所获得的资料要符合客观实际，真实可靠，它是认识社会的最基本要求，是统计工作的生命线。2009 年修订自 2010 年 1 月 1 日起施行的《统计法》第七条规定：国家机关、企业事业单位和其他组织以及个体工商户和个人等统计调查对象，必须依照本法和国家有关规定，真实、准确、完整、及时地提供统计调查所需的资料，不得提供不真实或者不完整的统计资料，不得迟报、拒报统计资料。

2. 及时性

及时性是指统计调查要在规定的时间内完成对数据的收集并提供数据资料。如果统计资料提供得不及时，即使它是准确的，也像是“雨后送伞”，不能起到应有的作用。在当今社会，很多产品市场供求变化很快，新的生产者想要进入一个新的市场，及时且准确的信息就非常关键，如果提供的资料不及时，则新的市场也许早就被别人挤占了。另外，如果统计调查这个环节不及时，则势必影响统计工作后面的环节，从而影响整个统计工作的进度。

3. 全面性

全面性是指按照调查任务、要求，对被调查单位进行统计调查所获得的资料要全面而无遗漏。如果调查资料残缺不全，就不能真正反映被调查单位的整体情况，从而给统计分析工作带来困难，轻者影响统计工作质量，重者则会使统计分析结果完全错误。《统计法》也对调查的统计标准、范围、项目的确定等进行了法律规范，以保证资料的全面性。

4. 系统性

系统性是指统计调查所收集的资料不能杂乱无章，要符合逻辑，要有条理，以便于后期统计整理工作的展开。

此外，在统计调查过程中，还应该注意经济性和简易性，也就是说统计调查应该尽量做到设计简洁、方便操作、节省投入、减少费用。

（三）统计调查的分类

统计调查的表现形式有很多种，从不同的角度可以有不同的分类。

1. 根据统计调查对象的范围不同分，有全面调查和非全面调查

（1）全面调查。指对构成调查对象总体的所有单位进行调查登记的一种调查方法。它的主要特点是对总体中所有单位进行调查。例如，人口普查需要登记每一位公民的状况，除普查之外，全面统计报表也属于全面调查。全面调查的优点是调查所获得的数据

比较全面、完整,其缺点是由于涉及面广,需要耗费大量的人力、物力、财力。

(2)非全面调查。指对构成调查对象总体中的部分单位进行调查登记的一种调查方法。它的主要特点是对总体中部分单位进行调查。例如,为了解我国钢铁行业生产状况,国家有关部门对宝武钢铁、河钢、沙钢、鞍钢、首钢、山钢、太钢、马钢、本钢等几个大型钢铁集团进行调查。抽样调查、重点调查、典型调查、非全面统计报表等都属于非全面调查。非全面调查的优点是调查过程中所需耗费的人力、物力、财力相对较少;缺点是掌握的材料不够全面。

2. 根据调查登记的时间是否连续分,有经常性调查和一次性调查

(1)经常性调查。指随着调查对象的变化,连续不断地进行调查登记,从而了解事物在一定时期内发生、发展变化的一种调查方法。经常性调查又叫连续性调查,其特点是调查工作连续性强。例如,经销商每天都要对当天销售出去的货物进行登记入账。其优点是获取的数据连续性强,通过它能掌握事物动态发展趋势。缺点是需要花费的时间、财力、人力相对较多。

(2)一次性调查。指间隔一定的时间对调查对象进行一次调查,以便了解在某一时点上调查对象发展状况的一种调查方法。例如,我国《产品质量国家监督抽查管理办法》规定的每3个月抽查一次。一次性调查的优点是相对比较节省,缺点是掌握的资料不具动态性。值得注意的是,一次性调查并不是仅仅只进行一次调查,然后就结束调查,对于是否再次进行调查要根据研究需求来确定。

3. 根据调查时收集数据的方法不同分,有直接观察法、报告法、采访法

(1)直接观察法。指由调查者直接到现场对调查对象进行观察、测量和计量的一种调查方法。其特点是现场观察、登记。例如,为了解我国夏粮种植和生产状况,国家有关部门调查人员在种植和收获季节亲自到夏粮生产基地进行调查和登记。直接观察法的优点是调查获取的数据准确性很高;缺点是需要投入大量的人力和物力,因此其应用受到的限制较大。

(2)报告法。指企业、事业单位或部门以其原始资料和核算资料为基础,依据规定的表格形式和要求,按隶属关系逐级向相关部门提供资料的一种调查方法。该方法又称凭证法。我国当前所采用的统计报表制度就是报告法的运用。在不考虑报告系统问题的前提下,优点明显,其获取资料比较及时、准确。缺点也是需要大量的人力和财力。

(3)采访法。指根据被调查对象的答复来收集统计资料的一种调查方法。这种方法又可分为询问法和自填法两种。询问法是指调查者对调查对象逐一采访并登记,包括当面采访、电话采访、视频采访等。自填法是指调查者把含有调查内容的调查表交给调查对象,向调查对象说明填表要求和方法,并解释注意事项,由调查对象自行填写后,交调查者审核并登记的一种调查方法;根据调查表发放的方式和途径不同,通常有邮寄法、网络法、直接分发法、报纸杂志法等。询问法的优点是快捷,缺点是接受调查者有较大压

力，对答题者素质要求较高，当面采访的成本比较大。自填法的优点是成本相对较低，对调查的组织能力要求不高，被调查者的答题压力较小；其缺点是调查的回复率一般比较低，不适合内容比较复杂的调查，所需时间周期也比较长。

4. 根据统计调查组织方式不同分，有统计报表和专门调查

(1)统计报表是指国家统计系统和各业务部门为了定期取得全面、系统的基本资料，按一定的表式和要求，自上而下地统一布置，自下而上地逐级提供基本统计资料的一种调查方式。统计报表中的指标在一定时间内相对稳定，像我国国家统计局网站每月公布的消费者物价指数(CPI)就是通过统计报表的方式获取的。

(2)专门调查是为了一定的目的，研究某些专门问题所组织的一种调查方式，这种调查一般属于一次性调查。专门调查通常包括普查、重点调查、典型调查、抽样调查等。

以上分类方法只是从不同角度归纳总结统计调查方法，它们之间并不存在相互排斥关系，只是不同方法的不同表现。统计调查的种类是对整个数据调查方式的概括，方便大家对数据调查的理解。

二、统计调查的组织方式

统计调查按组织方式分类，可以分为统计报表和专门调查，专门调查包括普查、重点调查、典型调查、抽样调查等，它们和统计报表一样都非常重要，在统计工作中广泛应用。

(一)统计报表

1. 统计报表的概念和作用

统计报表是按照国家统一规定的表格形式、指标内容、报送程序和报送时间，由填报单位自下而上逐级提供统计资料的一种统计调查方式。统计报表的作用主要体现在以下三个方面：①统计报表是编制社会经济发展计划和检查该计划执行情况的基本依据；②统计报表是反映社会经济发展和研究社会经济建设及其发展规律不可或缺的依据；③统计报表(特别是业务系统的报表)是指导生产和经营管理的重要工具。

然而，由于统计报表自身的特点决定了其在使用过程中存在一定的局限性。一是取得资料的时效性差。因为统计报表的内容比较固定，且涉及的面广、中间环节多，所以，往往会导致时效性差。二是缺乏灵活性。这是因为统计报表所反映的是现象的结果，无法反映社会经济现象发生、发展的过程，如果要研究不断发展变化的新情况、新问题更是没有办法。三是单一性。单一的采用统计报表往往不能如实取得原始资料，这时就需要结合其他专门统计调查方法使用。鉴于此，我们就不能滥用统计报表，应该认真考察和研究后结合实际情况斟酌使用。

2. 统计报表的种类

统计报表按分类的标准不同，通常有五种分类。

(1)全面统计报表和非全面统计报表。按照统计调查对象的范围不同，统计报表可

分为全面统计报表和非全面统计报表。全面统计报表要求调查对象中的每个单位都填报,属于全面调查。非全面统计报表,只要求调查对象中的部分单位填报,属于非全面调查。非全面统计报表又可分为重点、抽样和典型统计报表。

(2)年报和定期报表。按照报送周期长短的不同,统计报表可以分为日报、旬报、月报、季报、半年报和年报,其中日报、旬报、月报、季报、半年报都称为定期报表。同时,日报和旬报也可称为进度报表。通常,报送周期越短,统计所花费的支出越高。一般情况下,周期越短,则对报表中指标项目要求低一些,如指标项目可以少一些、粗略些。

(3)基层报表和综合报表。按报送单位不同,统计报表可分为基层报表和综合报表。基层报表是由基层企事业单位根据原始记录,汇总整理、编报的统计报表。综合报表是由各级国家统计部门和业务主管部门根据基层报表逐级汇总填报的统计报表。综合报表的表式有扩大合计式和分组综合式两种。扩大合计式的表式与基层报表的表式一样,不同的只是扩大合计式是在较大范围内汇总基层报表资料。分组综合式是把基层报表资料首先进行分组,然后进行综合整理。扩大合计式综合报表可以反映较大范围内社会经济发展的规模和水平至一个国家的国情国力。而分组综合式统计报表可以用于深入分析总体的构成情况和比例关系。

(4)邮寄报表和电讯报表。按报送的方式不同,统计报表可分为邮寄报表和电讯报表,邮寄报表是通过邮政寄送的方式报送资料,资料可以是纸制,也可以是光盘、U 盘等,可用于周期相对较长的报表,如月报、季报、年报,但当前用得相对较少。当前用得较多的是电讯报表,是通过电话、电报、传真、电子邮件和网络传输等方式传递的报表。日报、旬报等周期较短、时效性较强的报表通常采用电讯报表方式上报。

(5)国家统计报表、业务部门统计报表和地方统计报表。按报表主管部门的不同,统计报表可分为国家、业务部门和地方的统计报表。国家统计报表是由国家统计局制定的,在全国范围内颁发,由基层逐级汇总上报的国民经济基本统计报表。业务部门统计报表是由业务主管部门制发,为收集适应本部门业务管理所需要的专业统计资料而在本部门内执行的统计报表。地方统计报表是各地区统计部门根据各自不同的地区特点而设置的统计报表。业务部门和地方的统计报表都是国家统计报表的补充。

自 2011 年起,国家开始执行“一套表”统计调查制度。按照“先进库,后有数”的原则,将达到入库规模标准的企业法人单位纳入“一套表”统计调查单位名录库中,由企业通过国家统计局联网直报平台直接上报数据到国家统计局。

(二)普查

1. 普查的概念和作用

普查是专门组织的,一般是对一定时点上的社会经济现象数量所进行的全面调查。普查有三个特点:第一,普查是一种不连续性调查,即一次性调查,调查一定时点上的社会经济现象总量;第二,普查是专门组织的调查,通常是国家有关部门为了解决某些问题而专门组织的;第三,普查是全面调查,是各种调查中覆盖面最广的一种统计调查,其所包括的单位、分组目录以及指标内容最广泛、详尽,掌握的资料也更全面。

普查的主要作用表现在四个方面:第一,通过普查可以了解国家或某一行业情况,把握社会现象全貌;第二,通过普查可以收集到统计报表所不能也不适宜收集的数据,如某一定时点上的工业经济总量;第三,通过普查可以取得较为全面的统计资料,得出具有普遍意义的结论;第四,通过普查可以为开展抽样调查和经常性调查打下良好的基础。

2. 普查的组织形式

普查的具体组织形式主要有两种:一种是从上至下组织专门的普查机构和普查队伍对调查单位直接进行登记;另一种是利用调查单位的原始记录和核算资料,或者结合清仓盘点,由调查单位自填调查表,但这种组织形式也需要专门人员对普查工作进行组织领导,这是不同于统计报表调查的地方。

3. 普查的基本原则

普查具有一次性、专门组织、全面调查等特点,其涉及面广,工作量大,需要很多人力、物力和财力。因此,在组织普查工作时,须遵循以下几项原则:

(1)须规定一个统一的调查时点,使所有普查资料都反映这一时点上的状况,以避免重复和遗漏。

(2)在普查范围内的各调查点应同时进行登记,方法、步调应保持一致,并尽量节省时间,以防止时间拉得过长,影响调查结果的时效性和准确性。

(3)调查项目如果确定,则不能随意增加或改变,以免影响汇总结果,降低资料质量。也便于与历史资料进行对比,观察总体发展状况。

(4)尽可能以一定的周期进行普查,主要是便于将历次调查资料对比后,分析发现调查对象的发展规律和趋势。

普查属于全面调查的一种,但是由于人工操作和范围过大,通常情况下会存在误差情况。此时,在普查后进行典型调查或抽样调查用于矫正普查中的误差。

我国现行周期性普查包括全国经济普查、全国农业普查和全国人口普查。全国经济普查,每 10 年进行两次(尾数逢 3、逢 8 年份实施)。经济普查的对象是在中华人民共和国境内从事第二产业、第三产业活动的全部法人单位、产业活动单位和个体经营户。经济普查主要调查第二产业、第三产业的发展规模、结构和效益的情况,普查内容包括单位基本属性、从业人员、财务状况、生产经营情况、生产能力、能源消费情况、科技活动情况等。

全国农业普查,每 10 年进行一次(尾数逢 6 年份实施)。农业普查的对象包括中华人民共和国境内的农村住户、农业生产经营户、农业生产经营单位、村民委员会、乡镇人民政府。农业普查主要调查农业、农村、农民的基本情况。普查内容包括农业生产条件、农业生产经营活动、农业土地利用、农村劳动力及就业、农村基础设施、农村社会服务、农民生活，以及乡镇、村民委员会和社区环境等情况。在第三次全国农业普查（2016 年）中，普查对象的农村住户调整为居住在农村且有确权（承包）土地的住户。

全国人口普查，每 10 年进行一次（尾数逢 0 年份实施）。人口普查的对象是在中华人民共和国境内的自然人以及在中华人民共和国境外但未定居的中国公民，不包括在中华人民共和国境内短期停留的境外人员。人口普查主要调查人口和住户的基本情况，普查内容包括姓名、公民身份号码、性别、年龄、民族、受教育程度、行业、职业、迁移流动、婚姻生育、死亡、住房情况等。

（三）重点调查

1. 重点调查的概念和作用

重点调查是一种非全面的专门调查，是在所要调查的总体的全部单位中选择一部分重点单位进行调查。重点单位是指在全部总体中虽然数目不多，所占比重不大，但其调查的标志值在总量中占有很大比重的部分单位。例如，为了解我国整个钢铁行业的生产基本情况，我们可以选择宝武钢铁、河钢、沙钢、鞍钢、首钢等几个重要钢铁生产企业进行调查，因为这些企业的钢铁产量（标志值）占全部钢铁企业总量的绝大比重，可以满足调查的各项要求。重点调查具有客观性和非全面性的特点。客观性是指重点单位的确定一般不具有主观性，通常是根据其标志值是否占总量的绝大多数为依据；非全面性是指所调查的单位只是总体所有单位中的一部分，或者说是重要部分。

2. 重点调查的组织形式

根据研究问题的不同，重点调查可以定期进行，也可以是一次性的。定期调查用得很多，其适用于经常性调查任务，如定期提供重点企业的经济技术指标资料，但更多的是临时专门组织的一次性调查。

3. 重点调查中重点单位的选择原则

如要进行重点调查，最关键的是重点单位的选择。在选择重点单位时，应该遵循以下几项原则：

（1）重点单位应尽可能少，但标志值占总体标志总量的比重应尽可能大。

（2）重点单位的选择应该根据调查任务要求来确定，不能固定不变。因为有些单位在某一方面是重点，但在另一方面就不一定是重点；有些单位现在是重点，但以后却不一定是重点。

（3）重点单位应该是管理健全、统计基础较好的单位，以保证资料的准确性和及时性。

（四）典型调查

1. 典型调查的概念和作用

典型调查就是在调查对象中根据主观判断，有意识地选取若干具有典型意义的或具有代表性的单位进行非全面调查。其主要特点是：第一，一定的主观性，典型调查单位是有意识地选取的，所以会受调查者的主观意志影响；第二，非全面性，典型调查针对的是少数单位或个别单位，属于非全面调查，调查工作能进行得更深入；第三，经济性，典型调查相对灵活，可节省较多人力和财力。

典型调查的作用主要体现在以下几个方面：第一，由于选择的单位较少，因此通常能对所研究的问题作更加具体、深入的分析，从而弄清事物的发展规律或结合实际总结经验教训；第二，典型调查便于发现和研究社会生活中的新事物，从而能及时反映各种新情况、新问题；第三，典型调查是全面调查的有益补充，典型调查的资料可以对全面调查的结果进行检验和核实。

2. 典型调查的种类

典型调查一般可以分为两种类型，一种是"解剖麻雀"式的调查，即对个别典型单位进行深入细致的调查和研究，目的在于通过典型单位来说明事物的一般情况或事物发展的一般规律性；另一种是"划类选典"式的调查，即通常先对调查对象进行分类，然后在各类中分别选择典型单位的调查方式，以便于根据一些典型单位更加准确地推断总体的状况，总结经验教训，取得较好的效果。

3. 典型单位的选择

在进行典型调查时，典型单位的选择非常重要，调查的目标不同，则典型单位的选择方法也不同。如果要了解总体的一般数量表现，则可以在总体中选择中等的单位作为典型单位来调查。如果是为了研究新生事物，则应该选择处于起步阶段的新生事物作为典型。如果是想对事物的发生、发展结果进行总结，则可以在总体单位中选择较为先进的和较为落后的单位，或选择上等、中等和下等的单位作为典型单位来调查。如果是为了近似地估算总体的数值，则可以先对总体进行分类，然后在各类中按一定比例选择一定数量的单位作为典型单位来调查。

（五）抽样调查

1. 抽样调查的概念及特点

抽样调查是按照随机原则从总体中抽取部分调查单位进行观察用以推算总体数量的一种统计调查方法。其应用非常广泛，是一种较为完善的、科学的、重要的、必不可少的调查方法。抽样调查抽取出来的单位称为样本。其具有两个特点：第一，随机性，即按照随机原则抽选单位，排除个人主观臆断的影响；第二，非全面性，即是对总体中的一部分单位进行深入细致的研究，取得结果数据，并依此从数量上推算总体。

2. 抽样调查的种类

抽样调查有多种形式，主要有简单随机抽样、分层抽样、等距抽样、整群抽样、多阶段抽样等。具体抽样种类在第七章中有详细描述，在此不再赘述。

3. 抽样调查的优势

与其他统计调查方法相比，抽样调查具有以下优势：

（1）经济性和时效性。由于抽样调查的单位少，所以能大大减轻工作量，特别是对于调查总体很大、情况很复杂的现象，抽样调查能大大地节省人力、物力和财力。

抽样调查通常是直达调查单位，直接进行调查，中间环节少，同时调查的单位少，所需的时间也少，所以能大大提高调查的时效性，其特别适于时间性要求很强的项目。如农作物产量调查。

（2）准确性和灵活性。由于抽样调查不需通过很多中间环节，且抽取样本时遵循随机原则，从而排除了调查者主观因素的影响使得抽样调查的准确性较高。而统计报表则常会因为中间环节过多而出现这样或那样的差错。

抽样调查的灵活性表现在组织方便，调查项目可多可少，考察范围可大可小，且适应性强，既适于专题调查，也适于经常性调查项目。

第二节　统计调查方案设计

要按统计调查的目的，顺利完成任务，首先必须要有一个好的准备工作，其中最重要的就是设计一个完备、周密的统计调查方案。统计调查方案的设计包括以下几项工作。

一、确定调查目的

要做好统计调查工作，首先要做的就是明确调查目的，它是统计调查工作中根本性的一环。只有明确了调查目的，才能做到有的放矢，正确确定统计调查的内容和方法，根据目的准确收集相关数据，舍弃一些不必要的或多余的数据。从而化繁就简，大大节省人力、物力和财力，并缩短统计调查时间，提高统计调查的效率，也有利于后续工作的进一步展开。确定调查目的就是要说明统计调查的原因，明确统计调查要解决的问题。它往往是根据国家、部门或企业等的调查任务来确定的。任务不同，目的也就不同，确定的调查内容也不同。例如，新中国成立以来一共进行了 7 次全国人口普查。1953 年进行的第一次全国人口普查，目的是为制订发展国民经济的第一个五年计划提供确切的人口数字资料，调查项目包括本户地址、姓名、与户主的关系、年龄、性别、民族共 6 项。1964 年进行的第二次全国人口普查，新增了文化程度、本人成分、职业 3 项，为制订第三个五年计划和长远规划提供了可靠依据。1990 年进行的第四次全国人口普查，目的除确定人数以外，还要研究改革开放后的人口流动和迁移状况，故其调查内容比较广泛，普查项目增加到 21 项，其中按人填报项目为 15 项，按户填报的有 6 项。2000 年进行的第五次人口普查项目增加到 49 项，其中按人填报项目为 26 项，按户填报的有 23 项。在中国特色社会主义进入新时代之后，我国于 2020 年进行了第七次全国人口普查，全面查清了我国人口数量、结构、分布等方面情况，掌握了人口变化的趋势性特征，为完善我国人口发展战略和政策体系、制订经济社会发展规划、推动经济高质量发展、开启全面建设社会主义现代化国家新征程提供准确的信息支持。

总之,统计调查内容必须根据调查目的来确定,调查目的是根本性的。

二、确定调查对象和调查单位

调查目的确定之后,就要根据调查目的来确定调查对象和调查单位。调查目的越明确、越具体,调查对象和调查单位就越容易确定。

调查对象是指应收集其资料的许多单位的总体,是根据调查目的决定的。例如,调查目的是了解我国国有工业企业的产品产量和质量,则调查对象就是我国所有的国有工业企业;若是要了解某奶制品企业奶粉质量状况,则调查对象就是该企业全部的奶粉。

调查单位是指调查对象所包含的每一个体单位,是调查对象的组成要素,也就是总体单位。例如,我国所有工业企业是调查对象,则组成调查对象的每一工业企业就是调查单位;企业的全部奶粉是调查对象,则每一包奶粉就是调查单位。正确确定调查单位不仅能保证被研究对象的完整性和准确性,而且关系到调查结果资料整理的正确性。

在确定调查对象的实际工作中,填报单位容易与调查单位相混淆。填报单位也叫报告单位,也是调查对象的组成要素,它是提交调查资料的单位,通常是基层企事业组织。在上例中,每一工业企业是调查单位,也是填报单位,每一包奶粉是调查单位,但生产或销售奶粉的企业是填报单位。如果进行工业设备调查,填报单位是工业企业,调查单位是各种单台设备;在普查某种水果树的生长状况时,调查单位是每一单株水果树,而填报单位则是农户或农场等生产单位。所以,调查单位和填报单位有时一致,有时不一致。

三、确定调查项目,制作调查表

在确定调查目的、调查对象、调查单位之后,必须确定具体的调查内容,也就是通常所说的调查项目,通俗地讲,调查项目就是一份在调查过程中应该获得答案的各种问题的清单。

(一)调查项目

调查项目通常包括调查单位所需登记的品质标志和数量标志及其他有关情况。它完全是由调查对象的性质、调查目的和任务决定的,同时还要考虑到国家管理、经济发展和科学研究对统计资料的需要。例如,2015 年全国 1%人口抽样调查(也称人口小普查)根据调查目的确定了姓名、性别、年龄、民族、受教育程度、行业、职业、迁移流动、社会保障、婚姻、生育、死亡、住房情况等调查内容。在确定调查项目时,我们要注意以下三个问题:第一,所选择的项目应该是少而精,必须是能够取得确切资料的,对于不能够取得资料的项目,要加以限制,以保证获得的数据的可靠性;第二,调查的每个项目应该有确切的含义和统一的解释,以保证调查者和被调查者对问题理解的一致性,以便于调查及对调查结果的汇总;第三,各调查项目之间应尽可能做到互相联系、彼此衔接,以便于对调查对象的整体把握、相互核对，起到校验作用，从而提高调查资料的质量。

（二）调查表

将调查项目以表格的形式列举出来就形成了调查表。调查表的形式通常有单一表和一览表两种。单一表是一张表格只登记一个调查单位的表格形式，可以登记多个调查项目。一览表是将许多调查单位和相应的调查项目按次序在一张表格里进行登记的表格形式，因此调查项目不能太多。在进行统计调查时，如果调查项目不多，则可以用一览表。

（三）调查问卷

问卷调查是统计调查的一种新颖形式，以有组织、有逻辑的问题和选项组合的形式出现。它随机或有意识地选择若干单位发出问卷，要求被调查者在一定的时间内反馈信息，借以对调查对象总体作出估计。它通常适用于主观指标的调查。

调查表、调查问卷二者形式不同，但作用相同，都是调查项目的载体。

1. 调查问卷结构

一般地，调查问卷主要由标题、问卷前言、问卷主体、结束语四部分组成。

（1）标题。要准确反映研究主题，使问卷内容清晰明确。

（2）问卷前言。调查问卷最前面的部分，主要包括三个方面的内容，一是说明调查的目的和意义；二是说明调查的要求和填表方法；三是表示对被调查者的感谢，阐明对被调查者的保密承诺。此部分应该言简意赅，通俗易懂，最好能激发被调查者的兴趣。

（3）问卷主体。调查问卷的核心内容包括调查者所要调查的所有内容，由问题和选项组成，主要体现在两方面，一方面是针对被调查者的基本情况的问题和选项，另一方面就是针对调查者想要解决的问题和选项。

（4）结束语。调查问卷的最后部分，主要是对被调查者配合调查工作的感谢，也可征询被调查者对问卷设计和问卷本身的看法和感受，此部分内容应尽量简短，有的问卷也可将其省略。

2. 调查问卷问题和选项的设计形式

调查问卷的问题和选项能以书面形式直接反映被调查者的看法和要求，问卷问题的设计应该明确反映调查的主要问题，重点突出，通俗易懂，便于回答，同时还应该便于计算机对问卷的汇总和处理。问卷问题和选项的设计形式通常有以下几种：

（1）二项选择式。这种形式的问卷是让被调查者在两个可能选项中选择一个，如“是”与“否”、“有”与“没有”等。此类方法易于发问，也易于回答，有利于提高问卷的回收率，且方便统计汇总，但不便于调查人员了解形成答案的原因。

（2）多项选择式。这种询问方法设置了三种或三种以上的答案供被调查者选择。这种方法能较全面地反映被调查者的看法，又易于统计和整理，但在设计时应注意供选择的答案不宜过多，只要能概括各种可能情况即可。

(3)顺位选择式。这是让被调查者依据自己的爱好和认知程度对调查项目中所列答案定出先后次序。这种方式便于被调查者去衡量比较,也便于对调查结果进行统计整理。它适用于要求表示答案的先后次序或轻重缓急的问题。

(4)赋值评价式。指通过打分或定等级来评价事物的好坏或优劣的方法。这种方法简便易行,评价的活动余地较大,而且便于统计处理和比较。缺点是分数的多少和等级的高低不易掌握分寸,而且往往因人而异,差异较大。

(5)自由询问式。这种方法是只有问题,没有选项,由被调查者自由回答。它适用于对所有问题提问,这种回答可使被调查者尽量发表自己的意见,形成一种活泼的调查氛围。但如果出现被调查者不愿或不便用文字形式表达自己看法的情况时,就会影响调查结果的全面性与准确性。此外,这种方法不利于进行资料的整理和统计。

3. 问卷设计应注意的问题

调查问卷的设计要以调查目的和调查项目为依据,结合调查对象、调查方法、调查的时间和地点来进行。问卷设计是一项十分具体、细致且技巧性很强的工作,问卷设计质量的高低,决定着问卷调查的成败。问卷设计时主要应注意以下几个问题:

(1)问题应该少而精。应只列入为实现调查目的所必需的项目,否则就会造成调查者时间和精力的浪费。

(2)问题的表述要清楚。首先,要尽量保证每个问题的规范化、标准化,即所提的问题与涉及的变量、指标都要有明确的规定,要让被调查者作出一致的正确理解。其次,提问应不带暗示,也不带感情色彩和倾向性,避免调查结果失去真实性。

(3)问卷所列问题不要超出被调查者的回答能力。这种能力包括识别文字和理解文字的能力,知识的范围和水平等。不要用“之”“乎”“者”“也”之类的词语或太过抽象的词语,要通俗易懂,尽量用大众化的语言。

(4)问卷中应尽量避免出现社会禁忌和敏感性的问题,如“存款多少”“离过婚否”等问题最好不要出现,如必须出现,需采取一定的技巧进行调查。

(5)问题的排列顺序要适当。应当先易后难、先简单再复杂,将被调查者熟悉的、感兴趣的问题放在前面,生疏的、可能引起其紧张的问题放在后面,应该将选择式问题放在前面,自由询问式问题放在后面,且同类性质的问题应该排列在一起,可以互相检验的问题必须分隔开。

(6)问卷问题的选项要有穷尽性,避免重复和相互交叉,要有利于被调查者作出真实的选择,选项要编号,便于统计和整理。

四、确定调查时间和调查期限

在确定统计调查方案时,必须明确调查时间和调查期限。调查时间是调查资料所属的时间(时期或时点)。有些资料反映现象在某一时点上的状态,则统计调查就必须规定统一的时点。有些资料反映的是现象在某一段时期内发展过程的结果,则统计调查就必须明确资料所属时期的起讫日期。例如,第四次全国经济普查的标准时点为2018年12月31日,普查登记时,时点指标填写2018年12月31日数据,时期指标填写2018年1月1日至12月31日数据;第七次全国人口普查的标准时点是2020年11月1日零时。

调查期限是指调查工作进行的起讫时间,包括收集资料和报送资料的整个工作所需的时间。例如,2015年全国1%人口抽样调查标准时点为2015年11月1日零时,10月16日至31日为调查员入户调查摸底阶段,正式启动时点为11月1日零时,11月1日至15日调查员使用PAD入户登记,11月1日至7日网络调查住户自主填报,则调查时间为11月1日零时,调查期限为15天。在统计调查的实际操作过程中,任何调查都应尽可能地缩短调查期限,以增强资料的有效性和及时性。

五、制订调查组织工作计划

为了使得统计调查工作顺利进行,必须要有严密细致的组织工作,因此也就要做好组织工作计划。调查组织工作计划包括组织机构、调查地点、调查方法、人员及培训、经费预算等内容。

第三节 统计整理

一、统计整理的意义

统计工作经过了统计调查阶段之后,收集到了大量的统计资料,但所取得的统计资料主要是反映总体单位特征的原始资料,这些资料都是零星的、分散的、不系统的,只能表明各个被调查单位的具体情况,反映的是事物的表面现象,不能说明被研究总体的全貌,不能说明事物的本质特征,也无法揭示事物的发展规律。因此必须对这些调查资料进行加工和整理,以反映现象的总体特征。

统计整理就是根据统计研究的任务和要求,对统计调查收集到的大量原始资料进行科学的加工、分类、汇总,使之条理化、系统化,得出能够反映总体综合特征的统计资料的工作过程。大量数据收集来以后,并不能直接用来分析,因为这些数据间的差异仍然体现为一种原始的无序的状态,只有经过整理后我们才有可能找出现象的内在规律性及本质特征。

统计整理是统计工作的中间环节,它是在统计调查的基础上进行的,是统计调查的继续,同时又是统计分析的前提,在统计工作中起着承前启后的重要作用,在统计工作过程中具有十分重要的地位。统计整理结果的好坏,能否科学、真实地反映客观实际,将直接影响统计分析的准确性,影响整个统计工作的质量。如果这一步工作搞不好,将会使调查来的丰富、完备的资料失去价值，从而达不到统计工作的目的，并且完不成统计工作的任务。

二、统计整理的步骤

统计整理的目的是通过对大量原始资料的加工整理，得到说明总体特征的综合资料，通过对事物个性的研究达到对事物共性的认识，揭示事物的发展规律。因此统计整理是一项严密细致的、科学性很强的工作，需要有组织、有计划地进行。它的基本步骤是：

第一步，制订统计整理方案。

在进行统计整理之前，要根据统计研究的目的，确定统计指标及统计指标体系，确定统计分组的方法，确定统计汇总的方法，确定表现统计指标的形式等。统计整理方案是统计设计在统计整理阶段的具体化，是保证统计整理工作顺利进行的前提，因此，务求详尽、具体。统计整理方案主要包括两方面内容：一是确定对总体资料的处理方法，如对统计资料如何分组、汇总；二是确定统计指标和指标体系，如统计指标体系中包括哪些指标，指标间有何联系，指标的名称、含义、内容等。

第二步，原始资料的审核。

统计调查过程中，基于各种原因，难免会出现一些差错。为了确保统计资料的质量，在对原始资料进行汇总之前，必须对其进行审核和检查工作，以便发现问题及时纠正。实际工作中的一般做法是“不审不汇，不核不报”，只有经过认真审核后的资料才能进行汇总。审核的内容主要包括资料的准确性、完整性、及时性和适用性四个方面。

对资料准确性审核的方法主要是逻辑审核和计算审核。逻辑审核就是看原始资料的内容是否合理，有无违反常规、相互矛盾、不合实际的地方。例如，人口调查中，少年儿童年龄段的居民不应有婚姻状况，人口数量不应小于家庭户数。计算审核就是检查各项数字与合计是否相符，计算方法是否一致，存在平衡关系的数字之间是否平衡。例如，审核中要注意各单项之和是否等于小计，小计之和是否等于合计，各横行纵栏的合计有无错误等。

通过审核发现错误以后，要根据不同情况及时纠正和处理。对弄虚作假、虚报瞒报、伪造篡改统计资料的，要按《统计法》严肃处理。统计资料的审核是一项严肃细致的工作，一定要认真对待，不可草率从事。

第三步，原始资料的分组和汇总。

按照统计整理的要求，采用科学的方法对原始资料进行分组，在统计分组的基础上进行汇总，计算出各组的总体单位数和合计数，计算出各组的指标数值和综合指标数值。对统计资料的整理不仅仅是计算出总计数值，更重要的是进行科学的分组，分组是统计深化认识事物的前提。例如，我国搞人口普查，仅仅了解人口总数是不够的，通过分组了解人口的年龄构成、文化程度构成、民族构成、地区分布等等,对于制定政策、制订规划、科学研究等具有十分重要的意义。

第四步,编制统计表或绘制统计图。

统计整理的结果,需要用一定的方式表现出来。统计表和统计图是表现统计资料的两种主要方式,通过统计表或统计图表现统计资料,一目了然,简明扼要,便于使用。

综上所述,设计统计整理方案、对原始资料进行审核是统计整理的前提,统计分组是统计整理的基础,统计汇总是统计整理的中心环节,编制统计表或绘制统计图是统计整理的结果。可见,统计整理包括统计分组、统计汇总和编制统计图表三个方面的主要内容。

第四节　统计分组

一、统计分组

(一)统计分组的意义

1. 统计分组的概念

统计分组是指根据所研究事物的特点和统计研究的目的与任务,按照一定的分组标志将总体划分成若干个组成部分的一种统计方法。通过统计分组,可以将一个复杂、较大的总体划分为若干个性质不同的组,使得同一组内的总体单位性质相同,组与组之间存在明显的差异,即组内的同质性、组间的异质性。由此可见,统计分组有“分”与“合”双层含义:对总体而言是“分”,即将总体分为性质不同的若干组成部分;而对总体单位来说是“合”,即将性质相同的总体单位结合到一组。可见,分组是本着“相同者合并,不同者分开”的原则,其实质是在统计总体内部进行的定性分类。例如,在人口统计中,我们除了掌握全部人口的总数量外,还要按照性别、年龄、民族等标志把人口总体区分为各种不同的组,汇总计算各组的各种指标值,从而丰富、完善我们对人口总体的认识。

统计分组在整个统计工作中占有十分重要的地位。它不仅是统计整理的基础,而且是统计分析的基本方法。

2. 统计分组的作用

统计分组在统计整理和统计分析中具有十分重要的作用,具体表现在以下几个方面:

(1)划分经济现象的类型。统计分组的根本作用在于区分社会经济现象的“质”,统计分组的过程就是区分社会经济现象“质”的过程。在区分事物“质”的过程中最重要、应用最广泛的是划分社会经济现象的类型,即类型分组。通过类型分组,可以对各种类型的数量表现及数量关系进行研究,达到认识社会经济现象总体内部结构、本质特征及发展规律的目的。例如,我国的工业企业可以划分为国有企业、集体企业、私营企业、个体企业、股份制企业、外商投资企业等。

(2)研究总体的内部结构。将总体按照某一标志分成若干个性质不同的组成部分,然后计算各个组成部分占总体的比重,可以说明总体内部的结构、性质和各组成部分在总体中的地位,通过结构在时间上的变化还可以说明总体内部结构的发展变化趋势。例如,按三次产业分类我国 2016—2020 年就业人员构成情况如表 2-1 所示。

表 2-1 2016—2020 年我国按三次产业分类的就业人员构成情况 单位:%

产业分类	2016 年	2017 年	2018 年	2019 年	2020 年
第一产业	27.4	26.7	25.7	24.7	23.6
第二产业	29.3	28.6	28.2	28.2	28.7
第三产业	43.3	44.7	46.1	47.1	47.7

资料来源:《中国统计年鉴 2021》

资料表明,2016—2020 年第三产业就业人员的比重不断上升,这是我国大力发展第三产业的结果,也是建设小康社会不断提高人民生活水平的需要。相应地,第一、第二产业就业人数占比呈现稳步下降趋势。

(3)分析现象之间的依存关系。一切社会经济现象都不是孤立存在的,按照哲学的观点,现象之间都是相互联系、相互依存、相互制约的。经过统计分组可以表明这类关系的存在,反映各类现象相互依存关系的程度,有助于人们全面、深入地认识现象。利用统计分组研究社会经济现象相互依存关系时,是将总体中的某一个标志作为分组标志进行分组,观察其他标志与分组标志的联系情况。例如,2022 年南昌市西湖区 65 个百货商店商品流通费用率的资料如表 2-2 所示。

表 2-2 2022 年南昌市西湖区 65 个百货商店商品流通费用率

按商品销售额分组/万元	商店数/个	商品流通费用率/%
50 以下	5	12.1
50—100	10	11.4
100—150	25	10.9
150—200	12	9.8
200—250	10	9.0
250 以上	3	8.2

由此可以看出,商品流通费用率与商品销售额之间存在着明显的依存关系:商品流通费用率随着商品销售额的增加而下降。

（二）统计分组的原则和方法

要进行科学的统计分组，必须遵循一定的原则和方法，才能达到统计分组的目的，发挥统计分组的作用。

1. 统计分组的原则

（1）科学性原则。必须坚持组内总体数据的同质性和组间总体数据的差异性，选择能够反映事物本质特征的标志作为分组标志，可突出社会经济现象在各方面存在的差异。这是统计分组的一个基本原则。

（2）完整性原则。完整性又称周延性，是指分组后，总体的每一个单位都能有组可归，无一遗漏。这就要求分组时要列出一切可能的类别，把所有的总体单位都包含进去，避免出现无组可归的总体单位。

（3）互斥性原则。互斥性也称不相容性，是指分组后，总体的每一个单位只能归属某一组，不能同时归属另一组，以免重复交叉。这要求组限的划分明晰，不能模棱两可。

2. 统计分组的方法

正确选择分组标志和划分各组界限，是统计分组的关键。分组标志是指对总体进行分组时所遵循的标准或依据。例如，学生按性别分组，则“性别”就是分组标志；人口总体按年龄分组，则“年龄”就是分组标志。划分各组界限，就是在分组标志变异的范围内，划分各相邻组之间的性质界限和数量界限。正确选择分组标志和划分各组界限不仅影响统计分组的科学性和资料整理的准确性，而且还影响统计分析结果的最终质量。

（1）正确选择分组标志。任何事物都有许多反映其特征的标志。选择的分组标志不同，分组后得出的结果就不同，由此说明的问题和得出的结论也会不同。要正确地反映统计总体的特征，必须正确地选择分组标志。选择分组标志应遵循以下原则：

①根据统计研究的目的选择分组标志。说明总体单位特征的标志有很多，选择什么分组标志进行分组，取决于研究目的。同一总体，由于研究目的不同，需要采用的分组标志就不同。例如，在学生总体中，说明每个学生特征的标志有性别、年龄、学习成绩、民族、身高、体重等，当研究目的是要了解学生的学习状况，就必须选择学生的学习成绩作为分组标志；当研究目的是要了解学生的年龄构成，就要以学生的年龄作为分组标志。

②选择最能够反映现象本质特征的标志作为分组标志。在同一研究目的下，往往有多种分组标志可供选择。在这些标志中有些是本质的或主要的，有些是非本质的或次要的，应力求选择最能反映现象本质的标志作为分组标志。例如，研究职工生活水平时，可以用职工的工资水平作为分组标志，也可用职工家庭的人均收入作为分组标志。由于职工赡养的人口数差异很大，而且职工工资外收入也不同，因此选择职工工资水平作分组标志，不能真正反映职工的生活水平，如果选用职工家庭的人均收入作为分组标志，就能够真正反映职工的生活水平。

③根据事物所处的具体条件选择分组标志。社会在不断发展，历史条件和经济条件

也在不断变化。社会经济现象的特征是随着时间、地点、条件的变化而发生变化的，具体的条件变了，所选择的分组标志也要随之变化。例如，由于环境污染中的粉尘污染对人体健康的危害日益显著，PM 2.5 浓度的测量对空气污染状况有着越来越重要的警示意义，故在考查中国环境空气质量状况时，应将 PM 2.5 浓度水平同步纳入环境空气质量分级测评当中。2012 年 2 月，环境保护部发布了《环境空气质量标准》(GB 3095—2012)，其中增设了 PM 2.5 的浓度限值。这个浓度限值是依照世界卫生组织建议的最宽松的过渡期标准制定的，即依据年平均浓度限值水平确定空气质量等级。比如当日均浓度值达 0—35 ug/m^3 时，空气质量等级为 1 级(优)；为 35—75 ug/m^3 时，为 2 级(良)；依次类推。

(2)正确划分各组界限。分组标志确定以后，区分各组性质差别界限是十分重要的，各组之间界限的划分正确与否，直接影响统计分析结果的真实性。根据所选分组标志的特征不同，统计总体可以按品质标志分组，也可以按数量标志分组。

①按品质标志分组。指选择反映现象属性特征的品质标志作为分组标志，并在品质标志的变异范围内划分各组界限，将总体分为若干性质不同的组成部分。

按品质标志分组多数是比较容易的，当分组标志确定后，各组界限也随之确定，并能将所有单位既不遗漏又不重复地归入各组中。例如，人口按性别分组，只可分为男、女两组，而且界限很分明。但有些现象，当分组的品质标志确定后，各组界限的确定则比较复杂。例如，产品按用途分类、生产按行业分类、劳动者按职业分类等，都是比较复杂的分组。对于这些复杂的统计分组，各有关部门制定了统一的分类标准和目录，可按照分类标准的规定进行分组。如《国民经济行业分类》《工业部门分类目录》《工业产品目录》等等，供全国各地区、各部门、各单位分类时使用。完善统计分类目录，做到分类标准化是统计工作现代化的重要标志。

②按数量标志分组。指选择反映现象数量特征的数量标志作为分组标志，并在数量标志的变异范围内划分各组界限，将总体分成若干性质不同的组成部分。

数量标志的具体表现可以是不等的变量值，按数量标志分组时，不仅要看各组现象的数量差异，而且要通过各组的数量变化来区分现象的不同性质。因此，我们要根据被研究现象本身的内在特点和研究任务来确定各组的数量界限，使分组的数量界限能够区别现象性质上的差别。例如，将学生总体按学习成绩分组时是以 60 分作为数量界限，凡是低于此分的视为不及格，凡是等于或高于 60 分的视为及格。

(3)分组与分组体系。对同一总体既可按一个标志分组，也可按两个或两个以上标志分组，当按两个或两个以上标志分组时，将形成分组体系。分组体系就是根据统计分析的要求，对同一总体进行多种相互联系、相互补充的分组所形成的体系。其形式有两种：平行分组体系和复合分组体系。

①简单分组和平行分组体系。简单分组是指对研究总体按一个分组标志进行的分组。例如，将企业按规模分为大、中、小型企业，将人口按性别分为男、女两组等。简单分

组只能说明总体在某一方面的差异情况。

平行分组体系是指对同一总体按两个或两个以上的标志分别进行简单分组而形成的分组体系，借以反映总体多方面的特征。例如，工业企业按规模、经济类型和轻重工业三个标志分别进行分组，得到如下平行分组体系：

按企业规模分组	按经济类型分组
大型企业	国有经济
中型企业	集体经济
小型企业	私营经济
	股份制经济
按轻重工业分组	外商投资经济
轻工业	港、澳、台投资经济
重工业	其他经济

平行分组体系能从多个方面说明总体的特征，是从广度上分析研究总体现象的。

②复合分组和复合分组体系。复合分组是指对研究总体按两个或两个以上的分组标志层叠起来进行分组。复合分组构成复合分组体系。例如，人口总体在按性别分组的基础上，再按年龄分组，得到如下复合分组：

人口总数	
男性 0—14 岁	女性 0—14 岁
15—64 岁	15—64 岁
65 岁以上	65 岁以上

采用复合分组能够比较全面深入地说明总体的特征，是从深度上分析研究总体现象的。但应注意复合分组的标志不宜过多，因为随着分组标志的增多，组数将成倍增加，影响对总体的认识。

二、分配数列

统计分组的目的，是进一步汇总计算各组的总体单位数和指标数值，以说明总体的分布情况和内部构成。这就需要编制分配数列。

（一）分配数列的概念

在统计分组的基础上，将总体中的所有单位按组归类整理，并按一定顺序排列，形成总体中各个单位在各组间的分布，这个数列称为分配数列，又称分布数列或次数分布。分配数列的形成是统计整理的结果。分配数列由组名（各组的品质属性或变量值）和次数两个要素组成。其中分布在各组的总体单位数（表现为绝对数）称为次数或频数，各组次数占总次数的比重（表现为相对数）称为比率或频率。

分配数列在统计研究中具有重要的意义，它是统计整理结果的一种重要表现形式，也是统计分析的一种重要方法。通过分配数列,可以反映总体中所有单位在各组间的分布特征和结构状况,并在这一基础上进一步研究总体的构成、平均水平及变动的规律性。

(二)分配数列的种类

根据所采用的分组标志的性质不同,分配数列可分为品质分配数列和变量分配数列两种(本节重点讨论变量分配数列)。

1. 品质分配数列

品质分配数列简称品质数列,是按品质标志分组形成的分配数列。如人口按性别分组、三次产业分类、经济类型分类等。表 2-3 就是一个品质数列。

表 2-3　2020 年我国人口数及其构成

指标		年末数/万人	比重/%
地域	城镇	90 220	63.89
	乡村	50 992	36.11
性别	男性	72 357	51.24
	女性	68 855	48.76
全国总人口		141 212	100.00

资料来源:《中国统计年鉴 2021》

2. 变量分配数列

变量分配数列简称变量数列,是按可变的数量标志分组形成的分配数列。如人口按年龄分组、职工按工资分组、学生按成绩分组等。表 2-4 就是一个变量数列。

表 2-4　会计专业学生的学习成绩情况

按学习成绩分组/分	学生人数/人	比重/%
60 以下	5	10
60—70	15	30
70—80	20	40
80—90	7	14
90 以上	3	6
合计	50	100

变量数列反映了总体在一定时期内的数量状态及量变过程,按照变量值在各组中是否存在变动范围,又可分为单项式变量数列和组距式变量数列。

(1)单项式变量数列。简称单项数列,是指每个组只用一个变量值表示并按顺序排列而形成的数列。例如,某地区对 300 户家庭人口数抽样调查的分组资料如表 2-5

所示。

表 2-5　某地区 2017 年家庭人口数抽样资料

按家庭人口数分组/人	户数/户	比重/%
1	6	2.0
2	43	14.3
3	132	44.0
4	60	20.0
5	37	12.3
6	19	6.4
7	3	1.0
合计	300	100.0

由此可见,单项式变量数列的特点是:每个组只有一个变量值;组数的多少由不同变量值的个数决定。因此,在变量值不多且变量值变动范围不大,而且是离散变量的条件下才能使用单项数列,如果变量值较多而且变动范围较大,则需要采用组距数列。

(2)组距式变量数列。简称组距数列,它是每个组用表示一定范围的两个变量值区间来表示并按顺序排列而形成的数列。例如,某企业 315 名职工工资分配情况如表 2-6 所示。

表 2-6　某企业职工工资分配情况

按月工资分组/元	人数/人	比重/%
1 500 以下	25	7.9
1 500—2 000	54	17.1
2 000—2 500	136	43.2
2 500—3 000	69	21.9
3 000 以上	31	9.9
合计	315	100.0

组距式变量数列的特点是:每个组用变量值限定区间表示,采取“由多少至多少”的形式;组别的多少由组距的大小决定。当变量值较多、变动范围较大时编制单项数列会使分组过多,过于分散,不便于说明问题。特别是连续变量不能编制单项数列,否则会丢失数据,违背完整性原则。但是,有些变量本质上是连续的,而在日常实践中常常用整数计量,如年龄用“岁”、体重用“千克”来计量等,这时可按离散型随机变量处理。即根据实际情况,可以编制单项数列也可以编制组距数列。

(三) 变量数列的编制

变量数列有单项数列和组距数列两种形式,下面分别介绍其编制方法。

1. 单项数列的编制

编制单项数列必须具备两个条件:一是变量是离散型变量;二是变量值的个数不多。只有同时具备这两个条件才可采用单项数列形式。

例如,某厂 30 名工人看管机器台数资料如下:

3	6	5	5	2	4	4	5	3	3
5	5	4	2	5	6	4	5	4	4
4	2	5	3	3	4	4	5	3	4

要求根据上述资料编制变量数列。

分析:根据资料,看管机器台数是离散型变量,且变量值的具体表现是 2、3、4、5、6 共 5 个不同的变量值,所以可以编制单项数列。

编制步骤:

第一步,将变量值的原始资料按顺序排列,一般是由小到大排列。即:

2	2	2	3	3	3	3	3	3	4
4	4	4	4	4	4	4	4	4	5
5	5	5	5	5	5	5	5	6	6

第二步,确定各组的变量值和组数。一个变量值为一组,重复出现的变量值只取一个。则分为:

2、3、4、5、6 共五组。

第三步,整理出变量值出现的次数,编制单项式变量数列,如表 2-7 所示。

表 2-7 某厂 30 名工人看管机器情况

看管机器台数/台	人数/人	比重/%
2	3	10.0
3	6	20.0
4	10	33.3
5	9	30.0
6	2	6.7
合计	30	100.0

2. 组距数列的编制

编制组距数列应具备两个条件:一是连续型变量;二是离散型变量的变量值比较多。这种条件下,在编制变量数列时多数情况下采用组距数列。下面以一个实例来说明变量数列的编制方法。

例如,某高校某年级会计学专业 50 名学生统计学原理考试成绩如下:

65	66	89	88	67	84	86	87	75	73
66	72	68	75	94	82	98	58	79	87
67	54	85	79	76	95	77	76	71	60
68	65	79	72	76	85	89	92	64	57
69	51	81	78	77	72	61	48	70	86

根据上述资料编制变量数列以反映学生学习成绩的分布及构成。

分析:根据资料,学生的学习成绩是连续型变量,且变量值比较多,所以可编制组距式变量数列。编制步骤如下:

(1)数据预处理。数据预处理的目的和方法前面已经进行了表述,根据本例题所给的资料主要是对数据进行排序,将以上资料的变量值按从小到大的顺序排列如下:

48	51	54	57	58	60	61	64	65	65
66	67	68	70	71	72	72	72	73	75
75	76	76	76	77	77	78	78	79	79
79	81	81	82	83	84	85	85	86	86
87	87	88	89	89	91	92	94	95	98

(2)数据分组。数据分组的方法和步骤如下:

第一步,计算全距(R)。

全距是原始资料中最大值与最小值之差。即:

$$R=x_{\max}-x_{\min}$$

全距是确定组数和组距的依据。本例题最高成绩为 98 分,最低成绩为 48 分,全距为

$$R=98-48=50$$

第二步,确定组数。

为了方便,在实际工作中组数可以凭直观经验来确定,就是以资料中数据的多少及分布情况来确定,组数的参考范围一般为 5—12 组。如本例题可分为 5 组($K=5$)。

第三步,确定组距。

组距为各组最大值与最小值之间的距离,即:组距=组内最大值-组内最小值。组距的确定方法是:

$$\text{组距}(i)=\frac{\text{全距}}{\text{组数}}=\frac{R}{K}=\frac{50}{5}=10$$

为了方便分组,如果计算结果为小数,可取近似于实际计算结果的整数,如 5、10 或 5 和 10 的倍数。

从组距的确定方法来看,组距与组数相互制约。在组距既定的条件下,全距大则组

数多,全距小则组数少;在全距既定的条件下,组距大则组数少,组距小则组数多。全距是客观存在的事实,不以人的意志为转移。

第四步,确定组限。

组限是各组标志值取值范围的限定值(两个极限值),大的称为“组上限”,小的称为“组下限”。组限的表现形式一般有两种:

①闭口组。闭口组就是表示形式为“既有上限又有下限”的组限,包括有重叠闭口组和无重叠闭口组两种表示法。

有重叠闭口组是相邻组限有重叠的表现形式,如60—70、70—80。无重叠闭口组就是相邻组限不重叠的形式,如60—69、70—79。社会经济统计学中一般采用有重叠闭口组来表示。

②开口组。开口组就是“有上限无下限”或“有下限无上限”的组限表现形式。“有上限无下限”称为“下开口组”,如“60以下”。“有下限无上限”称为“上开口组”,如“90以上”。

在确定组限时,关键是要确定好第一组的组限。一般来说,第一组所含的标志值个数不宜多,且第一组的中心值以小于资料的最小标志值为宜(有特殊要求和极小值太小的例外)。本例题由于有60分及格的要求,所以要以60分为分界线,把第一组确定为“60分以下”。第一组组限确定之后,按照“上一组相应的组限加上一个组距即为下一组对应的组限”的方法,就可以确定各组组限。

第五步,计算组中值。

组中值是各组中点位置所对应的变量值。它是各组中心值,代表各组标志值的平均水平。组中值的计算方法根据组限的表示形式不同可以有三种方法:

组限为下开口组时:$组中值=本组上限-\frac{组距}{2}$

组限为上开口组时:$组中值=本组下限+\frac{组距}{2}$

组限为闭口组时:$组中值=\frac{组下限+组上限}{2}$

例如,本例题第一组的组中值为

$$组中值=本组上限-\frac{组距}{2}=60-\frac{10}{2}=55$$

第二组的组中值为

$$组中值=\frac{组下限+组上限}{2}=\frac{60+70}{2}=65$$

最后一组的组中值为

$$组中值=本组下限+\frac{组距}{2}=90+\frac{10}{2}=95$$

由以上计算可见,对于等组距分组来说,在实际工作中没有必要都用公式去计算,只要第一组的组中值确定之后,加上一个组距就是第二组的组中值,依此类推。如果是异组距分组的话,可以按以下公式计算:

组限为下开口组时:$组中值=本组上限-\frac{邻组组距}{2}$

组限为上开口组时:$组中值=本组下限+\frac{邻组组距}{2}$

组限为闭口组时:$组中值=本组下限+\frac{本组组距}{2}=本组上限-\frac{本组组距}{2}$

第六步,分配标志值。

分配标志值就是按照分组范围把所有标志值归并到相应组中,也就是数据归组。在分配标志值时有一点需要说明:当组限为有重叠闭口组时,如果有一个标志值刚好等于相邻两组中上一组的上限值和下一组的下限值时,应遵循“上限不在本组内”原则。这样就使得标志值的分配符合“不重不漏”原则,实现恰当准确地分组。

(3)组距式变量数列的显示。通过数据分组之后,组距式变量数列可以通过次数分布表和次数分布图来显示分组结果,并直观地反映出经济现象指标的分布规律。

①次数分布。次数分布就是总体中各单位数在各组的分布。通过次数的分布规律,可以看出事物的统计规律。根据变量数列的编制方法,将总体各单位划归到所属各组之后,计算出各组次数,便得到组距式变量数列次数分布表,如表 2-8 所示。

表 2-8　某校经济统计学专业学生统计学成绩次数分布表

按学习成绩分组/分	组中值/分	人数/人	比重/%
60 以下	55	5	10.0
60—70	65	8	16.0
70—80	75	18	36.0
80—90	85	14	28.0
90 以上	95	5	10.0
合计	—	50	100.0

如果我们以次数分布表中的学习成绩分组作为横坐标,而以各组的人数作为纵坐标,就可以得到该班 50 个同学的统计学成绩次数分布图,亦称直方图或矩形图,如图 2-1 所示。

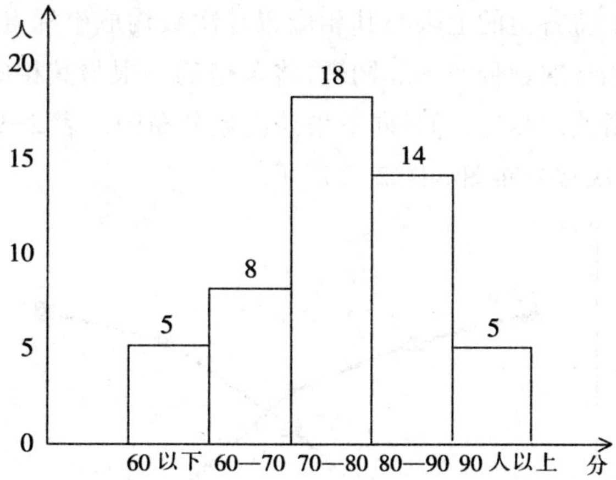

图 2-1 某校经济统计学专业学生统计学成绩次数分布图

②累计次数分布。次数分布是统计研究的一个基本问题。次数分配数列可以观察每个变量组出现的次数以及总体单位数的分布规律，但是如果要知道截至某一组变量值以上或以下的分布次数以及所研究现象的发展进程等情况，则需要编制累计次数分布数列。

累计次数分布是将各组变量的次数和频率逐组累计相加，表明总体的某一标志值在某一水平上下的总体次数和比率。累计次数的计算方法有向上累计和向下累计两种。

向上累计是将各组次数或比率从变量值低的组向变量值高的组逐组累计。向上累计每组的累计次数或累计频率表示该组上限以下的次数和或频率和，这就是所谓的“上限以下”。向下累计是将各组次数或比率从变量值高的组向变量值低的组逐组累计。向下累计每组的累计次数或累计频率表示该组下限以上的次数和或频率和，这就是所谓的“下限以上”。

如果将表 2-8 的分布次数分别按照向上累计和向下累计两种方法进行累计，就可得到累计次数分布表，如表 2-9 所示。

表 2-9 某校经济统计学专业学生统计学成绩累计次数分布表

学习成绩/分	组中值/分	人数/人	比重/%	向上累计次数/人	向下累计次数/人
60 以下	55	5	10	5	50
60—70	65	8	16	13	45
70—80	75	18	36	31	37
80—90	85	14	28	45	19
90—100	95	5	10	50	5
合计	—	50	100	—	—

根据向上累计次数与向下累计次数的含义不同，以分组变量为横轴，以累计次数为

纵轴,在直角坐标系上将各组的上限与其相应累计次数构成坐标点,依次用折线或光滑曲线相连,即是向上累计次数分布图。同理,将各组的下限与其相应累计次数构成坐标点,依次用折线或光滑曲线相连,即是向下累计次数分布图。表 2-9 对应的向上累计次数分布图与向下累计次数分布图如图 2-2 所示。

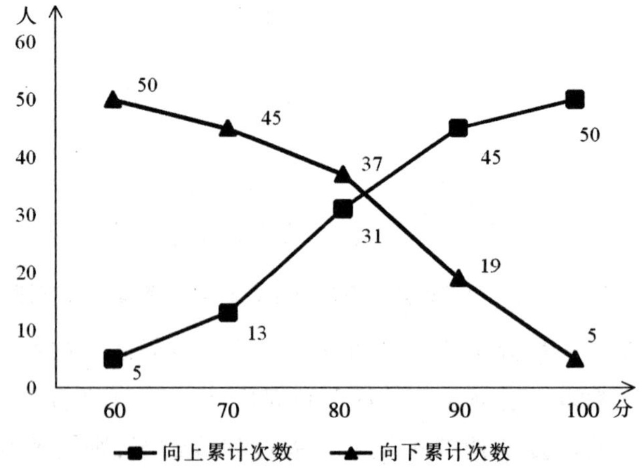

图 2-2　某校经济统计学专业学生统计学成绩累计次数分布图

（四）变量数列次数分布的主要类型

在日常生活和经济管理中,常见的次数分布曲线主要有钟形分布（正态分布）、U 形分布和 J 形分布等几种类型。

1. 钟形分布

钟形分布的特征是“中间多,两边少”,这类分布是以平均值为中心的,越接近中心,分配的次数越多,离中心越远,分配的次数越少,其曲线形状就像一口古钟。社会经济现象中许多变量呈钟形分布,如人的身高、体重、智商,农作物产量,商品市场价格等。所有的试验、测量和观测误差都服从钟形分布（正态分布）,如图 2-3 所示。钟形分布在社会经济统计学中具有重要意义:一方面是因为社会经济现象中的大部分分布呈现为钟形分布;另一方面,正态分布在抽样推断中也是最常用的分布。

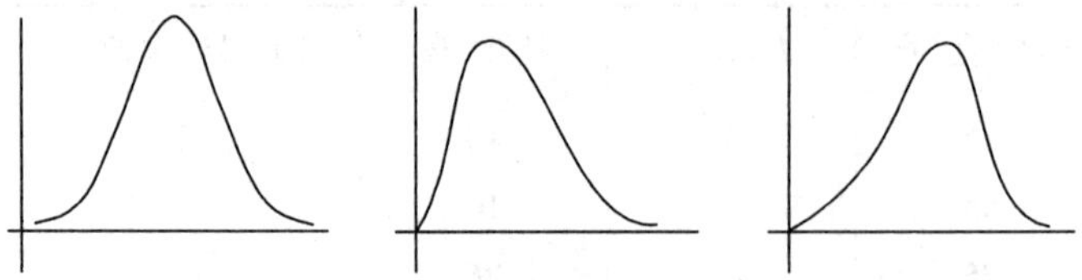

图 2-3　钟形分布示意图

2. U 形分布

U 形分布的特征是“两头多,中间少”,呈现“U”字形,与钟形分布正好相反,又称为生命曲线或浴盆曲线。这类分布是以平均值为中心的,越接近中心,分配的次数越少,离中心越远，分配的次数越多。如人和动物的死亡率近似服从 U 形分布。新生儿期和老年期死亡率高，而中年时期死亡率最低，同时也相对稳定，如图 2-4 所示。

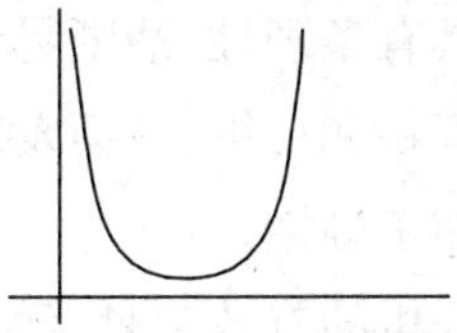

图 2-4　U 形分布示意图

3. J 形分布

在社会经济现象中，也有一些总体的分布呈"J"字形。J 形分布有正 J 形和反 J 形分布两种，应用较广的分别是西方经济学中的供给曲线和需求曲线。正 J 形分布的次数是随着变量值的增大而增多，例如，投资按利润率大小分布，如图 2-5(a)所示；反 J 形分布的次数是随着变量值的增大而减少，例如，人口总体按年龄大小的分布，如图 2-5(b)所示。

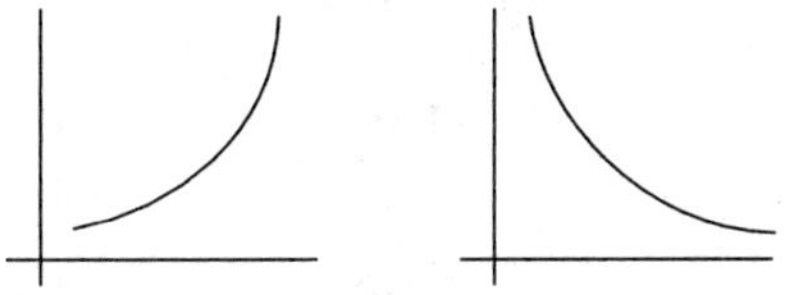

(a)正 J 形分布　　(b)反 J 形分布

图 2-5　J 形分布示意图

第五节　统计表与统计图

统计整理的结果可以通过各种不同的形式表现出来，如统计表、统计图、统计分析报告等。统计表和统计图是应用最广泛的形式。

在日常生活中，我们能看到大量的统计表格和统计图形。统计表把杂乱的数据有条理地组织在一张简明的表格内，统计图则把数据形象地显示出来。显然，我们看统计表和统计图要比看枯燥的数字更有趣。当我们对某些实际问题进行研究时，也经常要使用统计表和统计图。正确地使用统计表和统计图是做好统计分析的最基本技能。

一、统计表

(一)统计表的概念及其构成

1. 统计表的概念

所谓统计表是以纵横交叉的线条所绘制的表格来表现统计资料的一种形式。在统计工作的各个阶段都有用到不同的统计表格，统计调查阶段有调查表，统计整理阶段有整理表，统计分析阶段有分析表，这里我们主要介绍表现统计整理结果的统计表。

统计表作为表现统计资料的一种有效形式，是显示统计数据的基本工具。它的主要特点有：

(1)可以使大量的统计资料具有条理性，清晰易懂，便于观察；

(2)便于对照比较统计数字资料和计算，从而发现现象的规律性；

(3)易于检查数字的完整性和正确性；

(4)是进行统计计算和统计分析的有效工具，便于统计资料积累。

2. 统计表的构成

根据使用者的要求和统计数据本身的特点，我们可以绘制形式多样的统计表。其构成可以从两方面来看：

第一，从形式上看，统计表由总标题、横行标题、纵栏标题、指标数值四部分构成。如表 2-10 所示。

表 2-10　2020 年北京市各规模企业工业总产值

按企业规模分	企业数/个	工业总产值/万元
大型企业	110	139 743 512
中型企业	398	32 370 131
小型企业	2 310	35 780 243
合计	2 818	207 893 886

总标题是统计表的名称，用来概括说明统计表中全部资料的内容，一般写在表的上端中央；横行标题是统计表横行的名称，用来表示各组的名称，一般写在表的左方；纵栏标题是统计表纵栏的名称，用来表示总体的统计指标或分组标志的名称，一般写在表的第一行；指标数值在各横行标题与各纵栏标题的交叉处，每一个数值的含义都由横行标题和纵栏标题共同限定。

第二，从内容上看，统计表由主词和宾词两部分构成。如表 2-11 所示。

主词是统计表所要说明的总体，它可以是总体的各个组或各个单位的名称，一般排列在表的左方；宾词是说明总体的各种统计指标，包括指标名称和指标数值，一般排列在表的右方。但需要说明的是：主词和宾词的位置不是固定不变的，必要时可以调换位置。

(二)统计表的种类

统计表的种类可以从两个不同的角度划分。

1. 统计表按其作用不同分

(1)调查表：指在统计调查中用于登记、收集原始资料的表格。

(2)整理表：指在统计汇总或整理过程中使用的表格和用于表现统计整理结果的表格。

(3)分析表:指在统计分析中用于对整理所取得的统计资料进行定量分析的表格。它常与整理表结合在一起,是整理表的扩展。

2. 统计表按主词是否分组和分组的程度不同分

(1)简单表。指主词未经任何分组的统计表。通常用以表现三种数列资料,即时间数列、空间数列和指标数列。如表 2-11 就是一个简单表。通常是对调查来的原始资料作初步整理所采用的形式,即为按总体各单位名称排列的简单表。

表 2-11　2013—2020 年中国国内生产总值　　单位:亿元

年份	国内生产总值
2013	595 244.4
2014	643 974.0
2015	689 052.1
2016	744 127.2
2017	827 122.0
2018	919 281.1
2019	986 515.2
2020	1 015 986.2

资料来源:历年《中国统计年鉴》

(2)简单分组表。指主词按一个标志进行平行分组的统计表。在研究总体的内部结构和分布状况以及现象之间的依存关系时,大多采用简单分组表。如表 2-12 所示。

表 2-12　2020 年全国旅客周转量及其构成

运输方式	旅客周转量/亿人公里	比重/%
铁路	8 266.2	42.9
公路	4 641.0	24.1
水路	33.0	0.2
民航	6 311.3	32.8
合计	19 251.5	100.0

资料来源:《中国统计年鉴 2021》

(3)复合分组表。指主词按两个或两个以上的标志进行层叠分组的统计表,如表 2-13 所示。利用复合分组表可以从多个方面反映总体的内部状况,因而可更深入地对总体进行观察研究。但要恰如其分地使用复合表,并不是分组越细越好。因为复合表中多进行一次分组,组数将成倍增加,分组太细反而不利于研究现象的特征。

表 2-13　2020 年全国私人汽车保有量

单位：万辆

<table>
<tr><th colspan="2">汽车类型</th><th>私人保有量</th><th>合计</th></tr>
<tr><td rowspan="4">载客汽车</td><td>大型</td><td>3. 82</td><td rowspan="4">22 333. 81</td></tr>
<tr><td>中型</td><td>17. 65</td></tr>
<tr><td>小型</td><td>22 165. 13</td></tr>
<tr><td>微型</td><td>147. 21</td></tr>
<tr><td rowspan="4">载货汽车</td><td>重型</td><td>222. 62</td><td rowspan="4">1 907. 29</td></tr>
<tr><td>中型</td><td>55. 58</td></tr>
<tr><td>轻型</td><td>1 626. 49</td></tr>
<tr><td>微型</td><td>2. 60</td></tr>
<tr><td colspan="3">其他</td><td>50. 10</td></tr>
<tr><td colspan="3">合计</td><td>24 291. 20</td></tr>
</table>

资料来源：《中国统计年鉴 2021》

（三）统计表的设计要求及编制原则

由于使用者的目的以及统计数据的特点不同，统计表的设计在形式和结构上会有较大差异，但设计上的基本要求则是一致的。总的来看，统计表的设计应遵循科学实用的原则，并考虑简练、美观的要求。具体来说，应注意以下几项规则：

（1）统计表的标题要简明，置于全表的正上方，要确切地反映资料的主要内容以及资料所属的时间和空间范围。

（2）统计表主词和宾词的排列，应当合理有序，应根据时间的先后、数量的大小、空间的位置等自然顺序编排。一般按先局部后全体的顺序，即先列分项后列合计编排；但如果只打算列出全体中的部分项目，则先列合计，后列分项，并对下属各行用“其中”表示。

（3）统计表栏数较多时，通常要加以编号，并说明其相互关系。在主词和计量单位等栏用（甲）、（乙）、（丙）编号，在宾词栏用（1）、（2）、（3）……编号。如某栏数字是根据其他栏数字计算的，则应标明计算关系。

（4）统计表中的数字应注明计量单位。如全表用一种计量单位时，可在表的右上方注明；如计量单位不统一，横行的计量单位可设计量单位栏，纵栏的计量单位可与纵栏标题写在一起，指标名称与计量单位用“/”隔开。

（5）统计表的数字填写要注意对位整齐，同栏中的小数保留位数要一致，遇有相同数值时应重新填写，不得用“同上”“同左”等字样代替。没有数字或免填的格内用“—”表示，缺少资料或忽略不计的格内用“……”表示。

(6)统计表的格式一般采用长方形,左右两端开口式。统计表上下两端的基线要用粗体或双线画出,表内如有两个以上不同的内容,也应用粗线或双线隔开。

(7)统计表的设计应内容紧凑,重点突出,富有表现力,反映问题一目了然,便于分析和比较。

(8)引用的统计资料,需要在表的下方注明来源,以表示对他人劳动成果的尊重,备读者查阅使用。制表完毕,经审核无误后,制表人和主管负责人应签名盖章,以示负责。

二、统计图

(一)统计图的意义

统计图是以点、线、面等几何图形或具体事物的形象来描述、显示统计资料的一种形式。用统计图表现统计资料,鲜明醒目、一目了然、形象具体、通俗易懂、便于理解。

(二)统计图的种类

统计图的种类比较多,常见的有柱状图、折线图、饼图等几种形式。

1. 柱状图

柱状图是以宽度相等的条形高度或长度来比较统计资料数值大小或多少的一种图形。对于品质分配数列或离散型变量,可用柱状图来显示数列分布情况。例如,2015—2022 年全国人均居民消费水平如图 2-6 所示。

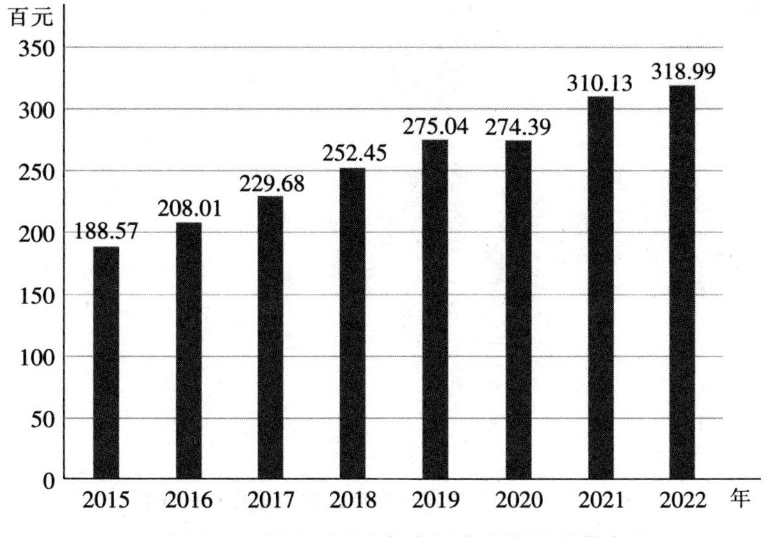

图 2-6　2015—2022 年全国人均居民消费水平

2. 折线图

折线图是在直方图的基础上,将每个长方形的顶端中点用折线连接而成,或用组中值和频数求坐标点连接而成,如图 2-7 所示。

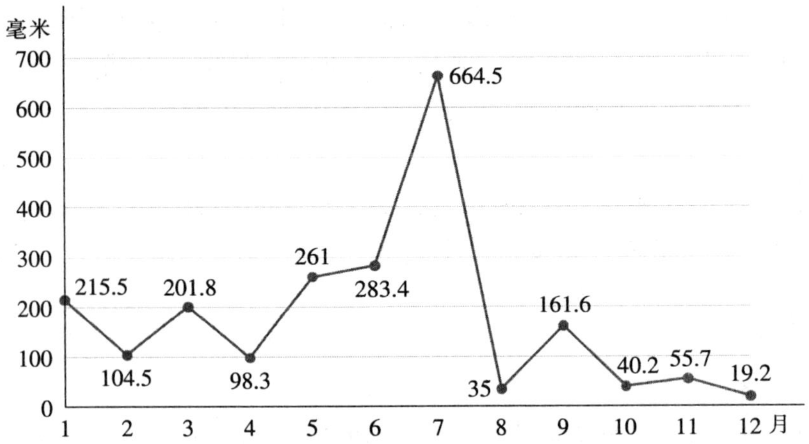

图 2-7　2020 年南昌市各月降水量走势图

3. 饼图

饼图是以圆形的面积或以圆内各扇形的面积的大小来表示总体的分组及结构情况的一种图形。它最适宜用来表示品质分配数列的次数分布情况。因为它没有起点和终点,图中的各部分看不出顺序,这与品质分配数列中各组的平等关系特征是一致的。饼图可以是平面的,也可以加工成立体的或组合的形式。例如,2023 年中国三次产业贡献率结构分布如图 2-8 所示。

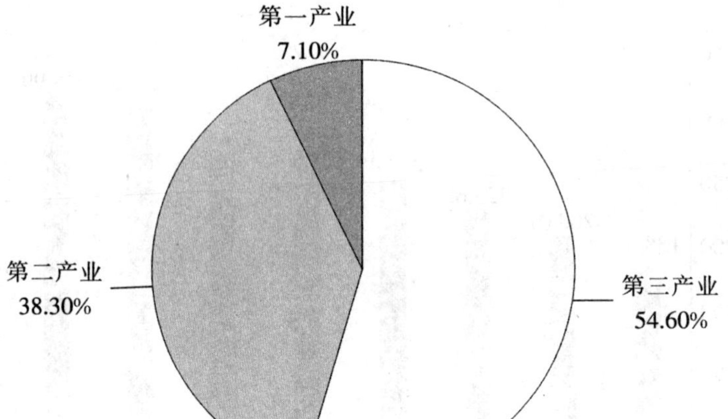

图 2-8　2023 年中国三次产业贡献率结构分布图

Excel 提供了较为丰富的描绘统计图的功能,基本能够满足日常统计分析需要。近年来,随着数据可视化技术的发展,统计图种类越来越多,形式也越来越丰富。蚂蚁数据可视化(https://antv. antgroup. com)团队将统计图分为比较类、趋势类、组成类、占比类、分布类、排名类、关系类以及空间类等八类。其中比较类中有折线图、阶梯图、面积图、堆叠面积图、百分比堆叠面积图、柱状图、堆叠柱状图、百分比堆叠柱状图、区间柱状图、瀑布图、条形图、分组条形图、堆叠条形图、百分比堆叠条形图、区间条形图、饼图、环图、玫瑰图、散点图、气泡图、对比漏斗图、雷达图、符号地图、符合图表地图、3D 柱状图、等值线地图、填充地图、3D 填充地图等,感兴趣的读者可以学习和使用。

本章小结

统计调查是统计工作过程中的重要一环,是统计工作的基础环节。统计调查的表现形式多样,按调查对象所包括的范围分为全面调查和非全面调查;按调查登记的时间是否连续分为连续性调查和非连续性调查;按调查时收集数据的方法不同分为直接观察法、报告法和采访法;按统计调查组织方式不同分为统计报表和专门调查。

统计调查方案的设计属于统计调查工作的准备阶段,其主要内容包括确定调查目的、确定调查对象和调查单位、确定调查项目、制作调查表、确定调查时间和调查期限、制订调查组织工作计划。

统计调查组织方式中,专门调查包括普查、重点调查、典型调查、抽样调查等,它们各有各的优、缺点,都非常重要,在统计工作中应用都很广泛。统计报表是一种定期的、比较稳定的收集资料的方法,在社会经济发展中具有重要的作用。

统计分组是指根据所研究事物的特点及统计研究的目的和任务,按照一定的分组标志将总体划分成若干个组成部分的一种统计方法。统计分组的重要作用在于:区分社会经济现象的性质、研究总体的内部结构和分析现象之间的依存关系。进行统计分组时,必须遵循科学性原则、完整性原则和互斥性原则。统计分组的关键是正确选择分组标志和划分各组界限。分组标志是指对总体进行分组时所遵循的标准或依据。正确选择分组标志,应遵循以下原则:根据统计研究的目的选择分组标志,选择最能够反映现象本质特征的标志作为分组标志,根据事物所处的具体条件选择分组标志;划分各组界限,就是在分组标志变异的范围内,划分各相邻组间的性质界限和数量界限。对研究的总体按一个分组标志进行的分组叫简单分组。对同一总体按两个或两个以上的分组标志分别进行简单分组而形成的分组体系叫平行分组体系,借以反映总体多方面的特征。对研究总体按两个或两个以上的分组标志层叠起来进行分组叫复合分组,复合分组形成复合分组体系。

在统计分组的基础上,将总体中的所有单位按组归类整理,并按一定顺序排列,形成总体单位数在各组间的分布,这个数列称为分配数列。分配数列由组名(各组的品质属性或变量值)和总体单位数两个要素组成,其中分布在各组的总体单位数表现为绝对数,称为次数或频数,表现为相对数即各组次数与总次数之比的比重称为比率或频率。

分配数列可分为品质分配数列和变量分配数列。品质分配数列简称品质数列,是按品质标志分组形成的分配数列。变量分配数列简称变量数列,是按可变的数量标志分组形成的分配数列。变量数列可分为单项式变量数列和组距式变量数列。单项式变量数列就是数列中的每个组只用一个变量值表示的数列。组距式变量数列就是数列中的每个组用表示一定范围的两个变量值表示的数列。分配数列有三种类型:钟形分布、U 形分布和 J 形分布。

统计表是以纵横交叉的线条所绘制的表格来表现统计资料的一种形式。统计表从形式上看,由总标题、横行标题、纵栏标题、指标数值四部分构成;从内容上看,由主词和宾词两部分构成。统计表按主词所选分组标志的多少和分组的程度不同可分为简单表、简单分组表和复合分组表。简单表是指主词未经分组的统计表。简单分组表是指主词按一个标志进行分组或按两个及两个以上的标志进行平行分组的统计表。复合分组表是指主词按两个或两个以上的标志进行层叠分组的统计表。统计图是用几何图形或具体事物的形象来表现统计资料的一种形式。

思考与练习

课后思考

1. 试述统计调查的意义、要求以及分类情况。
2. 什么是统计报表？试述统计报表的作用、局限性及其分类情况。
3. 什么是统计整理？统计整理的基本步骤有哪些？
4. 社会经济现象中次数分布主要有哪几种类型？分布特征如何？
5. 什么是统计表？从形式和内容上由哪几部分构成？编制时应注意哪些问题？

知识自测

1. 单项选择题

(1)统计调查分为统计报表和专门调查是按(　　)。

A. 调查对象包括的范围不同划分的　　B. 其组织形式的不同划分的

C. 收集资料的方式不同划分的　　D. 登记的时间不同划分的

(2)下列调查属于全面调查的是(　　)。

A. 对某种连续生产的产品质量进行调查

B. 某地区对工业企业设备进行普查

C. 对全国煤炭生产中的重点单位进行调查

D. 抽选部分地块进行农产品产量调查

(3)某市对占该地交通运输业总产值五分之四的六个运输企业进行调查,这种调查方法叫(　　)。

A. 普查　　B. 典型调查　　C. 抽样调查　　D. 重点调查

(4)要调查市场上某种饮料的合格率,应该采用(　　)。

A. 典型调查　　B. 问卷调查　　C. 重点调查　　D. 抽样调查

(5)按某一标志分组的结果表现为(　　)。

A. 组内差异性,组间同质性　　B. 组内同质性,组间差异性

C. 组内同质性,组间同质性　　D. 组内差异性,组间差异性

(6)设对某地区的人口按年龄分组如下:不满周岁、1—4岁、4—7岁、7—20岁、20—60岁、60—65岁、65—80岁、80—100岁、100岁以上,最后一组的组中值为(　　)。

A. 110岁　　B. 109岁　　C. 109.5岁　　D. 119岁

(7)将次数分布数列分为品质分布数列和变量分布数列的依据是(　　)。

A. 分组的方法　　B. 分组的组限

C. 分组的组距　　D. 分组标志的特征

(8)如果数据分布很不均匀,则应编制(　　)。

A. 开口组　　B. 闭口组

C. 等距数列　　D. 不等距数列

(9)统计分组中的组内同质性是指该组内各总体单位(　　)。

A. 在分组标志上具有相同性质

B. 在所有标志上具有相同性质

C. 在除与组标志之外的其他标志上具有相同性质

D. 在除与组标志之外的其他标志上均不具有相同性质

(10)某地区农民人均收入最高为426元,最低为270元。据此分为6组,形成等距数列,则各组组距为(　　)。

A. 25　　B. 26　　C. 27　　D. 20

2. 判断题

(1)全面调查只适用于有限总体的调查。(　　)

(2)观察法可获得大量真实的第一手资料,但要花费大量的人力、物力、财力和时间。(　　)

(3)在统计调查中,调查单位和报告单位两者通常是一致的,但有时也是不一致的。(　　)

(4)专门调查是为了研究某些专门问题而临时组织的调查,它与定期统计报表是两种不同的方式。(　　)

(5)按数量标志分组,各组的变量值能够准确地反映经济现象性质上的区别。(　　)

(6)频数表示标志值对总体绝对作用的程度,频率则说明标志值对总体相对作用的程度。(　　)

(7)连续型变量可以作单项式分组或组距式分组,而离散型变量只能作组距式分组。(　　)

(8)向下累计频率说明小于某个变量值的单位数所占比重是多少。 (　　)

(9)复合表是主词按两个或两个以上标志分组的统计表。 (　　)

(10)统计分组时,所有组的组距都不等的分组叫不等距分组。 (　　)

技能训练

1. 利用所学的知识,对下列调查问题进行分类:

(1)为了解港口钢材积压情况,上级部门向辖区内所有港口单位发文要求填报调查数据资料;

(2)一批商品运到仓库,在这批商品中选出 20 件进行仔细检查,以判断和记录其质量;

(3)某乡在春播期间每隔 5 天向上级主管部门提交播种进度报告;

(4)为了解某地区农业科技人员分配、使用情况,地区有关部门向各市、县、区布置调查表,要求填报;

(5)某课题组对大中型铁路建设项目投资效果进行实地调查,以研究我国目前铁路建设项目投资的总体效果;

(6)某课题组选取部分从事互联网金融的公司通过邮件进行问卷调查,以了解互联网金融的现状及存在的问题。

请按下列要求完成分类:

①如从组织方式角度考虑,上述各项调查属于哪种调查?

②如从调查登记时的连续性与否考虑,则上述各项调查分别属于哪种调查?

③如从调查对象所包括的范围方面来考虑,则上述各项调查分别属于哪种调查?

④如从收集资料的方法方面来考虑,则以上各项调查分别属于哪种调查?

2. 某班 40 名学生统计学考试成绩分别为:66,89,88,84,86,87,75,73,72,68,75,82,97,58,81,54,79,76,95,76,71,60,90,65,76,72,76,85,89,92,64,57,83,81,78,77,72,61,70,81

学校规定:60 分以下为不及格,60—70 分为及格,70—80 分为中,80—90 分为良,90—100 分为优。

要求:

(1)将该班学生分为不及格、及格、中、良、优五组,编制一张分布数列。

(2)指出分组标志及类型、分组方法的类型,并分析本班学生考试情况。

3. 某企业工人月产量统计资料如下表所示。

按月产量分组/件	工人数/人
150—160	60
160—170	120

续表

按月产量分组/件	工人数/人
170—180	120
180—190	140
190—200	150
200—210	180
210—220	220
220 及以上	80
合计	1070

根据资料，要求：

(1)指出上述变量数列属于哪一种变量数列？该数列说明了什么情况？

(2)指出统计表中的变量、变量值、上限、下限、次数、总体单位总数。

(3)计算组距、组中值和频率。

4. 某企业 36 名职工的基本情况如下表。

序号	性别	民族	年龄/岁	工资/元	序号	性别	民族	年龄/岁	工资/元
1	男	汉	18	500	19	女	汉	46	760
2	女	汉	45	630	20	男	汉	28	580
3	女	汉	50	900	21	男	汉	24	530
4	男	朝鲜	25	530	22	女	汉	46	630
5	女	汉	20	500	23	女	汉	28	580
6	女	汉	18	500	24	女	汉	32	530
7	女	回	26	580	25	男	满	24	530
8	女	汉	40	710	26	女	汉	21	500
9	男	汉	24	530	27	女	汉	18	500
10	女	汉	22	500	28	女	汉	20	500
11	女	朝鲜	36	630	29	女	汉	24	580
12	女	汉	35	530	30	男	满	40	710
13	女	汉	18	500	31	女	汉	36	630
14	男	汉	38	630	32	女	汉	24	530
15	女	汉	42	630	33	女	汉	30	580
16	女	汉	22	530	34	女	汉	35	580
17	女	汉	23	530	35	男	汉	29	580
18	女	满	36	630	36	男	汉	20	500

要求：

(1)按数量标志进行简单分组和复合分组,编制统计表,绘制条形图。

(2)按品质标志进行简单分组和复合分组,编制统计表,绘制圆形图。

5. 某县 50 个乡粮食平均亩产量(公斤)资料如下：

417,341,452,338,344,266,230,456,258,337,414,375,467,414,466,335,484,310,417,546,283,515,390,395,377,416,304,349,347,410,417,417,292,358,351,331,489,466,371,504,341,392,325,359,292,440,279,232,278,476

要求：根据以上资料编制等距分布数列,并绘制直方图及次数分布折线图。

第三章　统计数据的描述

知识目标

(1)了解总量指标和相对指标的概念、表现形式与应用。

(2)理解标志总量与总体单位总量、时期指标与时点指标的含义和区别。

(3)掌握各种相对数的特点,区分不同点。

(4)理解平均指标和变异指标的概念及二者的关系。

(5)理解权数的意义和作用。

技能目标

(1)在实践工作中能熟练地计算和应用各种相对指标。

(2)能正确地使用平均指标和变异指标解释经济现象的数量特征。

(3)在实践工作中能正确把握平均指标和变异指标的应用原则。

案例导入

深入贯彻落实新发展理念　交通通信实现跨越式发展

——党的十八大以来经济社会发展成就系列报告之六(节选)

党的十八大以来,在以习近平同志为核心的党中央坚强领导下,交通运输业和邮电通信业取得了举世瞩目的成就,基础设施网络日趋完善,新技术新业态蓬勃发展,服务质量持续提升,战略支撑能力不断增强。2013—2021 年,我国交通运输、仓储和邮政业增加值年均实际增长 6.9%,基础性、先导性和战略性作用进一步凸显,为全面建设社会主义现代化国家,实现第二个百年奋斗目标奠定了坚实基础。

一、突出创新引领,交通通信网络日益完善

(一)投资建设持续加强,综合交通网络日趋完善

党的十八大以来,综合交通运输体系建设取得了历史性成就。2013—2021 年全国交通运输业累计投资超过 27 万亿元,运输基础设施网络日趋完善,“十纵十横”综合运输大通道基本贯通。2021 年末,我国铁路营业里程、公路里程、内河航道通航里程、民航定期航班航线里程、输油(气)管道里程分别达到 15.1 万公里、528 万公里、12.8 万公里、

690 万公里和 13. 1 万公里，比 2012 年分别增长 54. 4%、24. 6%、2. 1%、110. 3%和 43. 2%。邮路总长度达到 1 193 万公里，是 2012 年的 2. 0 倍。以高速铁路、高速公路、民用航空等为主体的快速交通网络加快成型。2021 年，我国高速铁路营业里程达到 4. 0 万公里，是 2012 年的 4. 3 倍，对百万人口以上城市覆盖率超过 95%；高速公路通车里程 16. 9 万公里，是 2012 年的 1. 8 倍，对 20 万人口以上城市覆盖率超过 98%；定期航班通航机场 248 个，比 2012 年增加 68 个，覆盖 92%左右的地级市。

装备技术取得重大突破。跨海桥隧、深水航道、高速铁路、自动化码头等成套技术水平跻身世界前列，港珠澳大桥、北京大兴国际机场、上海洋山港自动化码头、京张高速铁路等超大型交通工程建成投运，“复兴号”动车组、C919 大型客机等国产交通装备成为我国交通装备技术能力的新名片，为交通运输快速发展创造有利条件。2021 年，全国营业性货运量 530 亿吨，客运量 83 亿人次，平均每天运输 1. 5 亿吨货物和 2 274 万人次；集装箱吞吐量达到 28 272 万标箱，全球集装箱吞吐量排名前十名的港口我国占 7 席；快递业务量达到 1 083 亿件，2013—2021 年年均增长 38. 7%，2014 年起连续 8 年位居世界第一；铁路和民航旅客周转量占营业性旅客周转量的 81. 5%，比 2012 年上升 37. 0 个百分点。运输服务的通达性和保障性明显增强。

（二）通信技术实现历史性跨越，通信网络建设成效显著

党的十八大以来，我国加快构建高速、移动、安全的新一代信息基础设施，建成了全球规模最大的光纤网络和 4G、5G 网络。2021 年末，全国光缆线路总长度达 5 481 万公里，互联网宽带接入端口数量 10. 2 亿个，分别是 2012 年的 3. 7 倍和 3. 2 倍。2021 年末我国光纤接入（FTTH/0）端口占互联网接入端口的比重由 2012 年末的 22. 7%提升至 94. 3%，4G 基站占比由 2014 年的 24. 2%提升到 59. 2%，实现城镇地区深度覆盖。与此同时，信息通信技术在 5G、高端光电子、集成电路芯片等领域不断突破，自主创新能力显著提升。2019 年 5G 商用启动后，5G 网络建设快速推进。2021 年末，我国累计建成并开通 5G 基站 142. 5 万个，5G 基站比重达 14. 3%，数量占全球 60%以上，5G 移动电话用户达到 3. 55 亿户，5G 手机终端连接数达到 5. 2 亿户，5G 网络已覆盖全国所有地级市城区、超过 98%的县城城区和 80%的乡镇镇区。

二、强化协调建设，交通通信布局更趋均衡

（一）服务区域协调发展，基础设施布局更加均衡

党的十八大以来，我国统筹推进交通通信基础设施建设，不断强优势、补短板，加强区域间基础设施互联互通，为构建高质量发展的区域经济布局提供重要支撑。围绕长江经济带、京津冀、粤港澳大湾区等区域重大战略，充分发挥重点城市群“枢纽+通道”的综合效应，促进经济要素高效流转。以长江黄金水道为依托的长江经济带综合立体交通走廊持续完善；一体化交通网络连接起京津冀城市群，核心区 1 小时交通圈、相邻城市间 1. 5 小时交通圈基本形成；广深港高铁、港珠澳大桥、虎门二桥等工程建成通车，粤港澳

大湾区对内主城市1小时通达，对外连接华东、中南、西南等地区的放射型通道格局初步形成。中西部地区高速铁路、公路和新建机场设施发展不断提速，宝兰高铁、川藏铁路成雅段、京新高速、汕昆高速等交通项目相继投入运营，进一步补足西部地区交通短板，提高中部地区贯通南北、连接东西的通道能力。2013—2021年，中西部地区新增高速公路里程5.3万公里，占全国新增高速公路里程的73.0%；新增高铁里程1.9万公里，占全国新增高铁里程的60.5%；新建、迁建运输机场57个，占全部新建、迁建机场的72.2%。

（二）助力脱贫攻坚，城乡服务网络建设持续加强

党的十八大以来，“四好农村路”、“快递进村”、电信普遍服务试点等工作向纵深推进，进一步缩小了城乡间交通邮电基础设施差距，为全面脱贫攻坚和持续推进乡村振兴奠定了坚实基础。2021年末，农村公路总里程达446.6万公里，农村宽带用户总数达1.58亿户，分别是2012年末的1.2倍和2.9倍，年均分别增长2.3%和16.2%；到2021年末，邮政营业场所乡镇覆盖率保持100%，“快递进村”比例超过80%，具备条件的乡镇和建制村实现100%通客车、具备条件的乡镇和建制村100%通硬化路，全国行政村通光纤和4G比例均超过99%，农村地区互联网普及率达57.6%，比2012年提高33.4个百分点。农村交通基础设施通达度明显提升，信息化水平取得长足进步，城乡间、乡村间连接更加紧密。城市公共交通体系和5G信息化建设加速推进。2021年末，51个城市开通运营城市轨道交通线路，运营里程达8 736公里；百万以上人口城市公交站点500米覆盖率约100%；5G网络已覆盖全国所有地级市城区、超过98%的县城城区和80%的乡镇镇区。

（资料来源：国家统计局，http://www.stats.gov.cn/sj/sjjd/202302/t20230202_1896681.html）

案例分析

党的二十大报告提出：“坚持把发展经济的着力点放在实体经济上，推进新型工业化，加快建设制造强国、航天强国、质量强国、交通强国、网络强国、数字中国。”交通运输是国民经济的基础性、先导性、战略性产业和重要的服务性行业，不断完善综合交通网络，不断提高交通运输管理服务水平，不断优化交通运输行业的治理水平，才能够保障高质量现代综合立体交通运输体系的发展。以上统计报告中用了很多的指标，反映了党的十八大以来我国交通运输和通信技术的变化状况，你能分清哪些是总量指标，哪些是相对指标，哪些是平均指标吗？它们又如何应用呢？通过本章的学习，便可解决这些问题。

通过统计整理，将大量反映总体单位特征的原始资料进行加工汇总，可以得到反映社会经济现象总体特征的综合资料。为了揭示社会经济现象的一般特征及其规律性，有必要从相关指标中去分析其发展变化。本章主要介绍总量指标、相对指标、平均指标和标志变异指标等内容。

第一节 总量指标

一、总量指标的含义

总量指标又称统计绝对数,是反映一定时期、地点和条件下社会经济现象发展的总规模、总水平的综合指标。从统计活动过程来看,总量指标是对统计调查来的原始资料经过分组和汇总后得到的各项总计数字,是统计整理阶段的直接成果,为统计研究进入统计分析阶段提供了可靠的基础。总量指标是最基本的综合指标。在社会经济统计中,总量指标有重要作用,具体表现为:

总量指标是对社会经济现象总体认识的起点。这是因为,社会经济现象基本情况往往首先表现为总量。例如,对一个国家的国情、国力,一个地区、一个单位人力和物力状况最基本的了解都是通过总量指标来完成的。又如,2021 年我国土地面积为 960 万平方公里,同年年末我国人口数为 141 260 万人,这两个绝对数表现了我国幅员辽阔、人口众多的基本特点。另外,国民经济发展情况也往往直观地表现为总量指标。例如,来自国家统计局发布的《中华人民共和国 2021 年国民经济和社会发展统计公报》的资料,2021 年我国国内生产总值 1 143 670 亿元,钢产量 13.37 亿吨,粮食产量 68 285 万吨,社会消费品零售总额 440 823 亿元,全年货物进出口总额 391 009 亿元,全年服务进出口总额 52 983 亿元,全年城镇新增就业人员 1 269 万人,全社会固定资产投资 552 884 亿元,全年全国一般公共预算收入 202 539 亿元,这些都是描述我国 2021 年在经济建设和社会发展方面取得成就的最基本的总量指标。

总量指标是制定政策、编制计划、实行经营管理的主要依据。国民经济计划的基本指标常以总量指标的形式规定。因此,与计划指标相对应的统计指标,就成为检查计划完成的依据。

总量指标是计算相对指标和平均指标的基础。相对指标和平均指标都是在总量指标的基础上派生出来的,因此,总量指标的计算结果正确与否,直接影响到相对指标和平均指标的计算结果。可以说,总量指标是最基本的统计指标。例如,2021 年某地区粮食产量为 43 695 万吨,年末人口数为 29 227 万人,据此计算,这年该地区人均粮食产量为 1 495.02 公斤。

二、总量指标的种类

(一)总体总量和标志总量

总量指标按其反映现象总体内容的不同,分为总体单位总量和总体标志总量,简称为总体总量和标志总量。

总体总量是指总体内所有单位的总数，如全国商业系统零售商店总数、全国高等学校总数等。标志总量即总体中各单位标志值总和，如全国工业总产值、某地区工业上缴利税总额等。在一个特定总体内，只能存在一个总体总量，而可以并存多个标志总量，构成一个总量指标体系。例如，2021 年某地区工业企业生产经营情况统计资料如表 3-1 所示。

表 3-1　2021 年某地区工业企业生产经营经济指标

经济类型	企业数/个	工人数/人	总产值/万元	实现利税/万元	年末固定资产总值/万元
国有	264	93 900	334 510	83 650	32 376
民营	170	75 800	267 585	59 780	24 378
其他	141	65 670	205 348	58 397	23 538

总体单位总量和总体标志总量并不是固定不变的，而是随研究目的的不同而变化。例如，考察某地区工业企业生产经营情况时，全部工业企业构成一个总体，其中每一个企业为一个总体单位，全部企业数则构成了总体单位总量指标，用以反映总体规模的大小，而其他如工人数、总产值、实现利税、年末固定资产总值等，则构成总体标志总量指标，形成一套统计指标体系，用以全面分析该地区工业企业的状况。当研究目的是考察该地区工业企业整个工人状况时，总体为全体工人，统计单位为每一位工人，全体工人总数构成总体单位总量指标，而每一位工人的劳动消耗量、劳动成果和劳动报酬又汇总构成劳动总工时、总产量和工资总额等总体标志总量指标。这也是一套完整的指标体系，用以对工人的状况作出系统、全面的评价。这又说明，作为标志直接承担者的总体单位的确定是至关重要的。只有正确确定什么是总体单位，我们才能正确分辨总体单位总量指标和总体标志总量指标。

（二）时期指标和时点指标

总量指标按反映时间状况的不同，可分为时期指标和时点指标。

时期指标是反映某种社会经济现象在一段时间发展变化结果的总量指标，如社会总产值、国内生产总值、贸易总额、基本建设投资额、工资总额、人口出生数等。时期指标具有如下特点：

第一，不同时期的指标数值具有可加性，相加后表示较长时期现象的总的发展水平。例如，一年的利润额是本年度 12 个月的利润额之和。

第二，时期指标数值是连续登记、累加的结果，反映的是一段时间内的连续变化过程。例如，月产值是对每天的产值进行登记后累加得到的，年产值是对 12 个月的产值累加得到的。

第三，时期指标数值大小与包含的时期长短有直接关系。一般情况下，包含时期越长，指标数值越大；时期越短，指标数值越小。

时点指标是反映社会经济现象在某一时点(瞬间)状况上的总量指标,如人口数、土地面积、工厂数、商品库存额、固定资产原值、黄金储备量、银行存款余额等。时点指标具有如下特点:

第一,不同时点的指标数值不具有可加性,相加后没有实际意义。例如,我们不能将某企业全年各月末或月初的工人人数相加作为本年度该企业的全部工人人数。

第二,时点指标是间断计数的,因为不可能对每一时点的数量都进行登记,通常是每隔一段时间登记一次。

第三,时点指标的数值大小与时点间隔长短没有直接关系。例如,某企业某种商品的库存量年末数不一定大于本年度第一季度末的数字,而第一季度末的数字也不一定大于当季一月末的数字。

总量指标区分为时期指标和时点指标,对社会经济现象进行动态分析和研究有特殊的意义。

(三)总量指标的计量单位

总量指标是按实物单位、货币单位和劳动单位来计量的。

实物单位有:第一,自然单位,如学校按所计算、车辆按辆计算;第二,度量衡单位,如粮食按公斤计算、钢铁按吨计算、棉布以米为单位计算;第三,双重单位,如发电机按台/千瓦计算、重型设备按吨/台来计量;第四,复合单位,如货物周转量按吨公里计算、客运周转量按人公里计算、发电量按千瓦时计算等。

在计算产品产量时,我们往往需要采用标准实物单位。因为利用实物单位计算产品产量时,对于同一类产品,由于品种、规格、性能或化学成分不同,其使用价值也就不同,因而产品混合量往往不能确切地反映生产成果。为此,对一些产品要求按一定折合标准,折算为一种标准规格或标准含量的产品。例如,各种氮肥以含氮量100%为标准实物单位来折算;将含热量不同的煤以每千克发热量 7 000 千卡的煤为标准单位进行折算等。

总量指标的计量单位要注意统一的计量制度和按实物的主要用途来确定合适的计量单位。

在统计上,我们将实物单位计量的指标称为实物指标,其主要特点是能直接反映产品的使用价值或现象的具体内容,因而能够具体地表明事物的规模和水平。在掌握国民经济的基本情况,计划、管理各项生产任务,研究各种物资的消耗和库存,分析各种产品对生产和国民需要的满足程度等方面,实物指标都有广泛应用。实物指标还是计算价值指标的基础,在实际工作中占有重要的地位。但是,实物指标也有局限性,它缺乏对不同类产品或商品的综合能力。不同类实物,使用价值不同,内容性质不同,无法按实物单位进行直接汇总,因此不能反映现象的总规模、总水平。例如,企业生产不同产品的总成果、不同商品流通的总销售量,都不能用某一项实物单位来反映。

以货币单位计算的总量指标又被称为货币指标和价值指标。货币单位体现现象和过程的社会属性，如国内生产总值、基建投资额、商品销售额、财政收入、工资总额、实现利税等。价值指标的最大特点在于它代表一定的社会必要劳动量，因此具有最广泛的综合性和概括能力，用途非常广泛。

在统计中，价值指标用于反映经济活动总成果，并通过分类指标的计算，研究它们之间的比例关系。价值指标又经常被用于综合表明总物量在不同时间的变动程度，它还是经济核算和考核经济效益必不可少的手段。

价值指标也有局限性，就是它脱离了物质内容，比较抽象，有时不能准确反映实际情况。在实际工作中，价值指标和实物指标常常结合运用，有助于我们全面地认识问题。

劳动单位是劳动力资源的劳动时间利用的计量单位，如工时、工日、台时、台日等。借助劳动单位计算的劳动总消耗量指标来确定劳动规模，并作为评价劳动时间利用程度和计算劳动生产率的依据，再是企业生产总成果也可以用劳动单位来表示。

(四)总量指标统计的要求

为保证总量指标资料的准确，进行总量指标统计有如下要求：

第一，对总量指标的实质，包括其含义、范围作严格的界定。总量指标的计算，并非单纯的汇总技术问题。有一些总量指标，如人口数、企业数，从表面上看来是比较简单的，但是我们首先要对“工业企业”的含义加以确切界定，才能统计出准确的工业企业数；又如，我们在计算工业总产值时，就有一个工业概念的确定问题，然后是关于总产值包括范围的问题，之后才能进行正确的统计。

第二，计算实物总量指标时，要注意现象的同类性。实物指标通常是针对物质产品而言的。同类性直接反映产品同样的使用价值和经济内容，这些同名产品无疑是可以综合汇总的。而对于不同类现象我们则不能简单相加汇总，计算其实物指标。比如，简单地把钢、煤、粮、棉等产品进行直接加总是毫无意义的。不过，我们对现象同类性要求不能绝对化，例如计算货物运输总量时，产品的同类性就不成为计算的条件，因为它只要求通过货物的重量和运输里程计算货物量和货物周转量。

第三，要有统一的计量单价，在计算实物指标总量时，不同实物单位代表不同类现象，而同类现象又可能出于历史或习惯的原因采用不同的计量单位。计算单位不统一，就容易造成统计上的差错或混乱，所以，重要的总量指标的实物单位，应按照全国统一规定的指标目录中的单位计量。

第二节　相对指标

一、相对指标的意义及其表现形式

相对指标又称相对数，是两个有相互联系的现象数量的比率，用于反映现象的发展程度、结构、强度、普遍程度或比例关系等，如人口的性别比例和年龄构成、人口的出生率和死亡率、人口密度等。相对指标把两个具体数值抽象化，使人们对现象之间存在的固有联系有较为深刻的认识。相对指标在社会经济领域广泛存在着。借助于相对指标对现象进行对比分析，是统计分析的基本方法。在统计分析中，相对指标的作用主要表现在以下两个方面：

第一，相对指标为人们深入认识事物发展的质量与状况提供了客观的依据。社会经济现象总是相互联系、相互制约的。我们要分析一种社会经济现象，仅仅利用某一项指标，而不把有关指标联系进行比较分析，就难以对事物发展规模的大小、变化速度的快慢、各种比例协调与否有深刻、全面的认识。例如，2021 年我国全社会固定资产投资 552 884 亿元，在固定资产投资（不含农户）中，第一产业投资 14 275 亿元，第二产业投资 167 395 亿元，第三产业投资 362 877 亿元，仅凭这些指标我们很难对我国固定资产投资的发展作出分析和评价。如果把它同 2010 年全社会固定资产投资 278 140 亿元，城镇投资中，第一产业投资 3 966 亿元，第二产业投资 101 048 亿元，第三产业投资 13 640 亿元进行对比，计算出相应的动态相对指标（发展速度），就会认识到我国固定资产投资规模扩大、速度加快、三次产业投资结构进一步改善的状况。

第二，计算相对指标可以使不能直接对比的现象找到可以对比的基础，进行更为有效的分析。例如，我们考察不同类型企业生产经营情况，出于条件不同、产品不同，一般不能用产值指标直接对比，但如果都以各自的工人人数、能源消耗和利润指标作为依据计算劳动生产率、单位产值能耗和产值利润率指标，就可进行比较，找差距，深入分析。

相对指标的数值有有名数和无名数两种表现形式。相对指标的表现形式也就是它的计算单位。

有名数主要用于强度相对指标数值的表示，即在计算强度相对指标时同时使用分子和分母指标数值的计量单位，如平均每人分摊的粮食产量用公斤/人表示、人口密度用人/平方公里表示等。

相对指标一般表现为无名数，它是一种抽象化的计算单位，多以系数、倍数、成数、百分数或千分数表示。系数和倍数是将对比的基数定为 1 而计算出来的相对数。两个数字对比，分子数值大于分母数值很多时可用倍数表示。比如，某企业 2021 年利润总额是 2000 年的 5 倍，2021 年货币流通增长速度与社会商品零售总额增长速度的比例系数为 0.8。成数是将对比的基数定为 10 而计算出来的相对数，比如粮食产量增产一成，即增长 1/10。百分数是将基数定为 100 而计算出来的相对数，它是相对指标最常用的一种表现形式。比如，某企业规定劳动生产率比去年同期提高 10%，实际提高了 12%，这说明实际劳动生产率比计划任务规定多了 2 个百分点。千分数在分子数值小于分母数值很多的情况下运用，它是将对比的基数定为 1 000 所计算出来的相对数，人口出生率、死亡率、自然增长率等多用千分数表示，如人口自然增长率为 14‰等。

以上几种无名数究竟采用哪一种，主要看什么表现形式更能明显地表明所要反映的社会经济现象的数量关系以及所使用的语言环境。

二、相对指标的种类及计算方法

根据研究目的和任务不同，指标对比的基数也不同，也就产生了不同的相对指标。

（一）计划完成程度相对数

1. 计划完成程度相对数的计算

（1）根据总量指标计算计划完成程度相对数。计划完成程度相对数简称计划完成程度、计划完成百分比，主要用于检查、监督计划执行情况。它以现象在某一段时间内的实际完成数与计划任务数对比，借以观察计划完成程度。其基本公式为：

$$计划完成程度相对指标=\frac{实际完成数}{计划任务数}\times100\%$$

计划完成程度的子项是根据实际完成情况进行统计而得到的数据，母项是下达的计划指标。由于计划数是用来衡量计划完成情况的标准，所以该公式的子项和母项不得互相换位，而且公式的子项和母项的指标含义、计算口径、计算方法、计量单位以及时间长短和总体范围等方面都要一致。公式的子项数值减母项数值的差额则表明计划执行的绝对效果。

【例 3-1】某企业 2021 年计划生产某产品 1 500 吨，实际产量为 2 000 吨，则：

$$产量完成程度=\frac{2\ 000}{1\ 500}\times100\%=133\%$$

计算结果表明，该企业超额完成产量计划任务 33%，实际产量比计划产量增加了 500 吨。

计划完成程度可用来监督和检查国民经济计划的执行情况；分析计划完成或者未完成的原因，有助于相关部门抓住薄弱环节，进一步挖掘潜力，为达到国民经济新的平衡和促进经济建设事业的发展提供依据。

（2）根据相对指标计算计划完成程度相对数。在计划工作中，也有用提高或降低百分比来规定计划任务的，如劳动生产率提高百分之几、成本水平降低百分之几。其计算公式：

$$计划完成程度指标(提高率)=\frac{1+实际提高率}{1+计划提高率}\times100\%$$

$$计划完成程度指标(降低率)=\frac{1-实际降低率}{1-计划降低率}\times100\%$$

【例 3-2】某企业计划规定劳动生产率比上年提高 10%，实际提高 15%。劳动生产率计划完成程度为：

$$计划完成程度=\frac{100\%+15\%}{100\%+10\%}=\frac{115\%}{110\%}=104.5\%$$

计算结果表明，该企业劳动生产率提高计划超额完成4.5%，或者说该企业劳动生产率计划完成程度为104.5%。

【例3-3】某企业计划规定某产品单位成本降低5%，实际降低7%，则成本降低计划完成程度为：

$$计划完成程度=\frac{100\%-7\%}{100\%-5\%}=\frac{93\%}{95\%}=97.9\%$$

计算结果表明，实际单位成本比计划任务多降低了2.1%。

在这种情况下，计划完成程度就不能直接用实际提高或降低百分之几除以计划提高或降低百分之几，而应当包括原有基数（以上年实际水平为100%），即恢复为“上年的百分数”，然后进行对比，才符合计算计划完成程度的基本公式，得出正确的答案。

2. 计划执行进度的考核

计划执行进度的考核就是对计划完成执行情况的检查，而计划完成情况检查一般分为短期计划完成情况检查和中长期计划（一般为5年）完成情况检查两种。

（1）短期计划完成情况检查。我们可以用两种不同算法表示计划完成的不同方面：其一是计划数与实际数同期，如月计划数与月实际数对比，说明月度计划执行的结果；其二是计划期中某一段实际累计数与全期计划数对比，用以说明计划执行的进度如何，为下阶段工作安排作准备。其计算公式是：

$$计划执行进度=\frac{累计至本期止实际完成数}{全期计划数}\times100\%$$

（2）中长期计划完成情况检查。对于中长期计划如“五年计划”而言，由于计划任务的规定有不同的性质，有的任务是按全期应完成的总数来规定，有的任务则是以计划期末所应达到的水平来规定，因而产生了两种不同的检查分析方法：一种叫累计法，一种叫水平法。

①累计法。凡是当计划指标是按计划期各年的总和规定任务时，或者说，是按计划全期（如5年）提出累计完成量任务时，就要求按累计法计算。如基本建设投资额、新增生产力、造林面积指标等。我们计算时用整个计划期间实际完成的累计数与计划指标相比较，以检查计划完成程度。

【例3-4】某市“十三五”规划规定：2015—2020年的5年社会固定资产投资总额合计为12 960亿元，实际完成总额19 745.75亿元，则：

$$计划完成程度相对指标=\frac{5年计划期间累计实际完成数}{5年计划规定的累计数}\times100\%$$

$$=\frac{19\ 745.75}{12\ 960}\times100\%$$

$=152.36\%$

按累计法检查计划执行情况，将计划全部时间减去自计划执行之日起至累计实际数量达到计划任务时间，即为提前完成计划的时间。如某地区“十三五”时期基本建设投资总额规定为 20 亿元，该地区到 2020 年 6 月 30 日实际完成投资额为 20 亿元，即提前半年完成投资计划。

②水平法。在制订中长期计划时，有些计划指标是以计划期末应达到的水平来规定的，这样检查其计划完成情况就要用另一种方法——水平法来检查。

【例 3-5】某地“十三五”规划规定粮食产量 2020 年达到年产 425 万吨的水平，实际执行结果为 2020 年达到 435 万吨，则：

$$\text{计划完成程度指标}=\frac{\text{计划期末实际达到的水平}}{\text{计划规定期末应达到的水平}}\times 100\%$$

$$=\frac{435}{425}\times 100\%$$

$$=102.35\%$$

计算结果说明超额完成计划 2.35%。

按水平法检查计划执行情况，计算提早完成计划的时间，是根据连续 1 年时间（不论是否在一个日历年度，只要持续 12 个月即可）的产量和计划规定最后 1 年的产量相比较来确定的。如计划规定某产品 2020 年年产量达到 120 万吨的水平，实际执行结果为从 2019 年 7 月到 2020 年 6 月连续 12 个月产量已达到 120 万吨的水平，那么提前完成计划任务时间为半年。

（二）结构相对数

结构相对数就是在资料分组的基础上，以总体总量作为比较标准，求出各组总量占总体总量的比重，来反映总体内部组成情况的综合指标。其计算公式如下：

$$\text{结构相对指标}=\frac{\text{总体部分数值}}{\text{总体全部数值}}\times 100\%$$

结构相对数通常根据总量指标来计算，表明总体单位数的结构或总体标志值的结构，分子、分母的数值可以同为单位数，也可以同为标志总量，计算结果用百分数或成数表示，各组比重总和等于 100%或 1。

结构相对数用于研究总体内各组成部分的分配比重，有助于我们深刻认识事物各个部分的特殊性质及其在总体中所占有的地位。

【例 3-6】2021 年年末我国总人口为 141 260 万人，其中：0—15 岁 26 302 万人，比重为 18.6%；16—59 岁 88 222 万人，比重为 62.5%；60 岁及以上 26 736 万人，比重为 18.9%。这些百分数反映了我国人口在年龄上的结构情况。

（三）比例相对数

比例相对数是同一总体中不同部分数量对比的相对数，用于分析总体范围内各个局

部、各个分组之间的比例关系和协调平衡状况,反映总体各部分之间的数量联系程度或比例关系。其计算公式如下:

$$比例相对指标=\frac{总体中某一部分数值}{总体中另一部分数值}\times 100\%$$

比例相对数计算结果通常以百分比或几比几来表示。

【例 3-7】某大学 2020 年招收男生 3 858 人,女生 2 612 人,则新生的性别比例指标为 148%(以女生为 100),或男生数与女生数之比为 1.48∶1。

比例相对数一般以总量指标进行对比。依据分析任务和提供资料的情况,我们也可以用现象总体各部分的平均值或相对数进行对比。例如,2021 年我国城镇居民人均可支配收入为 47 412 元,农村居民人均可支配收入为 18 931 元,城乡居民收入水平对比为 2.5∶1。

(四)比较相对数

比较相对数是不同单位(国家、部门、地区、企业、个人等)的同类现象数量对比的相对数,用于说明某一同类现象在同一时间内各单位发展的不平衡程度,以表明同类事物在不同条件下的数量对比关系。其计算公式如下:

$$比较相对指标=\frac{某总体的某类指标数值}{另一总体的同类指标数值}\times 100\%$$

比较相对数的数值通常用百分数或倍数表示。

【例 3-8】2021 年河南省工业增加值为 1.88 万亿元,湖北省工业增加值为 1.57 万亿元,湖南省工业增加值为 1.42 万亿元,则河南省工业增加值为湖北省工业增加值的 1.2 倍,而湖北省工业增加值是湖南省工业增加值的 1.1 倍。

以上就是用总量指标来相比的。在实际工作中,我们也可以用相对指标或平均指标进行对比,例如用人均粮食产量进行对比。

在经济管理工作中,将各单位的技术经济指标与同类企业界的先进水平对比,与国家规定质量标准对比,从而找出差距,为提高本单位生产水平和管理水平提供依据,这是把比较的对象典型化而计算的比较相对指标。

(五)强度相对数

强度相对数是两个性质不同而又有联系的总量指标之间的对比,用来表明某一现象在另一现象中发展的强度、密度和普遍程度。它和其他各种相对指标的根本区别,就在于它不是同类现象指标的对比。这里所指不同类现象可能分别属于不同的总体,也可能是同一总体中的不同标志或指标,如以人口数与土地面积对比得到的人口密度指标,以主要产品产量与人口数对比得到的每人平均产量,以铁路(公路)长度与土地面积对比得到的铁路(公路)密度。工农业生产中生产条件相互对比,计算各种装备程度指标,把生产成果与生产条件对比,计算各种效率指标等,均为强度相对数。其计算公式如下:

$$强度相对指标=\frac{某种现象总量指标}{另一个有联系而性质不同的现象总量指标}$$

强度相对数以双重计量单位表示，是一种复名数，如人口密度单位是人/平方公里，人均主要产品产量单位是吨/人。另外，也有一些强度相对数的数值用千分数或百分数表示。如人口死亡率用千分数表示，流通费用率用百分数表示，实质上仍是双重单位。死亡率为每千人口中的死亡人数，流通费用率为每百元销售额中的费用。

强度相对指标有正指标、逆指标之分。

【例3-9】某城市2021年有商业零售机构5 000个，人口100万人，则该市零售商业网密度为：

$$零售商业网密度(正指标)=\frac{5\ 000}{100}=50\ (个/万人)$$

计算结果表明该市每万人拥有50个零售商业机构。这个指标的数值越大，表明零售商业网密度越大，所以称其为说明商业网密度的正指标。如果把分子与分母互换一下，则：

$$零售商业网密度(逆指标)=\frac{1\ 000\ 000}{5\ 000}=200(人/个)$$

计算结果表明该市每个零售商业机构平均服务200人。该指标的数值越大表示零售商业网密度越小，所以称其为说明商业网密度的逆指标。

一般来说，正指标越大越好，逆指标则越小越好。

强度相对指标是统计中重要的对比分析指标，可以说明一个国家、地区或部门的经济实力或为社会服务的能力。同时，这种指标有助于进行国家、地区之间的比较，确定发展不平衡和发展的差距。

（六）动态相对数

动态相对数又称发展速度，是同一总体在不同时间上的同类指标数值之比。反映同类现象在不同时间状态下的数量对比关系，说明现象在时间上发展变化的程度。通常用百分数或倍数表示。其计算公式为：

$$动态相对指标=\frac{报告期指标数值}{基期指标数值}$$

动态相对数的内容在之后有关章节中还将进一步介绍，在此不再赘述。

三、计算和运用相对数的原则

相对数是通过指标之间的对比来反映现象之间的联系，严格保持对比指标的可比性是计算和运用相对数的基本原则。对比的结果，要能说明我们所研究的问题。

(一)分子分母必须具有可比性

1. 范围上的可比性

一是指包括范围(指标口径)要可比。例如,在新的一年里,某企业兼并了另一个原来独立的企业,企业规模被人为地扩大了,产量动态资料反映了不同的对象范围,因而不可比。二是分子与分母在空间范围上要可比。如粮食产量和人口不属于同一个地区的数字,那么由于分子与分母在范围上的不一致而没有可比性。

2. 计算方法的可比性

这是计算同类现象在不同空间和时间上的对比时应注意的问题。例如,比较两个企业的劳动生产率水平,如果一个企业是产量与全体职工人数对比,另一个企业却是产量与全体工人数对比,那么这两个企业的劳动生产率是不可比的。如果一个地区以地区生产总值与常住人口数对比,另一个地区却以地区生产总值与户籍人口数对比,那么这两个地区的人均生产总值是不可比的。在对某些经济指标进行国际比较时,计算方法统一尤其重要,要将指标调整为可比后才能进行比较。

(二)要与总量指标结合运用

相对数是通过两个有关指标的对比,用一个抽象化的比值来表明现象之间的联系和变动程度,从而把现象的具体规模和水平抽象化,不能反映出现象的绝对量的差别。因此,在应用相对数进行统计分析时,应尽量注意把它同用来作为比较基础的总量指标结合起来考虑,如果只看相对数,往往会得到不正确的结论。

【例 3-10】甲乙两企业工业产品产量资料如表 3-2 所示。

表 3-2 甲乙两企业工业产品产量资料 单位:万元

企业	计划数	实际完成数
甲企业	20	40
乙企业	100	150

$$甲企业计划完成程度=\frac{40}{20}\times 100\%=200\%$$

$$乙企业计划完成程度=\frac{150}{100}\times 100\%=150\%$$

从两个相对数分析,甲企业(200%)大于乙企业(150%);但从相对指标背后的绝对指标分析,却是乙企业大于甲企业,甲企业超出计划 20 万元,乙企业却超出计划 50 万元。

由此可见,计算和应用相对数,不能只凭相对数的大小来判断事物,因为大的相对数背后的总量指标可能很小,而小的相对数背后的总量指标可能很大,或者同样的相对数背后隐藏的总量指标可能不同。只有将总量指标和相对指标结合分析,才能对问题的实质作出正确的判断。

（三）要把多种相对数结合起来运用

在进行对比分析时，我们不仅要把相对指标与总量指标结合起来，还要利用多种不同相对数之间的相互关系和各自的特点结合起来进行分析。因为一种相对指标从一个角度出发，只能说明问题的一个方面，要更全面、更深刻地说明问题，就必须把多种相对数结合起来运用。如果要检查一个企业的生产发展情况，我们除了要计算计划完成相对数说明计划完成程度外，还需要把本期的实际水平同前一期的实际水平或去年同期水平相比，分析生产的发展趋势，这样就需计算动态相对数。另外，为了分析本企业的发展水平在同行业中所处的地位，就必须将本企业的水平和同行业的平均水平或先进水平相比，就需计算比较相对数。只有这样，才能有助于认识事物的全貌。

第三节　数据集中趋势的描述：平均指标

一、平均指标的概念和作用

平均指标又称平均数，主要用于反映社会经济现象总体各单位某一数量标志在一定时间、地点、条件下所达到的一般水平。在社会经济统计中，平均指标是最常用的一种综合指标。

在社会经济现象同质总体中，每个单位都有许多数量标志来表明它们的特征，而数量标志在各总体单位上的具体数值又各不相同。这是因为总体各单位的每一个标志值都受多种因素的交错影响，其中有些是基本的、主要的因素，有些是偶然的、次要的因素，但处在同一总体中的各个总体单位都要受基本因素的共同影响。因此，就同一总体某一数量标志而言，各总体单位数值上的差异总有一定的限度。这就要利用一定的数值来代表总体单位数量标志的一般水平。例如，工作人员的工资取决于他的技能、劳动性质、年龄、工龄和各种其他因素，因此，工资水平各异、高低有别。但是人们仍然可以谈论国民经济各个领域职工工资的平均水平，如 2021 年城镇非私营单位在岗职工年平均工资为 106 837 元，日平均工资 292.7 元。

平均指标的特点在于它把总体各单位标志值的差异给抽象化了，它可能与各单位所有标志值都不同，但又作为代表值来反映这些单位的一般水平。平均指标广泛存在于社会经济现象总体中。在社会经济统计中，平均指标有广泛的作用：

第一，反映总体单位变量分布的集中趋势。在社会经济现象总体中，各单位某一标志在数量上的变化是有差异的，变量从小到大排列而形成一定的分布。通常，标志值很小或很大的单位都比较少，而逐渐靠近平均数的单位就逐渐增加，标志值围绕在平均数周围的单位占最大比重。平均数反映了标志值变动的集中趋势。比如农民家庭收入情况，人均纯收入很高或很低的户数只是少数，但收入接近人均纯收入的户数却占总户数很大比重。所以，农户人均纯收入这一指标反映了农户收入分配的集中趋势，是农民收入在具体条件下所达到的一般水平，具有规律性的意义。

第二，比较同类现象在不同单位的发展水平，用于说明生产水平、经济效益、工作质量等的差距。例如，评价不同工业企业或乡村生产情况，不宜用工业总产值或总收获量等总量指标进行对比，因为其受到企业或乡村生产规模大小不同的影响。如果用平均指标，如劳动生产率或单位面积产量来进行比较，我们就可以较好地评价其生产情况，反映其工作成绩和存在的问题。这对于开展竞争、寻找差距、挖掘潜力都有重要的作用。

根据同样的道理，平均指标可用作同一个单位不同时期的比较，说明生产水平、经济效益、工作质量等的发展动态和趋势。

第三，分析现象之间的依存关系。在统计分组的基础上，结合平均指标，可以分析现象之间的依存关系。例如，将耕地按地形条件或施肥量等标志进行分组，再计算各组的农作物收获率，就可以反映出地形不同或施肥多少与收获率之间的依存关系。平均指标在研究现象相互关系中很有用处。

此外，平均指标经常被作为评价事物和问题决策的数量标准或参考。例如，对工厂工人劳动效率的评定，通常以他们的平均劳动生产率水平为依据。又如，在企业管理中，劳动、生产和消耗等各种定额往往是以实际的平均水平为基础，结合其他条件来制定的。

二、平均指标的种类和计算方法

（一）算术平均数

1. 算术平均数的概念

算术平均数是统计研究中最常用、最基本、使用最广泛的指标，也称为均值。在统计中，总体标志总量除以总体单位总量，所得即为算术平均数，计算公式为：

$$算术平均数=\frac{总体标志总量}{总体单位总量}$$

它是计算社会经济现象平均指标最常用的方法和最基本的形式。这是因为，许多社会经济现象和过程的平均水平，都是通过总体各个单位标志值的总和来加以平均的。算术平均数的计算特点是符合客观现象这种数量对比关系的。因此，当谈到平均指标而又未说明是哪一种形式时，一般指的就是算术平均数。

这里需要说明的是，算术平均数既然也是两个总量指标的对比关系，那么它和强度相对指标颇有相似，但实质上它们是不相同的。平均指标反映的是在一个同质总体内标志总量和单位总量的比例关系，它要求标志总量和单位总量相对应，即标志总量必须是相应总体各单位标志值的总和。比如，计算 50 个工人的平均工资，作为分子的工资总额只能是这 50 个工人工资的总和。强度相对指标的分子、分母是两个不同总体现象的总量,不存在各个标志值与各个单位相对应的问题。比如,人均粮食产量是全国粮食总产量与全国人口数之比,反映粮食生产与人口发展的密切关系。但是粮食产量并非全国每个人都具有的标志,粮食总产量不直接依附于全国人口数,所以是强度相对指标。

2. 算术平均数的计算

(1)简单算术平均数。它是对每一个标志值一一加总得到的标志总量除以单位总量求出的平均指标。其计算公式如下:

$$\bar{x}=\frac{x_1+x_2+\cdots+x_n}{n}=\frac{\sum x}{n}$$

式中:$\bar{x}$ 为算术平均数;

x_i 为各单位标志值;

$\sum$ 为总和符号;

n 为单位标志值个数。

【例 3-11】某工厂生产班组有 11 个工人,各人日产量为 15、17、19、20、22、22、23、23、25、26、30 件,则平均每个工人日产量件数为:

$$平均日产量=\frac{15+17+19+20+22+22+23+23+25+26+30}{11}$$

$$=22(件)$$

简单算术平均数适用于未分组资料,其之所以简单是因为它只受各单位标志值大小一个因素的影响。

(2)加权算术平均数。如果调查资料中具有不少相同值的标志值,我们就应该运用加权算术平均数公式计算:

$$\bar{x}=\frac{x_1f_1+x_2f_2+\cdots+x_nf_n}{f_1+f_2+\cdots+f_n}=\frac{\sum xf}{\sum f}$$

式中:f 为标志值出现的次数,又称权数。

【例 3-12】某建筑工地有 10 台起重机在工作,其中 1 台的起重量为 40 吨,2 台的起重量为 25 吨,3 台的起重量为 10 吨,其余 4 台的起重量为 5 吨,计算每台起重机平均起重量。见表 3-3。

表 3-3　某工地起重量不同的起重机台数资料

起重量 x/吨	台数 f/台	起重总量 xf/吨
40	1	40
25	2	50
10	3	30
5	4	20
合计	10	140

$$\bar{x}=\frac{\sum xf}{\sum f}=\frac{140}{10}=14(\text{吨})$$

这说明加权算术平均数是在分配数列的条件下计算的，它必须首先求出每组的标志总量，并加总取得总体的标志总量，然后除以总体单位总数。

从上式可见，平均数的大小不仅取决于总体各单位标志值 x，同时还取决于各标志值的次数 f。次数多的标志值对平均数的影响要大些，次数少的标志值对平均数的影响要相应小些。标志值次数的多少，对平均值的大小有权衡轻重的影响作用，所以称为权数。这种用权数来计算算术平均数的方法称为加权算术平均数。

权数除用总体各组单位即频数形式表示外，还可以用比重即频率形式表示。因此，我们有另一种加权算术平均数形式，就是用标志值乘以相应的频率。其公式为：

$$\bar{x}=\sum(x\frac{f}{\sum f})$$

如果应用这种方法计算，我们就有以下的计算资料，见表 3-4 所示。

表 3-4　起重机起重量和台数构成资料

起重量 x/吨	台数 f/台	起重机台数构成 $\frac{f}{\sum f}$/%	$x\frac{f}{\sum f}$/(吨/台)
40	1	10	4
25	2	20	5
10	3	30	3
5	4	40	2
合计	10	100	14

平均起重量 = 40×10%+25×20%+10×30%+5×40% = 14(吨)

这说明，权数的权衡轻重作用，说到底体现在各组单位数占总体单位数的比重大小上。从上例可明显地看出，比重的大小直接表明了该标志值对平均数的影响。表 3-4 中比重的数字意味着起重机起重量 40 吨中取 10%计入平均数，起重机起重量 25 吨中取 20%计入平均数……可见，所取的百分数越大，该标志值对平均数的影响也就越大。由此可以看出权数对于算术平均数的影响作用：不取决于权数本身数值的大小，而是取决于作为权数的各组单位数占总体单位数的比重大小，哪一组的单位数所占的比重大，哪一组标志值对平均数的影响就大。因此，当各组的单位数相等或各组单位数所占的比重相等时，权数对各组的作用都一样，就失去了加权的意义了，此时加权算术平均数等于简单算术平均数，即当 $f_1=f_2=\cdots=f_n$ 时：

$$\bar{x}=\frac{\sum xf}{\sum f}=\frac{f\sum x}{nf}=\frac{\sum x}{n}$$

在上面的例子中，如果各种起重机的台数都一样，则平均起重量为：

$$\bar{x}=\frac{\sum x}{n}=\frac{40+25+10+5}{4}=20(\text{吨})$$

不难看出，简单算术平均数是加权算术平均数的特殊情况，因为给一个变量值乘上一个权数与多次地加总这个变量值，意义是相同的。

这里应该说明一点，在组距分配数列条件下计算加权算术平均数，按理可以用各组的实际平均数乘以相应的权数来计算，但在实际编制组距数列时，我们很少计算组平均数。这样，在缺乏组平均数资料条件下，我们可用各组组中值来代替计算。当然，这种用组中值来代替计算的算术平均数，不可避免地会存在一定程度的误差，具有近似值的性质。

【例 3-13】某班学生统计学成绩资料及有关计算见表 3-5。

表 3-5 某班学生统计学成绩资料

组限/分	各组人数 f/人	组中值 x	xf/分	人数比重 $\frac{f}{\sum f}$/%	$x\frac{f}{\sum f}$/(分/人)
60 以下	2	55	110	4	2.2
60—70	10	65	650	20	13.0
70—80	20	75	1 500	40	30.0
80—90	15	85	1 275	30	25.5
90—100	3	95	285	6	5.7
合计	50	—	3 820	100	76.4

当权数为绝对数时，则有：

$$\bar{x}=\frac{\sum xf}{\sum f}=\frac{55\times2+65\times10+75\times20+85\times15+95\times3}{50}=\frac{3\ 820}{50}=76.4(\text{分})$$

当权数为相对数时，则有：

$$\bar{x}=\sum\left(x\frac{f}{\sum f}\right)=2.2+13.0+30.0+25.5+5.7=76.4(\text{分})$$

(二)调和平均数

调和平均数是标志值倒数的算术平均数的倒数，又称倒数平均数，有简单调和平均数和加权调和平均数两种。

1. 简单调和平均数

如果掌握的资料是未分组的总体各单位的标志值和标志总量，且总体各单位的标志值又不能直接相加平均时，则用简单调和平均法计算平均数。其计算公式为：

$$H=\frac{1+1+\cdots+1}{\frac{1}{x_1}+\frac{1}{x_2}+\cdots+\frac{1}{x_n}}=\frac{n}{\sum\frac{1}{x}}$$

式中，H 为调和平均数，n 为标志总量。

【例 3-14】某蔬菜在早晨、中午、晚上的价格分别是 2 元、1.6 元、0.8 元，假设分别以早晨、中午、晚上的价格购买 1 元的这种商品，求该商品的平均价格。

$$H=\frac{n}{\sum\frac{1}{x}}=\frac{3}{\frac{1}{2}+\frac{1}{1.6}+\frac{1}{0.8}}=\frac{3}{2.375}=1.26(\text{元})$$

从形式上看，调和平均数和算术平均数有明显的区别，但从计算内容上来看，两者是一致的，均为总体标志总量与总体单位总量的对比。

2. 加权调和平均数

调和平均数作为算术平均数的变形使用，在实际工作中应用广泛。如果掌握的资料是各组的标志值和标志总量，而未掌握各组单位数，则用加权调和平均数计算平均指标。

现设 $m=xf$，则 $f=\frac{m}{x}$，于是有：

$$\bar{x}=\frac{\sum xf}{\sum f}=\frac{\sum m}{\sum\frac{m}{x}}$$

所以加权调和平均数计算公式可写为：

$$H=\frac{m_1+m_2+\cdots+m_n}{\frac{m_1}{x_1}+\frac{m_2}{x_2}+\cdots+\frac{m_n}{x_n}}=\frac{\sum m}{\sum\frac{m}{x}}$$

式中，m 为各组标志总量，x 为标志值。

上式表示，加权算术平均数是以各组单位数 f 为权数，而加权调和平均数是以各组标志总量 m 为权数。作为算术平均数变形的加权调和平均数，一般应用于没有直接提供被平均标志值的相应单位数的场合。

【例 3-15】某工厂 50 个工人各技术级别的月工资水平和相应工资总额资料如表 3-6 所示。

这里没有直接给定相应的单位数（工人数），所以只能采取月工资倒数与工资总额相乘得出工人数，再计算月平均工资。

表 3-6　某工厂工人各技术级别月工资及总额资料

技术级别	月工资 x/元	工资总额 m/元	工人数 $\frac{m}{x}$/人
1	1 400	7 000	5
2	1 500	22 500	15
3	1 600	28 800	18

续表

技术级别	月工资 x/元	工资总额 m/元	工人数 $\frac{m}{x}$/人
4	1 700	17 000	10
5	1 800	3 600	2
合计	—	78 900	50

试用调和平均数法计算该工厂工人月平均工资，即：

$$H=\frac{\sum m}{\sum \frac{m}{x}}=\frac{78\ 900}{50}=1\ 578(\text{元})$$

【例 3-16】某养鸡场在 2023 年第二季度鸡蛋价格为每千克 7.5 元时，销售额为 22 500 元；在 2023 年第三季度鸡蛋价格为每千克 8 元时，销售额为 16 000 元。试计算该养鸡场两个季度鸡蛋平均价格。

这里所缺的是销售量的数据，如果按算术平均数计算，就要把"销售额"当成单位数 f，但它与销售价格相乘构不成标志总量，无任何意义。所以，这里所缺的是单位数——销售量的数据，应按调和平均数来计算。

表 3-7　某养鸡场鸡蛋销售资料

销售价格 x/(元/千克)	销售额 m/元	销售量 $\frac{m}{x}$/千克
7.5	22 500	3 000
8.0	16 000	2 000
合计	38 500	5 000

平均销售价格按调和平均数计算如下：

$$\text{平均销售价格}=\frac{\sum m}{\sum \frac{m}{x}}=\frac{38\ 500}{5\ 000}=7.7(\text{元/千克})$$

上例说明由相对数或平均数计算平均数，所掌握的权数是相对数或平均数的子项资料时，应采用调和平均数计算；推而广之，所掌握的权数是相对数或平均数的母项资料时，应采用算术平均数计算。

可以想象，在运用调和平均数时，所有标志值的权数都相等，我们就可以采用简单调和平均数代替加权调和平均数，即当 $m_1=m_2=\cdots=m_n$ 时：

$$\bar{x}=\frac{\sum m}{\sum \frac{m}{x}}=\frac{nm}{m\sum \frac{1}{x}}=\frac{n}{\sum \frac{1}{x}}$$

式中:n 为被平均的标志值项数。

在上面关于销售价格问题的例子中,如果两种不同销售价格相应的销售额相等或接近于相等,我们就可以采用简单调和平均数求平均销售价格:

$$\bar{x}=\frac{n}{\sum\frac{1}{x}}=\frac{2}{\frac{1}{7.5}+\frac{1}{8.0}}=7.75(\text{元/千克})$$

(三)几何平均数

几何平均数 G 是 n 个变量值连乘积的 n 次方根。在社会经济现象的发展过程中,现象的总标志值不是总体各单位标志值的总和,而是各单位标志值的连乘积。所以,在计算平均发展速度时,不能用简单平均的方法计算,而要用几何平均法计算。根据资料是否分组的情况,可以将几何平均数分为简单几何平均数和加权几何平均数。

(1)简单几何平均数。前面讲的算术平均数、调和平均数都是用总体标志总量与总体单位总量相对比求得的商数。而几何平均数则是 n 个变量的连乘积开 n 次方后得到的结果。其计算公式为:

$$G=\sqrt[n]{x_1\cdot x_2\cdot x_3\cdot\cdots\cdot x_n}=\sqrt[n]{\Pi x}$$

式中:G 为几何平均数,x_i 为变量值,Π 为连乘符号,n 为变量值的项数。

【例 3-17】某厂加工某种零件要经过三道工序,每道工序的加工合格率分别为 92%、95%、97%,则三道工序的平均合格率为:

$$G=\sqrt[n]{x_1\cdot x_2\cdot x_3\cdot\cdots\cdot x_n}=\sqrt[3]{92\%\times95\%\times97\%}=94.64\%$$

从以上计算可以看出,对于一个未分组资料可以用简单几何平均法求平均比率或平均速度。

(2)加权几何平均数。如果我们所掌握的资料是一个分组资料,且每个变量值出现的次数不同时,则要以次数为权数计算其平均数。计算公式为:

$$G=\sqrt[\Sigma f]{x_1^{f_1}x_2^{f_2}\cdots x_n^{f_n}}$$

式中:x_i 为变量值,f_i 为各变量值的次数,Σf 为次数的总和。

【例 3-18】某厂利润 2015—2017 年平均增长 12%,2018 年与 2017 年相比增长 13%,2019—2021 年平均增长 15%,问 2015—2021 年利润年平均增长多少?

$$G=\sqrt[7]{(1+12\%)^3\times(1+13\%)\times(1+15\%)^3}=113.4\%$$

即年均增长 13.4%。

必须指出的是,在实际工作中,如果变量中有一个变量值为零的时候就不能计算其几何平均数,当变量中有一个变量值为负数时,则计算无意义。

(四)众数

算术平均数和调和平均数是根据总体各单位标志值计算的。而这里将要说明,众数和中位数是根据处于特殊位置的一部分标志值计算的。所以说,它们是两个位置平均数。

1. 众数的概念

众数是现象总体中出现次数最多的标志值。因此，在分配数列中，具有最多次数的那个组的标志值，就是众数值 M_0。在实际统计工作中，我们可以利用众数表明现象的一般水平，例如，为了掌握集市上某商品的价格水平，我们不必要进行全面的调查和统计计算，只需了解该商品在市场上最普遍的成交价格即可。假定市场上某商品最多成交量价格为每千克 5 元，就可用 5 元来代表这种商品价格的一般水平。众数的确定首先要找到众数所在的位置，然后根据所在的位置来确定众数的值。一般有两种方法：

2. 确定众数的方法

(1)单项式分组数列众数的确定。单项式分组数列众数的确定比较简单，只需找出出现次数最多的标志值就可确定为众数。

【例 3-19】某村农民家庭按儿童人数分组如表 3-8 所示：

表 3-8　家庭按儿童数分组的单项式数列

家庭儿童数分组/(个/户)	家庭数/户
0	22
1	62
2	220
3	80
4	36
合计	420

可见，本例题的众数就是 2 个儿童，因为与这个标志值相对应的次数最多。

(2)组距式分组数列众数的确定。对于组距式分组资料，先要确定众数所在组，然后用近似公式计算求得近似的众数值。

【例 3-20】某乡农民家庭年人均收入的资料如表 3-9 所示。

表 3-9　按年人均收入分组的组距式数列

农民家庭按年人均收入分组/元	农民家庭数/户	较小制累计或向上累计	较大制累计或向下累计
2 500 以下	100	100	3 000
2 500—3 000	140	240	2 900
3 000—3 500	480	720	2 760
3 500—4 000	1 050	1 770	2 280

续表

农民家庭按年人均收入分组/元	农民家庭数/户	较小制累计或向上累计	较大制累计或向下累计
4 000—4 500	600	2 370	1 230
4 500—5 000	270	2 640	630
5 000—5 500	210	2 850	360
5 500 以上	150	3 000	150
合计	3 000	—	—

本例题众数所在的组为次数最多的第四组，说明众数在 3 500—4 000 元之间。但众数的具体值要按下列公式计算众数的近似值。

下限公式：$M_0=L+\frac{\Delta_1}{\Delta_1+\Delta_2}\times d$

上限公式：$M_0=U-\frac{\Delta_2}{\Delta_1+\Delta_2}\times d$

式中：M_0 为众数；

L 为众数所在组的下限；

U 为众数所在组的上限；

Δ_1 为众数组次数与前一组次数之差；

Δ_2 为众数组次数与后一组次数之差；

d 为众数所在组的组距。

利用下限公式计算：

$$M_0=L+\frac{\Delta_1}{\Delta_1+\Delta_2}\times d=3\ 500+\frac{1\ 050-480}{(1\ 050-480)+(1\ 050-600)}\times 500$$
$$=3\ 500+279.4$$
$$=3\ 779.4(\text{元})$$

也可用上限公式求众数值：

$$M_0=U-\frac{\Delta_2}{\Delta_1+\Delta_2}\times d=4\ 000-\frac{1\ 050-600}{(1\ 050-480)+(1\ 050-600)}\times 500$$
$$=4\ 000-220.6$$
$$=3\ 779.4(\text{元})$$

可见，两个公式的计算结果是相同的，在实际中可以任意使用。

必须要说明的是，众数的确定有一定条件。如果所有标志值的频数都是一样时，则不存在众数。如果所有标志值中出现两个最大的频数时，那就有两个众数（双众数分配数列)，也相当于没有众数。

(五)中位数

1. 中位数的概念

如果将现象总体中的各单位标志值按大小顺序排列，处于数列中点位置的标志值就是中位数 M_e。中位数的概念表明，数列中有一半单位的标志值小于中位数，另一半单位的标志值大于中位数。中位数的确定一般也是先确定中位数所在的位置，然后根据所在的位置来确定中位数的值。

2. 确定中位数的方法

(1)未分组资料中位数的确定。在标志值未经分组的情况下，确定中位数的方法是相对比较简单的。先将各单位标志值按由小到大顺序排列，再确定中位数的值。

如果总体单位数为奇数，则中位数为$\frac{n+1}{2}$位置所对应的标志值；如果总体单位数为偶数，那么中位数就为$\frac{n}{2}$和$(\frac{n}{2}+1)$位置所对应的两个标志值的平均数。

【例 3-21】甲乙两班组工人分别为 11 人和 12 人，每人日产零件数如下：

甲班组：14,17,18,20,22,22,23,23,25,26,30

乙班组：13,16,17,17,19,20,22,22,23,25,26,28

甲班中位数位置为(11+1)÷2=6，即第 6 位工人的日产量 22 件为中位数。

乙班中位数位置为(12÷2=6)与(12÷2+1=7)之间，即第 6 位和第 7 位工人日产量的算术平均数 21 件为中位数。

(2)单项分组资料中位数的确定。在标志值为单项分组的情况下，单项分组资料中位数所在的位置计算公式为：$\frac{\sum f}{2}$，则累计次数仅大于$\frac{\sum f}{2}$组所对应的标志值就是中位数的值。如例 3-19 所示(见表 3-8)，该例的中位数所在的位置为：

$$\frac{\sum f}{2}=\frac{420}{2}=210$$

计算结果说明，中位数所在的位置为向上累计次数仅大于 210 的组，该组所对应的标志值(2 个小孩)即为中位数。

(3)组距分组资料中位数的确定。在组距分组的条件下，同样是先按$\frac{\sum f}{2}$的方式来确定中位数所在的位置，然后按近似公式计算中位数的近似值。计算公式为：

$$\text{下限公式：}M_e=L+\frac{\frac{\sum f}{2}-S_{m-1}}{f_m}\times d$$

上限公式：$M_e=U-\dfrac{\dfrac{\sum f}{2}-S_{m+1}}{f_m}\times d$

式中：M_e 为中位数；

L 为中位数所在组的下限；

U 为中位数所在组的上限；

S_{m-1} 为中位数所在组以下的累计次数（见向上累计资料）；

S_{m+1} 为中位数所在组以上的累计次数（见向下累计资料）；

f_m 为中位数所在组的次数；

d 代表中位数所在组的组距。

现以表 3-9 资料分组结果为例，说明中位数的计算方法。其步骤如下：

①确定中位数所在的位置：中位数所在位置 $=\dfrac{\sum f}{2}=\dfrac{3\ 000}{2}=1\ 500$

计算结果说明中位数应为这个数列中的第 1 500 个家庭的年人均收入。由累计次数可见，中位数所在位置应在累计次数仅大于 $\dfrac{\sum f}{2}=1\ 500$ 的组（即第四组）。

②计算中位数的近似值。

按下限公式：

$$M_e=L+\frac{\frac{\sum f}{2}-S_{m-1}}{f_m}\times d=3\ 500+\frac{\frac{3\ 000}{2}-720}{1\ 050}\times 500=3\ 500+371.43=3\ 871.43\text{（元）}$$

按上限公式：

$$M_e=U-\frac{\frac{\sum f}{2}-S_{m+1}}{f_m}\times d=4\ 000-\frac{\frac{3\ 000}{2}-1\ 230}{1\ 050}\times 500=4\ 000-128.57=3\ 871.43\text{（元）}$$

第四节　数据离中趋势的描述：变异指标

一、变异指标的概念和作用

变异指标又称标志变动度，主要用于综合反映总体各个单位标志值差异的程度。

我们可以借助于总量指标和平均指标来认识现象总体的规模和一般水平，但这些指标不仅不能反映各单位的差异情况，反而把各单位的差异抽象化而看不到单位之间的差异。即使是相同的总量指标和平均指标也可能掩盖极其显著的差异事实。这样，我们对于总体的认识就不能说是全面的。所以，有必要探讨总体各单位标志值变化的差异程度，以便从另一方面说明总体的特征。变异指标正好可以说明总体各单位标志值之间的差异程度或标志值分布的变异情况，反映现象总体各单位标志值分布的离中趋势，所以变异指标是说明总体特征的另一个指标。变异指标在统计分析研究中的作用主要有如下几个方面：

第一，变异指标反映总体各单位标志值分布的离中趋势。总体各个单位的标志值总是围绕着总体自身的平均值这一中心变动着。例如，价格总是围绕着价值上下波动。所以，平均指标反映总体各单位标志值的集中趋势，而变异指标则表明总体各单位标志值的分散程度，反映标志值的离中趋势，如价格背离价值的平均程度。变异指标值愈大，说明标志值的分布愈分散。

第二，变异指标可以说明平均指标的代表性程度。平均指标作为总体各单位标志值一般水平的代表，其代表性的高低，随着标志值的差异程度不同，而有很大区别。一般来说，标志变异愈大，说明平均数的代表性愈小；而标志变异愈小，说明平均数的代表性愈大。把平均指标与变异指标结合起来运用，才能使统计分析更完整、内容更充实，从而能更深刻地反映所研究现象的本质。

第三，变异指标可以说明现象变动的均匀性或稳定程度。例如考察工业企业的生产情况，在研究生产计划完成程度的基础上，利用变异指标，我们可以测定生产过程的均匀程度，如果各期产量表现为忽高忽低，波动很大，则说明该企业生产过程的均匀性较差。又如，当对某新品种作物种子做试验时，如果该作物在各类土质地块上的收获率和平均水平比较接近，差异程度较小，则说明该品种作物产量具有较大稳定性，标志着该品种可以作为良种作物推广种植。

二、变异指标的种类和计算

（一）全距

测定标志变异程度的最简单指标就是全距，它是标志的最大值与最小值之差，以 R 表示。

$$R=x_{\max}-x_{\min}$$

【例 3-22】某生产班组 11 个工人日产零件数为 15、17、19、20、22、22、23、23、25、26、30 件，其中最高日产零件数为 30 件，最低日产零件数为 15 件。

则全距为 $R=30-15=15$（件）

全距作为测定标志变动度的简便方法，具有计算方便、意义明确的优点，不足之处就是全距受两个极端值的影响，不能全面反映各单位标志的变异程度，不能用于评价平均指标的代表性程度。

（二）平均差

平均差是各单位标志值与其算术平均数的离差绝对值的算术平均数，又称平均离差，用 AD 表示。

根据资料是否分组有两种计算方式：

1. 未分组资料的计算公式

$$AD=\frac{\sum |x-\bar{x}|}{n}$$

【例 3-23】某企业生产班组 11 个工人日产零件数资料见表 3-10 所示，试计算其平均差。

表 3-10　工人日产零件数资料

日产零件 x/件	$x-\bar{x}$	$\|x-\bar{x}\|$
(1)	(2)=(1)$-\bar{x}$	(3)=|(2)|
15	−7	7
17	−5	5
19	−3	3
20	−2	2
22	0	0
22	0	0
23	1	1
23	1	1
25	3	3
26	4	4
30	8	8
合计	—	34

$$\bar{x}=\frac{\sum x}{n}=\frac{15+17+19+\cdots+30}{11}=\frac{242}{11}=22(\text{件})$$

$$AD=\frac{\sum |x-\bar{x}|}{n}=\frac{34}{11}\approx 3(\text{件})$$

2. 已分组资料的计算公式

$$AD=\frac{\sum |x-\bar{x}|f}{\sum f}$$

【例 3-24】某车间 200 个工人按日产量分组编成分配数列见表 3-11 所示，试计算其平均差。

表 3-11 工人日产量分组资料

日产量/千克	工人数 f	组中值 x/千克	xf	$x-\bar{x}$	$\lvert x-\bar{x}\rvert$	$\lvert x-\bar{x}\rvert f$
(1)	(2)	(3)	(4)=(3)×(2)	(5)=(3)$-\bar{x}$	(6)=|(5)|	(7)=(6)×(2)
20—30	10	25	250	−17	17	170
30—40	70	35	2 450	−7	7	490
40—50	90	45	4 050	3	3	270
50—60	30	55	1 650	13	13	390
合计	200	—	8 400	—	40	1 320

该资料为分组资料,可以用加权法进行计算。具体计算如下:

$$\bar{x}=\frac{\sum xf}{\sum f}=\frac{8\ 400}{200}=42(千克)$$

$$AD=\frac{\sum\lvert x-\bar{x}\rvert f}{\sum f}=\frac{1\ 320}{200}=6.6(千克)$$

计算结果表明,平均差愈大,标志变动程度愈大;平均差愈小,标志变动程度愈小。

(三)标准差

标准差是测定标志变动度最主要的指标。总体各单位的标志值对算术平均数离差平方的算术平均数称为方差,用 σ^2 表示。方差的平方根即为标准差,用 σ 表示。方差和标准差的计算公式如下:

1. 未分组资料的标准差(方差)的计算

未分组资料的标准差(方差)的计算有积差法和简捷法两种方法。

用积差法时的公式为:

$$\sigma=\sqrt{\frac{\sum(x-\bar{x})^2}{n}};\sigma^2=\frac{\sum(x-\bar{x})^2}{n}$$

用简捷法时的公式为:

$$\sigma=\sqrt{\frac{\sum x^2}{n}-\left(\frac{\sum x}{n}\right)^2};\sigma^2=\frac{\sum x^2}{n}-\left(\frac{\sum x}{n}\right)^2$$

下面分别举例说明标准差的计算方法。

【例 3-25】现以表 3-10 所示的某生产班组 11 个工人日产零件数资料为例,用积差法计算标准差。

表 3-12　未分组资料的标准差计算表(积差法)

日产零件 x/件	$x-\bar{x}$	$(x-\bar{x})^2$
(1)	(2)=(1)$-\bar{x}$	(3)=(2)^2
15	−7	49
17	−5	25
19	−3	9
20	−2	4
22	0	0
22	0	0
23	1	1
23	1	1
25	3	9
26	4	16
30	8	64
合计	—	178

$$\sigma=\sqrt{\frac{\sum(x-\bar{x})^2}{n}}=\sqrt{\frac{178}{11}}\approx 4(\text{件})$$

$$\sigma^2=\frac{\sum(x-\bar{x})^2}{n}=\frac{178}{11}\approx 16(\text{件})$$

【例 3-26】现以表 3-10 所示的某生产班组 11 个工人日产零件数资料为例,用简捷法计算标准差。

表 3-13　未分组资料的标准差计算表(简捷法)

序号	1	2	3	4	5	6	7	8	9	10	11	Σ
x/件	15	17	19	20	22	22	23	23	25	26	30	242
x^2	225	289	361	400	484	484	529	529	625	676	900	5 502

$$\sigma=\sqrt{\frac{\sum x^2}{n}-\left(\frac{\sum x}{n}\right)^2}=\sqrt{\frac{5\ 502}{11}-\left(\frac{242}{11}\right)^2}\approx 4(\text{件})$$

$$\sigma^2=\frac{\sum x^2}{n}-\left(\frac{\sum x}{n}\right)^2=\frac{5\ 502}{11}-\left(\frac{242}{11}\right)^2\approx 16(\text{件})$$

2. 已分组资料的标准差(方差)的计算

已分组资料的标准差(方差)的计算同样有积差法和简捷法两种方法。

用积差法时的公式为:

$$\sigma=\sqrt{\frac{\sum(x-\bar{x})^2f}{\sum f}};\sigma^2=\frac{\sum(x-\bar{x})^2f}{\sum f}$$

用简捷法时的公式为：

$$\sigma=\sqrt{\frac{\sum x^2f}{\sum f}-\left(\frac{\sum xf}{\sum f}\right)^2};\sigma^2=\frac{\sum x^2f}{\sum f}-\left(\frac{\sum xf}{\sum f}\right)^2$$

下面分别举例说明标准差的计算方法。

【例3-27】现以表3-11某车间200个工人日产量分组资料为例，用积差法计算标准差。

表3-14　分组资料的标准差计算表（积差法）

日产量/千克	工人数 f	组中值 x/千克	$x-\bar{x}$	$(x-\bar{x})^2$	$(x-\bar{x})^2f$
(1)	(2)	(3)	$(4)=(3)-\bar{x}$	$(5)=(4)^2$	$(6)=(5)\times(2)$
20—30	10	25	−17	289	2 890
30—40	70	35	−7	49	3 430
40—50	90	45	3	9	810
50—60	30	55	13	169	5 070
合计	200	—	—	—	12 200

$$\sigma=\sqrt{\frac{\sum(x-\bar{x})^2f}{\sum f}}=\sqrt{\frac{12\ 200}{200}}=7.8(\text{千克})$$

$$\sigma^2=\frac{\sum(x-\bar{x})^2f}{\sum f}=\frac{12\ 200}{200}=61(\text{千克})$$

【例3-28】现以表3-11某车间200个工人日产量分组资料为例，用简捷法计算标准差。

表3-15　分组资料的标准差计算表（简捷法）

日产量/千克	工人数/f	组中值 x/千克	x^2	xf	x^2f
20—30	10	25	625	250	6 250
30—40	70	35	1 225	2 450	85 750
40—50	90	45	2 025	4 050	182 250
50—60	30	55	3 025	1 650	90 750
合计	200	—	—	8 400	365 000

$$\sigma=\sqrt{\frac{\sum x^2f}{\sum f}-\left(\frac{\sum xf}{\sum f}\right)^2}=\sqrt{\frac{365\ 000}{200}-\left(\frac{8\ 400}{200}\right)^2}=7.8(\text{千克})$$

$$\sigma^2=\frac{\sum x^2f}{\sum f}-\left(\frac{\sum xf}{\sum f}\right)^2=\frac{365\ 000}{200}-\left(\frac{8\ 400}{200}\right)^2=61(\text{千克})$$

三、离散系数

变异指标是反映总体各单位标志变异程度的指标，其数值的大小还要受总体单位标志值本身水平高低的影响。我们要对比分析不同水平的变量数列之间的标志差异程度，就不宜直接通过变异指标来比较其标志变动的大小，还必须消除平均水平高低影响，这样才能真正反映出不同水平的变量数列的离散程度。这就需要计算离散系数，即变异指标与算术平均数之比的相对数。常见的有全距系数、平均差系数和标准差系数，这里只介绍标准差系数。

标准差系数的计算公式为：

$$V_S=\frac{\sigma}{\bar{x}}\times 100\%$$

【例 3-29】甲乙两个农场平均粮食亩产分别为 300 千克、400 千克，标准差分别为 7.5 千克、9 千克。甲农场的标准差小，好像甲农场亩产 300 千克的生产水平更具有代表性，但如果计算标准差系数：

甲农场 $V_S=\frac{\sigma}{\bar{x}}\times 100\%=\frac{7.5}{300}\times 100\%=2.5\%$

乙农场 $V_S=\frac{\sigma}{\bar{x}}\times 100\%=\frac{9}{400}\times 100\%=2.25\%$

从变异系数的比较中，显然可以看出，乙农场亩产的变异系数比甲农场的小，可见乙农场不但亩产高，而且各地块产量比甲农场的稳定，因而乙农场亩产 400 千克更具有代表性。

在统计实践中，我们经常需要比较不同标志的差异，而变异系数提供了广泛比较的可能性。所以，变异系数既可以比较不同现象总体各单位同一标志的变异，也可用于比较同一总体各单位不同标志的变异。

本章小结

总量指标是反映总体的总规模、总水平的统计指标。其表现形式是绝对数，又称绝对指标或绝对数。总量指标按其反映现象总体内容的不同有总体标志总量和总体单位总量，按反映时间状况的不同有时期指标和时点指标。时期指标和时点指标的区别是：时期指标的数值大小与时期长短有直接关系，时点指标的数值大小与时间长短没有直接关系；时期指标数值可以相加，时点指标数值不可相加；时期指标的资料通过经常性调查取得，时点指标的资料通过一次性调查取得。

相对指标是两个有联系的总量指标对比的结果。其表现形式：一是无名数，包括倍数、系数、成数、百分数、千分数等；二是有名数。常用的相对数有计划完成程度相对数、结构相对数、比例相对数、比较相对数、强度相对数和动态相对数。

平均指标是用来反映同质总体各单位某一数值标志一般水平的统计指标，包括算术平均数、调和平均数、几何平均数、众数和中位数。加权算术平均数受变量值和次数两个因素的影响。次数对平均数的大小起着权衡轻重的作用,因此又称为权数。权数有两种表现形式:一是绝对数,二是比重。比重形式能更好地体现权数作用的实质。

加权调和平均数实际上是加权算术平均数的变形。当掌握了算术平均数基本公式分母的直接资料即单位数(权数)时,用加权算术平均数方式计算其平均数;当掌握了算术平均数基本公式分子的直接资料即标志总量(特定权数)时,用加权调和平均数方式计算其平均数。

众数是总体中出现次数最多的标志值。

中位数是总体各单位标志值按大小顺序排列后,居于中间位置的标志值。

标志变异指标是反映总体各单位某种标志值之间差异程度的统计指标。标志变异指标是衡量平均数代表性的尺度,平均数的代表性高低与标志变异指标的数值大小有密切联系,标志变异指标越大平均数代表性越差,标志变异指标越小平均数代表性越好。标准差是总体各单位标志值与其算术平均数离差平方的算术平均数的平方根。标准差系数是标准差与其算术平均数之比。

思考与练习

课后思考

1. 举例说明时期指标与时点指标及其区别。
2. 相对指标有哪些种类？如何计算与应用？
3. 加权算术平均数与加权调和平均数有何关系？如何应用？
4. 为什么说众数和中位数是位置平均数？两者有何异同？
5. 什么是标准差和标准差系数？应用二者说明平均数代表性的条件是什么？

知识自测

1. 单项选择题

(1)按照反映现象的时间状况不同,总量指标可以分为(　　)。

A. 单位总量和标志总量　　B. 数量指标和质量指标

C. 时期指标和时点指标　　D. 实物指标和价值指标

(2)将对比的基数抽象为 10,则计算出来的相对数称为(　　)。

A. 倍数　　B. 百分数　　C. 系数　　D. 成数

(3)结构相对指标是(　　)。

A. 报告期水平和基期水平之比　　B. 实际数与计划数之比

C. 总体部分数值与总体全部数值之比　　D. 甲单位水平与乙单位水平之比

(4)某地区 2008 年底有 1 000 万人口,零售商店数有 5 万个,则商业网点密度指标为(　　)。

A. 5 个/千人　　B. 0.5 千人/个

C. 200 个/人　　D. 0.2 个/千人

(5)权数对算术平均数的影响作用,取决于(　　)。

A. 作为权数的各组单位数占总体单位数比重的大小

B. 各组标志值占总体标志总量比重的大小

C. 标志值本身的大小

D. 标志值数量的多少

(6)在同一变量数列中,当标志值比较大的次数多时,计算出来的平均数(　　)。

A. 接近标志值小的一方　　B. 接近标志值大的一方

C. 接近次数少的一方　　D. 接近哪方无法判断

(7)计算计划完成程度相对指标时,分子和分母的数值(　　)。

A. 只能是绝对数和平均数

B. 只能是绝对数和相对数

C. 只能是平均数和相对数

D. 既可以是绝对数,也可以是平均数或相对数

(8)按全国人口平均的粮食产量是(　　)。

A. 平均指标　　B. 强度相对指标

C. 比较相对指标　　D. 结构相对指标

(9)标志变异指标中的标准差是各标志值对算术平均数的(　　)。

A. 离差平方的平均数　　B. 离差平均数的平方根

C. 离差平方平均数的平方根　　D. 离差平均数平方的平方根

(10)要比较两个不同总体,平均水平不同时,平均数的代表性高低,需用(　　)。

A. 极差　　B. 平均差　　C. 标准差　　D. 离散系数

2. 判断题

(1)时点指标数值大小与时间长短成正比。(　　)

(2)A、B、C 三个企业今年产量计划完成程度分别为 93%、100%和 107%,则此三个企业今年产量平均计划完成程度为 100%。(　　)

(3)中位数是位置平均数,不受极端数值的影响。(　　)

(4)变量数列中任一组标志值为零,则无法计算调和平均数。(　　)

(5)权数的绝对值越大,对算术平均数的影响也就越大。(　　)

(6)算术平均数反映总体各单位标志值的离中趋势。(　　)

(7)如果是分组变量,计算出的均值是实际值的近似值。(　　)

(8)某地区 2020 年末每万人拥有商业网点数是比较相对指标。(　　)

(9)甲、乙两个班某次某科考试平均成绩相同,但数值差异度不同,离散程度大的那

个班比离散程度小的那个班学习成绩稳定。（　）

(10)标志变异指标数值越大,说明总体中各单位标志值的变异程度越大,则平均指标的代表性就越小。（　）

技能训练

1. 某企业所属3个分厂2017年下半年的利润额资料如下表所示。

企业	第三季度利润/万元	第四季度					第四季度为第三季度的百分比/%
		计划		实际		计划完成百分比/%	
		利润/万元	比重/%	利润/万元	比重/%		
甲	(1)	(2)	(3)	(4)	(5)	(6)	(7)
A厂	1 082	1 234	(　)	1 358	(　)	(　)	(　)
B厂	1 418	1 724	(　)	(　)	(　)	95	(　)
C厂	915	(　)	(　)	1 140	(　)	105	(　)
合计	3 415	(　)	(　)	(　)	(　)	(　)	(　)

要求:

(1)计算空格指标数值。

(2)如果未完成计划的分厂能完成计划,则该企业的利润将增加多少?超额完成计划多少?

(3)若B、C两个分厂都能达到A分厂完成计划的程度,该企业将增加多少利润?超额完成计划多少?

2. 有5家工厂生产某种同样的产品,它们的产量和消耗某种原料总量的资料如下表所示。

工厂	产量/件	原材料总消耗量/千克
甲	2 200	4 400
乙	3 000	6 600
丙	2 500	7 750
丁	3 300	7 350
戊	1 600	4 800

试计算原材料消耗的平均指标。

3. 某地区抽样调查职工收入资料如下表所示。

按平均每人月收入分组/元	职工人数/人
100—200	6
200—300	10
300—400	20
400—500	30
500—600	40
600—700	240
700—800	60
800—900	20

试根据上述资料计算职工家庭平均每人月收入(用算术平均数公式),并依下限公式计算确定中位数和众数。简要说明其分布特征。

4. 由抽样调查所得某地区林地上 100 株云杉胸径资料,分组整理结果如下表所示。

胸径/厘米	株数
10—14	3
14—18	7
18—22	18
22—26	28
26—30	21
30—34	13
34—38	6
38—42	4
合计	100

试计算其全距、平均差、标准差和标准差系数。

5. 甲、乙两地区房屋按层数的分配数列如下表所示。

房屋层数	房屋数量/栋	
	甲地区	乙地区
1	9	3
2	0	7
3	1	14
4	4	28
5	160	73
6	76	46
7	0	25
8	3	11
9	4	2
合计	257	209

试问哪一个地区的平均楼层更有代表性？哪个地区的房屋比较整齐？

第四章　时间序列分析

知识目标

（1）了解时间序列的概念、作用和编制原则。

（2）理解时间序列的指标含义及其分类。

（3）掌握时间序列各水平指标与速度指标的含义及指标之间的相互关系。

（4）理解时间序列的影响因素以及影响因素分解的基本思想。

（5）掌握时间序列长期趋势的测定方法。

（6）了解时间序列季节变动的测定。

技能目标

（1）能在实践中根据经济现象的时间变动性质正确选择分析指标进行计算和分析。

（2）能根据时间序列的变动特征判断其影响因素。

（3）能对时间序列中存在的长期趋势进行测定，并能据其发展变化趋势进行预测。

案例导入

2022—2023 年中国宏观经济展望①

厦门大学宏观经济研究中心“中国季度宏观经济模型（CQMM）”课题组通过研判2022年中国经济可能面临的国际国内风险，运用“中国季度宏观经济模型（CQMM）”，对2022—2023年八个季度的中国主要宏观经济指标进行预测。

（一）模型外生变量假设

1. 美国及欧元区经济增长率

2021年下半年，国际大宗商品价格特别是能源价格高企、疫情后港口物流拥堵与劳动力不足等供应链瓶颈问题，以及大规模政府补助对民众消费行为的改变等因素驱动主要发达经济体通胀持续升温，引起主要央行在劳动力市场尚未全面复苏的情况下启动政策转向。尽管美国和欧元区经济2021年分别取得5.7%和5.2%的同比增速，明显复苏，

① 节选自：“中国季度宏观经济模型（CQMM）”课题组. 2022—2023年中国宏观经济展望——兼论加大基建投资的宏观经济效应[J]. 厦门大学学报（哲学社会科学版），2022，72(3)：21-31.

但未来仍面临高通胀、刺激政策转向以及奥密克戎(Omicron)变种较快传播的挑战。此外,发达经济体的原油需求及俄乌危机可能继续拉高能源价格。

世界银行2022年1月发布的《全球经济展望》预测,2022—2023年,美国的经济增速预计为3.7%和2.6%,而欧元区为4.2%和2.1%。综合参考各方信息,结合新冠肺炎疫情进程判断,课题组假定:2022—2023年,美国经济增速分别为4.04%和2.36%,而欧元区经济增速为4.41%和2.50%,较世界银行2022年1月的预测略有上调,并设定相应的季度增速。

2. 主要汇率水平

2021年下半年,良好的外需和稳健的货币政策推动美元兑人民币汇率在美联储政策维持宽松的背景下持续升值。后续发达经济体货币政策转向紧缩将明显影响汇率走向,特别是美联储紧缩步幅加快可能产生较强冲击,但人民币汇率整体上仍可望运行在合理区间。预计美元兑人民币汇率在2022年将转向上行,2023年后重新回归升值路径;欧元兑美元汇率则先升后贬,2022年末达到1.19的阶段高点,2023年逐步贬值至1.12水平。

3. 广义货币供应量(M2)增速

2022年开年以来,面对内需复苏较慢、部分行业存在风险引发的经济下行压力以及美联储政策转向引起的政策窗口趋窄,人民银行提出货币政策将会"充足发力、精准发力、靠前发力",从而"以进促稳"。课题组预计2022年货币政策将实现"前置宽松",M2增速呈现明显前高后低的走向,2023年随着国内经济情况企稳与国外货币政策趋于正常化,回归8%左右的水平;同时,假定一季度再次降息5个基点,此后维持稳定。

(二)2022—2023年中国宏观经济主要指标预测

1. GDP增速预测

在上述外生变量假定下,基于中国季度宏观经济模型(CQMM)的预测表明:2022年,中国国内生产总值(GDP)增速预计为5.49%,较2021年下降2.61个百分点;2023年,GDP增速略有回升,达到5.58%。2021年年末,多项经济指标已呈现一定的边际修复迹象,因此2022年一季度尽管基数较高,但在稳增长政策前置发力、出口增长持续的助推下,季度同比增速仍可望保持在超过2021年四季度的水平上。此后,GDP增速预计逐步上行,至三季度达到阶段高点6.49%,四季度稳定在5.78%。2023年,如无其他冲击,经济可望进入稳定运行状态。

2. 投资增速预测

模型预测:2022年,按现价计算的固定资产投资(不含农户)将增长6.29%,增速比2021年上升1.39个百分点;2023年,固定资产投资增速预计为5.33%。尽管预计2022年基建投资将实现前置发力,但在基数效应作用下,固定资产投资季度同比增速的数值可能保持相对稳定,预计一季度同比增长4.68%,余下季度依次为5.29%、8.88%、

6.37%。

分行业来看,制造业投资预计维持较快增速,全年增长11.46%,房地产投资增速小幅下滑至4.66%,而基建投资增速大幅提高到5.51%。首先,上半年出口有望保持快速增长,双碳策略的推进也给制造业投资提供助力;其次,经过对房地产行业的整顿和风险管控,近期房地产销售、购地、融资等行为已逐步回归常态,预计房地产投资企稳并在下半年恢复健康增长;最后,财政扩张可望推动基建投资前置发力、发挥稳增长作用,助推经济回归潜在增长路径。

3. 消费增速预测

模型预测:2022年,不变价的居民消费总额将增长1.61%,并在2023年继续增长7.19%;2022年,社会消费品零售总额名义增长8.50%,增速比2021年下降4.00个百分点,并在2023年提升至11.81%。

季度分布来看,预计2022年一季度社会消费品零售总额名义同比增长1.74%,余下季度逐步回升,依次为6.94%、12.68%、12.77%。除基数效应外,上半年预计新冠肺炎疫情还将持续散点暴发的状态,接触类消费持续疲软、疫情对不同地区和收入群体的非对称冲击、居民预防性储蓄的增加等还将抑制消费支出的增长。下半年,若疫情得到缓解,外需对经济的拉动作用逐步减退,倘若政策能够促进居民消费稳步回升,可望接替外需作用,保障经济稳步增长。

4. 其他主要宏观经济指标增长率预测

(1)主要价格指标增速预测

2022年,消费者价格指数(CPI)预计上涨1.83%,涨幅比2021年提升0.93个百分点,2023年增速预计为1.38%。季度走势来看,一季度增速为1.63%,余下季度依次为2.35%、1.91%、1.43%。"猪周期"为主导因素将驱动食品类CPI在一季度同比下降3.46%,并在余下季度维持小幅涨幅,全年收缩0.32%。与此同时,2022年生产者物价指数(PPI)预计上涨2.68%,2023年则收缩4.71%。一季度在投资快速增长的拉动下,PPI同比涨幅依然可能达到9.28%,并向下游传导,推动非食品类CPI同比增速达到2.89%的阶段高点。

(2)进出口增速预测

2022年,按现价美元计,我国货物出口总额预计将增长12.74%,增速比2021年降低16.93个百分点;货物进口总额将增长14.22%,增速比2021年降低15.81个百分点。其中,一季度货物出口和进口总额同比分别增长18.69%和18.61%。

2022年上半年,新一波新冠肺炎疫情将继续在新兴市场经济体蔓延,并抑制这些经济体的出口供给能力,供应链危机将持续,因而,我国出口有望维持相对高速的增长。下半年,基数效应叠加供应链逐步修复,出口对经济增长的贡献将会较快转弱。

2022—2023 年中国宏观经济再预测(节选)①

2022 年上半年,在新冠肺炎疫情多点散发、俄乌冲突等意外因素的冲击下,中国经济运行出现明显波折。课题组在研判国内外最新经济形势的基础上,运用“中国季度宏观经济模型(CQMM)”,对 2022 年春季预测结果(如上)进行更新。

2022 年上半年,中国实际 GDP 同比增长 2.5%,其中一季度增长 4.8%,二季度增长 0.4%。一季度中国经济持续恢复,但在该季度末爆发的俄乌冲突,尤其是新冠肺炎疫情多点散发等超预期因素的冲击下,4 月份主要经济指标出现深度下跌。随着一系列稳经济政策举措的实施,加上新冠肺炎疫情防控形势的逐步好转,5 月份主要经济指标降幅收窄,6 月份企稳回升,最终使得二季度经济寻得正增长。2022 年下半年,出口的下行压力将抑制经济增长,但制造业投资和基础设施投资的稳健增长,是中国经济的重要支撑。

在对模型外生变量假设调整基础上,对 2022—2023 年中国宏观经济主要指标进行更新预测。

GDP 增速:2022 年,中国 GDP 增速预计为 4.05%,较春季预测下降 1.44 个百分点;2023 年,GDP 增速反弹至 6.53%。

投资增速:2022 年,按现价计算的固定资产投资(不含农户)将增长 5.76%,增速比春季预测下调 0.53 个百分点;2023 年,固定资产投资增速预计为 2.82%。

消费需求增速:2022 年,不变价的居民消费总额将增长 1.30%,并在 2023 年继续增长 5.61%;2022 年,社会消费品零售总额名义增长 1.48%,增速比春季预测大幅下调 7.05 个百分点;2023 年,社会消费品零售总额名义增速提升至 10.01%。

价格指标增速:2022 年,CPI 预计上涨 2.26%,涨幅比春季预测上调 0.43 个百分点,2023 年,CPI 增速预计为 2.89%。

进出口增速:2022 年,按现价美元计,中国货物出口总额预计将增长 10.55%,比春季预测下调 2.19 个百分点;货物进口总额将增长 5.45%,比春季预测大幅下调 8.77 个百分点。

案例分析

百年变局叠加世纪疫情,中国经济、世界经济都面临剧烈变革。在这个非常时期,党的二十大回顾了中国过去五年的工作和新时代十年的伟大变革,也指明了未来五年乃至更长时期中国经济的前进方向,让我们看到了中国经济发展的确定性,有效提振人们对世界经济前景的信心。

该资料是厦门大学“中国季度宏观经济模型(CQMM)”课题组对中国宏观经济

① “中国季度宏观经济模型(CQMM)”课题组. 2022—2023 年中国宏观经济再预测——兼论美欧经济减速对中国经济的影响[J]. 厦门大学学报(哲学社会科学版),2022,72(6):80-89.

(2022—2023 年)的预测,那么,什么是增长速度?什么是同比变化?增长速度代表指标未来变动的特征是什么?当给出特定指标的历史数据时,我们如何判断它的演进特征?又该如何准确描述过去的历史变动规律,并将这一规律进行延伸对未来进行预测呢?通过本章的学习,您将找到这些问题的答案。

前面的分析描述的是研究对象在特定时间状态下的特征,本章将对特定研究对象过去一段时间某个或某些指标的变动特征进行分析。只有有效掌握研究对象过去的变动特征,才能在一定假设条件下对研究对象未来的发展变化作出准确判断,并将其作为中长期规划制订的依据。

第一节　时间序列概述

一、时间序列的概念

社会经济现象总是随着时间的推移而变化,呈现出动态性。统计对社会经济现象的研究,一方面要从静态上揭示研究对象在具体时间、地点条件下的数量特征和数量关系,另一方面还要从动态上反映研究对象的发展和变化规律。正确编制时间序列是进行动态分析的基础。

将某一统计指标数值按照时间的先后顺序排列而成的数列就是时间序列。由于时间序列从动态上反映了社会经济现象的数量发展变化,因此,也称动态序列。

由时间序列的定义可知,任何一个时间序列,均由两个基本要素构成:一是时间顺序,即现象所属的时间,常用 t 表示,社会经济现象时间序列中的时间单位通常是年份、季度、月份或天(如表 4-1 第一列所列的年份);二是统计数据,即反映社会经济现象在一定时间条件下数量特征的统计指标值(如表 4-1 第二至五列)。社会经济现象在不同时间上的指标值,可以是绝对数、相对数,也可以是平均数。

表 4-1 列举了 4 个时间序列,分别反映 2011 年以来我国国内生产总值、年末总人口、人均国内生产总值和城镇单位就业人员名义平均工资的情况。

表 4-1　2011—2021 年我国主要指标数据资料

年份	国内生产总值/亿元	年末总人口/万人	人均国内生产总值/元	城镇单位就业人员名义平均工资/元
2011	487 940. 2	134 916	36 277	41 799
2012	538 580. 0	135 922	39 771	46 769
2013	592 963. 2	136 726	43 497	51 483
2014	643 563. 1	137 646	46 912	56 360

续表

年份	国内生产总值/亿元	年末总人口/万人	人均国内生产总值/元	城镇单位就业人员名义平均工资/元
2015	688 858.2	138 326	49 922	62 029
2016	746 395.1	139 232	53 783	67 569
2017	832 035.9	140 011	59 592	74 318
2018	919 281.1	140 541	65 534	82 413
2019	986 515.2	141 008	70 078	90 501
2020	1 013 567.0	141 212	71 828	97 379
2021	1 143 670.0	141 260	80 976	106 837

资料来源:国家统计局网站

在同一动态序列中,指标所属的时间单位要统一。如表 4-1 中,社会经济现象所属的时间单位都是年。这样在后续分析研究中就无须考虑时间单位不同所造成的差异。

在社会经济现象的研究和分析中,时间序列可以用于以下目的:

(1)描述现象在具体时间条件下的发展状况和结果。如 2021 年城镇单位就业人员名义平均工资为 106 837 元;

(2)研究现象发展速度、发展趋势,探索其发展变化的规律。如城镇单位就业人员名义平均工资持续上升;

(3)进行动态预测,根据统计指标历史的变动规律实现对后期指标的预测。

二、时间序列的种类

按照统计指标数据的表现形式不同,时间序列可以分为总量指标时间序列、相对指标时间序列和平均指标时间序列三种类型。其中总量指标时间序列是基础序列,相对指标时间序列和平均指标时间序列通常是在总量指标时间序列的基础上派生计算出来的。

(一)总量指标时间序列

总量指标时间序列也称为绝对数时间序列,反映现象总水平或总规模的发展变化,是由总量指标按时间先后顺序排列而成的数列。如表 4-1 中各年的“国内生产总值”和“年末总人口”两个时间序列就是总量指标时间序列。

进一步,根据总量指标反映现象的时间属性不同,总量指标时间序列又分为时期序列和时点序列。

1. 时期序列

时期序列是由时期总量指标排列而成的数列,序列中每个指标数值反映某社会经济现象在一段时期内的发展过程所达到的总量。如表 4-1 中各年的“国内生产总值”就是一个时期序列，各时期的长度为 1 年，反映我国所有常住单位一年内生产活动的最终成果总量。

时期序列具有以下特点：

（1）序列中各个指标数值可以相加，相加后得到的数据具有一定的经济意义。由于时期序列中每个指标的数值表示一段时期内发展过程所达到的总量，所以相加后的数值就表现为在更长一段时期内发展过程所达到的总量。例如，把 2016 年到 2020 年的国内生产总值相加，得到的数据表示“十三五”期间我国的国内生产总值。

（2）序列中每个指标数值的大小与所属的时期长短有直接的关系。在时期序列中，每个指标所反映的时间长度，称为“时期”。时期的长短，主要根据研究目的来定，可以是日、旬、月、季、年或更长时期。一般来说，时期越长，指标数值就越大，反之越小。

（3）序列中每个指标数值是通过连续不断的登记取得的。

2. 时点序列

时点序列是由时点指标排列而成的数列，序列中每个指标数值反映现象在特定时点上（瞬间）所存在的状态或数量水平。例如表 4-1 中各年的“年末总人口”就是一个时点序列，它反映了在每年年底这一特定时点上我国的总人口数，该时点序列的间隔为一年。

时点序列具有以下特点：

（1）序列中各个指标值不能相加，相加不具有实际经济意义。时点序列中每个指标值都是表明在某一时点上所存在的数量，相加通常会存在重复计算，相加的指标值也无法说明是属于哪一时点的数量。

（2）序列中每个指标数值的大小与其时间间隔长短没有直接联系。时点序列每个指标数值只表明现象在某一时点上的数量，年末数值可能大于年初数值，也可能小于年初数值。

（3）序列中每个指标数值通常是通过不连续登记取得的。时点序列每个指标数值一般只在某一规定时点上取得。如每年年末调查登记获得数据。

（二）相对指标时间序列

将某一相对指标按照时间先后顺序排列而形成的数列称为相对指标时间序列。它反映的是现象之间数量对比关系的发展变化过程，说明现象的比例关系、结构、速度的发展变化。如表 4-1 中的“人均国内生产总值”就是一个相对指标时间序列，反映 2011 年后我国人均国内生产总值的发展变化。

相对指标有很多，但大多数是由两个总量指标对比派生出来的，两个对比的总量指标可以都是时期的，也可以都是时点的，也可以是一个时期和一个时点。表 4-1 中人均国内生产总值就是根据时期总量指标时间序列（国内生产总值）和时点总量指标时间序列(年末人口数)对比计算得到。[①]

相对指标时间序列的相对数除上述所举的强度相对数外,也可以是其他任何一种相对数,如计划完成相对数、结构相对数、比例相对数、比较相对数等。

相对指标时间序列中的各个指标数值是不能直接相加的。

(三)平均指标时间序列

将某个统计平均数按照时间先后顺序排列而形成的数列称为平均指标时间序列。它反映现象一般水平在不同时间上的发展变化情况。如表4-1中的城镇单位就业人员名义平均工资就是一个平均指标时间序列。

与相对指标时间序列类似,它也是由两个总量指标时间序列对比形成的派生序列。不同的是,平均指标时间序列中每个指标值的分子、分母之间分别是总体标志总量与总体单位总量。

平均指标时间序列中的各个指标值也是不能相加的。

三、时间序列的编制原则

编制时间序列的目的是通过同一指标不同时间的数值对比来反映社会经济现象的发展演进过程及其规律性。因此,要确保同一指标不同时间的数值可比,必须坚持如下原则。

1. 时间长度应一致

这里的时间长度有两种含义:一是数据本身所涉及的时间长度(时期长度一致);二是各数据之间的时间间隔长度(时点间隔长度一致)。由于时期序列的指标值大小与时期长度有直接关系,因此,时期长度不一致就不具可比性,所以要求时间长度应一致。

2. 总体范围应一致

时间序列中各个数据所属的空间范围与单位范围必须一致。对于那些特定区域的统计指标,应该注意区域范围的一致性,如果行政区划发生变动,那么变动前后的统计指标数据不能直接对比。例如,随着城市规模的扩大,把原来不属于城市管辖范围的周边地区划归城市所辖,这时用变化前后的经济指标对比就没有多大意义。同样地,时间序列中各期指标值所包括的总体单位标准应该相同。如人口统计统一规定为常住人口或户籍人口,标准要一致。

3. 经济内容要一致

在时间序列中,经济指标所反映的不仅是现象量的方面,还有一定质的内容,因此,编制时间序列时要注意各个指标内容的同质性。名称完全相同的指标由于所处的年代、统计制度、理论依据的不同,在含义与计算项目上常常会有很大的区别。比如,MPS(物

---

① 人均国内生产总值=国内生产总值/年平均人口数,其中,年平均人口数=(本年末人口数+上年末人口数)/2。

质产品平衡体系)的国民收入和 SNA(国民收入换算体系)的国民收入完全不同,如果直接混合编制时间序列进行比较分析就会得出错误的结论。

4. 统计口径要一致

统计口径主要是计算方法、计量单位等。在编制时间序列时,不论采取何种方法,按照何种价格或单位进行计量,要求前后必须一致。如编制劳动生产率时间序列时,分析指标可以用实物量(产量),也可以用价值量(产值),用来对比的指标(人数)可以是全部职工人数,也可以是生产工人数;但在同一时间序列中,两个指标必须统一。比如,都用可比价测算的价值量(产值)和全部职工人数。前后一致才有可比性。

第二节　时间序列的水平分析指标

时间序列的水平分析指标主要包括发展水平、平均发展水平、增长量和平均增长量。

一、发展水平

时间序列中的各个指标数值本身就反映了所研究的社会经济现象在不同时间所达到的规模和水平。将时间序列中各具体时间条件下的表现值称为发展水平(Developing level),反映事物的发展变化在一定时期内(或特定时点上)所达到的水平(或所存在的量)。简单而言,时间序列中的各项指标数值就是发展水平。发展水平是计算其他所有动态指标的基础,通常用符号 $a_i(i=1,2,\cdots,n)$ 表示。包含 n 个观测值的时间序列可以表示为:

$$a_1,a_2,\cdots,a_i,\cdots,a_{n-1},a_n$$

为了分析方便,时间序列中的各个发展水平可以进行如下划分:

$$\begin{array}{ccc} a_1, & a_2,\cdots,a_i,\cdots,a_{n-1}, & a_n \\ \downarrow & \downarrow & \downarrow \\ \text{期初水平} & \text{中间水平} & \text{期末水平} \end{array}$$

此外,为了方便对时间序列中的统计数据进行对比分析,一般将研究中作为比较基数的统计数据定义为基期发展水平,把所要研究分析的统计数据统称为报告期发展水平。例如,要分析 2021 年城镇单位就业人员名义平均工资相比 2011 年增加了多少,则 2011 年的城镇单位就业人员名义平均工资是作为对比基础的指标数据,称为基期发展水平,而 2021 年的城镇单位就业人员名义平均工资是要分析的指标数据,称为报告期发展水平。基期和报告期是一组相对概念,研究时间发生变化,基期和报告期会随之改变。例如,要分析 2020 年城镇单位就业人员名义平均工资相比 2015 年增加了多少,那么 2015 年的城镇单位就业人员名义平均工资是基期发展水平,而 2020 年的城镇单位就业人员名义平均工资是报告期发展水平。

二、平均发展水平

将一个时间序列不同时间的发展水平加以平均而得到的平均数，叫作平均发展水平，又称为序时平均数或动态平均数。它反映现象在一定时间内发展变化所达到的一般水平。

在动态分析中，计算平均发展水平可以把现象在不同时间上的数量差异抽象化，消除短期波动的影响，便于不同时间范围内统计指标一般水平的对比分析。序时平均数与一般平均数（静态平均数）既有联系，又有区别。

表 4-2　序时平均数与一般平均数的区别

异同	特点	一般平均数	序时平均数
联系	抽象的反映内容	一般水平	一般水平
区别	依据的序列	时间序列（动态序列）	变量序列（变量的不同取值）
	平均的差异	不同时间的平均	不同总体单位的平均
	说明的内容	现象一定发展阶段的一般水平	总体一定历史条件下的一般水平

不同类型的时间序列，平均发展水平有不同的计算方法。

（一）总量指标时间序列平均发展水平的计算

1. 时期总量指标时间序列平均发展水平的计算

由于时期总量指标时间序列具有可加性，所以计算时期总量指标时间序列的平均发展水平可用简单算术平均法，即将时间序列各期的发展水平直接加总后除以序列的项数。

计算公式为：

$$\bar{a}=\frac{a_1+a_2+\cdots+a_n}{n}=\frac{\sum a_i}{n}$$

式中：a_i 为各时期的发展水平（$i=1,2,\cdots,n$）；

n 为时期序列的项数；

$\bar{a}$ 为平均发展水平。

【例 4-1】根据表 4-1 中我国 2016—2020 年国内生产总值资料计算“十三五”期间平均每年的国内生产总值。

$$\bar{a}=\frac{\sum a_i}{n}=\frac{746\ 395.1+832\ 035.9+919\ 281.1+986\ 515.2+1\ 013\ 567.0}{5}=899\ 558.86（亿元）$$

2. 时点总量指标时间序列平均发展水平的计算

由于时点总量指标时间序列中“时点”表现的状态不同，不同时点的发展水平不具有直接可加性,因此,计算时点总量指标时间序列的平均发展水平有不同的方法,实际计算时应根据掌握资料的情况不同而作出恰当选择。

在经济时间序列中,一般将时点序列进一步区分为连续时点序列(登记时间详细到“天”,即以天为间隔排列的数列)和间断时点序列。

(1)当时点序列为连续时点序列时

①连续变动时点序列——简单算术平均法

所谓连续变动时点序列就是统计指标值为“每天有变动,天天有登记(记录)”的资料,其平均发展水平的计算采用简单算术平均法。计算公式为:

$$\bar{a}=\frac{a_1+a_2+\cdots+a_n}{n}=\frac{\sum a_i}{n}$$

【例 4-2】某高铁站点一周连续 7 天每天实际到岗员工人数分别为 150、160、170、130、140、160、140 人。计算这周平均每天到岗员工人数是多少?

$$\bar{a}=\frac{\sum a_i}{n}=\frac{150+160+170+130+140+160+140}{7}=150(\text{人})$$

②非连续变动时点序列——加权算术平均法

所谓非连续变动时点序列就是统计指标值为“隔日有变动,变时才登记”的资料,因此可用加权算术平均法进行计算。计算公式为:

$$\bar{a}=\frac{\sum af}{\sum f}$$

【例 4-3】某物流运输企业 7 月 1 日实有员工 210 人,在当月 12 日有 5 人解除劳务合同,当月 24 日与新引进的 16 人签订劳务合同,试计算该物流运输企业 7 月平均每天实有员工人数是多少?

$$\bar{a}=\frac{\sum af}{\sum f}=\frac{210\times11+205\times12+221\times8}{11+12+8}\approx211(\text{人})$$

(2)当时点序列为间隔时点序列时

更多的时点序列不是以“一天”为间隔的,如经常见到间隔“一个月”的时间序列(如企业各月末库存统计资料),间隔“一个季度”的时间序列(如企业各季末员工人数),以及间隔“一年”的时间序列(如我国各年末人口数)等。下面区分间隔相等和间隔不等两种情况,讨论时点序列平均发展水平的计算方法。

①间隔相等的时点序列——首尾(首末)折半法

由于缺乏具体每一天的数据,在现有资料情况下,通常假定所研究的现象在相邻两间隔数据之间是均匀变动的。因此,首先用相邻两个时点发展水平的简单算术平均数代表该段时间平均每个时点的状态,然后再对所研究时间范围内相邻两个时点发展水平的简单算术平均数进行第二次简单算术平均,得到平均发展水平。计算公式为:

$$\bar{a}=\frac{\frac{a_1+a_2}{2}+\frac{a_2+a_3}{2}+\cdots+\frac{a_{n-1}+a_n}{2}}{n-1}=\frac{\frac{a_1}{2}+a_2+\cdots+a_{n-1}+\frac{a_n}{2}}{n-1}$$

式中：n 为时点序列的项数。

【例 4-4】根据表 4-1 中我国年末总人口数资料，计算“十三五”期间（2016—2020 年）的平均人口数。

根据间断时点序列计算平均发展水平的计算思路：先要计算各年内的平均人口数，再对各年内的平均人口数进行算术平均，求得“十三五”期间（2016—2020 年）的平均人口数。由于资料给定的是各年的年末总人口，所以 2016 年的平均人口数据用当年年初与年末人口数进行平均，即需要用到 2015 年年末的资料（2016 年年初总人口数与 2015 年年末总人口数一致）。同样地，其余年份的年末资料即为下一年份的年初资料。

根据以上计算公式，“十三五”期间（2016—2020 年）的平均人口数为：

$$\bar{a}=\frac{\frac{138\ 326}{2}+139\ 232+140\ 011+140\ 541+141\ 008+\frac{141\ 212}{2}}{5}$$

$=140\ 112.2$（万人）

②间隔不等的时点序列——两两平均加权法

先计算各相邻时点间的平均数，再以各间隔长度为权数，应用加权平均法计算平均发展水平。计算公式为：

$$\bar{a}=\frac{\frac{a_1+a_2}{2}f_1+\frac{a_2+a_3}{2}f_2+\cdots+\frac{a_{n-1}+a_n}{2}f_{n-1}}{f_1+f_2+\cdots+f_{n-1}}$$

式中：f 为各时点间隔的长度。

【例 4-5】某企业 2022 年各季度库存清点资料如表 4-3 所示，请确定该企业 2022 年平均库存额。

表 4-3　某企业 2022 年库存统计资料

时间	1 月初	6 月末	10 月末	12 月末
库存额/万元	50	48	52	45

根据公式，有：

$$\bar{a}=\frac{\frac{50+48}{2}\times 6+\frac{48+52}{2}\times 4+\frac{52+45}{2}\times 2}{12}=49.25\text{（万元）}$$

（二）相对指标时间序列序时平均数的计算

1. 一般方法

相对数时间序列的指标值因为不能直接相加，因此，不能直接利用原时间序列计算平均发展水平。需要按序列的性质分别计算相对数分子、分母两个序列的平均发展水平,然后再对比计算得到相对数的平均发展水平。

相对数平均发展水平的计算步骤如下。

第一步,分别求出相对数分子序列的平均发展水平 $\bar{a}$ 和分母序列的平均发展水平 $\bar{b}$;

第二步,求相对数的平均发展水平:

$$\bar{c}=\frac{\bar{a}}{\bar{b}}$$

式中:$\bar{c}$ 为相对指标的平均发展水平;

$\bar{a}$ 为分子指标的平均发展水平;

$\bar{b}$ 为分母指标的平均发展水平。

根据这个公式计算相对指标的平均发展水平时,应当分清分子、分母指标时间序列是时期序列还是时点序列,间断相等还是不相等,然后根据不同情况运用前面介绍的不同方法进行计算。

2. 三种常见的情况

(1)当 a 和 b 均为时期序列

当 a 和 b 两个序列均为时期序列时:

$$\bar{c}=\frac{\bar{a}}{\bar{b}}=\frac{\dfrac{a_1+a_2+\cdots+a_n}{n}}{\dfrac{b_1+b_2+\cdots+b_n}{n}}$$

【例 4-6】某企业 2022 年 1—3 月份生产计划完成情况的资料如表 4-4 所示,请计算该企业第一季度的平均生产计划完成程度。

表 4-4　某企业 2022 年 1—3 月份生产计划完成情况

月份	1 月	2 月	3 月
实际产量/吨	1 080	1 126	1 364
计划产量/吨	1 000	1 100	1 200
产量计划完成/%	108.0	102.4	113.7

计划完成程度时间序列是相对数时间序列,是各月实际产量与计划产量对比得到各月计划完成程度后排列而成的序列。其分子指标是实际产量、分母指标是计划产量,均为时期指标。实际产量时间序列和计划产量时间序列均为时期序列。因此,该企业第一季度平均生产计划完成程度为:

$$\bar{c}=\frac{\bar{a}}{\bar{b}}=\frac{\frac{\sum a}{n}}{\frac{\sum b}{n}}=\frac{\sum a}{\sum b}=\frac{1\ 080+1\ 126+1\ 364}{1\ 000+1\ 100+1\ 200}=\frac{3\ 570}{3\ 300}=108.2\%$$

(2)当 a 和 b 均为时点序列时

当 a 和 b 两个序列均为时点序列时，有时点间隔相等与不相等两种情况。

①当时点间隔相等时

相对数平均发展水平的分子、分母均采用“首尾(首末)折半法”。

②当时点间隔不相等时

相对数序时平均数的分子、分母均采用“两两平均加权法”。

实际工作中常见的是间隔相等的时点序列，其对比形成的相对数时间序列的平均发展水平计算公式为：

$$\bar{c}=\frac{\bar{a}}{\bar{b}}=\frac{\dfrac{\frac{a_1}{2}+a_2+a_3+\cdots+a_{n-1}+\frac{a_n}{2}}{n-1}}{\dfrac{\frac{b_1}{2}+b_2+b_3+\cdots+b_{n-1}+\frac{b_n}{2}}{n-1}}$$

【例 4-7】某企业 2022 年第二季度各月末职工人数变动情况如表 4-5 所示，请计算该企业第二季度生产工人占全部职工的平均比重。

表 4-5　某企业第二季度各月末职工人数统计表

月份	3 月 31 日	4 月 30 日	5 月 31 日	6 月 30 日
生产工人人数/人	725	754	760	780
全体职工人数/人	860	863	865	868
生产工人占全体职工比重/%	84.3	87.4	87.9	89.9

由于生产工人占全部职工的比重是结构相对数，不同时间计算的比重是不能直接相加再除以序列项数求平均的，而是要把分子、分母两个指标间隔相等的时点序列分别求平均发展水平，然后将分子指标、分母指标的平均发展水平进行对比，计算得到相对数序列的平均发展水平。

该企业第二季度生产工人占全部职工的平均比重为：

$$\bar{c}=\frac{\left(\frac{725}{2}+754+760+\frac{780}{2}\right)/3}{\left(\frac{860}{2}+863+865+\frac{868}{2}\right)/3}=\frac{\frac{2\ 266.5}{3}}{\frac{2\ 592}{3}}=87.44\%$$

(3)当 a、b 一个是时期序列,一个是时点序列时

分子、分母两个时间序列的时间属性不同时,相对数序时平均数的计算要视分子、分母序列哪一个是时期序列、哪一个是时点序列以及间隔是否相等而定。

【例 4-8】某企业 2022 年第三季度各月商品销售额、月末库存额和当月商品流转次数资料如表 4-6 所示,请计算该企业第三季度商品流转次数的平均发展水平。

表 4-6　某企业 2022 年第三季度商品流转次数统计表

月份	6 月	7 月	8 月	9 月
商品销售额/万元	—	2 800	3 080	3 466
月末库存额/万元	981	1 173	1 393	1 175
商品流转次数/次	—	2.6	2.4	2.7

商品流转次数是强度相对数,是商品销售额除以同期平均商品库存额的结果。根据这一相对数时间序列计算平均发展水平,分子指标(商品销售额)序列是时期序列,分母指标(平均库存额)序列是间隔相等的间断时点序列,其计算公式为:

$$\bar{c}=\frac{\bar{a}}{\bar{b}}=\frac{a_1+a_2+a_3+\cdots+a_{n-1}+a_n}{\frac{b_0}{2}+b_1+b_2+\cdots+b_{n-1}+\frac{b_n}{2}}$$

即该企业 2022 年第三季度月平均商品流转次数为:

$$\bar{c}=\frac{(2\ 800+3\ 080+3\ 466)/3}{\left(\frac{981}{2}+1\ 173+1\ 393+\frac{1\ 175}{2}\right)/3}=2.56(次)$$

(三)平均指标时间序列平均发展水平的计算

平均指标也是由两个总量指标对比得到的,因此其平均发展水平的计算方法与相对指标时间序列平均发展水平的计算方法相同。

在社会经济活动中,有时还存在着由平均发展水平组成的时间序列,对其进一步计算序时平均数视具体情况分别使用简单算术平均法或加权算术平均法。

三、增长量

(一)增长量的概念

增长量是指标在一定时间范围内增减变动的绝对量,以报告期水平与基期水平之差来表示。即增长量=报告期水平-基期水平。用公式表示有:

$$增长量=a_i-a_j,i\neq j$$

增长量说明现象在一定时间范围内所改变的绝对数量和发展变化的方向。增长量有正负之分,若为正值,表明指标值增加,呈现(正增长)增长趋势;若为负值,说明指标值减少,呈现(负增长)下降趋势,故又称为“增减量”指标。

(二)增长量的类型

根据计算增长率时选择基期的不同,增长量可分为:

1. 逐期增长量

逐期增长量是报告期发展水平与相邻前一期发展水平之差,反映时间序列指标逐期增减变动数量的大小。

若原时间序列表示为 $a_0, a_1, a_2, \cdots, a_i, \cdots, a_{n-1}, a_n$,则逐期增长量用公式表示为:

$$a_1-a_0, a_2-a_1, a_3-a_2, \cdots, a_n-a_{n-1}$$

2. 累计增长量

累计增长量是报告期发展水平与某一固定基期发展水平(通常是时间序列的最初水平)之差,反映时间序列统计指标某一时间范围内的增减变动总量。用公式表示为:

$$a_1-a_0, a_2-a_0, a_3-a_0, \cdots, a_n-a_0$$

同一时间序列中,累计增长量与逐期增长量之间的关系是:

$$a_n-a_0=(a_1-a_0)+(a_2-a_1)+(a_3-a_2)+\cdots+(a_n-a_{n-1})$$

即逐期增长量之和等于相应的累计增长量,这也是累计增长量名称的由来。

同样可以看出,相邻两个累计增长量之差等于相应的逐期增长量,即:

$$(a_n-a_0)-(a_{n-1}-a_0)=a_n-a_{n-1}$$

3. 年距增长量

对于按月(季)编制的时间序列,通常会包含季节性因素的影响。为了消除季节变动的影响,可以计算年距增长量,它是本期发展水平与上年同期发展水平的差值,反映本期与上年同期相比分析指标变化的绝对数量。即:

年距增长量=报告期发展水平-上年同期发展水平

四、平均增长量

平均增长量是对时间序列的逐期增长量计算的平均数,表明该现象在一定时间范围内平均每期增加(减少)的数量。计算公式为:

$$平均增长量=\frac{逐期增长量之和}{逐期增长量个数}=\frac{累计增长量}{时间数列项数-1}$$

即:

$$平均增长量=\frac{\sum(a_i-a_{i-1})}{n}=\frac{a_n-a_0}{n}$$

【例 4-9】根据表 4-7 的资料计算我国城镇单位就业人员名义平均工资的逐期增长量、累计增长量以及 2016—2021 年的年平均增长量(以 2016 年的指标值为基期固定水平)。

表 4-7　我国 2016—2021 年城镇单位就业人员名义平均工资　　单位：元

年份	城镇单位就业人员名义平均工资	增长量	
		逐期	累计
2016	67 569	—	—
2017	74 318	6 749	6 749
2018	82 413	8 095	14 844
2019	90 501	8 088	22 932
2020	97 379	6 878	29 810
2021	106 837	9 458	39 268

资料来源：国家统计局网站

根据公式计算出逐期增长量和累计增长量列于表 4-7 中。

则：

$$\text{年平均增长量}=\frac{\sum(a_i-a_{i-1})}{n}=\frac{6\ 749+8\ 095+8\ 088+6\ 878+9\ 458}{5}=\frac{39\ 268}{5}=7\ 853.6$$

（元）

第三节　时间序列的速度分析指标

时间序列的速度分析指标主要包括发展速度、增长速度、平均发展速度、平均增长速度。

一、发展速度

（一）发展速度的概念

发展速度是现象报告期发展水平除以基期发展水平求得的，为表明某种社会经济现象发展变化程度的相对指标。其计算公式为：

$$\text{发展速度}=\frac{\text{报告期水平}}{\text{基期水平}}\times 100\%$$

发展速度通常用百分数表示，当比值较大时，也可用倍数和翻番数表示。

一般而言，当发展速度大于 1 时，说明报告期发展水平较基期发展水平上升；当发展速度小于 1 时，说明报告期发展水平较基期发展水平下降；当发展速度等于 1 时，说明报告期发展水平和基期发展水平持平。

（二）发展速度的类型

与增长量类似，由于采用的基期水平不同，发展速度可分为定基发展速度、环比发展速度和年距发展速度。

1. 定基发展速度

定基发展速度是报告期水平与某一固定基期水平(通常是最初水平)之比,即:

$$定基发展速度=\frac{a_i}{a_0}(i=1,2,\cdots,n)$$

说明报告期水平已经发展为固定期水平的百分之几(或多少倍),表明现象在比较长时期内总的发展程度(称为总速度)。

若原时间序列表示为 $a_0,a_1,a_2,\cdots,a_i,\cdots,a_{n-1},a_n$,则定基发展速度序列为:

$$\frac{a_1}{a_0},\ \frac{a_2}{a_0},\ \frac{a_3}{a_0},\ \cdots\ ,\frac{a_n}{a_0}$$

2. 环比发展速度

环比发展速度是报告期水平与前一时期水平之比,即:

$$环比发展速度=\frac{a_i}{a_{i-1}}(i=1,2,\cdots,n)$$

说明报告期水平已经发展为前一时期水平的百分之几(或多少倍),表明现象逐期的发展程度(称为每期速度)。环比发展速度序列为:

$$\frac{a_1}{a_0},\frac{a_2}{a_1},\frac{a_3}{a_2},\cdots,\frac{a_n}{a_{n-1}}$$

同一时间序列中,各期环比发展速度的乘积等于相应时期的定基发展速度。即:

$$\frac{a_n}{a_0}=\frac{a_1}{a_0}\times\frac{a_2}{a_1}\times\frac{a_3}{a_2}\times\frac{a_n}{a_{n-1}}$$

两个相邻时期的定基发展速度之比等于相应时期的环比发展速度。即:

$$\frac{a_i}{a_{i-1}}=\frac{a_i}{a_0}\div\frac{a_{i-1}}{a_0}$$

3. 年距发展速度

对于按月(季)编制的时间序列,可计算年距发展速度,用公式表示为:

$$年距发展速度=\frac{报告期水平}{上年同期水平}$$

它消除了季节变动的影响,表明本期水平相对于上年同期水平发展变化的方向与程度,是实际统计分析中经常应用的同比指标。也可以选用历史最高水平的时间作为对比的基期,反映报告期超过或不及历史最高水平的程度。

二、增长速度

(一)增长速度的概念

增长速度是报告期与基期相比的增长量与基期发展水平的比值,为表明社会经济现象增减程度的相对指标。其计算公式为：

$$增长速度=\frac{增长量}{基期水平}=\frac{报告期水平-基期水平}{基期水平}=发展速度-1(或100\%)$$

该计算公式也反映了发展速度与增长速度之间的密切关系，即：

$$增长速度=发展速度-1(或100\%)$$

增长速度通常用百分数表示（也可以倍数表示）。当发展速度大于100%时，增长速度为正值，表示现象增加的程度；当发展速度小于100%时，增长速度为负值，表示现象减少的程度。故又称为增减速度。

（二）增长速度的类型

增长速度因所采用基期不同，分为定基增长速度、环比增长速度和年距增长速度。

1. 定基增长速度

定基增长速度是累计增长量与某一固定期水平（基期水平）之比，表明某种现象在一段时期内总的增长速度。其计算公式为：

$$定基增长速度=\frac{累计增长量}{固定基期水平}=\frac{a_i-a_0}{a_0}=\frac{a_i}{a_0}-1(i=1,2,\cdots,n)$$

即：定基增长速度=定基发展速度-1（或100%）。

定基增长速度序列符号表示为：

$$\frac{a_1-a_0}{a_0},\frac{a_2-a_0}{a_0},\frac{a_3-a_0}{a_0},\cdots,\frac{a_n-a_0}{a_0}或\frac{a_1}{a_0}-1,\frac{a_2}{a_0}-1,\frac{a_3}{a_0}-1,\cdots,\frac{a_n}{a_0}-1$$

2. 环比增长速度

环比增长速度是逐期增长量与其前一期发展水平的比值，表明某种现象逐期增长的程度。其计算公式为：

$$环比增长速度=\frac{逐期增长量}{前一期发展水平}=\frac{报告期水平-前一期发展水平}{前一期发展水平}$$

$$=\frac{a_i-a_{i-1}}{a_{i-1}}=\frac{a_i}{a_{i-1}}-1(i=1,2,\cdots n)$$

即：环比增长速度=环比发展速度-1（或100%）。

环比增长速度序列符号表示为：

$$\frac{a_1-a_0}{a_0},\frac{a_2-a_1}{a_1},\frac{a_3-a_2}{a_2},\cdots,\frac{a_n-a_{n-1}}{a_{n-1}}或\frac{a_1}{a_0}-1,\frac{a_2}{a_1}-1,\frac{a_3}{a_2}-1,\cdots,\frac{a_n}{a_{n-1}}-1$$

发展速度与增长速度是对社会经济现象进行动态分析的基本指标，在实践应用中要注意，环比增长速度与定基增长速度没有直接换算关系。也就是说，环比增长速度的连乘积不等于定基增长速度。如需推算，必须将增长速度转化为发展速度，利用发展速度的关系互相推算，再转化为增长速度。

3. 年距增长速度

年距增长速度表明本期与上年同期增长(降低)了百分之几。其计算公式为:

$$年距增长速度=\frac{年距增长量}{上年同期水平}=\frac{报告期水平-上年同期水平}{上年同期水平}$$

$$=年距发展速度-1(或100\%)$$

三、平均发展速度和平均增长速度

社会经济现象在不同时期的发展速度是不同的,为了说明社会经济现象在一段较长时期内发展变化的一般程度,必须将社会经济现象在这个时期内各个发展速度的差异加以抽象,然后计算平均速度指标。

平均速度指标有平均发展速度和平均增长速度两种,二者密切联系,满足关系:

$$平均增长速度=平均发展速度-1$$

因此,只要掌握了平均发展速度的计算方法,平均增长速度就可以用上式求出。

(一)平均发展速度

平均发展速度是一定时期内某种社会经济现象各期环比发展速度的平均数,用以反映现象在较长一段时期内平均每期发展变化的程度。由于各环比发展速度计算时对比基础不同,各环比发展速度不具可加性,所以不能用算术平均的计算方法。目前常用的计算方法有几何平均法和方程法。

1. 几何平均法(水平法)

采用这一方法的原理是:一定时期内现象发展的总速度(即定基发展速度)等于各期环比发展速度的连乘积,则根据平均数的性质,以平均发展速度 $\bar{x}$ 代替各期环比发展速度计算出来的总发展速度应等于实际的总发展速度,即:

$$\frac{a_n}{a_0}=\frac{a_1}{a_0}\times\frac{a_2}{a_1}\times\cdots\times\frac{a_n}{a_{n-1}}=\bar{x}\cdot\bar{x}\cdot\cdots\cdot\bar{x}=(\bar{x})^n$$

解得:平均发展速度 $\bar{x}=\sqrt[n]{\frac{a_n}{a_0}}=\sqrt[n]{\frac{a_1}{a_0}\times\frac{a_2}{a_1}\times\cdots\times\frac{a_n}{a_{n-1}}}$

具体应用时有三种情况:

(1)已知初期水平和末期水平时,应用公式:

$$\bar{x}=\sqrt[n]{\frac{a_n}{a_0}}$$

【例 4-10】如果已知某企业 2017 年实现营业总收入 72 亿元,2022 年实现营业总收入 126 亿元,求这段时间该企业营业总收入的年平均发展速度。

$$\bar{x}=\sqrt[n]{\frac{a_n}{a_0}}=\sqrt[5]{\frac{126}{72}}=111.84\%$$

(2)已知各期环比发展速度时,应用公式:

$$\bar{x}=\sqrt[n]{\frac{a_1}{a_0}\times\frac{a_2}{a_1}\times\cdots\times\frac{a_n}{a_{n-1}}}=\sqrt[n]{x_1\cdot x_2\cdot x_3\cdot\cdots\cdot x_n}$$

【例 4-11】已知某企业 2018—2022 年营业总收入相比上年的环比发展速度分别为 115.3%、118.7%、120.4%、128.6%、134.3%,求这段时间内该企业营业总收入的年平均发展速度。

$$\bar{x}=\sqrt[n]{x_1\cdot x_2\cdot x_3\cdot\cdots\cdot x_n}$$

$$=\sqrt[5]{115.3\%\times118.7\%\times120.4\%\times128.6\%\times134.3\%}=123.27\%$$

(3)已知总发展速度时,应用公式:

$$\bar{x}=\sqrt[n]{R}$$

【例 4-12】如果已知某企业 2022 年营业总收入已经发展为 2017 年的 284.4%,求这段时间内该企业营业总收入的年平均发展速度。

$$\bar{x}=\sqrt[n]{R}=\sqrt[5]{284.4\%}=123.25\%$$

2. 方程法(累计法)

在实际工作过程中,一些长期规划会按照累计法来制订,以保证计划内各期发展水平的累计达到计划规定的总数,此时,计算平均发展速度就要用方程法(累计法)。

采用这一方法的原理是:以时间序列的最初水平为基期水平,用平均发展速度 $\bar{x}$ 代替各期的环比发展速度推算的各期理论水平总和应等于各期的实际水平总和,即:

$$a_1=a_0\cdot\frac{a_1}{a_0}=a_0\bar{x}$$

$$a_2=a_0\cdot\frac{a_1}{a_0}\cdot\frac{a_2}{a_1}=a_0\bar{x}^2$$

……

$$a_n=a_0\cdot\frac{a_1}{a_0}\cdot\frac{a_2}{a_1}\cdot\cdots\cdot\frac{a_n}{a_{n-1}}=a_0\bar{x}^n$$

相应地,各期理论水平之和应等于各期实际水平之和,即:

$$a_0(\bar{x}+\bar{x}^2+\cdots+\bar{x}^n)=\sum a$$

有:

$$\bar{x}+\bar{x}^2+\cdots+\bar{x}^n=\frac{\sum a}{a_0}$$

解以上高次方程,所得到的正根即为所求的平均发展速度 $\bar{x}$。

【例4-13】现有某地区2017—2022年粮食产量资料如表4-8所示，请计算该地区粮食产量的平均发展速度。

表4-8　某地区2017—2022年粮食产量　　单位：万吨

年份	粮食产量	年份	粮食产量
2017	67(a_0)	2020	83(a_3)
2018	75(a_1)	2021	88(a_4)
2019	79(a_2)	2022	93(a_5)

根据公式有：

$$\bar{x}+\bar{x}^2+\bar{x}^3+\bar{x}^4+\bar{x}^5=\frac{a_1+a_2+a_3+a_4+a_5}{a_0}=\frac{75+79+83+88+93}{67}=6.2388$$

近似计算后得：$\bar{x}=107.5\%$，即该地区粮食产量的平均发展速度为107.5%。

用方程法计算平均发展速度，等式两边分别是各期理论水平与实际水平累计之和，所以也称为累计法。在手工计算的时代，运用方程法往往需要依赖于前人事先编制好的平均增长速度查对表，那是件比较麻烦的事情。但在计算机普及后，应用方程法已不再困难，可以通过计算机程序进行迭代逼近计算。

几何平均法和方程法是计算平均发展速度的基本方法，但二者的侧重点不同，也各有优劣：前者是从最末水平出发来进行研究，直接根据期末与期初水平就能求得，既适用于时期数列也适用于时点数列，但该方法忽略了中间各期水平，当各期发展水平波动较大，导致各期环比发展速度变化很大时，用几何平均法计算的平均发展速度就不能准确反映实际的发展过程；后者是从各期水平累计总和出发，计算过程考虑了中间各期的发展水平，但一般适用于满足“可加性”的时期数列，且计算复杂。

（二）平均增长速度

平均增长速度是各期环比增长速度的平均数，表示某种现象在一个比较长时期内平均每期增减变化的程度。平均增长速度是根据它与平均发展速度的关系推算出来的，即：

平均增长速度=平均发展速度-1（或100%）

当平均发展速度大于“1”时，平均增长速度为正值，表示某种现象在一个比较长时期内逐期平均递增的程度，又叫作“平均递增率”；反之，当平均发展速度小于“1”时，平均增长速度就为负值，表示某种现象在一个比较长时期内逐期平均递减的程度，又叫作“平均递减率”。

（三）计算和运用平均发展速度时应注意的问题

1. 根据统计研究目的选择计算方法

前面已介绍了计算平均发展速度有几何平均法（水平法）和方程法（累计法）两种方法，这两个方法在具体运用上各有其特点和局限性。当目的在于考察最末一年发展水平而不关心各期水平总和时，可采用水平法；当目的在于考察各期发展水平总和而不只关心最末一年水平时，可采用累计法。这样可以扬长避短，发挥两种计算方法的作用。

2. 要注意社会经济现象的特点

(1)当现象随着时间的推移比较稳定地逐年上升或逐年下降时，一般采用水平法计算平均发展速度。但要注意，如果编制的时间序列中，最初水平和最末水平受特殊因素的影响出现过高或过低的情况，则水平法计算的平均发展速度将失去参考意义。

(2)当现象的发展不是有规律地逐年上升或下降，而是经常表现为升降交替，一般采用累计法计算平均发展速度。但要注意，如果资料中间有几年环比递增，而有几年环比递减，出现显著的差距和不同的发展方向，此时，计算抽象掉各期差异的平均发展速度并不能确切说明实际情况，是无意义的。

3. 应采取分段平均速度来补充说明总平均速度

用分段平均速度来补充说明总平均速度，在分析较长历史时期资料时尤为重要。因为仅根据一个总的平均指标只能笼统概括地反映其在很长时期内逐年平均发展的程度，对于深入了解这种现象的发展和变化情况往往是不够的。例如，要分析新中国成立以来粮食产量的平均发展速度和平均增长速度，就有必要分别以国民经济恢复时期、各个五年计划时期和各个特定时期(如取消农业税后的时期)等分段计算其平均速度加以补充说明。

四、应用各种指标反映时间序列变动特征时应注意的问题

上述各类水平指标与速度指标各自反映的内容是不同的，在具体问题具体分析时要注意以下问题。

(一)速度指标与水平指标相结合

分析经济指标变动时，要将发展水平、增长量、环比速度、定基速度等各项基本指标结合应用，起到分析研究和补充说明的作用，以便对现象有比较确切和完整的认识。

例如，在有些情况下，不能单纯就增长率论增长率，需要将增长率与绝对水平相结合。表4-9给出了同类型A、B两个企业最近两年的营业收入资料。

表4-9 A、B两个企业近两年营业收入

企业	营业收入/万元		增长率/%	增长量/万元
	上年	本年		
A	500	600	20	100
B	50	80	60	30

如果仅就营业收入增长率进行分析，可以看出，B企业的营业收入增长率是A企业营业收入增长率的3倍，如果就此得出B企业经营业绩比A企业好得多的结论，就是不

切实际的。因为,增长率是一个相对值,与基期值的大小有着直接的关系。高增长率背后可能隐含的是基期的对比值很小,低增长率背后可能隐含的是基期的对比值很大。即对比基点不同,可能会造成增长率数值的较大差异,导致增长率不具直接比较意义。正如表4-9所示,A、B两个企业生产规模不同,导致营业收入存在很大差异,进而造成营业收入增长率失去比较价值。此时,可以将营业收入增长率与营业收入增加的绝对值(营业收入增长量)相结合,计算增长1%的绝对值来克服单纯分析增长率的局限性。

增长1%的绝对值表示每增长1个百分点而增加的绝对数量,其计算公式为:

$$\text{增长}1\%\text{的绝对值}=\frac{\text{增长量}}{\text{增长率}\times 100}$$

根据表4-9的资料可知,A企业营业收入增长1个百分点增加的绝对额为5万元,B企业营业收入增长1个百分点增加的绝对额为0.5万元。因此,A企业营业收入的增长率虽然低于B企业,但A企业营业收入每增长1个百分点所增加的绝对值却远远高于B企业。

(二)相关联指标的时间序列分析相结合

社会经济现象中各个统计指标往往有一定的关联性,单一指标的时间序列往往只能反映社会经济现象某个特定方面的变动特征,如果想对社会经济现象的发展变化有一个全面的认识,需要将相互关联统计指标的时间序列结合分析。例如,对我国经济总量的变动特征进行分析时,除了对国内生产总值这一总量指标时间序列进行分析外,有必要结合三次产业产值以及各产业产值比重的时间序列资料进行分析,以达到全面认识的目的。

第四节　时间序列影响因素分解

前两节中通过计算一系列分析指标,可以反映社会经济现象过去与当前发展变动的规律,而时间序列分析的另一项重要内容就是根据过去已有数据对未来的结果进行预测。利用时间序列数据进行预测时,通常是假定过去的变化趋势会延续到未来,这样就可以根据过去已有的形态或模式进行预测。时间序列的预测方法既有传统方法(如移动平均法),也有较为精确的现代方法(如Box-Jenkins的自回归移动平均模型)。本章主要介绍一些传统的预测方法。

一、时间序列的影响因素

现象的发展变化受许多复杂因素的影响,是众多复杂因素共同作用的结果。不同的因素所引起的作用不同,产生的结果也就不同,并形成了现象的不同特征的时间序列。在诸多影响因素中,有些因素对现象发展变化的影响是长期的,甚至是决定性的,有些因素的影响则是短期的，或是偶然性的。由于社会经济现象的错综复杂，通常难以确定影响时间序列的具体因素，因此在统计分析中，一般按作用特点和影响效果将影响时间序列的因素归为四类，相应时间序列的变动可以看作是这四类因素独自作用或共同作用的结果。

（一）长期趋势（T）

长期趋势是指社会经济现象在发展变化过程中，由于受到长期因素的影响而展现出来的总态势。它具体表现为持续增加或持续减少的基本趋势，也可以表现为围绕某一常值波动的水平趋势（这样的序列称为平稳序列）。

长期趋势是影响时间序列变动的主要因素，也是最基本的因素，所反映的结果是呈现出持续性发展变化。例如，随着市场化改革的不断深化，我国的经济总量（国内生产总值）呈持续增长的态势，其中，第一产业增加值占比呈下降趋势，第二产业增加值占比相对稳定，但 2010 年后表现出一定的下降趋势，第三产业增加值占比呈上升趋势，如图 4-1 所示。

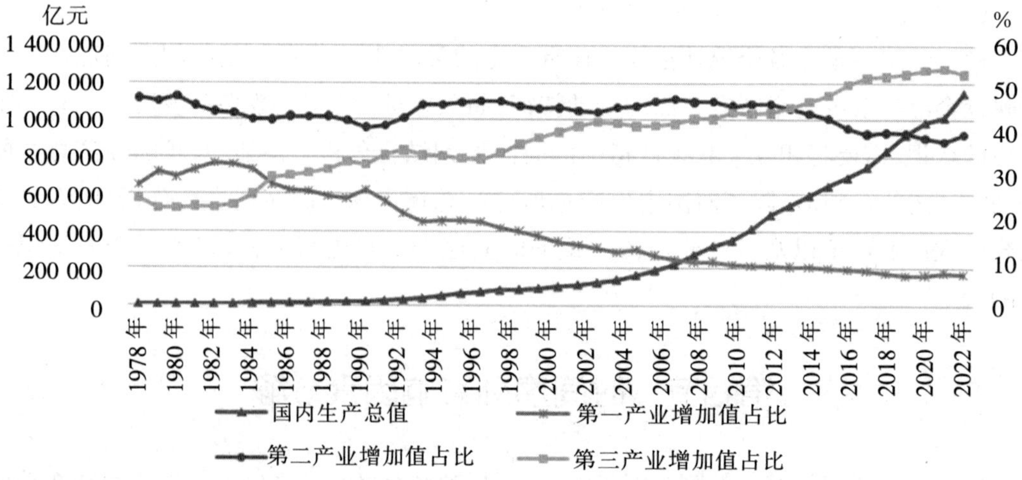

图 4-1 1978—2022 年我国国内生产总值及其构成的变动趋势图

（二）季节变动（S）

季节变动是指由于自然现象（四季更替）和社会因素的影响，使经济现象呈现出一年内重复出现的周期性波动。季节变动是现实生活中较为普遍的现象，例如，羽绒服的销量随着季节的变化而变化，农产品的价格随着销售季节的更替而变动，旅客发送量随节假日而变化等。我国居民季度人均可支配收入也表现出明显的季节性特征，一年中一季度相对最高，二季度相对最低，各年度特征类似，如图 4-2 所示。

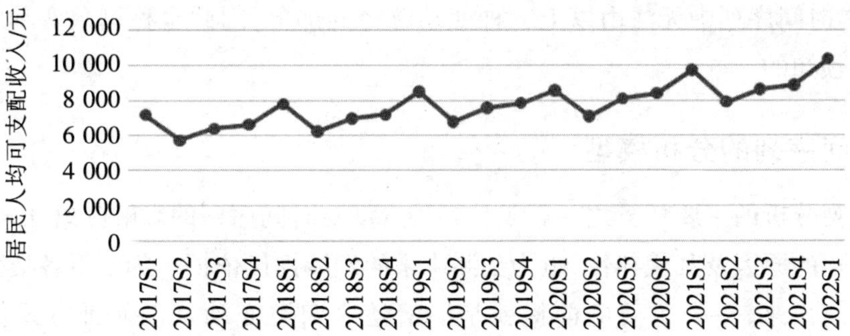

图 4-2 2017S1—2022S1 我国居民人均季度可支配收入变动趋势图

季节性不仅是指一年中的四季,也可以指任何一种稳定的周期性变化。因此,季节变动的周期可以是一年,也可以是一个月、一周、一天或一小时,只要呈现稳定的周期性重复变动,均可称为季节变动。如股票市场某些指标表现出显著的"周一效应",购物中心每天营业额的"周末效应"等。

(三)循环变动(C)

循环变动是指受经济循环影响而出现的一种波浪形或震荡式变动,一般呈现出一年以上的周期性交替变动。循环变动不同于长期趋势,它不是朝着单一方向的持续运动,而是涨落相间的交替波动。同时,循环变动也不同于季节变动,虽然两者都表现出周期性的重复变化,但循环变动无固定规律,变动周期多在一年以上,且周期长短不一,而季节变动有比较固定的规律。

例如经济周期性的变化,经济活动经历了从衰退、萧条到复苏、繁荣,接着又开始衰退、萧条,再复苏、再繁荣,如此周而复始的过程,这个过程短则几年,长则数十年,而且很难判断每种变化要持续多久,下一个拐点又将在何时出现。图 4-3 是含有周期成分的序列。

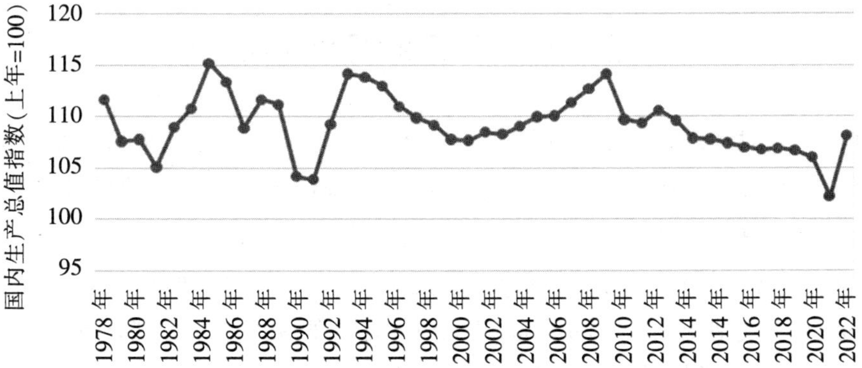

图 4-3 1978—2022 年我国国内生产总值指数(上年=100)变动趋势图

(四)不规则变动(I)

不规则变动是指现象由于各种偶然因素的影响而引起的无规律的变动,其变动是不规则的,也是时间序列中无法由以上三种变动解释的部分,因此也称剩余变动。不规则变动是无法预知的。

二、时间序列的分析模型

时间序列分析的主要任务之一就是将各种变动对时间序列的影响分离开来,以研究现象发展变化的原因及其规律性,也为预测未来的发展提供依据。为了将各类变动从时间序列中分离出来,一个重要的前提就是搞清楚这四类变动是以何种方式作用于现象的。

由于长期趋势是由现象本质因素决定的,其对时间序列起着根本性的作用。因此,以绝对量方式出现的长期趋势是我们构建因素分解模型的基础。其他因素根据它们是否存在相互影响,以相加或相乘的方式进入模型。所以,常用的时间序列分解有两类模型,即加法模型和乘法模型。

加法模型:$Y=T+S+C+I$

该模型假定四种变动因素是相互独立的,对时间序列的影响程度均以绝对数表示,时间序列各期的指标值是各类变动对时间序列影响效果的叠加。

乘法模型:$Y=T\times S\times C\times I$

该模型仍以长期趋势作为时间序列的绝对量基础,而假定四类变动因素之间呈现相互影响作用,其他各类变动对时间序列的影响以相对数形式出现。

在现实经济生活中,各种变动对象的影响一般都是相互的,同时,有些现象的影响因素并非四种因素同时存在,而根据乘法模型,可以较容易地将各种因素对时间序列变动的影响分离开来,因此,实践中应用较多的是乘法模型。本章后面各节应用到的都是乘法模型。

第五节　长期趋势的测定

长期趋势是时间序列变动影响因素中最基本、最常见的因素。研究长期趋势的目的是从数量上研究社会经济现象长期发展的规律,为统计预测提供必要条件;通过长期趋势分析,以便消除原有长期趋势的影响,更好地分析其他因素的变动。

研究社会经济现象发展的长期趋势,就是将原来的时间序列进行修匀,排除季节变动、循环变动、不规则变动因素的影响,凸显时间序列的长期趋势和变化规律。长期趋势的测定方法很多,这里仅对几种常用方法进行介绍。

一、时距扩大法

时距扩大法的基本思想是,如果某社会经济现象的时间序列展现出的变化规律不明显,那么,可以通过扩大时距长度,使时距长度扩大后的时间序列呈现出明显的变动趋势。这是长期趋势分析最基本的方法。

【例 4-14】某企业 2022 年各月产值资料如表 4-10 所示。

表 4-10　某企业 2022 年各月产值资料统计表　　单位:万元

月份	1	2	3	4	5	6	7	8	9	10	11	12
产值	119	133	147	145	128	149	152	137	145	148	153	150

从表 4-10 可以看出,各月产值的变化起伏不定,用该时间序列不便于清晰地反映该企业产值的变化趋势。如果我们把月统计的资料按季度进行汇总整理,得到表 4-11。

表 4-11　时距扩大的各季产值资料统计表　　单位:万元

时间	第一季度	第二季度	第三季度	第四季度
产值	399	422	434	451

由此可见,时距扩大之后,可以清晰地显示产值逐期增长的变化趋势。

在实际工作中,时距扩大法也可以用时距扩大的平均数来编制新的时间序列,如表 4-12 所示。

表 4-12　时距扩大的各季平均产值资料统计表　　单位:万元

时间	第一季度	第二季度	第三季度	第四季度
平均产值	133.0	140.7	144.7	150.3

在使用时距扩大法时,应注意四点:

第一,扩大的时距单位的大小,应以时距扩大后的数列能正确反映长期趋势为准。若现象是明显周期变动的,扩大后的时距一般与现象的变动周期相同,这样可以有效剔除周期变动;若现象无明显变动周期,可以逐步扩大时距,直至显现出现象变动的长期趋势。

第二,为了保持动态数列资料的可比性,同一数列前后的时距单位应当一致。

第三,随着时距的增加,时距扩大后的时间序列包含的数据项数显著减少,存在较严重的数据损失。

第四,时距扩大法一般适用于时期数列。

二、中心化移动平均法

移动平均法是测定时间序列长期趋势变动的基本方法。所谓移动平均就是按照事先规定的移动时间长度 n,采取"逐项递推移动、边移动边平均"的方法,计算出递推移动后的数列,并以新的数列来代替原始时间序列。采用移动平均法修匀时间序列可以削弱或消除短期偶然因素的影响,从而呈现出明显的长期趋势。

“中心化”是指移动平均数与原序列移动平均项的中间项相对应,以便使移动平均数与原序列更接近(特别是对于存在递增或递减趋势的序列,这一点非常重要),更好地反映长期趋势。在实际应用中,移动平均项数的确定有奇数和偶数两种情况。

(一)移动平均项数为奇数时

【例 4-15】某工业企业 2011—2022 年度的年产值资料如表 4-13 所示。

表 4-13　某工业企业年产值资料统计表

单位:亿元

年份	2011	2012	2013	2014	2015	2016	2017	2018	2019	2020	2021	2022
产值	3.0	4.0	4.4	5.4	4.6	5.9	6.6	6.7	7.2	7.4	9.7	8.4

假定移动平均项数为 3(即 $n=3$)。

从时间序列的第一个数据开始,按 3 项移动平均,则有:

第一个三项移动平均数为原数列第 1—3 个数的平均数:

$$\frac{a_1+a_2+a_3}{3}=\frac{3+4+4.4}{3}=3.8$$

第二个三项移动平均数为原数列第 2—4 个数的平均数:

$$\frac{a_2+a_3+a_4}{3}=\frac{4+4.4+5.4}{3}=4.6$$

依此类推,可以编制出一个三项移动平均数序列,如表 4-14 第 3 列所示。

如果把移动平均项数定为 5(即 $n=5$)。

第一个五项移动平均数为原数列第 1—5 个数的平均数:

$$\frac{a_1+a_2+a_3+a_4+a_5}{5}=\frac{3+4+4.4+5.4+4.6}{5}=4.28$$

第二个五项移动平均数为原数列第 2—6 个数的平均数:

$$\frac{a_2+a_3+a_4+a_5+a_6}{5}=\frac{4+4.4+5.4+4.6+5.9}{5}=4.86$$

依次类推,同样可以编制出一个五项移动平均数序列,如表 4-14 第 4 列所示。从三项移动平均数列与五项移动平均数列的比较来看,五项移动平均数列比三项移动平均数列的趋势更加平滑。

表 4-14　移动平均法计算表

年份	产值/亿元	三项移动平均数	五项移动平均数	四项移动平均数	正位平均数
2011	3.0	—	—	—	—
2012	4.0	3.8	—	—	—
2013	4.4	4.6	4.28	4.20	4.40
2014	5.4	4.8	4.86	4.60	4.84
2015	4.6	5.3	5.38	5.08	5.35
2016	5.9	5.7	5.84	5.63	5.79
2017	6.6	6.4	6.20	5.95	6.28
2018	6.7	6.8	6.76	6.60	6.79
2019	7.2	7.1	7.52	6.98	7.36
2020	7.4	8.1	7.88	7.75	7.96
2021	9.7	8.5	—	8.18	—
2022	8.4	—	—	—	—

（二）移动平均项数为偶数时

假定移动平均项数为4（即 $n=4$）时，按照移动平均的要求，则有

第一个四项移动平均数为原数列第1—4个数的平均数：

$$\frac{a_1+a_2+a_3+a_4}{4}=\frac{3+4+4.4+5.4}{4}=4.20$$

第二个四项移动平均数为原数列第2—5个数的平均数：

$$\frac{a_2+a_3+a_4+a_5}{4}=\frac{4+4.4+5.4+4.6}{4}=4.60$$

由此可以得到一个四项移动平均数列，如表4-14第5列所示。从该平均数序列排列位置看，按照“中心化”原则，四项移动平均数没有对应原时间序列的所属时间，如原数列第1—4项的平均数与原数列第2—3项的中间对应。按照时间序列编制“一致性”的基本要求，必须给四项移动平均数列进行“正位”。常用的方法是采取正位移动平均，即对四项移动平均数列再进行一次二项移动平均，求得正位平均数，以此作为原时间序列的趋势值。如：

第一个正位平均数为：$\frac{4.20+4.60}{2}=4.40$

第二个正位平均数为：$\frac{4.60+5.08}{2}=4.84$（类推）

可见，由正位平均数所编制的时间序列（如表4-14第6列所示）才能准确说明该工业企业年产值逐期增长的变化趋势。

（三）确定移动平均项数应注意的问题

第一，移动平均修匀的作用与移动平均项数的多少有关。移动项数越多，修匀作用越明显，趋势线越平滑。

第二，移动平均项数的确定，应视资料的特点而定。一般资料的移动平均项数以奇数为宜。若 n 为奇数，只需要进行一次移动平均；若 n 为偶数，则需要再进行一次二项移动平均。

第三，当时间序列含有周期变动时，移动平均项数应等于其周期长度（或周期长度的倍数），来剔除周期性因素的影响。若为季节资料，可选 4（或 8）项移动平均；若为各年月度资料，可选 12（或 24）项移动平均。

第四，移动平均后数列的项数比原数列的项数稍有减少（数据有损失），但数据损失程度远弱于时距扩大法。在实际计算时，若 n 为奇数，首尾各减少$\frac{n-1}{2}$项，若 n 为偶数，首尾各减少$\frac{n}{2}$项。由此可见，n 越大损失数据越多，所以移动平均的项数一般不宜过多。

三、最小平方法

最小平方法又称为最小二乘法，是长期趋势分析中较常用的统计方法。这种方法的基本原理是用一定的数学模型，对原有的时间序列配合一条恰当的趋势线，以此模拟时间序列的长期变动趋势。

根据最小平方法的原理，若要找到一条最佳趋势线，必须使原时间序列的实际观测值 y_t 与趋势线方程式中的趋势值 $\hat{y}_t$ 两者的离差平方之和达到最小，即：

$$\sum(y_t-\hat{y}_t)^2=\text{最小值}$$

其中：y_t 为 t 时刻的实际值，$\hat{y}_t$ 为 t 时刻的趋势值。

上述等式表明用最小平方法拟合的趋势线实现了误差平方和最小，使得该方法拟合的趋势线相对较理想。用最小平方法既可以拟合直线趋势方程，也可以拟合曲线趋势方程。下面就常用的几种趋势方程进行简单介绍。

（一）直线趋势方程

当现象发展的逐期增长量大体相同时，可以配合直线趋势方程：

$$\hat{y}_t=a+b\cdot t$$

式中：a 为直线的截距项，b 为直线的斜率项。

要配合理想的趋势线，实际上就是确定 a 和 b 的适当取值。根据最小平方法原理要求，使$\sum(y_t-\hat{y}_t)^2=$最小值，则必须满足函数对 a 和 b 求偏导等于 0，由此，便可推导出关于 a、b 的二元一次方程组：

$$\begin{cases}\sum y_t=n\cdot a+b\cdot\sum t\\ \sum y_t\cdot t=a\cdot\sum t+b\cdot\sum t^2\end{cases}$$

解此方程组，可推导出直线趋势方程中两个待估参数 a、b 的计算公式如下：

$$a=\bar{y}-b\cdot\bar{t}=\frac{\sum y}{n}-b\cdot\frac{\sum t}{n}$$

$$b=\frac{n\sum ty-\sum t\cdot\sum y}{n\sum t^2-(\sum t)^2}$$

1. 方程直接求解法

【例 4-16】某企业 2014—2022 年的营业收入资料如表 4-15 所示，请根据资料利用直线趋势方程模拟企业营业收入的发展趋势。

(1)计算表：如表 4-15 所示

表 4-15　最小平方法计算表　　单位：万元

年份	时间变量 t	营业收入 y	ty	t^2	$\hat{y}_t$
2014	1	13.5	13.5	1	13.67
2015	2	14.9	29.8	4	14.48
2016	3	15.7	47.1	9	15.30
2017	4	16.0	64.0	16	16.12
2018	5	16.5	82.5	25	16.93
2019	6	17.2	103.2	36	17.75
2020	7	18.3	128.1	49	18.57
2021	8	19.9	159.2	64	19.38
2022	9	20.4	183.6	81	20.20
合计	45	152.4	811.0	285	152.40

(2)求 a 和 b 的值

将表 4-15 相关数据代入方程组，解方程组求 a 和 b 的值有：

$$\begin{cases}152.4=9\cdot a+45\cdot b\\811=45\cdot a+285\cdot b\end{cases}$$

解此方程组即可求得 a 和 b 的值。也可以用 a 和 b 的公式直接计算得到：

$$a=\bar{y}-b\cdot\bar{t}=\frac{\sum y}{n}-b\cdot\frac{\sum t}{n}=\frac{152.4}{9}-0.817\cdot\frac{45}{9}=12.85$$

$$b=\frac{n\sum ty-\sum t\cdot\sum y}{n\sum t^2-(\sum t)^2}=\frac{9\times811-45\times152.4}{9\times285-(45)^2}=\frac{441}{540}=0.817$$

(3)计算估计值 $\hat{y}_t$

当 $t=1$ 时，$\hat{y}_{(t=1)}=a+b\cdot t_1=12.85+0.817\times1=13.67$(万元)

当 $t=2$ 时，$\hat{y}_{(t=2)}=a+b\cdot t_2=12.85+0.817\times2=14.48$(万元)

类推可以把各年 t 值代入直线估计方程，可得各年的趋势值 $\hat{y}_t$(如表 4-15 第 6 列所示)。可见,$\sum\hat{y}_t$ 和 $\sum y_t$ 的值完全一样(这是最小二乘法的性质决定的,但由于计算过程四舍五入,可能会有极小差异)。

(4)预测

若要预测2023年的营业收入,时间应取 $t=10$,则

$\hat{y}_{(t=10)}=a+b\cdot 10=12.85+0.817\times 10=21.02$(万元)

(5)分析结论

以上分析结果说明,该企业2014—2022年营业收入以年均0.817万元的数量上升,预计2023年营业收入可望实现21.02万元。

2. 简化方程求解法

由以上联立方程可以看出,当 $\sum t=0$ 时,联立方程可写为:

$$\begin{cases}\sum y_t=na\\ \sum y_t\cdot t=b\cdot\sum t^2\end{cases}$$

于是有:

$$a=\bar{y};b=\frac{\sum ty}{\sum t^2}$$

要使 $\sum t=0$,时间变量 t 可以采用原点设置法。所谓原点设置法就是将时间序列的时间原点由起始位置移到时间序列的中点位置,使时间坐标的取值变为:…,-3,-2,-1,0,1,2,3,…,即可得到 $\sum t=0$,这样就可以进行简化运算。这种时间坐标取值方式适用于时间序列有奇数项数据时。如果时间序列中包含偶数项数据,把原点由起始位置移到中间两年的中点,同时,时间距离定为2,使时间坐标的取值变为:…,-5,-3,-1,1,3,5,…。不管采取哪种时间坐标的界定方法,所得出的预测值是一样的。

【例4-17】以表4-15中2014—2022年某企业的营业收入资料为例,说明趋势方程的简化计算方法。

(1)计算表

表 4-16 简化最小平方法计算表 单位：万元

年份	时间变量 t	营业收入 y	ty	t^2	$\hat{y}_t$
2014	-4	13.5	-54.0	16	13.66
2015	-3	14.9	-44.7	9	14.48
2016	-2	15.7	-31.4	4	15.30
2017	-1	16.0	-16.0	1	16.11
2018	0	16.5	0	0	16.93
2019	1	17.2	17.2	1	17.75
2020	2	18.3	36.6	4	18.56
2021	3	19.9	59.7	9	19.38
2022	4	20.4	81.6	16	20.20
合计	0	152.4	49.0	60	152.40

注：当时间 t 的项数为奇数时，时间序列的最中间的一个时点就是原点；当时间 t 的项数为偶数时，时间序列的最中间两个时点之间为原点。

（2）求 a 和 b 的值

$$b=\frac{\sum ty}{\sum t^2}=\frac{49}{60}=0.817$$

$$a=\bar{y}=\frac{\sum y}{n}=\frac{152.4}{9}=16.93$$

（3）计算估计值 $\hat{y}_t$

当 $t=0$ 时，$\hat{y}_{(t=0)}=a+b\cdot t_1=16.93+0.817\times0=16.93$（万元）

当 $t=1$ 时，$\hat{y}_{(t=1)}=a+b\cdot t_1=16.93+0.817\times1=17.75$（万元）

同理，可以把各年 t 值代入直线估计方程，可得各年的趋势值 $\hat{y}_t$（见表 4-16 第 6 列）。

（4）若要预测 2023 年的营业收入，时间取 $t=5$，则：

$\hat{y}_{(t=5)}=a+b\cdot5=16.93+0.817\times5=21.02$（万元）

（5）结论

以上分析结果说明，该企业 2014—2022 年营业收入以年均 0.817 万元的数量上升，预计 2023 年营业收入可望实现 21.02 万元。

从以上两种方法看，计算出的直线趋势方程是不一样的，一个是 $\hat{y}_t=12.85+0.817t$，另一个是 $\hat{y}_t=16.93+0.817t$，这是因为所取的时间原点和时间距离不同所致。第一种方法的时间原点是 2014 年，时间距离是 1，而第二种方法的时间原点是 2018 年，时间距离是 1。但两种方法得到的预测值相同。

值得注意的是，当时间序列表现出长期稳定不变的发展趋势时，是不适合利用直线趋势方程模拟变动趋势的，因为此时的斜率系数近似等于0。

(二)抛物线方程

抛物线方程的二级增长量是相等的，如表4-17所示。如果经济现象发展的逐期增长量的增长量（各期数据的二级增长量）大体相同时，则可考虑配合抛物线方程进行趋势分析。按最小平方法建立的抛物线方程如下：

$$\hat{y}_t = a + b \cdot t + c \cdot t^2$$

表4-17　逐期增长量和二级增长量计算表

t	$y_t = a+bt+ct^2$	逐期增长量	二级增长量
1	$a+b+c$	—	—
2	$a+2b+4c$	$b+3c$	—
3	$a+3b+9c$	$b+5c$	$2c$
4	$a+4b+16c$	$b+7c$	$2c$
5	$a+5b+25c$	$b+9c$	$2c$
6	$a+6b+36c$	$b+11c$	$2c$
…	…	…	…

在抛物线方程中，三个未知参数分别是 a、b 和 c，根据最小平方法的要求，同样要用求偏导数的方法，得到以下三个方程组成的联立方程组：

$$\begin{cases} \sum y = n \cdot a + b \cdot \sum t + c \cdot \sum t^2 \\ \sum t \cdot y = a \cdot \sum t + b \cdot \sum t^2 + c \cdot \sum t^3 \\ \sum t^2 \cdot y = a \cdot \sum t^2 + b \cdot \sum t^3 + c \cdot \sum t^4 \end{cases}$$

为了计算的方便，同样可以通过时间 t 的假设（原点设置法），使得 $\sum t = 0$，$\sum t^3 = 0$，则以上联立方程组可简化为：

$$\begin{cases} \sum y = n \cdot a + c \cdot \sum t^2 \\ \sum t \cdot y = b \cdot \sum t^2 \\ \sum t^2 \cdot y = a \cdot \sum t^2 + c \cdot \sum t^4 \end{cases}$$

【例4-18】表4-18是某地区近年来农业产值及其逐期增长量资料。

表 4-18 某地区农业产值逐期增长量计算表

年份	产值/万元	逐期增长量	二级增长量
2014	988	—	—
2015	1 012	24	—
2016	1 043	31	7
2017	1 080	37	6
2018	1 126	46	9
2019	1 179	53	7
2020	1 239	60	7
2021	1 307	68	8
2022	1 382	75	7

由表 4-18 可见，各年二级增长量大体相同，所以该地区农业产值增长的基本趋势比较接近于抛物线形，可以配合一个抛物线方程。

现根据表 4-18 某地区农业产值资料，说明其计算过程。

表 4-19 某地区农业产值逐期增长量计算表

年份	t	y	ty	t^2	t^2y	t^4	$\hat{y}_t$
2014	-4	988	-3 952	16	15 808	256	988. 27
2015	-3	1 012	-3 036	9	9 108	81	1 011. 64
2016	-2	1 043	-2 086	4	4 172	16	1 042. 39
2017	-1	1 080	-1 080	1	1 080	1	1 080. 52
2018	0	1 126	0	0	0	0	1 126. 03
2019	1	1 179	1 179	1	1 179	1	1 178. 92
2020	2	1 239	2 478	4	4 956	16	1 239. 19
2021	3	1 307	3 921	9	11 763	81	1 306. 84
2022	4	1 382	5 528	16	22 112	256	1 381. 87
合计	0	10 356	2 952	60	70 178	708	10 355. 67

把表 4-19 中相关结果代入简化后的联立方程组有：

$$\begin{cases} 10\ 356 = 9 \cdot a + 60 \cdot c \\ 2\ 952 = 60 \cdot b \\ 70\ 178 = 60 \cdot a + 708 \cdot c \end{cases}$$

用消元法，解此联立方程得：

$a = 1\ 126.04 \quad b = 49.20 \quad c = 3.69$

将以上结果代入抛物线方程,得:

$\hat{y}_t = 1\ 126.04 + 49.20 \cdot t + 3.69 \cdot t^2$

如果我们要预测 2023 年的产量,可以设 $t=5$ 代入抛物线方程,有:

$\hat{y}_t = 1\ 126.04 + 49.20 \times 5 + 3.69 \times 5^2 = 1\ 464.29$(万元)

(三)指数方程

指数曲线用于描述几何级数递增或递减的现象,即时间序列的观察值 y_t 按指数规律变化,或者说时间序列的逐期观察值按一定的环比发展(增长)速度递增或衰减。一般来说,自然增长及大多数经济数列都有指数变化趋势。

指数曲线的趋势方程为:

$$\hat{y}_t = a \cdot b^t$$

式中:a、b 为待定系数。

若 $a>0, b>1$,时间序列随时间 t 的增加而增加;

若 $a>0, b<1$,时间序列随时间 t 的增加而降低,随着时间的延长逐渐降低到以 0 为极限。

为确定指数曲线中的 a 和 b,可以采取线性化手段首先将其化为对数直线形式,即对指数曲线趋势方程两端取对数,这里取了以 10 为底的对数,在社会经济现象的研究中还经常取自然对数 ln,得:

$$\lg\hat{y}_t = \lg a + t \cdot \lg b$$

然后根据最小二乘法原理,按直线形式的系数确定方法,得到求解 $\lg a$ 和 $\lg b$ 的标准方程如下:

$$\begin{cases} \sum \lg y = n \cdot \lg a + \lg b \cdot \sum t \\ \sum t \cdot \lg y = \lg a \cdot \sum t + \lg b \cdot \sum t^2 \end{cases}$$

设 $Y=\lg y, A=\lg a, B=\lg b$,则有:$Y=A+B \cdot t$。

以上标准直线方程系数估计的联立方程组可写为:

$$\begin{cases} \sum Y = n \cdot A + B \cdot \sum t \\ \sum t \cdot Y = A \cdot \sum t + B \cdot \sum t^2 \end{cases}$$

同样,设法使 $\sum t=0$,则此标准方程可简化为:

$$\begin{cases} \sum Y = n \cdot A \\ \sum tY = B \cdot \sum t^2 \end{cases}$$

求出 A 和 B 后,再取其反对数,即得到 a 和 b。

【例 4-19】某汽车制造商 2017—2022 年新能源汽车生产线的产值(亿元)资料如表 4-20 前两列所示。

表 4-20　指数方程计算表

年份	y	t	$Y=\lg y$	$t\lg y$	t^2	$\hat{Y}=\widehat{\lg y_t}$	$\hat{y}_t$
2017	5.3	−5	0.724 3	−3.621 5	25	0.726 9	5.33
2018	7.2	−3	0.857 3	−2.572 0	9	0.854 3	7.15
2019	9.6	−1	0.982 3	−0.982 3	1	0.981 8	9.59
2020	12.9	1	1.110 6	1.110 6	1	1.109 2	12.86
2021	17.1	3	1.233 0	3.699 0	9	1.236 7	17.25
2022	23.2	5	1.365 5	6.827 4	25	1.364 2	23.13
合计	75.3	0	6.273 0	4.461 4	70	—	75.30

将表 4-20 计算结果代入标准方程有

$$\begin{cases}6.2730=6\cdot A\\4.4614=70\cdot B\end{cases}$$

解方程得：$A=1.0455$；$B=0.0637$

由于 $A=\lg a=1.0455$，$B=\lg b=0.0637$，所以，求 A 的反对数有 $a=11.1043$，求 B 的反对数有 $b=1.158$。

把 a、b 结果代入对数趋势方程式为：

$$\lg\hat{y}_t=\lg a+t\cdot\lg b=1.0455+0.0637\cdot t$$

则指数曲线方程式为：

$$\hat{y}_t=a\cdot b^t=11.1043\times(1.158)^t$$

将各年时间 t 代入指数曲线方程式，就可求得各年的趋势值 $\hat{y}_t$（如表 4-20 的第 8 列所示）。

如果将这条趋势线向外延伸（时间向后推延），就可以预测 2023 年新能源汽车生产线的产值，此时时间可设为 $t=7$，于是有：

$$\lg\hat{y}_t=\lg a+t\cdot\lg b=1.0455+0.0637\times7=1.4916$$

所以，$\hat{y}_t=31.02$（亿元）

或，$\hat{y}_t=a\cdot b^t=11.1043\times(1.158)^7=31.02$（亿元）。

综上所述，我们在分析社会经济现象的长期趋势时，应该注意到，不论将哪一种趋势线向外延伸来预测未来可能达到的数值，都具有一定的假定性。因此，要做好经济预测工作，除了用必要的数学方法来建立模型外，一定要结合调查研究，具体情况具体分析，才能得出较为准确的预测结果。

第六节　季节变动的测定与预测

一、季节变动分析的概述

在现实生活中，季节变动是一种极为普遍的现象，其测定的原理和方法是分析其他周期性变动的基础。这里，我们重点介绍以一年为周期的季节性变动的测定，其分析方法可以推广到周期小于一年的时间序列中去。

（一）季节变动及其产生的原因

季节变动是指由季节性因素所引起的现象发展水平表现出的有规律的周期性变化。产生季节变动的原因有：第一，自然因素影响，即自然现象的季节性变化作用，如季节性产品一年之内各月或各季的销售量；第二，社会因素影响，包括政策因素（法律、社会制度的作用）和人为因素（民间习俗的作用），如铁路旅客发送量一年之内的春运、暑运高峰。

在季节变动实践分析过程中，我们应对以下问题有清楚而正确的认识：第一，季节变动不局限于“一年四季”自然变化所包含的有规律的周期性变化，还包括社会因素作用所引起的有规律的周期性变化；第二，季节变动不局限于“一年四季”的划分，还可以是“月、旬、周、日”的划分，如观察特定路段 24 小时车流量高峰期所在的时段，就要以小时来划分。

（二）季节变动分析的意义和目的

首先，通过季节变动的测定，可以掌握现象受季节性因素影响的程度，便于指导各项经济活动。如交通运输部门掌握客流量的季节变动，可以更有效地组织客流运输。

其次，根据季节变动的测定，掌握季节变动的规律，再结合前面所介绍的长期趋势分析，可以应用于经济现象的预测和发展规划。

最后，从时间序列中剔除季节变动影响，有利于研究现象发展变化的长期趋势和其他方面的变化规律。

（三）季节指数

季节变动的测定通常需要计算季节指数，或称季节比率。它是反映社会经济现象总体在某特定时期达到的水平与周期内一般水平之间比例关系的统计指标，通常是以 100%为基数。

$$季节指数=\frac{周期内特定时间达到的水平}{周期内各期的一般水平}\times 100\%$$

若分析的是以季度资料来统计的时间序列，相应地就有 4 个季度的季节指数，分别表示一年内各季度的影响程度差异；若分析的是以月度资料来统计的时间序列，相应地就有 12 个月的季节指数，分别表示一年内各月的影响程度差异。

当季节指数大于100%，说明该期的发展水平高于周期的一般水平，属于旺季；反之，当季节指数小于100%，说明该期的发展水平低于周期一般水平，属于淡季；当季节指数等于100%，说明该期无季节波动。同时，周期内所有季节指数之和应该等于周期长度。

（四）季节变动分析的基本原理

季节变动分析的基本思路是：假设各种变动因素满足乘法原理，以时间序列中的长期趋势为标准，计算各时期的指标值与剔除季节变动影响后的趋势值的比值，用来衡量各时期季节变动的影响程度（季节指数/季节比率）。

若时间序列只有长期趋势变动而不含季节变动，则各时期的季节指数都应为100%。

若时间序列除长期趋势变动外还存在着季节变动的影响，则各指标值会偏离长期趋势值。这时相应的季节变动是一种各年变化强度大体相同且每年重复的、有规律的变动。因此，从理论上讲，各年同期（月或季）的季节指数应基本相同，如有差异也是随机因素作用所致，可以通过对各年同期的季节指数求平均来消除，相应的平均数称作季节指数，用 S 表示。

二、季节变动的测定方法

季节变动分析就是通过季节指数表示季节成分来描述各期的季节变动。那么，季节变动的测定就是要计算出各个时期的季节指数，以季节指数的数列来判别季节的变化。

（一）按季（月）平均法

按季（月）平均法，就是计算特定季资料（或月资料）的平均数和总的季（或月）平均数，将两者对比后确定季节指数，进而反映季节变化的一种方法。该方法适用于只含季节变动和不规则变动的时间序列。

【例4-20】某铁路站点2018—2022年各季度的旅客客运量资料如表4-21所示。请确定各季度的季节指数，并对未来各季度旅客客运量进行预测。

计算的一般步骤如下：

第一步，列季节指数计算表。将各年同季的数值列在同一栏内。

表4-21　季节指数计算表　　单位：人

时间	第一季度	第二季度	第三季度	第四季度	$\sum x_i$	$\bar{x}_i$
2018年	58 694	62 924	72 117	59 702	253 437	63 359.25
2019年	66 515	69 986	78 743	66 178	281 422	70 355.50
2020年	72 905	76 978	84 954	73 543	308 380	77 095
2021年	78 257	83 561	94 869	80 808	337 495	84 373.75
2022年	85 314	92 072	103 327	85 289	366 002	91 500.50
$\sum x_j$	361 685	385 521	434 010	365 520	1 546 736	—

续表

时间	第一季度	第二季度	第三季度	第四季度	$\sum x_i$	$\bar{x}_i$
$\bar{x}_j$	72 337	77 104. 20	86 802	73 104	—	77 336. 80
季节比率 s_j/%	93. 54	99. 70	112. 24	94. 53	400	—

第二步,计算同季平均数。

对季资料则按季平均,需要计算各年同季平均数(若是月资料就计算各年同月平均数)。本例题中:

$$五年第一季度平均数=\bar{x}_{.1}=\frac{x_{11}+x_{21}+x_{31}+x_{41}+x_{51}}{k}$$

$$=\frac{58\ 694+66\ 515+72\ 905+78\ 257+95\ 314}{5}=72\ 337(人)$$

同理,可以得到五年第二、三、四季度的平均数 $\bar{x}_{.2}$、$\bar{x}_{.3}$、$\bar{x}_{.4}$,如表 4-21 的第 8 行。

第三步,计算总季平均数。

$$\bar{x}=\frac{\sum\sum x_i}{k\times n}=\frac{\sum\sum x_j}{k\times n}=\frac{1\ 546\ 736}{5\times 4}=77\ 336.8(人)$$

代表五年中平均每个季度的旅客客运量。

第四步,计算季节指数。

季节指数 S_j 是同季(月)的平均数 $\bar{x}_{.j}$ 与总季平均数 $\bar{x}$ 的比值,即:

$$S_j=\frac{\bar{x}_{.j}}{\bar{x}}\times 100\%$$

如第一季度的季节比率 S_1 为:$S_1=\frac{\bar{x}_{.1}}{\bar{x}}\times 100\%=\frac{72\ 337}{77\ 336.8}\times 100\%=93.54\%$

第五步,季节指数调整。

从理论上讲,在季节变动分析时,资料的季节指数之和应等于周期长度。如果是一年四季的季节指数,则其和应为400%,如果按月计算的季节指数,则其和应等于1200%。然而,由于计算过程中四舍五入,可能会使季节指数之和偏离理论值。如果偏差较小,不需要调整;若偏差较大,则需要利用校正系数进行季节指数的调整。

调整的方法是先计算校正系数 r,其方法是:

$$r=\frac{400(或\ 1200)}{\sum s_j}$$

然后计算调整后的季节比率 S_j^*:$S_j^*=s_j\times r$

即调整后的季节指数=调整前的季节指数×校正系数

本例题中各季度的季节指数之和恰好等于 4,不需进行调整。

第六步，分析应用（预测）。

通过计算季节指数，根据其季节变动规律，结合其他预测方法，可以预测现象某年的各季（月）的发展情况。

已知某期实际旅客客运量，预测未来期的旅客客运量。例如，从以上分析可见，第三季度为高峰期，如果已知2023年第一季度旅客客运量为91 969（y_1）人，那么第三季度的旅客客运量将达到多少？

有：$y_{(t=3)}=\dfrac{y_1}{s_1}\times S_3=\dfrac{91\ 969}{0.935\ 4}\times 1.122\ 4=110\ 355$（人）

已定全年计划任务，预测其中某一时间的旅客客运量。例如，假定该铁路站点计划2023年全年旅客客运量将为390 000人，那么2023年第三季度旅客客运量需要达到多少？

有：$y_{(t=3)}=\dfrac{y_{全}}{4}\times S_3=\dfrac{390\ 000}{4}\times 1.122\ 4=109\ 434$（人）

由例题的计算过程可以看出，按月（季）平均法的优点是计算简便，缺点是没有考虑长期趋势的影响，对存在长期趋势变动的情况，得出的季节指数可能不够精确。为解决这个问题，可采用趋势剔除法来测定季节变动。

（二）趋势剔除法

如果时间序列中既包含季节变动，同时也存在明显的长期趋势，就需要采用趋势剔除法来测定季节性。

趋势剔除法是利用移动平均法来测算出时间序列的长期趋势影响后，再来测定其季节变动。当假定时间序列构成因素为乘法模型时，应采用原数列除以长期趋势的方法剔除长期趋势。当假定时间序列构成因素为加法模型时，应采用原数列减去长期趋势的方法剔除长期趋势。本书假定时间序列构成因素为乘法模型。

【例4-21】以上例某铁路站点2018—2022年旅客客运量资料（如表4-22所示）为例，说明趋势剔除分析方法。

第一步，利用移动平均法计算趋势平均值。

首先，列趋势值剔除法计算表。其次，计算移动平均数。该资料因为是季节资料，所以移动项数取其周期长度（4），求四项移动平均数和正位平均数［表4-22第（2）、（3）列］。最后，计算趋势剔除值。将各季度实际旅客客运量除以对应的趋势值（正位平均数M），计算出剔除趋势值Y/M，构成一个相对数时间序列，使长期趋势的影响得以消除，计算结果代表季节变动和不规则因素影响。例如2018年第三季度的剔除趋势值为72 117/64 336.9=112.09%。依此类推，把各季度的剔除趋势值列于表4-22第（4）列中。

表 4-22 趋势值剔除法计算表

年份	季度	旅客客运量 y/人	四项移动平均数	正位平均数/M	剔除趋势值 Y/M/%
		(1)	(2)	(3)	(4)
2018	1	58 694	—	—	—
	2	62 924	63 359.3	—	—
	3	72 117	65 314.5	64 336.9	112.09
	4	59 702	67 080.0	66 197.3	90.19
2019	1	66 515	68 736.5	67 908.3	97.95
	2	69 986	70 355.5	69 546.0	100.63
	3	78 743	71 953.0	71 154.3	110.67
	4	66 178	73 701.0	72 827.0	90.87
2020	1	72 905	75 253.8	74 477.4	97.89
	2	76 978	77 095.0	76 174.4	101.05
	3	84 954	78 433.0	77 764.0	109.25
	4	73 543	80 078.8	79 255.9	92.79
2021	1	78 257	82 557.5	81 318.1	96.24
	2	83 561	84 373.8	83 465.6	100.11
	3	94 869	86 138.0	85 255.9	111.28
	4	80 808	88 265.8	87 201.9	92.67
2022	1	85 314	90 380.3	89 323.0	95.51
	2	92 072	91 500.5	90 940.4	101.24
	3	103 327	—	—	—
	4	85 289	—	—	—

第二步，季节变动分析。

将剔除长期趋势后的数据编制成新的统计表（见表 4-23），据此趋势剔除值计算同季平均值，从而剔除不规则因素影响，计算得到季节指数。

表 4-23　趋势值剔除法季节指数计算表　　单位：万箱

时间	第一季度	第二季度	第三季度	第四季度	合计
2018 年	—	—	112.09	90.19	—
2019 年	97.95	100.63	110.67	90.87	—
2020 年	97.89	101.05	109.25	92.79	—
2021 年	96.24	100.11	111.28	92.67	—
2022 年	95.51	101.24	—	—	—
季节指数 s_j/%	96.90	100.76	110.82	91.63	400.11
调整季节指数 s_j^*/%	96.87	100.73	110.79	91.60	400.00

这里通过直接平均计算的季节指数之和与 400%相差比较大，所以需要用前面的方法进行调整，使得调整后的季节指数之和等于 400%。

第三步，测定时间序列的长期趋势。

用移动平均法测定长期趋势是存在信息损失的，当我们已经获知季节变动特征时，可以考虑用趋势拟合法来测定长期变动趋势。假定时间序列的各影响因素为乘法模型时，利用原时间序列数据 $Y=T\times S\times I$ 除以相应的季节指数 S，可以得到包含不规则变动的长期趋势项 $Y'=T\times I$，如表 4-24 第（3）列所示。

表 4-24　剔除季节变动后长期趋势测算表

年份	季度	旅客客运量 y	季节指数 S	剔除季节变动的序列 $Y'=T\times I$	时间变量 t
		（1）	（2）	（3）	（4）
2018	1	58 694	96.87	60 590.35	1
	2	62 924	100.73	62 465.12	2
	3	72 117	110.79	65 093.28	3
	4	59 702	91.60	65 173.35	4
2019	1	66 515	96.87	68 664.04	5
	2	69 986	100.73	69 475.62	6
	3	78 743	110.79	71 073.95	7
	4	66 178	91.60	72 242.84	8

续表

年份	季度	旅客客运量 y	季节指数 S	剔除季节变动的序列 $Y'=T\times I$	时间变量 t
		(1)	(2)	(3)	(4)
2020	1	72 905	96.87	75 260.49	9
	2	76 978	100.73	76 416.63	10
	3	84 954	110.79	76 680.04	11
	4	73 543	91.60	802 82.80	12
2021	1	78 257	96.87	80 785.41	13
	2	83 561	100.73	82 951.62	14
	3	94 869	110.79	85 629.38	15
	4	80 808	91.60	88 213.59	16
2022	1	85 314	96.87	88 070.42	17
	2	92 072	100.73	91 400.56	18
	3	103 327	110.79	93 263.63	19
	4	85 289	91.60	93 105.25	20

以包含不规则变动的长期趋势项[如表 4-24 第(3)列所示]为因变量,以时间变量 t 为自变量,利用最小二乘法模拟直线趋势方程,得到:

$\hat{Y}'=58\ 905.78+1\ 755.82\cdot t$

第四步,预测应用。

利用上面测定的长期趋势和季节指数,可以对原时间序列未来值进行预测。如要预测 2023 年第三季度的旅客客运量,那么,可以首先利用直线趋势方程,令 $t=23$,得:

$\hat{Y}'=58\ 905.78+1\ 755.82\cdot t=99\ 289.64$(万人)

该值是不含季节变动的预测值,考虑到第三季度是每年的旅客运输旺季,季节指数为 110.79%。那么 2023 年第三季度的预测值就应该是:

$\hat{y}'=99\ 289.64\times110.79\%=110\ 002.99$(万人)

由于循环变动不存在稳定的规律性,不规则因素更是随机性的,本书对这两种因素的变动测度不作介绍,有兴趣的读者可以参考时间序列分析的相关书籍。

本章小结

将某一反映现象数量方面的统计指标在各个不同时间上的数值按时间先后顺序排

列就形成了时间序列。任何时间序列均由两个基本要素构成:一是现象所属的时间;二是反映该现象在一定时间条件下数量特征的指标值。时间序列按其统计指标的形式不同,可分为总量指标时间序列、相对指标时间序列和平均指标时间序列,其中总量指标时间序列进一步分为时期总量指标时间序列和时点总量指标时间序列。

常用的时间序列水平分析指标有发展水平、平均发展水平、增长量和平均增长量。发展水平是反映某种现象发展变化所达到的规模、程度和水平的指标数值。将一个时间序列各期发展水平加以平均而得的平均数,叫平均发展水平。各种总量指标时间序列平均发展水平的计算方法是相对指标时间序列和平均指标时间序列平均发展水平计算的基础。报告期发展水平相对于基期发展水平的增减变动绝对额即为增长量。由于基期的不同,区分为逐期增长量、累计增长量和年距增长量。对逐期增长量求平均即为平均增长量。

常用的时间序列速度分析指标有发展速度、增长速度、平均发展速度和平均增长速度。发展速度反映现象发展变化的相对程度,即报告期发展水平除以基期发展水平。由于基期的不同,区分为定基发展速度、环比发展速度和年距发展速度。增长速度为发展速度减 1,表示社会经济现象增减变动的相对程度。平均发展速度是逐期发展速度的平均。平均增长速度为平均发展速度减 1。

时间序列的变动可以看成是四类因素所导致的变动叠加在一起的结果,即长期趋势变动、季节变动、循环变动和不规则变动。这四类因素共同作用于经济现象变动的构成形式有加法模型和乘法模型。社会经济时间序列的分解通常采用乘法模型。

进行长期趋势分析的主要任务是测定时间序列的趋势值,常用的方法有时距扩大法、移动平均法和趋势方程法。季节变动的测定需要计算季节指数。季节指数通常是某季度(或月)指标值除以周期内的季(或月)平均值,因此,季节指数大于 1 表示旺季,季节指数小于 1 表示淡季,且各季(或月)季节指数之和等于周期长度。

思考与练习

课后思考

1. 时间序列有哪几种?编制时间序列应遵循哪些基本原则?
2. 时期序列与时点序列有什么区别?
3. 计算平均发展速度有哪两种方法?它们各有哪些特点?
4. 常用的时间序列水平和速度分析指标有哪些?
5. 影响时间序列的因素有哪些?

知识自测

1. 单项选择题

(1)时间序列中绝对数列是基本数列,其派生数列是(　　)。

A. 时期数列和时点数列

B. 绝对数时间序列和相对数时间序列

C. 绝对数时间序列和平均数时间序列

D. 相对数时间序列和平均数时间序列

(2)下列数列中哪一个属于时间序列(　　)。

A. 学生按学习成绩分组形成的数列

B. 工业企业按地区分组形成的数列

C. 职工按工资水平高低排列形成的数列

D. 出口额按时间先后顺序排列形成的数列

(3)定基增长速度与环比增长速度的关系是(　　)。

A. 定基增长速度是环比增长速度的连乘积

B. 定基增长速度是环比增长速度之和

C. 定基增长速度是各环比增长速度加 1 后的连乘积减 1

D. 定基增长速度是各环比增长速度减 1 后的连乘积减 1

(4)某企业的产品销售额 2022 年比 2021 年增长 12%,2021 年比 2020 年增长 11%,则 2022 年比 2020 年增长了(　　)。

A. 24.32%　　B. 23.20%　　C. 32%　　D. 1%

(5)某企业产品产量年年增加 5 万吨,则该产品产量的环比增长速度(　　)。

A. 年年下降　　B. 年年增长

C. 年年保持不变　　D. 无法作出结论

(6)要观察现象在某一段时期内受长期因素影响表现出的总态势,需测定现象的(　　)。

A. 长期趋势因素　　B. 季节变动因素

C. 变动因素　　D. 不规则变动因素

(7)影响现象变动所形成的一种长度和幅度固定的周期波动的因素是(　　)。

A. 长期趋势因素　　B. 季节变动因素

C. 周期变动因素　　D. 不规则变动因素

(8)全年四个季度的季节指数分别为:一季度 82%,二季度 98%,三季度 144%,四季度 76%,哪个季度的波动性最明显(　　)。

A. 一季度　　B. 二季度　　C. 三季度　　D. 四季度

(9)如果时间序列逐期增长量大体相等,则宜拟合(　　)。

A. 直线模型　　B. 抛物线模型　　C. 曲线模　　D. 指数曲线模型

(10)当一个时间数列是以年为时间单位排列时,则其中没有(　　)。

A. 长期趋势　　B. 季节变动　　C. 循环变动　　D. 不规则变动

2. 判断题

(1)若时间序列的逐期增长量相等,则环比增长速度也相等。(　　)

(2)时间序列的指标只能用绝对数来表示。(　　)

(3)年距增减水平是反映本期发展水平较上期发展水平的增减绝对量。(　　)

(4)时期指标与时期长短成正比,时点指标与时点间隔成正比。(　　)

(5)周末超市的营业额常常会高于平常的数额,这种波动属于不规则变动。(　　)

(6)环比增长速度的连乘积等于定基增长速度。(　　)

(7)我国历年黄金储备时间序列和历年新增人口数时间序列都是时点序列。(　　)

(8)根据季度时间序列计算的各季度季节指数之和等于4,说明不存在季节变动。

(　　)

(9)由于各类水平指标与速度指标各自反映的内容不同,分析经济指标变动时,要将各项基本指标结合应用,相互补充,以便对现象有比较确切和完整的认识。(　　)

(10)按年度编制的时间序列进行因素分解时,不需要考虑季节变动因素。(　　)

技能训练

1. 某企业2022年各季度实际完成产值和产值计划完成程度的资料如下:

季度	实际产值/万元	产值计划完成/%
第一季度	860	130
第二季度	887	135
第三季度	875	138
第四季度	898	125

试计算该企业当年计划完成程度平均值。

2. 某工业企业当年产值与人员资料如下:

指标	六月	七月	八月	九月
工业总产值/万元	180	160	200	190
月末工人数/人	600	580	620	600

试计算该工业企业第三季度月平均劳动生产率。

3. 某企业2020年总产值为1 580万元,计划在未来十年总产值翻一番。要求计算:

(1)自2021年起,每年应保持怎样的平均增长速度,才能达到十年翻一番的目标?

（2）如果要求提前两年达到总产值翻一番的目标，那么每年应以什么样的发展速度发展？

（3）如果2021—2022年两年的平均发展速度为105%，那么后八年应以怎样的发展速度发展，才能达到十年翻一番的目标？

4. 根据下表已有的数据资料，运用动态指标的相互关系，确定动态数列的发展水平和表中所缺的环比动态指标。

年份	总产值/万元	环比动态指标			
		增长量/万元	发展速度/%	增长速度/%	增长1%的绝对值
2017	741	—	—	—	—
2018		59			
2019			115.6		
2020					
2021			112.7		9.96
2022		116			

5. 以下为某高校某专业连续16年报考考生人数的历史数据：

年份	2007	2008	2009	2010	2011	2012	2013	2014
报考人数/人	1 111	1 145	1 146	1 183	1 213	1 244	1 282	1 282
年份	2015	2016	2017	2018	2019	2020	2021	2022
报考人数/人	1 290	1 306	1 323	1 358	1 388	1 402	1 432	1 484

要求：分别用三项、五项移动平均法和趋势方程法进行长期趋势分析。

第五章 统计指数

知识目标

(1)了解指数、指数体系和因素分析的含义。
(2)掌握统计指数的分类和分类原则。
(3)掌握综合指数的编制原理和应用。
(4)掌握平均指数的编制原理与应用。

技能目标

(1)能根据经济现象研究目的选择合适的指数编制方法。
(2)能熟练进行综合指数和平均指数的编制。
(3)能灵活应用指数体系进行因素分析。

案例导入

2023 年 5 月份全国居民消费价格同比上涨 0.2%,环比下降 0.2%

2023 年 5 月份,全国居民消费价格同比上涨 0.2%。其中,城市上涨 0.2%,农村上涨 0.1%;食品价格上涨 1.0%,非食品价格持平;消费品价格下降 0.3%,服务价格上涨 0.9%。1—5 月平均,全国居民消费价格比上年同期上涨 0.8%。

5 月份,全国居民消费价格环比下降 0.2%。其中,城市下降 0.2%,农村下降 0.2%;食品价格下降 0.7%,非食品价格下降 0.1%;消费品价格下降 0.2%,服务价格下降 0.1%。

一、各类商品及服务价格同比变动情况

5 月份,食品烟酒类价格同比上涨 1.2%,影响 CPI(居民消费价格指数)上涨约 0.34 个百分点。食品中,鲜果价格上涨 3.4%,影响 CPI 上涨约 0.07 个百分点;粮食价格上涨 0.5%,影响 CPI 上涨约 0.01 个百分点;鲜菜价格下降 1.7%,影响 CPI 下降约 0.03 个百分点;蛋类价格下降 1.5%,影响 CPI 下降约 0.01 个百分点;畜肉类价格下降 1.0%,影响 CPI 下降约 0.03 个百分点,其中猪肉价格下降 3.2%,影响 CPI 下降约 0.04 个百分点。

其他七大类价格同比四涨三降。其中,其他用品及服务、教育文化娱乐价格分别上涨 3.1%和 1.7%,医疗保健、衣着价格分别上涨 1.1%和 0.9%;交通通信、居住、生活用品及服务价格分别下降3.9%、0.2%和0.1%。

二、各类商品及服务价格环比变动情况

5月份，食品烟酒类价格环比下降0.4%，影响CPI下降约0.11个百分点。食品中，鲜菜价格下降3.4%，影响CPI下降约0.07个百分点；畜肉类价格下降1.3%，影响CPI下降约0.04个百分点，其中猪肉价格下降2.0%，影响CPI下降约0.02个百分点；蛋类价格下降1.3%，影响CPI下降约0.01个百分点；鲜果价格下降0.3%，影响CPI下降约0.01个百分点。

其他七大类价格环比三涨一平三降。其中，衣着、其他用品及服务、医疗保健价格分别上涨0.4%、0.2%和0.1%；生活用品及服务价格持平；交通通信、居住、教育文化娱乐价格分别下降0.6%、0.1%和0.1%。

（资料来源：国家统计局，http://www.stats.gov.cn/xxgk/sjfb/zxfb2020/202306/t20230609_1940486.html）

案例分析

党的二十大报告指出，中国式现代化是全体人民共同富裕的现代化。共同富裕是社会主义的本质要求，是人民群众的共同期盼。党的十八大以来，以习近平同志为核心的党中央把握发展阶段新变化，把逐步实现全体人民共同富裕摆在更加重要的位置上，推动区域协调发展，采取有力措施保障和改善民生，打赢脱贫攻坚战，全面建成小康社会，为促进共同富裕创造了良好条件。统计指数作为社会经济领域的一种特殊统计指标，在社会经济活动中的应用越来越广泛，以上报告中涉及了许多与民生相关的统计指数，与人们的生活息息相关。在日常生活中，我们也经常看到或听到零售价格指数、商品房价格指数、股票价格指数、幸福指数、企业家信心指数等。那么，什么叫指数？指数有什么作用？如何编制？本章内容主要是介绍统计指数的基本概念、指数编制的基本原理和因素分析的基本方法。

第一节　统计指数的概述

一、统计指数的概念

指数是用于经济的一种特殊统计方法，主要用于反映事物数量的相对变化，是一种对比性的分析指标。目前，统计学中的“指数”有广义和狭义两种理解。

广义指数是指任何两个数值对比形成的相对数，反映了现象数量差异或变动的相对程度。如比较相对数、比例相对数、结构相对数、计划完成程度相对数等都是广义指数。

狭义指数是指含有多个个体或项目的现象总体在不同场合下综合变动的一种相对数，反映了个体或项目之间不能直接加总的复杂现象总体综合变动的相对程度。如零售物价指数、消费价格指数、股价指数等都是狭义指数。统计学中所研究的主要是狭义指数。

二、统计指数的作用

指数作为对比性统计指标，具有相对数的形式，其意义在于：把作为对比的基数视为100%来分析我们所要研究的现象水平相当于基数的多少。例如，某地区2022年与2021年比，居民消费价格指数为102%，则表明该地区2022年居民生活消费品和服务价格水平相当于2021年的102%，或说明该地区2022年物价较2021年上涨了2%。所以，统计指数主要有三个方面的作用：

第一，综合反映经济现象变动方向和变动程度。将不同时期的一些总量指标进行对比，能反映多个复杂经济现象总体的变动方向和变动程度。例如，某企业的总成本指数为98%，产品销售额指数为125%，这说明企业的总成本降低了2%，产品销售额上升了25%。通过指数的计算，为企业下一步的管理提供了依据。

第二，进行现象总变动中的因素分析。任何复杂现象总体的变动都是由多个因素变动的影响所构成的，例如：

$$商品销售额=商品销售量\times商品单位价格$$

利用统计指数计算，就可以分析商品销售额的变化是由商品销售量的变化所决定，还是由单位商品价格的变化所决定。或者说两个因素的影响各是多少，其中哪个因素的影响是最主要的。

第三，研究事物在长时间内的变动趋势。编制指数数列可以对某一现象的长期发展趋势进行分析。例如，通过比较农产品收购价格指数数列与工业零售价格指数数列，可以发现工农业产品的综合比价的变动趋势。

三、统计指数的种类

主要有三种划分形式：

1. 按指数所包括的范围分为个体指数和总指数

个体指数是只反映单个个体或项目的数量变动情况的相对数，如将某超市的某一种商品的本月销售量与上月销售量进行对比，可得到该商品的个体销售量指数，其只能反映该种商品的销售量变动情况，而无法反映其他商品的销售量变动情况。

总指数是反映现象总体中所有个体或项目的整体数量变动情况的相对数，如反映某超市所有商品的销售量变动情况的销售量指数。但不同商品因其计量单位不同、使用价值的不同而不能直接相加或对比，即该总体属于复杂现象总体，因此必须采用相应的总指数编制方法才能得到该超市的销售量指数。

2. 按统计指标的内容不同分为数量指标指数和质量指标指数

数量指标指数是反映现象总体的总规模、总水平和工作总量等方面数量变动情况的指数。如产品产量指数、商品销量指数、职工人数指数等等。

质量指标指数是反映现象总体的质量水平方面数量变动情况的指数。如价格指数、工资水平指数、产品成本指数等等。

3. 按指数的表现形式不同分综合指数、平均指数和平均数指数

综合指数和平均指数是编制总指数的两种不同方法，二者本质上都属于总指数，只是编制总指数的思路不同而已。其中，综合指数是通过两个有联系的综合总量指标对比计算的总指数，平均指数是用加权平均的方法来计算总指数（有不同的方法）。而平均指标指数又称平均数指数，主要是将两个不同时期的加权算术平均指标进行对比而计算得到的指数，主要用来反映不同时期研究对象平均水平的变动情况。这三类指数既有区别又有联系，其内容后文将具体说明。

第二节　综合指数的编制

一、综合指数的概述

（一）综合指数的概念

综合指数是总指数的基本形式。综合指数是对两个时期范围相同的复杂现象总体总量指标对比形成的相对数。在总量指标中包含两个或两个以上的因素，将其中被研究因素以外的一个或一个以上的因素固定下来，仅观察被研究因素的变动，这样编制的指数称为综合指数。综合指数既能反映所研究经济内容的相对量变化程度（相对数分析），又能反映所研究经济内容的绝对量变化情况（绝对量分析）。

（二）综合指数的编制原理

1. 问题的提出

先看下面的例子：

【例 5-1】现从某教育文具商店了解到三种学习用品的销售资料如下：

表 5-1　三种学习用品的销售量和价格资料

商品名称	计量单位	销售量		单价/元	
		2020 年	2021 年	2020 年	2021 年
		基期 q_0	报告期 q_1	基期 p_0	报告期 p_1
自动削笔机	个	310	230	22	25
桌面吸尘器	个	500	400	30	35
点读笔	支	320	560	499	450

由表5-1可见，三种商品的销售量和价格都发生了变化，各个商品的销售量和价格的变化可以用报告期销售量或价格与其相应的基期销售量或价格的比值(个体指数)来反映，如自动削笔机的销售量和价格变化的个体指数分别为：

$$k_q=\frac{q_1}{q_0}=\frac{230}{310}=0.742=74.2\% \quad k_p=\frac{p_1}{p_0}=\frac{25}{22}=1.136=113.6\%$$

计算结果说明，2021年与2020年比，自动削笔机销售量减少了25.8%，价格增加了13.6%。

同理可以分别计算出桌面吸尘器和点读笔的销售量和价格的个体指数。

如果要分析这三种商品综合变动情况的话就要编制综合指数。如何编制综合指数?由于这三种商品单位不同，使用价值也不一样，因此不能将它们的物量直接相加对比，而应把三个不能直接相加对比的对象转化为可以相加对比的状态，然后综合分析其变动情况。这就必须要找到一个能起过渡转化作用的中间媒介，即统计中的同度量因素。

2. 同度量因素的确定

将不能直接相加对比的现象指标转化为可以相加对比的价值形态，并起到权衡轻重作用的媒介因素称为同度量因素(也称权数)。同度量因素的引入是根据经济现象之间的内在联系来确定的，如：

$$价格\times销售量=销售额(p\times q=pq)$$

这就是说，当不同商品的销售量不能直接相加对比时，我们可以引进“价格”作为媒介，把不能直接相加对比的销售量转化为“销售额”这种价值形态，由于销售额的单位在不同的商品是一样的，因此可以直接相加对比。

在确定同度量因素时有一个时期固定的问题，也就是如何固定同度量因素所属的时期问题。根据经济现象之间的内在关系可以看出，在$p\times q=pq$关系中，销售额是销售量和价格共同作用的结果，如果要分析销售量变动对销售额的影响，就必须把价格固定在一个“不变”的条件下，才能反映销售量变动对销售额的影响，这样做的目的是消除同度量因素变动时所产生的影响(如价格变动对销售额的影响)；同理，如果要分析价格变动对销售额的影响，就必须把销售量固定在一个“不变”的条件下，才能反映价格变动对销售额的影响。

因此，在固定同度量因素时，对比的两个总量指标的同度量因素必须为同一时期同度量因素(分子、分母用同一时期的同度量因素，即同为报告期或同为基期)，这样才具有可比性。

二、数量指标综合指数

(一)数量指标综合指数的概念

数量指标综合指数是反映数量指标总变动程度的指数，主要用来说明数量指标变动对总体变动所造成的影响测度。例如,商品销售量指数、产品产量指数、职工人数指数等等。

数量指标综合指数以 $\bar{k}_q$ 表示,其计算公式为

$$\bar{k}_q=\frac{\sum q_1p}{\sum q_0p}$$

式中:$\bar{k}_q$ 为数量指标综合指数;

p 为同一时期的质量指标;

q_1 为报告期的数量指标;

q_0 为基期的数量指标。

(二)数量指标综合指数的编制

现以表 5-2 的资料为例来说明数量指标综合指数编制方法。

【例 5-2】现有某市场 2020 年 7 月和 2021 年 7 月的三种食品的销售量和价格资料如表 5-2 所示。

表 5-2　三种食品的销售量和价格资料

商品名称	计量单位	销售量		单价/元	
		2020 年 7 月	2021 年 7 月	2020 年 7 月	2021 年 7 月
		基期 q_0	报告期 q_1	基期 p_0	报告期 p_1
精瘦肉	吨	30	35	22 450	23 380
鸡蛋	千克	600	660	4. 2	4. 6
绿豆	克	1 000	800	4. 5	7

1. 以基期价格为同度量因素

把同度量因素 p 固定在基期(拉氏指数,Laspeyre,1864)

$$\bar{k}_q=\frac{\sum q_1p_0}{\sum q_0p_0}=\frac{35\times22\ 450+660\times4.2+800\times4.5}{30\times22\ 450+600\times4.2+1\ 000\times4.5}=\frac{792\ 122}{680\ 520}=116.4\%$$

$$\sum q_1p_0-\sum q_0p_0=792\ 122-680\ 520=111\ 602(\text{元})$$

计算结果表明:以基期价格为权数的销售量指数为 116. 4%,说明销售量平均增长了 16. 4%,由于销售量的增加而使销售总额增加了 111 602 元。

2. 以报告期价格为同度量因素

把同度量因素 p 固定在报告期(派氏指数,Peasche,1874)

$$\bar{k}_q=\frac{\sum q_1p_1}{\sum q_0p_1}=\frac{35\times23\ 380+660\times4.6+800\times7}{30\times23\ 380+600\times4.6+1\ 000\times7}=\frac{826\ 936}{711\ 160}=116.28\%$$

$$\sum q_1p_1-\sum q_0p_1=826\ 936-711\ 160=115\ 776(\text{元})$$

计算结果表明：以报告期价格为权数的销售量指数为116.28%，说明销售量平均增长了16.28%，由于销售量增加而使销售总额增加了115 776元。

3. 两个公式的比较

由以上可见，两个公式计算结果有差异，这是为什么？那么哪个公式更适用？这就要对公式作进一步分析。

（1）拉氏指数

$$\overline{k}_q=\frac{\sum q_1p_0}{\sum q_0p_0}$$

这个公式以基期价格作权数（也就是假定价格未变动），使指数计算结果不受价格变动的影响，从而可以较为确切地反映销售量变动的影响程度。但是，这个公式容易脱离实际。因为在科学技术迅速发展和市场经济日益完善的环境下，老产品不断被淘汰，而新产品不断上市，新上市的产品原来根本就没有基期价格，计算指数时只能用比价的办法，在一定程度上影响了指数的准确性。

（2）派氏指数

$$\overline{k}_q=\frac{\sum q_1p_1}{\sum q_0p_1}$$

这个公式以报告期价格作权数，避免了“拉氏指数”用基期价格作权数而脱离实际的缺点；但是，这个公式在以报告期价格作权数时，不仅反映了销售量变动的影响，而且也反映了销售量和价格同时变动的影响，使计算结果未能突出反映销售量变动的影响程度。

综上所述，从经济研究的意义角度看，在编制数量指标综合指数时应以基期质量指标作为同度量因素为好。因为价格的变动在一定程度上随商品生产成本和销售成本的增加而提高，如果仅靠提高产品价格来提高经济效益是不现实的，所以人们关心的是如何扩大规模增加产量来提高经济效益才是根本。

三、质量指标综合指数

（一）质量指标综合指数的概念

质量指标综合指数是反映质量指标总变动程度的指数，主要用来说明质量指标变动对总体变动的影响测度。例如，商品价格指数、工资水平指数、成本指数、股票价格指数等等。

质量指标综合指数以 $\overline{k}_p$ 表示，其计算公式为：

$$\overline{k}_p=\frac{\sum p_1q}{\sum p_0q}$$

式中：$\overline{k}_p$ 为质量指标综合指数；

q 为同一时期的数量指标；

p_1 为报告期的质量指标；

p_0 为基期的质量指标。

(二)质量指标综合指数的编制

仍以表 5-2 的资料为例，说明质量指标综合指数编制方法。

1. 以基期销售量为同度量因素(拉氏指数，Laspeyre，1864)

$$\bar{k}_p=\frac{\sum p_1q_0}{\sum p_0q_0}=\frac{23\ 380\times30+4.6\times600+7\times1\ 000}{22\ 450\times30+4.2\times600+4.5\times1\ 000}=\frac{711\ 160}{680\ 520}=104.5\%$$

$\sum p_1q_0-\sum p_0q_0=711\ 160-680\ 520=30\ 640$(元)

计算结果表明：以基期销售量为权数的价格指数为 104.5%，说明价格平均增长了 4.5%，由于价格的增加而使得销售总额增加了 30 640 元。

2. 以报告期销售量为同度量因素(派氏指数，Peasche，1874)

$$\bar{k}_p=\frac{\sum p_1q_1}{\sum p_0q_1}=\frac{23\ 380\times35+4.6\times660+7\times800}{22\ 450\times35+4.2\times660+4.5\times800}=\frac{826\ 936}{792\ 122}=104.4\%$$

$\sum p_1q_1-\sum p_0q_1=826\ 936-792\ 122=34\ 814$(元)

计算结果表明：以报告期销售量为权数的价格指数为 104.4%，说明价格平均增长了 4.4%；由于价格的增长而使销售总额增加了 34 814 元。

3. 两个公式的比较

以上两个公式的计算结果有较大的差异，同样有必要对两个公式作进一步分析。

(1)拉氏指数

$$\bar{k}_p=\frac{\sum p_1q_0}{\sum p_0q_0}$$

这个公式以基期销售量作权数，使指数计算结果不受销售量变动的影响，从而可以较为确切地反映价格变动的影响程度。但是，这个公式也存在脱离实际的现象，新上市的产品原来根本就没有基期销售量，同样影响了指数的准确性。

(2)派氏指数

$$\bar{k}_p=\frac{\sum p_1q_1}{\sum p_0q_1}$$

这个公式以报告期销售量作权数，不仅反映了价格变动的影响，而且反映了销售量和价格同时变动的影响，使计算结果未能确切地反映价格变动的影响程度。

综上所述，在编制质量指标综合指数时，一般以报告期数量指标作为同度量因素为多见，因为从经济研究的意义看，一般来说研究在“现时生产规模”下价格变动对经济效益的作用才比较有意义。

第三节　平均指数的编制

一、平均指数的概述

个体指数反映单个现象的变动程度,总指数反映多个现象的整体变动程度。但总变动程度不是各个个体变动程度的简单总和,而是它们的一般水平(或平均变动情况)。在实际工作中,由于受到统计资料的限制(如有价格个体指数,而缺少基期价格或缺少报告期价格),就不能直接应用前面讲的综合指数法编制总指数,而要利用现有的资料,通过公式变换原理,由综合指数公式推导出平均指数形式来编制总指数,简单来说就是"以现象个体指数为基础采取平均指标形式编制的总指数"。所以,只是由于掌握的数据资料形式不同,而分别采用综合指数或平均指数的形式来编制总指数。平均指数用来反映多个现象的整体变动程度,适用于资料不全的情况下(如有销售量个体指数而缺少基期销售量或缺少报告期销售量时)的总指数编制。

二、平均指数的基本形式

以个体指数为基础所编制的总指数之所以被称为平均指数,是因为它利用了加权算术平均数和加权调和平均数的计算形式,因此,平均指数的基本形式有两种。

(一)加权算术平均数指数

加权算术平均数指数是对个体指数按照加权算术平均形式 $\bar{x}=\frac{\sum xf}{\sum f}$ 进行加权而计算的总指数。在一般情况下,即个体指数与总值权数之间存在一一对应关系的时候,这种指数形式实际上是拉氏指数的变形。

1. 数量指标加权算术平均数指数

数量指标平均指数是以基期总量指标 q_0p_0 为权数(为了表述的方便,以下把同度量因素称为权数)对个体指数进行加权平均的总指数。在计算数量指标平均指数时,如果各种商品报告期的资料难以得到,而只有各种商品的个体指数和基期资料时,我们就可以用各种商品的基期总量指标作为权数,采取加权算术平均的方法来计算平均指数。

以 k_q 表示销售量个体指数,则 $k_q=\frac{q_1}{q_0}$,$q_1=k_qq_0$。

所以,当以基期总量指标 q_0p_0 为权数,对个体指数进行加权时,其数量指标平均指数的形式为:

$$\bar{k}_q=\frac{\sum k_qq_0p_0}{\sum q_0p_0}=\frac{\sum \frac{q_1}{q_0}q_0p_0}{\sum q_0p_0}=\frac{\sum q_1p_0}{\sum q_0p_0}$$

由此可见,当个体指数与权数指标之间存在一一对应关系时,以基期商品实际销售额 q_0p_0 为权数的数量指标平均指数,实际上是其数量指标综合指数的变形,即:以基期总量指标 q_0p_0 为权数的个体数量指标指数的加权算术平均数等于数量指标综合指数,我们称为综合指数变形的加权算术平均数指数。

2. 质量指标加权算术平均数指数

质量指标平均指数是以报告期数量指标与基期的质量指标计算得到的虚拟总量指标 p_0q_1 为权数对个体指数进行加权平均的总指数。如当已知质量指标的个体指数 k_p 和虚拟总量指标 p_0q_1 时,质量指标指数形式有:

以 k_p 表示质量个体指数,则 $k_p=\dfrac{p_1}{p_0}$,$p_1=k_pp_0$。

所以,当以虚拟总量指标 p_0q_1 为权数,对个体指数进行加权时,其质量指标平均指数的形式为:

$$\bar{k}_p=\frac{\sum k_pp_0q_1}{\sum P_0q_1}=\frac{\sum\frac{p_1}{p_0}p_0q_1}{\sum p_0q_1}=\frac{\sum p_1q_1}{\sum p_0q_1}$$

由此可见,当个体指数与权数指标之间存在一一对应关系时,以虚拟总量指标 p_0q_1 为权数的质量指标平均指数,实际上是其质量指标综合指数的变形,即:以虚拟总量指标 p_0q_1 为权数的个体质量指标指数的加权算术平均数等于质量指标综合指数。但是在实践工作中,由于这种方法的权数资料 p_0q_1 在现实当中并不存在,所以一般不使用该方法计算质量指标指数。

3. 数量指标加权算术平均数指数的应用

【例 5-3】某电器厂生产一批学生用三种电器产品的有关资料如表 5-3 所示,试计算三种产品产量的总指数。

表 5-3　三种电器产品产量、产值资料及计算表

商品名称	计量单位	产量			基期生产总值 q_0p_0/万元	$k_qp_0q_0$
		基期 q_0	报告期 q_1	个体指数 $k_q=q_1/q_0$		
台灯	万台	3.0	3.5	116.7	75	8 752.5
电风扇	万台	2.2	3.0	136.4	66	9 002.4
电水壶	万个	1.8	1.5	83.3	117	9 746.1
合计	—	—	—	—	258	27 501.0

产量总指数 $\bar{k}_q=\dfrac{\sum k_qq_0p_0}{\sum q_0p_0}=27\ 501/258=106.59\%$

计算结果说明：台灯产量上升了16.7%，电风扇上升了36.4%，电水壶下降了16.7%，各产品产量平均上升了6.59%。

（二）加权调和平均数指数

加权调和平均数指数是对个体指数按照调和平均形式 $H=\dfrac{\sum m}{\sum \dfrac{m}{x}}$ 加权计算的总指数。这种指数形式实际上是派氏指数的变形。

1. 数量指标加权调和平均数指数

数量指标加权调和平均数指数是以报告期数量指标与基期的质量指标计算得到的虚拟总量指标 p_0q_1 为权数对个体指数进行调和平均而计算得到的总指数。

以虚拟总量指标为权数的数量指标加权调和平均数指数形式为：

$$\bar{k}_q=\frac{\sum p_0q_1}{\sum \frac{1}{k_q}p_0q_1}=\frac{\sum q_1p_0}{\sum \frac{q_0}{q_1}q_1p_0}=\frac{\sum q_1p_0}{\sum q_0p_0}$$

以上公式变形说明，当个体指数与权数指标之间存在一一对应关系时，以虚拟总量指标 p_0q_1 为权数对个体指数进行调和平均而计算的总指数是其综合指数的变形。即：以报告期质量指标计算的总量指标 p_0q_1 为权数的个体质量指标指数的加权调和平均数指数等于数量指标综合指数。同样，在实践工作中，由于这种方法的权数资料 p_0q_1 现实中并不存在，所以计算数量指标指数一般不采用该方法。

2. 质量指标加权调和平均数指数

质量指标平均数指数是以报告期总量指标为权数对个体指数进行加权调和平均而得到的总指数。同理，在计算质量指标平均数指数时，如果各种商品的基期资料难以得到，而只有各种商品的个体指数和报告期的资料时，我们就可以用各种商品的报告期总量指标 p_1q_1 作为权数，采取加权调和平均的方法来计算其平均指数，计算公式为：

$$\bar{k}_p=\frac{\sum p_1q_1}{\sum \frac{1}{k_p}p_1q_1}=\frac{\sum p_1q_1}{\sum \frac{p_0}{p_1}p_1q_1}=\frac{\sum p_1q_1}{\sum p_0q_1}$$

显然，当个体指数与权数指标之间存在一一对应关系时，以报告期总量指标 p_1q_1 为权数的个体质量指标指数的加权调和平均数等于其质量指标综合指数。在实践工作中，计算质量指标指数时通常采用该方法。

3. 质量指标加权调和平均数指数的应用

【例5-4】某电器厂生产一批学生用三种电器产品的有关资料如表5-4所示，试计算三种产品成本的总指数。

表 5-4　三种电器产品成本资料及计算表

商品名称	计量单位	产量			报告期生产总值 q_1p_1/万元	$\frac{p_1q_1}{k_p}$
		基期 p_0	报告期 p_1	个体指数 $k_p=p_1/p_0$		
台灯	台	15	18	120	63	0. 525
电风扇	台	20	23	115	69	0. 600
电水壶	个	35	34	97. 1	51	0. 525
合计	—	70	75	—	183	1. 65

$$成本总指数\ \bar{k}_p=\frac{\sum p_1q_1}{\sum \frac{1}{k_p}p_1q_1}=\frac{183}{1.65}=110.91\%$$

计算结果说明:台灯成本上升了 20%,电风扇上升了 15%,电水壶下降了 2. 9%,整体来看,所有商品的成本平均上涨了 10. 91%。

三、固定权数的加权平均数指数

固定权数的加权平均数指数是以指数化的个体指数为基础,使用固定权数对个体指数进行加权平均计算的一种总指数。所谓固定权数是指加权平均法计算的权数用比重形式固定下来,在一段时间内不作变动并固定使用的权数。在我国统计工作中,各种物价指数常用固定权数的加权平均数指数编制。例如,我国的农副产品收购价格指数、零售商品物价指数和居民消费价格指数等。

固定权数的加权平均数指数的计算公式有:

$$固定权数的加权算术平均数指数=\frac{\sum kW}{\sum W}$$

$$固定权数的加权调和平均数指数=\frac{\sum W}{\sum \frac{W}{k}}$$

式中:k 为个体(类)指数;

W 为固定权数,常用比重表示;$\sum W=100\%$或 1。

【例 5-5】现有 2020 年八类主要商品个体价格指数及权数资料如表 5-5 所示,试计算这八类主要商品的平均价格指数。

表 5-5　八类主要商品的平均指数计算表

商品名称	类指数 k_p	权数 W	k_pW	W/k_p
(1)食品烟酒	108.3	0.46	49.82	0.0042
(2)衣着	99.8	0.10	9.98	0.0010
(3)家庭设备用品及维修服务	100.0	0.12	12.00	0.0012
(4)医疗保健和个人用品	101.8	0.08	8.14	0.0008
(5)交通和通信	96.5	0.06	5.79	0.0006
(6)娱乐教育文化用品及服务	101.3	0.07	7.09	0.0007
(7)居住	99.6	0.08	7.97	0.0008
(8)其他用品和服务	104.3	0.03	3.13	0.0003
合计	—	1(100%)	103.92	0.0096

注:表中个体指数摘自《中国统计年鉴 2021》。

根据以上资料计算便可得到总指数如下:

$$\text{固定权数加权算术平均数指数}=\frac{\sum kW}{\sum W}=\frac{103.92}{1}=103.92\%$$

计算结果说明:八类主要商品的平均价格指数为 103.92%,即八类主要商品的平均价格上升了 3.92%。

第四节　指数体系与因素分析

一、指数体系的概念与作用

(一)指数体系的概念

指数体系是由三个或三个以上具有内在联系的指数所组成的数学关系式。例如:

商品销售额指数=商品销售量指数×商品销售价格指数

在这个指数体系中,商品销售额指数是总额(或总量)指数,商品销售量指数和商品销售价格指数是构成总额(或总量)指数的两个因素指数。它们之间的关系可以用如下关系式来表达:

$$\bar{k}_{pq}=\bar{k}_p\times\bar{k}_q$$

相应地有:

$$\frac{\sum q_1p_1}{\sum q_0p_0}=\frac{\sum q_1p_0}{\sum q_0p_0}\times\frac{\sum q_1p_1}{\sum q_1p_0}$$

可以发现,指数体系中的总额(或总量)指数通常可以由相应的拉氏数量指数与派氏质量指数的乘积来表达。

(二)指数体系的作用

指数体系具有两个方面的作用：

第一，指数体系可以作为因素分解方法之一。利用指数体系可以分析总量指标变动中各因素指标的影响程度，比如，在分析影响净产值变动程度的因素时，可以作如下分解：

$$净产值=工人劳动生产率\times工人人数$$

也可以进一步分解为：

$$净产值=工人劳动生产率\times职工人数\times\frac{工人人数}{职工人数}$$

第二，利用指数体系可以进行指数之间的相互推算。根据构成指数体系的各指数间的等式关系，由已知的指数来推算未知指数，例如，同样多的货币报告期所能购买的商品数量相当于基期的98%，则可推算：

$$价格指数=\frac{销售额指数}{销售量指数}=\frac{100\%}{98\%}=102.4\%$$

又如，某公司将各种商品的价格在上月的基础水平上平均调低5%，预计销售量可增长10%，则可推算：

$$销售额指数=销售量指数\times销售价格指数=110\%\times95\%=104.5\%$$

二、因素分析的概念

在讨论指数体系时已经知道，总变动是由多个因素变动共同作用的结果(影响总变动的因素具有可分性)。因素分析就是利用指数体系来分析现象总变动中各因素对总变动的影响程度的一种方法。

因素分析的基本思路是在影响总变动的因素中，固定其他因素，逐个分析其中一个因素对总变动的影响。根据总变动构成因素的多少，一般将因素分析分为两因素分析和多因素分析(三个或三个以上因素的分析)，其中两因素分析是基本的分析方法。

因素分析一般是从相对数分析和绝对量分析两个方面进行。相对数分析是对各变动因素变动程度的分析，是根据“总指数=因素指数乘积”的关系式进行的，即：

$$\frac{\sum q_1p_1}{\sum q_0p_0}=\frac{\sum q_1p_0}{\sum q_0p_0}\times\frac{\sum q_1p_1}{\sum q_1p_0}$$

绝对量分析是对各变动因素变动所引起的绝对量变化的分析，是根据“总量变动的绝对差额等于各因素指数变动差额之和”的关系式进行的，即：

$$\sum q_1p_1-\sum q_0p_0=(\sum q_1p_0-\sum q_0p_0)+(\sum q_1p_1-\sum q_1p_0)$$

由此可以看出，指数体系与因素分析的关系：指数体系是因素分析的依据和手段，因素分析是指数体系的应用。

三、总量指标的因素分析

（一）复杂现象总量指标的两因素分析

两因素分析是因素分析中最简单也是最基本的方法。为了说明因素分析的方法，我们看一个实例。

【例 5-6】现从农贸市场了解到三种食品销售量和价格资料如表 5-6 所示。

表 5-6　某农贸市场三种食品的销售量和价格资料

商品名称	计量单位	销售量		单价/元	
		2020 年 8 月 基期 q_0	2021 年 8 月 报告期 q_1	2020 年 8 月 基期 p_0	2021 年 8 月 报告期 p_1
猪肉	千克	85 000	90 500	16. 1	17. 3
鸡蛋	千克	5 000	5 200	7. 2	8. 4
草鱼	千克	20 000	26 000	11. 6	11

现就以上资料进行分析，看影响销售总额变化的主要因素是销售量还是价格，或销售量和价格各自影响是多少？其方法如下：

1. 建立指数体系

$$\bar{k}_{pq}=\bar{k}_p\times\bar{k}_q$$

相对变动度分析公式为：

$$\frac{\sum q_1p_1}{\sum q_0p_0}=\frac{\sum q_1p_0}{\sum q_0p_0}\times\frac{\sum q_1p_1}{\sum q_1p_0}$$

绝对变动量分析公式为：

$$\sum q_1p_1-\sum q_0p_0=(\sum q_1p_0-\sum q_0p_0)+(\sum q_1p_1-\sum q_1p_0)$$

2. 列综合指数编制及因素分析计算表

为了计算的方便，先列出计算表（见表 5-7），并把一些基本运算在计算表里完成。

表 5-7　综合指数编制及因素分析计算表

商品名称	计量单位	销售量		单价/元		销售额/元		
		q_0	q_1	p_0	p_1	q_0p_0	q_1p_1	q_1p_0
猪肉	千克	85 000	90 500	16. 1	17. 3	1 368 500	1 565 650	1 457 050
鸡蛋	千克	5 000	5 200	7. 2	8. 4	36 000	43 680	37 440
草鱼	千克	20 000	26 000	11. 6	11	232 000	286 000	301 600
合计	—	—	—	—	—	1 636 500	1 895 330	1 796 090

3. 相对变动度和绝对变动量的分析

(1)计算产品总量指标相对变动度及绝对变动量

产品总量相对变动度为：

$$\bar{k}_{qp}=\frac{\sum q_1p_1}{\sum q_0p_0}=\frac{1\ 895\ 330}{1\ 636\ 500}=115.82\%$$

产品总量绝对变动量为：

$$\sum q_1p_1-\sum q_0p_0=1\ 895\ 330-1\ 636\ 500=258\ 830(\text{元})$$

计算结果表明：三种商品的报告期销售额比基期销售额增长了 15.82%，销售总额增加了 258 830 元。

(2)计算数量指标相对变动度及绝对变动量

数量指标相对变动度为：

$$\bar{k}_{q}=\frac{\sum q_1p_0}{\sum q_0p_0}=\frac{1\ 796\ 090}{1\ 636\ 500}=109.75\%$$

数量指标绝对变动量为：

$$\sum q_1p_0-\sum q_0p_0=1\ 796\ 090-1\ 636\ 500=159\ 590(\text{元})$$

计算结果表明：三种商品的销售量平均增长了 9.75%，销售量的增长使销售总额增加了 159 590 元。

(3)计算质量指标相对变动度及绝对变动量

质量指标相对变动度为：

$$\bar{k}_{p}=\frac{\sum q_1p_1}{\sum q_1p_0}=\frac{1\ 895\ 330}{1\ 796\ 090}=105.53\%$$

质量指标绝对变动量为：

$$\sum q_1p_1-\sum q_1p_0=1\ 895\ 330-1\ 796\ 090=99\ 240(\text{元})$$

计算结果表明：三种商品的价格平均增长了 5.53%，价格增长使销售总额增加了 99 240 元。

4. 综合分析

相对变动度分析：115.82% = 109.75%×105.53%

绝对变动量分析：258 830(元)= 159 590(元)+99 240(元)

计算结果表明：三种商品销售总额增长了 15.82%，销售总额增加了 258 830 元，其中，由于三种商品的销售量增长了 9.75%，使得销售总额增加了 159 590 元，由于价格增长了 5.53%，使得销售总额增加了 99 240 元。

(二)总量指标变动的多因素分析方法

1. 问题的提出

客观现象是比较复杂的，有时某一现象的变动可能要受到三个或三个以上因素的影响。当一个总量指标可以表示为三个或三个以上因素指标的连乘积时，同样可以利用指数体系测定各因素变动对总变动的影响，这种分析就是对总量指标的多因素分析。例如：

原材料费用总额=总产量×单位产品原材料消耗量×单位原材料价格

$$qmp=q\times m\times p$$

2. 分析方法

多因素指数体系分析法是在两因素分析法基础上的深入运用，也就是运用数量和质量指标指数的编制方法，由表及里对所研究的现象作进一步的分析。所以，多因素分析法的步骤与两因素分析法相同，只是在编制各因素指数时，同度量因素固定在哪个时期要依据如下两个原则：

（1）因素的排序要使相邻两变量“能分能合”，且具有经济意义

$$qmp=q\times m\times p$$
$$=qm\times p \text{（产品原材料消耗总量×单位原材料价格）}$$
$$qmp=q\times m\times p$$
$$=q\times mp \text{（总产量×单位产品价格）}$$

（2）固定因素时期的选择要满足“平衡”的要求

所谓的“平衡”要求就是既要满足经济现象总量指标的构成（总量指标=数量指标×质量指标）的平衡，还要满足综合指数编制时权数的固定期所要求的“质基数报”需求的平衡。

根据这两个原则，原材料费用总额指数可分解为由三个因素指数构成的指数体系。

原材料费用总额指数=生产量指数×单位产品原材料消耗量指数×单位原材料价格指数

$$\overline{K}_{qmp}=\overline{k}_q\times\overline{k}_m\times\overline{k}_p$$

根据综合指数编制原理，结合“能分能合”原则，以上指数体系可表示如下：

$$\frac{\sum q_1m_1p_1}{\sum q_0m_0p_0}=\frac{\sum q_1m_0p_0}{\sum q_0m_0p_0}\times\frac{\sum q_1m_1p_0}{\sum q_1m_0p_0}\times\frac{\sum q_1m_1p_1}{\sum q_1m_1p_0}$$

$$\sum q_1m_1p_1-\sum q_0m_0p_0=\left(\sum q_1m_0p_0-\sum q_0m_0p_0\right)+\left(\sum q_1m_1p_0-\sum q_1m_0p_0\right)$$
$$+\left(\sum q_1m_1p_1-\sum q_1m_1p_0\right)$$

式中：q 为产品产量；

m 为单位产品原材料消耗量；

p 为单位原材料价格。

3. 实际应用

【例 5-7】现从某教学用品家具厂了解到，该工厂为学校加工生产的三种教学用品的生产资料和木材消耗资料如表 5-8 所示。

表 5-8　三种教学用品的木材消耗和产品销售资料表

产品名称	计量单位	产品产量		单位产品原材料消耗量		单位原材料价格/元	
		基期 q_0	报告期 q_1	基期 m_0	报告期 m_1	基期 p_0	报告期 p_1
课桌	套	300	200	0.15	0.17	800	1 000
椅子	把	20	30	0.02	0.03	750	900
讲台	张	30	50	0.28	0.30	850	1 100

（1）列计算表

为了计算的方便，先列计算表，并把一些基本运算在表内完成。

表 5-9　三种教学用品原材料费用总额的因素分析计算表

产品名称	计量单位	产品产量		单位产品原材料消耗量		单位原材料价格/元		原材料费用总额/元			
		q_0	q_1	m_0	m_1	p_0	p_1	$q_0m_0p_0$	$q_1m_0p_0$	$q_1m_1p_0$	$q_1m_1p_1$
课桌	套	300	200	0.15	0.17	800	1 000	36 000	24 000	27 200	34 000
椅子	把	20	30	0.02	0.03	750	900	300	4 500	675	810
讲台	张	30	50	0.28	0.30	850	1 100	7 140	11 900	12 750	16 500
合计	—	—	—	—	—	—	—	43 440	36 350	40 625	51 310

（2）相对变动度和绝对变动量分析

计算原材料费用总额的相对变动度和绝对变动量：

$$\bar{k}_{qmp}=\frac{\sum q_1m_1p_1}{\sum q_0m_0p_0}=\frac{51\ 310}{43\ 440}=118.12\%$$

$$\sum q_1m_1p_1-\sum q_0m_0p_0=51\ 310-43\ 440=7\ 870(\text{元})$$

计算产品产量的相对变动度和绝对变动量：

$$\bar{k}_q=\frac{\sum q_1m_0p_0}{\sum q_0m_0p_0}=\frac{36\ 350}{43\ 440}=83.68\%$$

$$\sum q_1m_0p_0-\sum q_0m_0p_0=36\ 350-43\ 440=-7\ 090(\text{元})$$

计算单位产品原材料消耗量的相对变动度和绝对变动量：

$$\bar{k}_m=\frac{\sum q_1m_1p_0}{\sum q_1m_0p_0}=\frac{40\ 625}{36\ 350}=111.76\%$$

$$\sum q_1m_1p_0-\sum q_1m_0p_0=40\ 625-36\ 350=4\ 275(\text{元})$$

计算单位原材料价格的相对变动度和绝对变动量：

$$\bar{k}_p=\frac{\sum q_1m_1p_1}{\sum q_1m_1p_0}=\frac{51\ 310}{40\ 625}=126.30\%$$

$\sum q_1m_1p_1-\sum q_1m_1p_0=51\ 310-40\ 625=10\ 685$(元)

(3)综合分析

$$\frac{\sum q_1m_1p_1}{\sum q_0m_0p_0}=\frac{\sum q_1m_0p_0}{\sum q_0m_0p_0}\times\frac{\sum q_1m_1p_0}{\sum q_1m_0p_0}\times\frac{\sum q_1m_1p_1}{\sum q_1m_1p_0}$$

118.12%=83.68%×111.76%×126.30%

$$(\sum q_1m_1p_1-\sum q_0m_0p_0)=(\sum q_1m_0p_0-\sum q_0m_0p_0)+(\sum q_1m_1p_0-\sum q_1m_0p_0)+(\sum q_1m_1p_1-\sum q_1m_1p_0)$$

7 870(元)=−7 090(元)+4 275(元)+10 685(元)

(4)分析结论

以上分析结果表明,由于三种教学用品原材料费用总额报告期比基期增加了18.12%,使得原材料费用总额增加了7 870元。其中,由于产品产量降低了16.32%,使得原材料费用总额减少了7 090元;单位产品原材料消耗量增加了11.76%,使得原材料费用总额增加了4 275元;单位原材料价格上升26.30%,使得原材料费用总额增加了10 685元。可见,原材料费用总额的增加主要是材料价格的上升造成的。

第五节　平均指标指数体系与分析

一、平均指标指数体系

(一)平均指标指数的概念

在研究经济现象时,常常要就平均指标的变动进行对比分析,例如分析两个不同时期的同一经济内容的平均指标的变动情况,这种两个不同时期的同一经济内容的平均指标之比的相对数就是一个平均指标指数,又称平均数指数。它用来反映两期总平均水平的变动程度和方向。其表达式为:

$$\bar{k}_{\bar{x}}=\frac{\bar{x}_1}{\bar{x}_0}$$

【例5-8】某企业2020年底职工月平均工资为1 100元,而2021年底为1 210元,则该企业职工月平均工资指数为:

(1 210÷1 100)×100%=110%

计算结果说明该企业2021年职工月平均工资比2020年提高了10%。但是,职工月平均工资的变动受职工人数变动和工资水平变动两个方面因素的影响,因此,分析职工人数变动和工资水平变动分别对职工月平均工资变动的影响就是平均指标的因素分析要解决的问题。

（二）平均指标指数的分解

1. 平均指标指数的形式

由于现象的总平均水平通常是在分组条件下，用加权算术平均数计算得到的，既受到各组内平均指标 x 变动的影响，又受到各组单位数所占总体单位数比重 $\frac{f}{\sum f}$ 变动的影响，因此分析总平均水平的变动可以用指数法讨论。用指数法分析总平均水平的变动时，平均指标的公式分解有：

$$\bar{x}=\frac{\sum xf}{\sum f}=\sum x \cdot \frac{f}{\sum f}$$

根据平均指标对比指数的定义和平均指标的分解，将两个平均指标进行对比时，平均指标对比指数的公式为：

$$\bar{k}_{\bar{x}}=\frac{\bar{x}_1}{\bar{x}_0}=\frac{\sum x_1 \frac{f_1}{\sum f_1}}{\sum x_0 \frac{f_0}{\sum f_0}}$$

2. 平均指标对比指数的构成

根据指数体系构成和因素分析的原理，对总变动指数的因素构成分解时有：

总变动指数=指标水平变动指数×单位结构变动指数

（1）总变动指数（可变构成指数）。指反映指标值水平变动和单位结构变动共同影响程度的指数。在总变动指数中，两个时期的总平均水平的计算，分别以各个时期单位结构为权数对各组指标值水平进行加权平均再对比求得。所以两个时期的总平均变动，不仅反映了各组指标值水平的变动，而且还受单位数在各组的分配比重（也叫结构）变动的影响。这种包括两种变动影响的指数，称为总变动指数，亦称平均指标的可变构成指数，简称可变指数。

设 x 表示各组平均工资，f 表示各组工人人数，则总变动指数（可变指数）计算公式为：

$$\bar{k}_{(\text{可变})}=\bar{k}_{(xf)}=\frac{\bar{x}_1}{\bar{x}_0}=\frac{\frac{\sum x_1 f_1}{\sum f_1}}{\frac{\sum x_0 f_0}{\sum f_0}}$$

式中：x_0 为基期各组工资水平；

x_1 为报告期各组工资水平；

f_0 为基期各组职工人数；

f_1 为报告期各组职工人数；

$\bar{x}_0$ 为基期平均工资；

$\bar{x}_1$ 为报告期平均工资；

$\bar{k}_{(可变)}$ 为平均工资指数。

对上面公式可以演变成如下形式：

$$\bar{k}_{(可变)}=\bar{k}_{(xf)}=\frac{\bar{x}_1}{\bar{x}_0}=\frac{\sum x_1\frac{f_1}{\sum f_1}}{\sum x_0\frac{f_0}{\sum f_0}}$$

从这个演变后的公式中，可以清楚地看出平均工资的变动受两个因素变动的影响，一个是各部分指标水平 x 的变动，另一个是各部分单位数占总单位数比重$\frac{f}{\sum f}$即工人结构的变动。

（2）固定构成指数。指反映各组平均水平变动影响程度的指数。为消除结构因素变动的影响，单纯地反映各组指标水平的变动程度，就要把单位结构加以固定，即计算过程中的两个时期的总平均水平都采取同一时期的单位结构作为权数。当以同一时期的单位结构作为其权数时，是取基期的单位数还是取报告期的单位数呢？根据指数的编制原理，通常以报告期的单位结构作为计算指数的权数。这种以报告期的权数结构来计算的平均指标指数称为固定构成指数，简称为固定指数。其计算公式为：

$$\bar{k}_{(固定)}=\bar{k}_{(x)}=\frac{\frac{\sum x_1f_1}{\sum f_1}}{\frac{\sum x_0f_1}{\sum f_1}}$$

（3）结构变动影响指数。指单纯反映各组单位结构变动影响程度的指数。为了分析单位结构变动对总指标水平的变动影响程度，就要计算结构变动影响指数。在这个指数中为了单纯反映结构的实际变动影响程度，就应把各组指标水平加以固定。根据指数编制原理的推论，把各组指标水平固定在基期，即分子、分母同时采用基期的指标水平为权数来计算总平均指标。这种以基期为权数计算的平均指标指数称为结构变动影响指数，简称为结构影响指数。其计算公式为：

$$\bar{k}_{(结构)}=\bar{k}_{(f)}=\frac{\frac{\sum x_0f_1}{\sum f_1}}{\frac{\sum x_0f_0}{\sum f_0}}$$

以上讨论了平均指标对比指数的三种形式，即可变指数、固定指数和结构影响指数，并分析了它们之间的联系，由此我们可以建立平均指标对比指数体系，即

可变指数＝固定指数×结构影响指数

用符号表示：

$$\frac{\frac{\sum x_1f_1}{\sum f_1}}{\frac{\sum x_0f_0}{\sum f_0}}=\frac{\frac{\sum x_1f_1}{\sum f_1}}{\frac{\sum x_0f_1}{\sum f_1}}\times\frac{\frac{\sum x_0f_1}{\sum f_1}}{\frac{\sum x_0f_0}{\sum f_0}}$$

$$\frac{\sum x_1f_1}{\sum f_1}-\frac{\sum x_0f_0}{\sum f_0}=\left(\frac{\sum x_1f_1}{\sum f_1}-\frac{\sum x_0f_1}{\sum f_1}\right)+\left(\frac{\sum x_0f_1}{\sum f_1}-\frac{\sum x_0f_0}{\sum f_0}\right)$$

二、平均指标指数的因素分析

为了说明平均指标指数在平均指标变动分析中的具体运用,现以平均工资指数为例来说明这个问题。

【例 5-9】有一企业下设了主件生产、配件生产和产品组装三个分厂,各分厂的职工人数和劳动生产率资料如表 5-10 所示。试分析该企业劳动生产率的变动情况及其原因。

根据以上分析,本例题平均指标对比指数(劳动生产率可变指数)体系为:

企业劳动生产率可变指数=各分厂劳动生产率变动影响指数×各分厂职工人数变动影响指数

即: $$\bar{k}_{(可变)}=\bar{k}_{(固定)}\times\bar{k}_{(结构)}$$

分析步骤如下:

第一步,列平均指标指数因素分析计算表

表 5-10 平均指标指数因素分析计算表

分厂	职工人数/人		劳动生产率/万元/人		总产值/万元		
	基期 f_0	报告期 f_1	基期 x_0	报告期 x_1	基期 x_0f_0	报告期 x_1f_1	假定 x_0f_1
主件生产厂	200	240	4.4	4.5	880	1 080	1 056
配件生产厂	160	180	6.2	6.4	992	1 152	1 116
产品组装厂	150	120	9.0	9.2	1 350	1 104	1 080
合计	510	540	—	—	3 222	3 336	3 252

注:劳动生产率指数=报告期劳动生产率/基期劳动生产率。

第二步,相对变动度和绝对变动量分析

(1)计算企业人均劳动生产率相对变动度和绝对变动量。企业人均劳动生产率可变指数为:

$$\bar{k}_{(可变)}=\frac{\frac{\sum x_1f_1}{\sum f_1}}{\frac{\sum x_0f_0}{\sum f_0}}=\frac{\frac{3\ 336}{540}}{\frac{3\ 222}{510}}=\frac{6.18}{6.32}=97.78\%$$

企业人均劳动生产率变动绝对变动量为：

$$\frac{\sum x_1f_1}{\sum f_1}-\frac{\sum x_0f_0}{\sum f_0}=\frac{3\ 336}{540}-\frac{3\ 222}{510}=6.18-6.32=-0.14(\text{万元})$$

(2)计算各分厂固定构成劳动生产率相对变动度和绝对变动量。各分厂劳动生产率变动指数为：

$$\bar{k}_{(\text{固定})}=\frac{\dfrac{\sum x_1f_1}{\sum f_1}}{\dfrac{\sum x_0f_1}{\sum f_1}}=\frac{\dfrac{3\ 336}{540}}{\dfrac{3\ 252}{540}}=\frac{6.18}{6.02}=102.66\%$$

各分厂劳动生产率变动绝对变动量为：

$$\frac{\sum x_1f_1}{\sum f_1}-\frac{\sum x_0f_1}{\sum f_1}=\frac{3\ 336}{540}-\frac{3\ 252}{540}=6.18-6.02=0.16(\text{万元})$$

(3)计算各分厂职工人数结构影响相对变动度和绝对变动量。各分厂职工人数结构影响指数为：

$$\bar{k}_{(\text{影响})}=\frac{\dfrac{\sum x_0f_1}{\sum f_1}}{\dfrac{\sum x_0f_0}{\sum f_0}}=\frac{\dfrac{3\ 252}{540}}{\dfrac{3\ 222}{510}}=\frac{6.02}{6.32}=95.25\%$$

各分厂职工人数结构变动绝对变动量为：

$$\frac{\sum x_0f_1}{\sum f_1}-\frac{\sum x_0f_0}{\sum f_0}=\frac{3\ 252}{540}-\frac{3\ 222}{510}=6.02-6.32=-0.30(\text{万元})$$

第三步，综合分析

相对变动度分析：97.78% = 102.66%×95.25%

绝对变动量分析：-0.14(万元) = 0.16(万元)-0.30(万元)

第四步，分析结论

以上分析结果说明：报告期同基期相比，企业总的劳动生产率下降了2.22%，人均劳动生产率下降0.14万元。分析其原因是各分厂劳动生产率的提高使企业总的生产率提高了2.66%，人均提高0.16万元；同时，各分厂职工人数结构的变化使企业总的劳动生产率下降了4.75%，人均下降0.30万元。

第六节　几种常用指数的编制

一、零售物价指数的编制

零售物价包括食品、衣着、日用品、医药及医疗用品、建筑材料、燃料等类消费品的价格。

(一)零售物价指数的编制基本过程

第一步,进行商品分类

先将全部商品进行分类,分类过程见表 5-11 所示。

表 5-11　商品分类顺序说明表

大类	食品、衣着、日用品等物品
中类	如食品中的粮食、蔬菜、肉及肉制品等
小类	如粮食中的稻谷、小麦、玉米、大豆等
细类	如稻谷中的大米分早米、晚米、糯米等
代表性商品	如晚米还可以分不同品种的晚米,选更具有代表性的晚米为代表性商品

第二步,确定各类商品的权数

按照大、中、小类次序分层确定各类商品的权数,前面已经讲到各层权数之和应等于100%(或等于 1),如表 5-5 第 3 列所示。

第三步,分层计算各类指数

各类指数的计算要按"由小到大"的顺序进行,一般来说,"小"的在底层,"大"的在上层:

物价总指数
　←大类指数
　　←中类指数
　　　←小类指数
　　　　←细类指数
　　　　　←代表性商品个体指数

在计算各类指数时,要从底层开始,先计算代表性商品个体物价指数。代表性商品个体物价指数是采用个体指数形式 $k_p=\dfrac{p_1}{p_0}$ 计算的,而总指数和其他各类指数是采用固定加权算术平均指数形式 $\dfrac{\sum kw}{\sum w}$ 计算的。

(二)零售物价指数的编制方法

为了方便,我们以表 5-11 所提供的食品大类中的粮食的分类及代表性商品的选定来说明零售物价指数的编制。

【例 5-10】现从粮食(中类)中选出 3 个代表性品种价格资料,如表 5-12 所示,试计算粮食价格指数。

表 5-12　物价指数编制计算表

商品名称	单位	平均价格/元		个体指数/k_p	权数/W	k_pW
		2020 年	2021 年			
一、食品						
1. 粮食						
(1)晚米	千克	3.6	3.8	105.56	65	6 861.40
(2)标粉	千克	3.9	3.6	92.31	25	2 307.75
(3)黄豆	千克	2.5	2.8	112.00	10	1 120.00
小计					100	10 289.15
2. 蔬菜						
(略)						

根据表 5-12 的资料计算如下:

(1)计算代表性商品个体价格指数

$$k_{(晚米)}=\frac{p_1}{p_0}=\frac{3.8}{3.6}=105.56\%$$

$$k_{(标粉)}=\frac{p_1}{p_0}=\frac{3.6}{3.9}=92.31\%$$

$$k_{(黄豆)}=\frac{p_1}{p_0}=\frac{2.8}{2.5}=112.00\%$$

(2)计算小类商品价格指数(粮食价格指数)

$$\bar{k}_{p(粮食)}=\frac{\sum kw}{\sum w}=\frac{10\ 289.15}{100}=102.89\%$$

依此类推分别计算出中类指数、大类指数和总指数。

二、消费价格指数的编制

消费价格指数是反映一定时期内消费者所购买的生活消费品价格和服务项目价格的变化趋势和程度的一种相对数。通过这一指数,可以观察消费价格的变动水平及对消费者货币支出的影响,研究实际收入和实际消费水平的变动状况;还可以分析生活消费品和服务项目价格变动对职工货币工资的影响,作为研究职工生活和制定工资政策的依据。

可就城市居民、农村居民和全国居民三个范围编制相应的消费价格指数。消费价格指数的编制过程与零售物价指数类似,所不同的是消费价格指数包括了消费品价格和服务项目价格两个部分,其权数是根据4亿多城乡居民家庭消费支出构成确定的。

消费价格指数还具有以下几个方面的作用:

第一,用于反映通货膨胀状况。通货膨胀的严重程度是用通货膨胀率来反映的,它说明了一定时期内商品价格持续上升的幅度。通货膨胀率一般以消费价格指数来表示,即:

$$\text{通货膨胀率}=\frac{\text{报告期消费价格指数}-\text{基期消费价格指数}}{\text{基期消费价格指数}}\times 100\%$$

第二,用于反映货币购买力变动。货币购买力是指单位货币能够购买到的消费品和服务的数量。消费价格指数上涨,货币购买力下降,反之则上升,因此,消费价格指数的倒数就是货币购买力指数,即:

$$\text{货币购买力指数}=\frac{1}{\text{消费价格指数}}\times 100\%$$

第三,用于反映对职工工资的影响。消费价格指数的提高意味着实际工资的减少,消费价格指数的下降意味着实际工资的提高。因此,利用消费价格指数可以将名义工资转化为实际工资,具体做法是:

$$\text{实际工资}=\frac{\text{名义工资}}{\text{消费价格指数}}$$

三、股票价格指数与外汇汇率指数的编制

(一)股票价格指数的编制方法

1. 算术平均股票价格指数

假定某一证券市场基期有3种股票出售,每股股票的收市价格分别为:$A=20$元,$B=45$元,$C=25$元,则该市场基期股票价格平均数为:

$$\bar{p}_0=\frac{\sum p_0}{n}=\frac{20+45+25}{3}=30(\text{元})$$

再假定该市场报告期的股票价格有升有降,股票品种也有所增加,各种股票的每股收市价格分别为:$A=30$元,$B=60$元,$C=24$元,$D=30$元,$E=25$元。于是,该市场报告期股票价格平均数为:

$$\bar{p}_1=\frac{\sum p_1}{n}=\frac{30+60+24+30+25}{5}=33.8(\text{元})$$

所以，该市场的股票价格指数为：

$$I_p=\frac{\bar{p}_1}{\bar{p}_0}=\frac{33.8}{30}=112.7\%$$

2. 加权综合股票价格指数

加权综合股票价格指数是以基期的股票发行量为权数，对股票价格进行加权综合计算的指数。

$$I_p=\frac{\sum p_1Q_0}{\sum p_0Q_0}$$

式中：p_0 为基期股价；

p_1 为报告期股价；

Q_0 为基期股票发行量。

（二）外汇汇率指数的编制方法

外汇汇率指数是一国货币对各国货币兑换率平均变动的百分数。

$$I_p=\frac{\sum \frac{p_1}{p_0}}{n}$$

外汇汇率指数的表示方法是将基期定为 100 点，每日的变动表示为增加或减少“××点”。

四、房地产价格指数的编制

房地产价格指数是指房屋销售、租赁和土地交易过程中房地产价格水平随时间而变动的相对数。包括房屋销售价格指数、房屋租赁价格指数和土地交易价格指数三个次级指数。

房地产价格指数采用重点调查与典型调查相结合的方法取得被调查项目的价格资料，然后采用由下到上逐级汇总的方法编制。汇总编制的具体过程是：

细项指数→小类指数→中类指数→大类指数→总指数

对没有细项或小类的部分，其起始类就是小类或中类。中类以下（含中类）指数采用样本资料作权数的加权调和平均公式计算，大类指数和总指数采用固定权数加权的算术平均公式计算。现以房屋销售价格指数为例，说明具体编制过程。

第一步，计算细项、小类、中类价格指数，计算公式为：

$$k_p=\frac{\sum w}{\sum \frac{w}{k}}$$

式中：k 为相应层（如细项、小类、中类）调查对象的价格指数；

w 为权数（不同调查对象的报告期销售额）。

第二步,计算大类价格指数,计算公式为:

$$\bar{k}_p = \frac{\sum kw}{\sum w}$$

式中:k 为该大类下某中类的价格指数;

w 为中类权数(某中类上年的销售额占全社会销售额的比重)。

第三步,计算房屋销售价格总指数

由于房屋销售有商品房销售、公房销售和私房销售三种情况,所以要根据商品房销售、公房销售和私房销售三大类的类指数的加权算术平均数来计算房屋销售价格总指数,计算公式为:

$$\bar{k}_p = \frac{\sum kW}{\sum W} = \frac{k_1 W_1 + k_2 W_2 + k_3 W_3}{W_1 + W_2 + W_3}$$

式中:k_1、k_2、k_3 分别为商品房销售、公房销售和私房销售三大类的类指数;

W_1、W_2、W_3 为权数(上年度商品房、公房和私房各自的销售占全社会销售额的比重)。

五、人类发展指数的编制

人类发展就是扩大人的各种选择的过程,无论在何种发展水平上,人的选择都包括三个基本方面:长寿和健康,获得知识,为提高生活水准而需要的资源。因此,分别选择预期寿命、成人识字率、按购买力平价计算的实际人均 GDP 三个指标,以反映人们的长寿水平、知识水平和生活水平。在此基础上,构造出人类发展指数。人类发展指数(HDI)是测量人的发展的一项综合指标,其编制方法如下。

第一步,设定指标最大值和最小值

例如,预期寿命设定为 30 岁和 90 岁,成人识字率设定为 0 和 100%,实际人均 GDP 设定为 300 美元和 4 000 美元。

第二步,进行指标转换

指标转换就是将三个指标转化为 0—1 之间的数值,其公式为:

$$z_i = \frac{\text{实际值 } x_i - \text{最小值 } x_i}{\text{最大值 } x_i - \text{最小值 } x_i}$$

如:假定人类实际平均寿命为 72 岁,则预期寿命的转化值为:

$$z_i = \frac{72-30}{90-30} = 0.7$$

第三步,计算人类发展指数

人类发展指数的计算就是将三个转化指标值进行简单平均所得到的具体数值。假定依以上公式计算得成人识字率和实际人均 GDP 的转化值分别为 0.8 和 0.9,于是有:

$$人类发展指数=\frac{\sum z_i}{n}=\frac{z_1+z_2+z_3}{n}=\frac{0.7+0.8+0.9}{3}=0.8(80\%)$$

该指数综合反映了一个社会的全面发展状况，包括经济方面的因素，也包括非经济方面的因素。

本章小结

广义的指数是指反映现象在不同时间条件下数量变动的相对数。狭义的指数是指反映总体现象中不能直接对比的不同事物在不同时间条件下数量上总变动的一种相对数。

指数按其反映对象的范围不同，可以分为个体指数和总指数；按指数表现形式不同，可分为综合指数、平均指数和平均数指数；按指数化指标的不同，可分为数量指标指数和质量指标指数。

综合指数是编制和计算总指数的一种基本形式，它是由两个总量指标对比而形成的相对数。在所研究的总量指标中，包含两个或两个以上的因素，将其中一个或一个以上的因素固定下来，仅观察其中一个因素的变动，这样编制的指数称为综合指数。平均指数是总指数计算的另一种重要形式，它的特点是从个体指数出发，通过对个体指数进行加权平均而得到总指数。

指数体系是指一系列相互联系的指数所形成的整体。利用指数体系可进行因素分析。因素分析方法有简单现象总量指标的因素分析、复杂现象总量指标的因素分析和平均指标对比指数因素分析三种方法，复杂现象总量指标的因素分析又可以分两因素和多因素两种情况。

思考与练习

课后思考

1. 什么是统计指数？举例说明什么是数量指标指数和质量指标指数。
2. 什么是同度量因素？它所起的作用是什么？
3. 编制数量指标指数和质量指标指数时如何确定同度量因素及其时期？
4. 什么是指数体系？进行指数分析所依据的指数体系有什么特点？
5. 什么是因素分析法？如何进行因素分析？因素分析有哪几种类型？

知识自测

1. 单项选择题

(1)狭义指数是反映(　　)数量综合变动的方法。

A. 有限总体　　B. 无限总体　　C. 复杂总体　　D. 简单总体

(2)数量指标指数和质量指标指数的划分依据是(　　)。

A. 指数化指标的性质不同　　B. 所反映的对象范围不同

C. 所比较的现象特征不同　　D. 编制指数的方法不同

(3)某企业报告期与基期比,产量增长了10%,总成本增长了8%,则其产品单位成本降低了(　　)。

A. 1.8%　　B. 2%　　C. 20%　　D. 18%

(4)当综合指数的指数化指标是数量指标时,其同度量因素最好固定在(　　)。

A. 报告期　　B. 基期　　C. 计划期　　D. 任意时期

(5)数量指标综合指数$\frac{\sum q_1p_0}{\sum q_0p_0}$变形为加权算术平均数指数时的权数是(　　)。

A. q_1p_1　　B. q_0p_0　　C. q_1p_0　　D. q_0p_1

(6)已知单位成本的个体指数和报告期的总成本,则计算单位成本总指数时使用(　　)。

A. 综合指数　　B. 加权算术平均数指数

C. 加权调和平均数指数　　D. 可变构成指数

(7)在由3个指数所组成的指数体系中,两个因素指数的同度量因素通常(　　)。

A. 都固定在基期

B. 都固定在报告期

C. 一个固定在基期,一个固定在报告期

D. 采用报告期和基期的平均数

(8)如果产值增加50%,职工人数增长20%,则全员劳动生产率将增长(　　)。

A. 25%　　B. 30%　　C. 70%　　D. 100%

(9)结构影响指数大于1,说明(　　)。

A. 基期平均水平较高的组数量指标比重下降

B. 基期平均水平较高的组数量指标比重上升

C. 基期平均水平较低的组数量指标比重不变

D. 基期平均水平较低的组数量指标比重上升

(10)某厂2021年产品单位成本比2020年提高了5.80%,产品产量结构影响指数为96%,则该厂总平均单位成本(　　)。

A. 提高1.57%　　B. 提高1.80%　　C. 下降4%　　D. 下降9.26%

2. 判断题

(1)数量指标指数反映总体的总规模水平,质量指标指数反映总体的相对水平或平均水平。（　　）

(2)同度量因素的加入,使得复杂现象总体的计量单位由实物量改为价值量,从而能够反映现象总体数量方面的变动。（　　）

(3)说明现象总的规模和水平变动情况的统计指数是质量指数。（　　）

(4)指数体系是因素分析的基础,因素分析是指数体系的应用。（　　）

(5)价格指数为95%,说明商品价格平均增加了95%。（　　）

(6)拉氏质量指标指数所表示的结果同时包含销售量的变动和价格变动的影响。（　　）

(7)通常情况下,加权调和平均数指数用于编制数量指标指数。（　　）

(8)在指数体系中,各指数间的关系是以相对数表现的乘积关系,绝对额间的关系是以绝对量表示的加减关系。（　　）

(9)在平均指标变动的因素分析中,两个因素指数可分别称为固定构成指数和结构影响指数。（　　）

(10)可变指数既包含了各组水平变动对总体平均数的影响,又包含了结构变动对总体平均数的影响。（　　）

技能训练

1. 2020年部分蔬菜价格调整较大,其中调价幅度比较大的五种蔬菜如下表所示。

蔬菜名称	计量单位	销售量		单价/元	
		调整前	调整后	调整前	调整后
蒜薹	千克	3 200	3 800	4.8	9.2
韭菜	千克	1 800	2 200	3.6	5.6
茄子	千克	2 600	2 300	2.4	5.0
豆角	千克	3 700	3 500	3.2	5.6
土豆	千克	6 500	6 100	3.2	4.8

试计算:

(1)五种蔬菜销售量和价格的个体指数。

(2)五种蔬菜销售量和价格的总指数。

(3)由于价格的上调使消费者增加支出的金额。

2. 某商业企业有关销售资料如下：

商品名称	计量单位	销售量		销售价格/元	
		基期	报告期	基期	报告期
甲	千克	1 200	1 000	20	40
乙	件	8 000	9 000	4	6
丙	米	10 000	12 000	15	15

要求：从销售量和销售价格两个因素对三种商品总的销售额变动进行分析。

3. 某皮革厂 2020 年第一季度生产的三种球类的成本资料如下表所示：

商品名称	计量单位	单位成本/元		报告期总成本/万元
		基期	报告期	
排球	个	72	98	313.6
足球	个	93	115	322.0
篮球	个	220	233	1 887.3

试用加权调和平均法计算成本总指数。

4. 某皮革厂 2020 年第一季度生产的三种球类的产量资料如下表所示：

商品名称	计量单位	产量/万个		基期生产总量/万个
		基期	报告期	
排球	个	2.1	3.2	151.2
足球	个	2.3	2.8	213.9
篮球	个	7.9	8.1	1 738.0

试用加权算术平均法计算产量总指数。

5. 某葡萄酒厂三种主要葡萄酒的销售量、销售价格和利税率资料如下表所示：

产品名称	计量单位	销售量/万箱		销售价格/元/箱		利税率/%	
		基期 q_0	报告期 q_1	基期 m_0	报告期 m_1	基期 p_0	报告期 p_1
普通葡萄酒	箱	70	60	120	115	13	15
中档葡萄酒	箱	100	110	260	300	15	16
高档葡萄酒	箱	80	100	480	510	17	18

试完成：

(1)分析各因素对利税额变动的影响程度。

(2)找出影响利税额变动的主要因素。

第六章　抽样推断

知识目标

（1）了解抽样推断的基本概念、基本内容和基本原理。
（2）理解抽样平均误差、抽样极限误差、置信区间和置信度的关系。
（3）掌握总体参数估计的基本原理和方法。
（4）了解假设检验的基本思想，掌握假设检验的基本步骤。

技能目标

（1）能应用误差控制基本原理和方法选择科学的调查方法。
（2）在实践工作中能应用抽样调查理论和方法组织实施抽样调查。
（3）能正确利用参数估计理论和方法对经济现象进行统计推断。

案例导入

2个小细节，1 000万大风险

在一次抽样调查分析中，普瑞辛格调查公司出示了两组数据，同样的调查问卷，结构完全相同的抽样，两组数据的结论却差异巨大。负责人介绍说，两组数据来自国内一家知名的电视机生产企业的抽样调查，2004年初，该企业设立了20多人的市场调查部门，就是因为这次调查，导致该部门被撤销，人员被裁减。

调查问题：请列举您会选择的电视机品牌？

其中一组的结论是：有15%的消费者会选择本企业生产的电视机；另一组得出的结论却是：36%的消费者表示本企业生产的电视机将成为其购买时的首选。巨大的差异让公司高层非常恼火，为什么完全相同的抽样会有如此矛盾的结果呢？公司决定聘请专业的调查公司进行分析，找出问题的真相。

普瑞辛格的专家小组受聘和参与调查执行的访问员进行交流，并很快提交了简短的分析结论：第二组在进行调查执行过程中存在误导行为。调研期间，第二组的成员佩戴了公司统一发放的领带，在领带上有公司的标志，其尺寸足以让被调查者判断出调查的主办方；其次，第二组在调查过程中，把选项的记录板（无提示问题）向被调查者出示，而企业的名字处于候选题板的第一位。

以上两个细节，向被调查者泄露了调查主办方的信息，影响了被调查者的客观选择。这家企业的负责人严厉批评了负责调查的主管："如果按照你的数据，我要增加一倍的生产计划，最后的损失恐怕不止千万。"

案例分析

细节决定成败，在抽样中还有哪些需要我们注意的细节呢？学习本章内容就可以找到相关的答案。

第一节 抽样推断概述

在对实际问题进行研究时，如果我们掌握了所研究的总体的全部数据，那么只需要作一些简单的统计描述，就可以得到有关总体的数量特征，比如总体的均值、方差、比例等。但现实的情况比较复杂，有些现象的范围比较广，不可能对总体中的每个单位都进行测定。或者有些总体的单位数很多，不可能也没有必要进行一一测定，这就需要从总体中抽取一部分单位进行调查，进而利用样本提供的信息来推断总体的数量特征。例如要检验一批灯泡的使用寿命，由于测试是破坏性的，不可能对每一只灯泡都进行测试，只能抽取一部分灯泡作测试，据此来推断该批灯泡的平均使用寿命。电视台想要了解观看某一节目的女性观众比例有多少，显然不可能对所有的电视观众进行调查，而只能抽取一部分观众进行调查，进而根据样本所提供的女性观众比例来推断全部观众中女性所占的比例。某饮料生产公司推出一种新的饮料，想要了解消费者是否喜欢该饮料，首先需要弄清该饮料的消费者究竟是哪些人，即使弄清了消费对象，也不可能对每个消费者逐一进行调查，而只能进行抽样。这些例子表明当总体的范围难以确定时，或者当总体的单位数很多时，或者对于破坏性的实验，我们只能从中抽取一部分单位进行调查，以此来推断所研究的总体的数量特征。

一、抽样推断的概念与特点

（一）抽样推断的概念

抽样推断是按照随机原则从总体中抽取部分单位进行调查，并依据这部分单位的调查资料推断总体数量特征的一种统计分析方法，其目的不在于了解样本本身的数量特征，而在于借助样本的数量特征，估计和检验总体的数量特征。在经济领域，许许多多总体的数量特征往往都是未知的或无法预先知道的，抽样调查为经济分析提供了一个利用样本的有限信息来了解和掌握总体中未知数量特征的科学方法。例如，从某地区 30 000 户职工家庭中随机抽取 300 户职工家庭，调查其收入情况，以此来推断该地区 30 000 户职工家庭的收入情况，这就是采用了抽样推断的方法。

(二)抽样推断的特点

1. 按照随机原则选取样本单位

随机原则是指在抽样时,总体中每个单位都有同等被抽中的机会,某个单位是否被抽中完全不受主观因素的影响,所以也叫同等可能性原则。随机原则是抽样调查必须遵循的基本原则,是抽样调查的重要前提,也是它与其他非全面调查的主要区别之一。

2. 根据部分推断总体

抽样推断是一种非全面调查,但调查的目的不是了解部分单位的情况,而是根据部分单位的调查资料推断总体的数量特征。如果不利用抽样调查资料进行抽样推断,这种抽样调查资料就不会有什么价值,抽样调查也就失去了意义。

3. 运用了概率估计的方法

抽样推断不仅可以用样本指标推断总体指标,而且还可以知道用这样的样本指标来推断总体指标其可靠程度有多大,这就是概率估计所解决的问题。

4. 抽样推断会产生抽样误差,但可以事先计算并加以控制

用部分单位的指标来推断总体指标,必然存在一定的抽样误差,但它可以事先通过一定的资料加以计算,并且能够采用一定的措施来控制这个误差的范围,保证抽样推断的结果达到一定的可靠程度和准确程度。也可以说,抽样推断是根据事先给定的允许误差范围进行设计的,是具有一定可靠性和准确性的估计和判断,这些都是其他估算方法所做不到的。

二、抽样推断的理论基础与作用

(一)抽样推断的理论基础

从数量方法来说,抽样推断是以概率论的极限定理为基础的,极限定理是指采用极限的方法得出随机变量概率分布一系列定理的总称,内容广泛,其中的大数定律和中心极限定理是抽样推断的主要理论基础。

1. 大数定律

大数定律也叫大数法则,是阐明大量随机现象平均结果稳定性的一系列定理的总称。它说明:如果被研究的总体由大量的相互独立的随机因素所构成,而且每个因素对总体的影响都相对较小,那么对这些大量因素加以综合平均的结果,因素的个别影响将相互抵消,而呈现出其共同作用的影响,使总体具有稳定的性质。

联系抽样调查来看,大数定律从数量关系角度阐明了样本和总体之间的内在联系,即随着样本单位数的增加,样本平均数接近于总体平均数的趋势,几乎具有实际必然性。

2. 中心极限定理

在社会经济现象中,有些随机变量表现为大量独立的随机变量之和。例如,任意指定某时刻城市用电量是各用户用电量的总和,一个零件的实际尺寸与标准尺寸的偏差是

原材料、设备、操作技术、经营管理水平等多种因素综合影响的结果等。

中心极限定理是指在一定条件下,大量相互独立的随机现象的概率分布以正态分布为极限的定理,即研究随机变量之和在什么条件下渐近地服从正态分布。因正态分布在概率论中占有中心地位,所以把正态分布的极限定理叫作中心极限定理。

中心极限定理是大样本统计推断的理论基础。样本平均数也是一种随机变量之和的分布,根据中心极限定理,只要在样本容量充分大时,不论全及总体的变量分布是否属于正态分布,其样本平均数总是趋近于正态分布。这就为抽样调查提供了重要的理论依据。

(二) 抽样推断的作用

抽样推断是一种科学、灵活、实用的调查方法,具有节省经费、提高时效、资料准确、方法灵活等优点,所以它在社会经济调查中被广泛地应用,发挥着特有的作用。

1. 能够解决其他调查方式无法或难以解决的问题

要掌握无限总体的全面情况就必须运用统计抽样技术。如掌握空气的污染情况、大量连续生产的小件产品的质量等,必须进行抽样调查;进行具有破坏性的产品质量检验也不能进行全面调查,如灯泡的寿命、棉纱的强力、鞋子的耐穿时间、轮胎的里程试验等,都只能运用统计抽样技术进行试验观察,予以推断;还有一些现象由于总体范围过大,单位分布很广,实际上很难或不必要进行全面调查,也可以用统计抽样调查来掌握全面情况,如城乡居民的家庭收入调查、市场的购买力调查、水库鱼苗数估计、森林的木材蓄积量调查等。

2. 可以补充和订正全面调查的结果

全面调查涉及面广,工作量大,调查只能限定少数基本项目。抽样调查范围小,组织方便,省时省力,调查项目可以更多、更深入,这样在时间和内容上可以相互补充。在全面调查后,通常采用抽样调查进行复查,计算差错率,据以修订全面调查的资料。例如我国历次人口普查的同时,都组织人口抽样复查,根据复查结果计算差错率,据以检查和修正普查数字。

3. 可以应用于生产过程中产品质量的检查和控制

抽样推断不仅应用于对现象结果的核算和估计,而且在生产过程中经常起着检查和控制的作用。例如,工业生产的产品质量控制就可利用统计抽样,观察生产工艺过程是否正常,是否存在某些系统性偏误,及时提供有关信息,分析原因,采取措施。

三、抽样的几个有关概念

(一)全及总体和样本

1. 全及总体

全及总体简称总体,是指根据研究目的所确定的研究事物的全体,也就是抽样调查所确定的调查对象，又叫母体。全及总体单位数一般用 N 表示。

2. 样本

样本是从全及总体中随机抽取出来的那部分单位组成的集合体，又叫子体。样本中的单位数，也称样本容量，一般用 n 表示。样本单位数的确定，必须结合调查任务的要求以及总体各单位标志值的差异情况来综合考虑。

抽样调查中，全及总体是唯一的，也是确定的。但样本不是唯一的，而是可变的。

（二）全及指标和样本指标

1. 全及指标

根据全及总体计算的反映总体数量特征的指标称为全及指标，又叫总体参数。常用的总体参数有总体平均数 μ 和总体标准差（或总体方差）σ。其计算公式分别为：

$$\mu=\frac{\sum X}{N}\text{或}\mu=\frac{\sum XF}{\sum F}$$

$$\sigma=\sqrt{\frac{\sum(X-\mu)^2}{N}}\text{或}\sigma=\sqrt{\frac{\sum(X-\mu)^2F}{\sum F}}$$

在社会经济统计中，有时把某种社会经济现象的全部单位分成具有某一属性（特征）的单位和不具有某一属性（特征）的单位两组。比如，全部人口按性别分为男性和女性，某种产品按质量分为合格品和不合格品，等等。这种用"是""否"或"有""无"来表示的标志，叫作是非标志，上例中的"性别"和"质量"两个标志就是是非标志。

设在总体 N 个单位中，有 N_1 个单位具有某种属性，N_0 个单位不具有某种属性，则有：

$$N_1+N_0=N$$

令

$$\pi=\frac{N_1}{N}\quad Q=\frac{N_0}{N}$$

于是有：

$$\frac{N_1}{N}+\frac{N_0}{N}=\pi+Q=1\quad(Q=1-\pi)$$

π 表示总体中具有某种属性的单位数占总体单位数的比例，Q 表示总体中不具有某种属性的单位数占总体单位数的比例。统计中常把这两种比例称为成数。

是非标志的表现既然是用"是""否"或"有""无"来表示的，那么，可以把它量化，用 1 表示"是"或"有"，用 0 表示"否"或"无"，这样把是非标志值的分布看成是 $X=1$ 和 $X=0$ 的分布，便可求其平均数 μ_p 和标准差或方差 σ_p^2。其计算公式为：

$$\mu_p=\frac{0\times N_0+1\times N_1}{N}=\frac{N_1}{N}=\pi$$

$$\sigma_p^2=\frac{(1-\pi)^2N_1+(0-\pi)^2N_0}{N}$$

$$=\frac{Q^2N_1+\pi^2N_0}{N}=Q^2\pi+\pi^2Q=\pi Q(Q+\pi)=\pi Q=\pi(1-\pi)$$

因此有：

$$\sigma_p=\sqrt{\pi(1-\pi)}$$

由上述计算可知，成数是一种特殊的平均数，其方差是两种成数之积，标准差是两种成数之积的平方根。

2. 样本指标

样本指标是指根据样本计算的指标，又叫统计量。统计量有样本平均数 $\bar{x}$，样本成数 p，样本标准差 S（或样本方差 S^2）。用公式表示为：

$$\bar{x}=\frac{\sum x}{n}\text{或}\bar{x}=\frac{\sum xf}{\sum f}$$

$$S=\sqrt{\frac{\sum(x-\bar{x})^2}{n-1}}\text{或 }S=\sqrt{\frac{\sum(x-\bar{x})^2f}{\sum f-1}}$$

$$S^2=\frac{\sum(x-\bar{x})^2}{n}\text{或 }S^2=\frac{\sum(x-\bar{x})^2f}{\sum f-1}$$

同理有：

$$\bar{x}_p=p$$

$$S_p=\sqrt{p(1-p)}$$

$$S_p^2=p(1-p)$$

全及总体是唯一确定的，所以根据全及总体计算的全及指标也是唯一确定的，但它是未知的。样本是不确定的，所以根据样本数据计算的样本指标也是不确定的，它实际上是样本的函数，是随机变量，但它是可知的。

（三）重复抽样和不重复抽样

1. 重复抽样

重复抽样又称重置抽样，是从总体中抽出 1 个单位后，把结果登记下来，再放回总体中参加下一次抽选。重复抽样每次都是从全部总体单位中抽选，每个单位被抽中的机会在各次抽选中是完全相同的，且有多次被抽中的可能。例如，扑克牌游戏从 52 张牌中随机地抽出 4 张牌，观察其花色和数字。在随机抽出一张牌并记录其花色与数字后，将这张牌插入全部牌中，洗匀后再抽出第二张牌。由于第一次被抽中的牌在第二次仍有同等被抽中的机会，因而是重复抽样。

从总体 N 个单位中，用重复抽样的方法随机抽取 n 个单位构成一个样本，若考虑样本单位的前后顺序，则共有 N^n 个样本。

【例 6-1】设总体有 A、B、C 3 个单位，要从中随机重复抽取 2 个单位构成一个样本，先从 3 个单位中抽取 1 个，共有 3 种抽法，结果登记后再放回；然后再从相同的 3 个中抽

1个,也有3种抽法。前后取2个单位构成一个样本,全部可能抽取的样本个数为3×3=9,具体的样本是AA、AB、AC、BA、BB、BC、CA、CB、CC。

2. 不重复抽样

不重复抽样又叫不重置抽样,是指从总体中抽出1个单位之后不再放回去参加下一次抽选。在不重复抽样过程中,总体单位数依次减少,因而每个单位被抽中的可能性越来越大,但被抽中的机会只有一次。例如,体育或福利彩票抽奖时,用一个装有若干乒乓球的透明摇号机搅拌均匀后,随机地一个一个地抽出几个乒乓球。某号乒乓球一旦抽出后就不再返回摇号机,因而是不重复抽样。

从总体N个单位中,用不重复抽样方法随机抽取n个单位组成样本,若考虑样本单位的前后顺序,全部可能抽取的样本个数为A_N^n个,$A_N^n=N(N-1)(N-2)\cdots(N-n+1)$。

【例6-2】从总体A、B、C 3个单位中用不重复抽样方法抽取2个单位构成样本。先从3个单位中抽1个,共有3种抽法;第二次从留下的2个单位中抽1个,共有2种抽法。前后2个单位构成一个样本。全部可能抽取的样本个数为3×2=6个,具体样本是AB、AC、BA、BC、CA、CB。

根据概率论,在相同样本容量的要求下,同一个总体的重复抽样的样本个数总是大于不重复抽样的样本个数。

(四)抽样分布

抽样分布是某个样本统计量的分布,从理论上说就是在重复选取样本量为n的样本时,由该统计量的所有可能取值形成的相对频数分布。从一般意义上说,抽样分布是指样本统计量的概率分布,比如样本均值的分布、样本比例的分布、样本方差的分布等,都称为抽样分布。由于现实中不可能将所有的样本都抽取出来,因此统计量的抽样分布实际上是一种理论分布。

1. 样本均值的抽样分布

样本均值的抽样分布是所有的样本均值形成的分布,即$\bar{x}$的概率分布。在重复选取样本量为n的样本时由样本均值的所有可能取值形成的相对频数分布,称为样本均值的抽样分布。

【例6-3】某施工班组5个人的日工资为34、38、42、46、50元,则总体工人日平均工资为42元,总体日工资方差为32,现用重置方法从5人中随机抽2人构成样本,并列出样本平均数的分布。

从总体中采取重复抽样的方法抽取样本量为$n=2$的简单随机样本,共有$5^2=25$个可能的样本,然后逐一算出每个样本的均值$\bar{x}$,经过整理形成样本均值$\bar{x}$的分布,见表6-1。

表 6-1　样本均值$\bar{x}$的抽样分布

样本日平均工资$\bar{x}$	频数f	频率
34	1	1/25
36	2	2/25
38	3	3/25
40	4	4/25
42	5	5/25
44	4	4/25
46	3	3/25
48	2	2/25
50	1	1/25
合计	25	1

我们不仅需要关心样本均值 $\bar{x}$ 的抽样分布，还要知道 $\bar{x}$ 的抽样分布的性质，包括均值、标准差、抽样分布本身的形式等。$\bar{x}$ 的抽样分布的形式与原有总体的分布和样本量的大小有关，如果原有总体是正态分布，那么无论样本量大小，样本均值 $\bar{x}$ 的抽样分布都服从正态分布。如果原有总体的分布是非正态分布，那就要看样本量的大小了，随着样本量的增大，通常要求 $n\geqslant30$，根据中心极限定理，不论原来的总体是否服从正态分布，样本均值 $\bar{x}$ 的抽样分布都将趋于正态分布。当 n 为小样本时（通常 $n<30$），其分布则不是正态分布，这时就不能按正态分布进行推断。

2. 样本比例的抽样分布

在经济与管理领域里，许多情况下要用到比例估计，也就是用样本比例 p 去推断总体比例 π，比例问题适用于研究分类变量。

在重复选取样本量为 n 的样本时，由样本比例的所有可能取值形成的相对频数分布，称为样本比例抽样分布。p 的抽样分布是样本比例 p 的所有可能的概率分布。当样本量很大时，样本比例 p 的抽样分布可以用正态分布近似。对于一个具体的样本比例 p，若 $np\geqslant5$ 且 $n(1-p)\geqslant5$，就可以认为样本量足够大，同样对于 p 的分布，我们也需要知道 p 的数学期望和方差。

第二节　抽样误差

一、抽样误差的意义

抽样误差是指在遵循随机原则的前提下，由于样本内部结构与总体结构有差异而引

起的样本指标与总体真值指标之间的差异或离差。抽样误差的大小能够说明样本指标估计总体指标是否准确、抽样结果是否理想等调查性问题。常见的抽样误差有样本平均数与总体平均数之差、样本成数与总体成数之差，可表示为 $|\bar{x}-\mu|$ 和 $|p-\pi|$。

在统计工作中，基于种种原因，统计的结果与现象实际数据之间往往存在一定的差异，我们称之为统计误差。按照产生的原因不同，统计误差可以分为登记性误差和代表性误差。登记性误差也叫工作误差，它是在调查过程中，由于观察、测量、登记、计算上的差错所引起的误差。登记性误差是所有统计调查都可能发生的，如重复登记、遗漏、汇总计算错误及有意地弄虚作假等行为而引起的误差。代表性误差是指在抽样调查中，由于样本不足以代表总体而产生的误差，按其产生的原因不同，又可分为两类：一类是系统性误差，它是指由于违反抽样调查的随机原则，有意地抽选较好或较差的单位而造成的误差；另一类是随机误差，它是指完全遵循随机原则抽样，但由于随机抽样本身一般会使样本内部结构与总体内部结构不完全一致而产生的误差。系统性误差和登记性误差是可以防止或避免的，而抽样误差则不包含登记性误差和系统性误差；只是由于抽样的随机性造成的误差，它是统计抽样所特有的、不可避免的，只要进行随机抽样，就必然产生这种随机性的抽样误差，但能够加以控制。

要控制抽样误差，必须首先弄清抽样误差的影响因素。其影响因素主要有以下几个方面：

(1)总体各单位标志值的差异程度。如果其他条件不变，总体各单位标志值差异程度越大，则抽样误差也越大，反之则越小。假设各单位标志值没有差别，也就没有抽样误差了。

(2)样本单位数的多少，即样本容量。在其他条件相同的情况下，样本单位数越多，则抽样误差越小，反之则越大。假设样本单位数与总体单位数相等，也就没有抽样误差了。

(3)抽样调查的组织形式。不同的抽样组织形式，对全及总体的处理方式和处理程度各不相同，致使不同抽样方式下影响抽样误差的标志变动度各不相同。因此，不同的抽样组织形式应有不同的抽样误差，而同一种组织形式的合理程度也影响抽样误差。

(4)抽样方法。在样本容量一定的前提下，采用不重复抽样的方法抽样，会使样本结构更类似于总体结构，即样本对总体的代表性越高。因此，重复抽样的误差大于不重复抽样的误差。

可见，通过适当地扩大样本容量，或对总体进行分组、排序等恰当的处理等，都可以达到减少和控制抽样误差的目的。

二、抽样平均误差

(一)抽样平均误差的含义

从总体中抽取多个样本，每个样本指标与总体指标之间的离差称为实际抽样误差。

由于总体指标是未知的,因此,实际抽样误差是无法测算的。实际工作中是以抽样平均误差来衡量抽样误差大小的。抽样平均误差是指所有可能的样本指标与总体指标之间离差的平均数,由于每个样本指标与总体指标之间的离差有正有负,且相加后的总和为零,因而抽样平均误差是指所有可能的样本指标与总体指标之间离差平方的算术平均数的平方根,即所有样本指标与总体指标之间的标准差。以 $\sigma(\bar{x})$ 表示样本平均数的抽样平均误差,$\sigma(p)$ 表示样本成数的抽样平均误差,M 表示全部可能的样本个数,则有

$$\sigma(\bar{x})=\sqrt{\frac{\sum(\bar{x}-\mu)^2}{M}}$$

$$\sigma(p)=\sqrt{\frac{\sum(p-\pi)^2}{M}}$$

在实际工作中,由于总体平均数和总体成数的真实值是未知的,也不可能抽取所有的样本以测算所有的样本指标,因此,这两个抽样平均误差的公式只能是理论意义上的,实际工作中无法应用。因为我们事先不知道全及总体的平均数或成数,同时也无法掌握所有可能样本的平均数或成数。但数理统计的研究与发展为社会经济统计中抽样平均误差的计算提供了以下应用性公式。

(二)抽样平均误差的计算

1. 样本平均数的抽样平均误差

(1)在重复抽样条件下,计算公式为:

$$\sigma(\bar{x})=\sqrt{\frac{\sigma^2}{n}}=\frac{\sigma}{\sqrt{n}}$$

(2)在不重复抽样条件下,计算公式为:

$$\sigma(\bar{x})=\sqrt{\frac{\sigma^2}{n}\left(\frac{N-n}{N-1}\right)}$$

(3)实际应用应注意两个问题:

第一,不重复抽样公式中的校正系数问题。不重复抽样与重复抽样两个抽样平均误差公式相比,前者比后者多了个修正系数$\left(\frac{N-n}{N-1}\right)$。这个系数总是小于 1 的。因此,不重复抽样的误差总是小于重复抽样的误差。当总体单位数 N 非常大时,N 与 $N-1$ 非常接近,不重复抽样的抽样平均误差计算公式可以近似简化为:

$$\sigma(\bar{x})=\sqrt{\frac{\sigma^2}{n}\left(1-\frac{n}{N}\right)}$$

当总体单位数 N 很大时,$\sqrt{\frac{\sigma^2}{n}\left(1-\frac{n}{N}\right)}$ 与 $\sqrt{\frac{\sigma^2}{n}}=\frac{\sigma}{\sqrt{n}}$ 很接近。所以,在 N 未知时可以用重复抽样的抽样平均误差公式计算。

第二,总体方差资料的替代问题。在抽样平均误差的实际计算公式中,都含有总体方差 σ^2 或标准差 σ。但是,总体方差的实际值在抽样推断中是不可知的,所以只有采用相关资料替代它,才能计算抽样平均误差。通常在实际工作中,可采用样本方差 S^2 或标准差 S 来替代,或者是用过去已进行的全面调查(抽样调查也可以)的调查资料,即用历史资料替代,或者用实验性调查所获得的方差资料替代。

现举例说明抽样平均误差理论性公式与数理统计应用性公式的使用。

【例 6-4】设总体由 4 名工人构成,其日产量分别为 70、90、130、150 件。这一总体的平均日产量 μ 和标准差 σ 为:

$$\mu=\frac{\sum X}{N}=\frac{70+90+130+150}{4}=110(\text{件})$$

$$\sigma=\sqrt{\frac{\sum(X-\mu)^2}{N}}=\sqrt{\frac{(70-110)^2+(90-110)^2+(130-110)^2+(150-110)^2}{4}}$$

$$=\sqrt{1\,000}=31.62(\text{件})$$

现在用不重复抽样的方法从 4 名工人中抽 2 名工人,求平均日产量,所有可能的样本及有关资料如表 6-2 所示。

表 6-2　样本平均数及其离差计算表

序号	样本变量值 x	样本平均数 $\bar{x}$	平均数离差 $\bar{x}-\mu$	离差平方 $(\bar{x}-\mu)^2$
1	70,90	80	-30	900
2	70,130	100	-10	100
3	70,150	110	0	0
4	90,70	80	-30	900
5	90,130	110	0	0
6	90,150	120	10	100
7	130,70	100	-10	100
8	130,90	110	0	0
9	130,150	140	30	900
10	150,70	110	0	0
11	150,90	120	10	100
12	150,130	140	30	900
合计	—	1 320	0	4 000

应用抽样平均误差的理论性公式计算如下:

样本平均数的平均数：$E(\bar{x})=\frac{\sum \bar{x}}{M}=\frac{1\ 320}{12}=110$（件）

抽样平均误差：$\sigma(\bar{x})=\sqrt{\frac{\sum(\bar{x}-\mu)^2}{M}}=\sqrt{\frac{4\ 000}{12}}=18.26$（件）

直接用数理统计的应用性公式计算如下：

抽样平均误差：$\sigma(\bar{x})=\sqrt{\frac{\sigma^2}{n}\left(\frac{N-n}{N-1}\right)}=\sqrt{\frac{(31.62)^2}{2}\left(\frac{4-2}{4-1}\right)}=18.26$（件）

从上述简例中可以看出，样本平均数的平均数等于总体平均数。因此，抽样平均误差实质上是所有可能样本平均数的标准差；同一个资料，用抽样平均误差的理论性公式与数理统计的应用性公式的计算结果是完全相同的。

2. 样本成数的抽样平均误差

（1）在重复抽样条件下，计算公式为：

$$\sigma(p)=\sqrt{\frac{\pi(1-\pi)}{n}}$$

（2）在不重复抽样条件下，计算公式为：

$$\sigma(p)=\sqrt{\frac{\pi(1-\pi)}{n}\left(\frac{N-n}{N-1}\right)}$$

同理，上面这个公式可以近似简化为：

$$\sigma(p)=\sqrt{\frac{\pi(1-\pi)}{n}\left(1-\frac{n}{N}\right)}$$

当总体单位数 N 很大时，$\sigma(p)=\sqrt{\frac{\pi(1-\pi)}{n}\left(1-\frac{n}{N}\right)}$ 可以简化为 $\sigma(p)=\sqrt{\frac{\pi(1-\pi)}{n}}$。

从上面的抽样平均误差的数理统计应用性公式中可以看出，σ、π 是总体的方差和成数资料。由于在抽样前总体的方差和成数是未知的，因此，抽样平均误差的数理统计应用性公式也是不能直接应用的。但经论证，可以用过去的总体同类资料或样本方差和样本成数来代替总体成数和总体方差。

【例 6-5】某米制品生产厂过去优质大米在其产品中的比例为 60%，现从 10 000 袋大米中随机抽取 100 袋进行检验，求优质大米的抽样平均误差。

根据已知条件：$\pi=60\%$，$N=10\ 000$，$n=100$

在重复抽样条件下，优质大米比例的抽样平均误差为：

$$\sigma(p)=\sqrt{\frac{\pi(1-\pi)}{n}}=\sqrt{\frac{60\%\times40\%}{100}}=4.9\%$$

在不重复抽样条件下，优质大米比例的抽样平均误差为：

$$\sigma(p)=\sqrt{\frac{\pi(1-\pi)}{n}\left(1-\frac{n}{N}\right)}=\sqrt{\frac{60\%\times40\%}{100}\left(1-\frac{100}{10\ 000}\right)}=4.87\%$$

从以上计算结果可以看出，同一个资料的重复抽样的抽样平均误差大于不重复抽样的抽样平均误差。

三、抽样极限误差

（一）抽样极限误差的含义

抽样极限误差，是指样本指标与总体指标之间允许的最大误差，它是从另一个角度考虑抽样误差的问题。我们知道，样本指标与总体指标之间的抽样误差是客观存在且不可避免的，因此，以样本指标估计总体指标，要达到完全准确毫无误差，几乎是不可能的。所以，在用样本指标估计总体指标时，应该根据所研究对象的变动程度和分析任务的要求，确定一个允许的误差范围，在这个范围内估计的结果都是有效的，我们把这种允许的最大误差称作抽样极限误差。它是样本指标和总体指标之间抽样误差的最大可能值，等于样本指标可允许变动的上限或下限与总体指标之差的绝对值。设 $\Delta(\bar{x})$、$\Delta(p)$ 分别表示样本平均数极限误差和样本成数极限误差，则有

$$\Delta(\bar{x}) \geqslant |\bar{x}-\mu|$$

$$\Delta(p) \geqslant |p-\pi|$$

由于 $\Delta(\bar{x})$ 和 $\Delta(p)$ 是预先给定的抽样方案中所允许的误差范围，所以利用 $\Delta(\bar{x})$ 和 $\Delta(p)$ 可以反过来估计未知的全及指标的取值可能的范围。解上述两个绝对值不等式便可得：

$$\bar{x}-\Delta(\bar{x}) \leqslant \mu \leqslant \bar{x}+\Delta(\bar{x})$$

$$p-\Delta(p) \leqslant \pi \leqslant p-\Delta(p)$$

例如，估计南昌火车站整车到达货物的平均运送时间时，从交付的全部整车货票共 20 000 批中，用不重复抽样抽取 2 000 批货票。若允许的抽样极限误差 $\Delta(\bar{x})=0.215$ 天，经计算知所抽取的每批货物平均运送时间为 $\bar{x}=5.64$ 天，那么南昌火车站整车到达货物的平均运送时间区间为[5.64-0.125，5.64+0.125]，即在 5.515—5.765 天之间。

（二）抽样误差的概率度

由于总体指标是未知的，我们无法计算样本指标与总体指标的真实性差异，所以，也就无法计算抽样极限误差。基于概率估计的理论，抽样极限误差通常是以抽样平均误差 $\sigma(\bar{x})$ 或 $\sigma(p)$ 为标准单位来衡量的，把抽样平均误差 $\sigma(\bar{x})$ 或 $\sigma(p)$ 扩大（或缩小）z 倍，就形成了允许误差的极限，用公式表示为：

$$\Delta(\bar{x})=z\sigma(\bar{x})$$

$$\Delta(p)=z\sigma(p)$$

这里的 z 称为抽样误差的概率度，概率度是扩大和缩小抽样平均误差的倍数，是衡量参数估计可靠程度的一个参数。

（三）参数估计的概率保证程度

由以上讨论可见，用抽样极限误差和概率度所确定的区间来估计总体指标时，有多

大的把握程度？这就是参数估计的概率保证程度问题，用来表明抽样指标和总体指标的误差不超过一定范围的可靠程度。

参数估计的概率保证程度就是指抽样误差不超过一定范围的概率大小，称为置信度或者置信水平。依据概率论中有关定理，在大样本的条件下，样本平均数的分布接近正态分布，而且样本平均数越接近总体平均数，出现的可能性越大，概率越大。反之，样本平均数越远离总体平均数，出现的可能性越小，概率越小。正态概率分布的图形如图 6-1 所示，该曲线和 X 轴所包围的面积等于 1。图 6-1 表明样本平均数 $\bar{x}$ 落在$[\mu-\sigma(\bar{x}),\mu+\sigma(\bar{x})]$范围内的概率为 68.27%，落在$[\mu-2\sigma(\bar{x}),\mu+2\sigma(\bar{x})]$范围内的概率为 95.45%，落在$[\mu-3\sigma(\bar{x}),\mu+3\sigma(\bar{x})]$范围内的概率为 99.73%。这表明样本平均数与总体平均数之间极限误差不超过 1 倍的 $\sigma(\bar{x})$ 的概率为 68.27%，极限误差不超过 2 倍的 $\sigma(\bar{x})$ 的概率为 95.45%，极限误差不超过 3 倍的 $\sigma(\bar{x})$ 的概率为 99.73%。

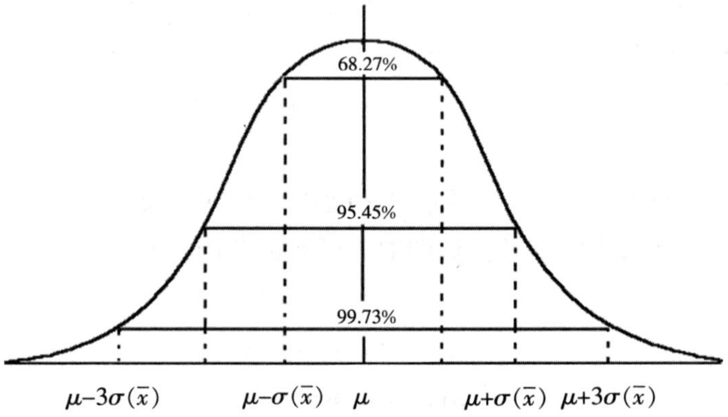

图 6-1　正态分布概率图

在实践中，常用的概率度、置信度（概率）和极限误差主要有 5 个，如表 6-3 所示。

表 6-3　常用的概率度、置信度（概率）和极限误差关系表

概率度 z	置信度 $F(z)$	极限误差 Δ
1.00	68.27	1.00×抽样平均误差
1.96	95.00	1.96×抽样平均误差
2.00	95.45	2.00×抽样平均误差
2.58	99.00	2.58×抽样平均误差
3.00	99.73	3.00×抽样平均误差

由此可以看出，z 值越大，参数估计的置信度越高，抽样误差范围越大，准确性越差；z 值越小，参数估计的置信度越低，抽样误差范围越小，而准确性越高。参数估计的可靠性（置信度）和准确性是互相矛盾的两个方面，所以在实际工作中要两者兼顾，合理处理，以达到最佳的参数估计效果。

（四）应用

现在举例说明概率度和置信度的应用。

【例 6-6】从某地粮食抽样调查结果得知：平均亩产量 $\bar{x}=500$ kg，抽样平均误差 $\sigma(\bar{x})=12.5$ kg，现在求总体平均亩产量 μ 在 500±25 kg（即 475—525 kg）之间的估计置信度是多少。根据公式有：

$$z=\frac{\Delta(\bar{x})}{\sigma(\bar{x})}=\frac{25}{12.5}=2$$

利用 Excel 计算相关概率得：当 $z=2$ 时，置信度为 95.45%。即总体平均亩产量在 475—525 kg 之间的概率保证程度为 95.45%。

第三节　参数估计的方法

参数估计就是根据样本数据提供的信息来推断总体参数，比如用样本均值估计总体均值，用样本方差估计总体方差，用样本比例估计总体比例等。本节主要介绍总体均值和总体比例的参数估计问题。

一、估计量与估计值

如果将总体参数笼统地用一个符号 θ 来表示，而用于估计总体参数的统计量用 $\hat{\theta}$ 表示，参数估计也就是如何用 $\hat{\theta}$ 来估计 θ。估计量就是用来估计总体参数的统计量的名称。样本均值、样本方差、样本比例都可以是一个估计量。

估计总体参数未必只能用一个统计量，也可以用其他统计量。例如，估计总体均值可以用样本均值，也可以用样本中位数、众数等，应当以哪一种统计量作为总体参数的估计量才是最优，这就要考虑优良估计量的标准问题。作为优良的估计量，应该符合以下三个标准：

（1）无偏性。即样本统计量的期望值等于被估计的总体参数。用符号表示，如果 θ 是被估计的参数，$\hat{\theta}$ 是估计 θ 的样本统计量，则当 $E(\hat{\theta})=\theta$ 时就称 $\hat{\theta}$ 为 θ 的无偏估计量。就是说，虽然每一次抽样所决定的统计量取值和总体的参数真实值可能有误差，误差可正可负，可大可小，但在多次反复的估计中，所有样本统计量取值的平均数应该等于总体参数本身。亦即说，样本统计量的估计平均是没有偏误的。不难证明，样本平均数作为总体平均数的估计量符合无偏性的要求，即 $E(\bar{x})=\mu$。

（2）一致性。即当样本的单位数充分大时样本统计量也充分靠近总体参数。一般地说，如果样本容量 n 增大时，估计量 $\hat{\theta}$ 更紧密地趋近于总体参数 θ，我们就称 $\hat{\theta}$ 为 θ 的一致估计量。就是说，随着样本容量 n 的无限增加，样本统计量和被估计的总体参数之差的绝对值小于任意小数，它的可能性也就趋近于必然性，或者说这一事实几乎是肯定

的。可以证明,样本均值作为总体均值的估计量也符合一致性的要求,即存在下列关系式:

$$\lim_{x\to\infty}P(\bar{x}-\mu)\leqslant\varepsilon=1,\varepsilon \text{ 为任意小数}$$

(3)有效性。即作为优良估计量的方差,应该比其他估计量的方差小。一般地说,如果 $\hat{\theta}_1$ 和 $\hat{\theta}_2$ 都是 θ 的无偏估计量,$\hat{\theta}_1$ 的方差小于 $\hat{\theta}_2$ 的方差,我们可以说 $\hat{\theta}_1$ 相对来说是更有效的估计量。

例如,用样本平均数或用总体任一变量来估计总体平均数,虽然两个估计量都是无偏的,而且每次估计中,两个估计值与总体平均数都可能有差异,但样本平均数更集中在总体平均数的周围,样本平均数的方差只及总体变量方差的 $1/n$,就是说样本平均数的偏差更小,相对而言样本平均数是更为有效的估计量。

不是所有估计量都符合以上标准,可以说符合以上标准的估计量要比不符合或不完全符合以上标准的估计量更为优良。例如,正态分布的情况下总体均值和中位数是相重合的,样本平均数是总体中位数的无偏估计量和一致估计量,而样本平均数比样本中位数作为总体中位数的估计量也是更有效的,因为样本平均数的方差比样本中位数的方差更小。在正态分布的情况下,样本中位数是总体平均数的无偏估计量和一致估计量,但对比样本平均数却不是更有效的估计量,因为它的方差比样本平均数的方差大。当然样本中位数也不是总体中位数的有效估计量。

用来估计总体参数计算出来的估计量的具体数值,称为估计值。比如,要估计一个班学生考试的平均分数,从中抽取一个随机样本,全班的平均分数是不知道的,称为总体参数,用 θ 表示;根据样本计算的平均分数 $\bar{x}$ 就是一个估计量,用 $\hat{\theta}$ 表示。假定计算出来的样本平均分数为 85 分,这个 85 分就是估计量的具体数值,称为估计值。

二、参数估计的方法

参数估计的方法有点估计和区间估计两种,下面分别加以介绍。

(一)点估计

点估计又称定值估计,是指不考虑抽样误差而直接以样本指标估计总体指标,也就是直接以样本平均数或样本成数作为总体平均数或总体成数的估计值。用公式表示为:

$$\mu=\bar{x}$$

$$\pi=p$$

例如,在对某乡进行的经济作物产量调查中得知,样本地块的平均亩产为 350 kg,现以此推断该乡的平均亩产是否也是 350 kg。这就是点估计的问题。

点估计简便易行,原理直观,易于理解和接受。但这种估计没有表明参数估计的误差的大小,更没有指出误差在一定范围内的概率保证程度,所以实际工作中常常采用区间估计的方法。

(二)区间估计

1. 区间估计的概念

区间估计就是以一定的概率保证,根据样本指标、抽样误差和概率保证程度去推断总体参数的可能范围。根据前面所讲的抽样极限误差的概念和不等式,很容易得到以下不等式:

$$\bar{x}-\Delta(\bar{x})\leqslant\mu\leqslant\bar{x}+\Delta(\bar{x})$$

$$p-\Delta(p)\leqslant\pi\leqslant p+\Delta(p)$$

上面公式表示被估计的总体平均数是以样本平均数 $\bar{x}$ 为中心,在 $\bar{x}-\Delta(\bar{x})$ 至 $\bar{x}+\Delta(\bar{x})$之间变动,区间$[\bar{x}-\Delta(\bar{x}),\bar{x}+\Delta(\bar{x})]$称为总体平均数的估计区间或置信区间,区间总长度为 2 倍 $\Delta(\bar{x})$。在这个区间内,样本平均数和总体平均数之间的绝对离差不超过$\Delta(\bar{x})$。

区间估计就是以一定的概率保证估计包含总体参数的一个值域,即根据样本指标和抽样平均误差推断总体指标的可能范围。它包括两部分内容:一是这一可能范围的大小;二是这个可能范围内包含总体参数真实值的概率。区间估计既说明估计结果的准确程度,同时又表明这个估计结果的可靠程度,所以区间估计是比较科学的,它是参数估计的主要方法。

区间估计必须同时具备三个要素,即估计值、抽样极限误差和概率保证程度。抽样极限误差决定参数估计的准确性,概率保证程度决定参数估计的可靠性。二者密切联系,但同时又是相互矛盾的,所以,对估计的精确度和可靠性的要求应慎重考虑。

对于置信区间的理解,有以下几点需要读者注意:

第一,如果用某种方法构造的所有区间中,有 95%的区间包含总体参数的真实值,5%的区间不包含总体参数的真实值,那么用该方法构造的区间就称为置信水平为 95%的置信区间。同样其他置信水平的区间,也可以用类似的方式进行表述。

第二,总体参数的真实值是唯一的、未知的,而用样本构造的置信区间则是不固定的。若抽取不同的样本,用该方法可以得到不同的区间,从这个意义上说,置信区间是一个随机区间,它会因样本的不同而不同,而且不是所有的区间都包含总体参数的真实值。一个置信区间就像是为捕获未知参数而撒出去的网,不是所有撒网的地点都能捕获到总体参数。

第三,在实际问题中,进行估计时往往只抽取一个样本,此时所构造的是与该样本相联系的一定置信水平下的置信区间,由于用该样本所构造的区间是一个特定的区间,而不再是随机区间,故无法知道这个样本所产生的区间是否包含总体参数的真实值。所以只能希望这个区间是大量包含总体参数真实值的区间中的一个,当然它也可能是少数几个不包含总体参数真实值的区间中的一个。

比如用 95%的置信水平,得到某班学生考试成绩的置信区间为 60—80 分,需要特别注意的是:此时不能说60—80分这个区间以95%的概率包含全班学生平均考试成绩的真实值,或者表述为全班学生的平均考试成绩以95%的概率落在60—80分之间,这类表述是错误的。因为总体均值是一个常数,而不是一个随机变量,要么在这个范围内,要么不在这个范围内,这里并不涉及概率。只是知道在多次抽样中有95%的样本得到的区间包含全班学生平均考试成绩。它的真正意义是如果做了100次抽样,大概有95次找到的区间包含真实值,有5次找到的区间不包含总体参数真实值。假定全班学生考试成绩平均数的真实值为70分,60—80分这个区间一定包含真实值;如果全班学生考试成绩平均数的真实值为50分,那么区间60—80分就绝对不包含真实值,无论做多少次实验。因此,这个概率不是用来描述某个特定的区间包含总体参数真实值的可能性,而是针对随机区间而言的。一个特定的区间"总是包含"或"绝对不包含"总体参数真实值,这个区间包含总体参数真实值的概率不是1就是0,不存在"可能包含"或"可能不包含"的问题;但是如果用概率可以知道在多次抽样得到的区间中大概有多少个区间包含了总体参数真实值。

2. 区间估计的方法

在实际抽样调查中,区间估计根据给定的条件不同有不同的估计方法。下面举例说明区间估计的方法与步骤。

(1)由原始资料的计算结果对总体指标作出区间估计。

【例6-7】某公司生产一种洗衣液,规定每瓶容量不低于150 ml。现随机抽取100瓶并计算得知样本平均数为150.3 ml,标准差为0.76 ml,要求以99.73%的概率估计这批洗衣液平均每瓶的容量范围,以便确定该批洗衣液是否达到容量规格的要求。

$$\sigma(\bar{x})=\mu_{\bar{x}}=\frac{S}{\sqrt{n}}=\frac{0.76}{\sqrt{100}}=0.076(\text{ml})$$

因为 $F(z)=99.73\%$,查表得 $z=3$

所以 $\Delta(\bar{x})=z\times\sigma(\bar{x})=3\times0.076=0.228(\text{ml})$

平均每瓶容量99.73%的置信区间为[150.30±0.228]ml,即[150.072,150.528]ml。由于估计的区间下限高于150 ml,所以这批洗衣液以99.73%的概率估计,达到了容量规格的要求。

(2)由给定抽样极限误差对总体指标作出区间估计。

【例6-8】某城市随机抽取400户居民进行月食品支出调查,得每户月食品支出的标准差为200元,试确定该市居民月平均食品支出在930.4—969.6元之间的概率保证程度。

已知:$n=400,\sigma=200,\Delta(\bar{x})=\frac{969.6-930.4}{2}=19.6$(元)

则有 $\sigma(\bar{x})=\mu_{\bar{x}}=\frac{S}{\sqrt{n}}=\frac{200}{\sqrt{400}}=10$(元)

$$z=\frac{\Delta(\bar{x})}{\sigma(\bar{x})}=\frac{19.6}{10}=1.96$$

查正态概率表，得置信度为 $F(z)=95\%$，该市居民月平均食品支出在 930.4—969.6 元之间的概率保证程度为 95%。

(3)由给定概率保证程度对总体指标作出区间估计。

【例 6-9】某企业生产一批饮料共 60 000 瓶，随机不重复抽查 300 瓶，发现其中有 6 瓶不合格，试以 95.45%的可靠性估计这批饮料的合格率。

已知：$N=60\,000, n=300, n_0=6, F(z)=95.45\%, z=2$

则有：$p=\frac{n-n_0}{n}=\frac{300-6}{300}=98\%$

$$\sigma(p)=\sqrt{\frac{p(1-p)}{n}\left(1-\frac{n}{N}\right)}=\sqrt{\frac{0.98\times0.02}{300}\left(1-\frac{300}{60\,000}\right)}=0.8\%$$

$\Delta(p)=z\sigma(p)=2\times0.8\%=1.6\%$

所以，这批饮料合格率的 95.45%的置信区间为[98%±1.6%]，即[96.4%，99.6%]。

【例 6-10】某城市在估计下岗职工中女性所占的比例时，随机抽取了 100 个下岗职工，其中 65 人为女性职工。试以 95%的置信水平估计该城市下岗职工中女性比例的置信区间。

已知：$n=100, F(z)=95\%, z=1.96$

则有：$p=\frac{65}{100}=65\%$

$$\Delta(p)=z\sigma(p)=z\times\sqrt{\frac{p(1-p)}{n}}=1.96\times\sqrt{\frac{0.65\times0.35}{100}}=9.35\%$$

因此，该城市下岗职工中女性比例的可能范围是[65%±9.35%]，其 95%的置信区间为[55.65%，74.35%]。

第四节　抽样方案的设计

抽样方案是统计调查方案的一种形式，是统计抽样工作的实施计划，其基本结构与一般的统计调查方案相同，本节仅就抽样方案的几个特有问题予以说明。

一、抽样框的编制

抽样框是指对可以选择作为样本的总体单位列出名册或排序编号，以确定总体的抽样范围和结构，是由总体的所有单位组成的一个框架，它是实施抽样调查的基础条件之一。根据调查目的确定的调查对象只是抽样调查的目标总体，如何依据目标总体抽选被调查单位，从而保证随机原则的实现，这就必须编制抽样框。抽样框的范围与被抽样的总体是一致的,但由于抽样单位可大可小,根据需要编制的抽样框不一定是目标总体的基本单位。

在抽样调查的实践中,抽样框一般有三种形式:一是名录抽样框,即按总体中所有单位排列而成的抽样框,如职工调查中的职工一览表;二是区域抽样框,即按自然地理位置排列而成的抽样框,如农产品调查中,按某一标志将土地划分为若干地块单位的抽样框;三是时间抽样框,即将一个较长的时间过程划分为若干个小的时间单位所形成的抽样框,如流水线上的产品质量检查,把一天时间分为许多抽样时间单位并顺序排列的抽样框。一个理想的抽样框应该包括全部总体单位,既不重复也不遗漏。

二、简单随机抽样

样本是按照一定的抽样规则从总体中抽取的一部分的集合。根据抽取的原则不同,抽样方法有概率抽样和非概率抽样两种。概率抽样是根据一个已知的概率来抽取样本单位,即哪个单位被抽中与否不取决于研究人员的主观意愿,而是取决于客观的机会(概率)。非概率抽样则是研究人员有意识地选取样本单位,不是随机的。一般的参数估计都是建立在概率抽样的基础上。常用的抽样组织形式主要有简单随机抽样、类型抽样、等距抽样和整群抽样。

(一)简单随机抽样的概念和特点

简单随机抽样是指对总体不作任何分类和排队,直接从 N 个单位的总体中随机抽取 n 个单位组成样本的抽样组织形式,又称为纯随机抽样。简单随机抽样是最基本的抽样组织形式,适用于均匀分布的总体。它有两种抽取样本单位的方法,即重复抽样和不重复抽样。以上各节所讨论的抽样理论与方法都是就简单随机抽样组织形式而言的。

简单随机抽样在实践中的操作方便简单,易于掌握。当总体单位数较少且标志变异程度不大,或具有某种特征的单位均匀地分布在总体各个部分,或对总体了解很少时,适合采用这种组织形式。但如果总体标志变异程度较大,这种方法所抽取的样本可能缺乏代表性,抽样误差就会较大。为减少抽样误差,保证抽样结果的精确性,就需要抽取较多的样本数。所以这种方法在实践中有很大的局限性,如总体单位的数量较多而分布又分散时,实施起来就会很困难。

(二)简单随机抽样的方法

1. 直接抽选法

直接抽选法就是直接从调查对象中随机抽选。例如,从水池中直接抽选一定数量的水样化验,从商品仓库中不同的地点取出若干同类商品样本进行质量检验等。这种方法一般适用于小型总体,对于大型总体很难实施此法。

2. 抽签法

首先将总体单位编号,通常对总体中的每个单位按自然数的顺序编为 $1,2,3,\cdots,N$,

另制 N 个与总体各单位对应的号签。然后将全部号签充分摇匀，根据需要按重复抽样或不重复抽样的方法，从中随机抽取 n 个号签，则与之对应的单位，即为抽中的样本单位，从而组成样本。它适用于总体单位数较少的总体。

3. 随机数表法

在大规模的社会经济统计调查中，由于总体单位数目很大，使用抽签法的工作量相当大，所以通常利用随机数表来确定样本单位。随机数表是用计算机、随机数字机等工具编制的，它是从 0—9 的 10 个数字中随机组合的数字表格。在这个表格里，0—9 的每个数字出现的概率是相同的，为了方便，可以编 2 个数字一组，3 个数字一组，4 个数字一组，5 个数字一组，甚至更多个。根据不同的需要，首先可按行、列或划某一随机线灵活确定随机数的起始位置；然后可以竖查、横查、顺查、逆查，如果是多位数字组成的随机数字表，可以用每组数字左边的前几位数，也可以用右边的后几位数，还可以用中间的某几位数字，总之，随机数字表组合的数字可分可合，应用自由；最后利用取得的随机数字对应编号的单位组成样本。这些都需事前定好，一经决定采用某一种具体做法，就必须保证对整个样本的抽取完全遵从同一规则。在实际应用中，通常采用 Excel 生成随机数表并进行随机抽样。

三、必要样本单位数的确定

在进行参数估计之前，首先应该确定一个适当的样本容量，也就是说，应该抽取一个多大的样本来估计总体参数。在进行估计时，人们总是希望提高估计的可靠程度。但在一定的样本容量下，要提高估计的可靠程度（置信水平），就应扩大置信区间，而过宽的置信区间在实际估计中往往是没有意义的。例如，要说出某一天会下雨，置信区间并不宽，但可靠性相对较低，如果说第二季度会下一场雨，尽管很可靠，但准确性太差，也就是置信区间太宽了，这样的估计是没有意义的。如果想要缩小置信区间，但不降低置信程度，就需要增加样本容量。而样本容量的增加也会受到许多限制，比如会增加调查的费用和工作量。通常，样本容量的确定与人们愿意容忍的置信区间的宽度以及对此区间设置的置信水平有一定关系。因此，如何确定一个适当的样本容量，也是参数估计中需要考虑的一个问题。

在抽样调查中，样本容量越大，样本对总体的代表性越大，抽样误差越小；样本容量减少，抽样误差就要增大。但同时，样本容量越大，抽样调查的费用也越高，而且还影响到抽样调查的时效性。因此，在抽样调查前，必须确定一个既能满足参数估计精度和把握程度要求的，又能使调查经费最小的样本单位数，即必要样本单位数，以取得最佳的抽样效果。

下面，以简单随机抽样的组织形式为例，说明必要样本单位数的确定。

因为，在重复抽样下，平均数的极限误差公式为：

$$\Delta(\bar{x})=z\sigma(\bar{x})=z\sqrt{\frac{\sigma^2}{n}}$$

所以,必要的样本单位数确定公式为:

$$n=\frac{z^2\sigma^2}{\Delta^2(\bar{x})}$$

又因为,在不重复抽样下,样本平均数的极限误差公式为:

$$\Delta(\bar{x})=z\sigma(\bar{x})=z\sqrt{\frac{\sigma^2}{n}(1-\frac{n}{N})}$$

所以,必要的样本单位数为:

$$n=\frac{Nz^2\sigma^2}{N\Delta^2(\bar{x})+z^2\sigma^2}$$

同理,成数必要样本单位数的公式如下。

重复抽样为:

$$n=\frac{z^2\pi(1-\pi)}{\Delta^2(p)}$$

不重复抽样为:

$$n=\frac{Nz^2\pi(1-\pi)}{N\Delta^2(p)+z^2\pi(1-\pi)}$$

从上面的公式中可以看出,影响必要样本单位数的因素有:

(1)总体各单位标志值的离散程度。在其他条件不变的情况下,总体各单位标志值离散程度越大,总体单位对总体的代表性就越小,这时就要多抽一些样本单位;反之应该少抽一些。二者呈同方向变化。

(2)抽样极限误差的大小。若其他条件不变,允许的误差范围越小,表明要求的精确度越高,就要多抽些样本单位;反之,则可少抽一些。二者呈反方向变化。

(3)参数估计的概率保证程度(置信度)。在其他条件不变的前提下,参数估计所要求的概率保证程度越高,就要多抽一些样本单位,要求的概率保证程度越低,则可少抽一些。二者呈同方向变化。

(4)抽样方法和抽样组织形式。在同样条件下,重复抽样需要多抽一些样本单位,不重复抽样可以少抽一些。简单随机抽样和整群抽样需要多抽一些样本单位,而类型抽样和等距抽样相对可少抽一些。

在实际计算中,确定样本容量应注意以下三个问题:第一,总体方差资料可以用历史资料或者实验性调查所得方差资料代替,如果方差资料有多个,应选择其中最大方差;特别地,如果待估参数是成数,则可取成数的最大方差 0.25。第二,在同一抽样调查中,如果同时需要进行平均数估计和成数估计,进行成数推断与进行平均数推断的样本容量一般不相等。为满足两种推断的共同需要,应选择其中数值较大者。第三,根据公式计算出的样本容量不一定是整数,通常是将样本容量取成较大的整数,也就是将小数点后面的数值一律进位成整数,如计算结果为528.01,则取样本容量为529,以保证推断的准确性和可靠性。

下面举例说明:

【例6-11】已知拥有工商管理学士学位的大学毕业生年薪的标准差大约为2 000元,假定想要估计年薪在95%的置信区间,希望允许误差为400元,应抽取多大的样本容量?

已知:$F(z)=0.95, z=1.96, \Delta(\bar{x})=400, \sigma=2\ 000$

则有:$n=\dfrac{z^2\sigma^2}{\Delta^2(\bar{x})}=\dfrac{1.96^2\times 2\ 000^2}{400^2}=96.04\approx 97$(人)

计算结果说明,按规定要求应抽97人比较合适。

【例6-12】某市开展职工家庭收入调查,根据历史资料记录,该市职工家庭平均每人每月生活费支出的标准差为11.5元,要求把握程度(置信度)为0.954 5,允许误差为1元,问需要抽多少户进行调查?

已知:$F(z)=0.954\ 5, z=2, \Delta(\bar{x})=1, \sigma=11.5$

则有:$n=\dfrac{z^2\sigma^2}{\Delta^2(\bar{x})}=\dfrac{2^2\times 11.5^2}{1^2}=529$(户)

计算结果告诉我们,按规定要求应抽529户。

【例6-13】工商部门要抽查一批奶粉的合格率。根据过去的资料,合格品率曾有过99%、97%和95%三种情况。现在要求允许误差不超过1%,推断的把握程度为95%,问应抽多少袋奶粉?

已知:$\Delta(p)\leqslant 1\%, F(z)=95\%, z=1.96$

在有多个方差的情况下,取最大的方差值,目的是多抽一些单位,以满足抽样要求。当总共合格品率为0.95时,方差最大。

此时:$\pi(1-\pi)=95\%(1-95\%)=0.047\ 5$

则有:$n=\dfrac{z^2\pi(1-\pi)}{\Delta^2(p)}=\dfrac{1.96^2\times 0.047\ 5}{0.01^2}=1\ 825$(袋)

这就是说至少应抽1 825袋奶粉,才能达到上述要求。

【例6-14】某市开展职工家庭情况调查,根据历史资料可知,该市职工家庭平均每人每年收入的标准差为250元,而家庭消费的恩格尔系数为65%。现在用重复抽样的方法,要求在95.45%的概率保证下,平均收入的极限误差不超过20元,恩格尔系数的极限误差不超过4%,求必要的样本单位数。

在重复抽样条件下:

样本平均数的单位数为:$n=\dfrac{z^2\sigma^2}{\Delta^2(\bar{x})}=\dfrac{2^2\times(250)^2}{(20)^2}=625$(户)

样本成数的单位数为：$n=\frac{z^2\pi(1-\pi)}{\Delta^2(p)}=\frac{2^2\times0.65\times0.35}{(0.04)^2}=569$（户）

由于两个抽样指标所要求的单位数不同，因此在实际工作中，应取其中较多的单位数，即抽取625户进行家庭情况调查，以满足共同的要求。

为保障参数估计的准确性和可靠性，无论是重复抽样，还是不重复抽样，在计算必要样本单位数时，原则上都采用重复抽样的公式计算。

第五节　假设检验

假设检验是抽样推断中的另一项重要内容，亦称显著性检验，它与参数估计类似，但角度不同。参数估计是利用样本信息推断未知的总体参数；而假设检验是用来判断样本与样本、样本与总体的差异是由抽样误差引起的，还是本质差别的统计推断方法。假设检验的基本原理是先对总体的特征作出某种假设，然后通过抽样取得样本数据，并据此对假设应该被拒绝与否作出判断。总体现象中的个体差异是客观存在，以致抽样误差不可避免，所以我们不能仅凭个别样本的结果来下结论。当遇到两个或几个样本均值（或成数）、样本均值（或成数）与已知总体均值（或成数）有大有小时，应当考虑到造成这种差别的原因有两种可能：一是这两个或几个样本均值（或成数）来自同一总体，其差别仅仅由于抽样误差即偶然性所造成；二是这两个或几个样本均值（或成数）来自不同的总体，即其差别不仅由抽样误差造成，而主要是由实验或本质因素不同所引起。假设检验的目的就在于排除抽样误差的影响，区分差别在统计上是否显著。

一、假设的陈述

现实生活中，人们经常对某个假设作出判断，确定它是真的还是假的。在研究领域，研究者在检验一种新的理论时，首先要提出一种自己认为是正确的看法，即假设。用统计语言来说，假设就是对总体参数的一种事先猜想，可以将其定义为：对总体参数的具体数值所作的陈述。

一个假设的提出总是以一定理由为基础的，但这些理由通常又不是完全充分的，因而产生了检验的需求，也就是要进行判断。比如，在某种新药的开发研究中，研究人员需要判断新药是否比原有药物更有效；在对某一品牌洗衣液抽检中，检验人员需要判断其净含量是否达到了说明书中所声明的净含量；企业在收到一批货物时，质检人员需要判断该批货物的属性是否与合同中规定的一致；等等。

先对总体参数提出某种假设，然后利用样本信息判断假设是否成立的过程，称为假设检验。在假设检验中，首先需要提出两种假设，即原假设和备择假设，二者是对立的、互斥的，构成了一个完备事件。

原假设通常是研究者想要收集证据予以反对的假设，是正待检验的假设，又称零假设，记为 H_0。原假设所表达的含义是总体参数没有发生变化或者变量之间没有关系。

备择假设通常是研究者想要收集证据予以支持的假设，是拒绝原假设后可供选择的假设，记为 H_1。备择假设所表达的含义是总体参数发生了变化或者变量之间有某种关系。比如你正在做一项研究，并想使用假设检验来支持自己的看法，就应该把你认为正确的看法作为备择假设。假如你开发了一种新药以提高疗效，如果想要提供这种药物疗效有显著提高的证据，就应该把你想要支持的看法作为备择假设。

确定原假设和备择假设十分重要，它直接关系到检验的结论。下面通过几个例子来说明原假设和备择假设的建立方法。

【例 6-15】一种零件的生产标准是直径应为 10 cm，为对生产过程进行控制，质量监测人员定期对一台加工机床检查，确定这台机床生产的零件是否符合标准要求。如果零件的平均直径大于或小于 10 cm，则表明生产过程不正常，必须进行调整。试陈述用来检验生产过程是否正常的原假设和备择假设。

设这台机床生产的所有零件平均直径为 μ，若 $\mu=10$ cm，表明生产过程正常，若 $\mu>10$ cm 或者 $\mu<10$ cm，则表明机床的生产不正常，研究者需要检测这两种情况中任何一种。根据原假设和备择假设的定义，研究者想收集证据予以证明的假设应该是“生产过程不正常”，因为如果研究者事先认为生产过程正常就没有必要去进行检验了。所以建立的原假设和备择假设应为：

$H_0:\mu=10$ cm，生产过程正常

$H_1:\mu\neq10$ cm，生产过程不正常

【例 6-16】某品牌洗衣液在产品说明书中声称：平均容量不少于 500 ml。从消费者的利益出发，有关研究人员要通过抽检其中的一批产品来验证该产品制造商的说明是否属实。试陈述用于检验的原假设与备择假设。

设该品牌洗衣液平均容量真实值为 μ，如果检验发现 $\mu<500$，则表明该产品说明书关于容量的声明是不真实的，有关部门应该采取相应的措施。一般来说，研究者抽检的意图是倾向于证实这种洗衣液的平均容量不符合说明书中的说法，因为这会损害消费者的利益，如果研究者对产品说明书没有丝毫怀疑，也就没有抽检的必要了。所以 $\mu<500$，是研究者想要收集证据支持的观点，所以建立的原假设和备择假设应为：

$H_0:\mu\geqslant500$，容量符合说明书中的陈述

$H_1:\mu<500$，容量不符合说明书中的陈述

【例 6-17】一家研究机构估计，某城市中家庭拥有汽车的比例超过 30%。为验证这一估计是否正确，该研究机构随机抽取了一个样本进行检验。试陈述用于检验的原假设与备择假设。

研究者想收集证据予以支持的假设是“该城市中家庭拥有汽车的比例超过 30%”。

所以建立的原假设和备择假设为：

$H_0:\pi \leqslant 30\%$，家庭拥有汽车比例不超过30%

$H_1:\pi > 30\%$，家庭拥有汽车比例超过30%

通过上面的几个例子可以得到建立假设的几点认识：

（1）原假设和备择假设是一个完备事件组，而且相互对立。这意味着在一项假设检验中，原假设和备择假设必有一个成立，而且只有一个成立。

（2）在建立假设时，通常是先确定备择假设，然后再确定原假设。这样做的原因是备择假设是我们所关心的，是想予以支持或者证实的，因而比较清楚，容易确定。由于原假设和备择假设是对立的，只要确定了备择假设，原假设就很容易确定。

（3）在假设检验中，等号总是放在原假设上。比如，设假设的总体真实值为μ_0，原假设总是$H_0:\mu=\mu_0$，$H_0:\mu \geqslant \mu_0$，$H_0:\mu \leqslant \mu_0$；而相应的备择假设分别为$H_1:\mu \neq \mu_0$，$H_1:\mu < \mu_0$，$H_1:\mu > \mu_0$。将等号放在原假设上是因为原假设的内容总是表明总体参数没有差异或者没有改变，或者变量之间没有关系等。同时，这样做也是希望原假设涵盖备择假设H_1不出现的所有情况。假设检验的惯例是在原假设中只写“=”，所以也可以将例6-17写成$H_0:\pi=30\%$，因为感兴趣的备择假设是$H_1:\pi>30\%$，如果作出拒绝原假设$H_0:\pi=30\%$，而倾向于选择备择假设$H_1:\pi>30\%$，也就意味着拒绝了$H_0:\pi<30\%$。换句话说，如果事实上备择假设不正确，$H_0:\pi=30\%$就代表了可能所有的最坏情况，这样为数学表述上的方便，就将与H_1对立的所有可能情况放进只有一个等号的原假设中。

（4）尽管已经给出了原假设与备择假设的定义，依据这样的定义，通常就能确定两个假设的内容，但它们本质上是带有一定的主观色彩的。因为所谓的“研究者想收集证据予以支持的假设”和“研究者想要收集证据予以反对的假设”，显然最终都取决于研究者本人的意向。所以在面对某一实际问题时，由于不同的研究者有不同的研究目的，即使对同一问题，也可能提出截然相反的原假设和备择假设，这是十分正常的，并不违背关于原假设与备择假设的最初定义。无论怎样确定假设的形式，只要它们符合研究者的最终目的，便是合理的。通常情况下，由于检验的目的不同，原假设可以根据三种情况来确定：一是如果检验的目的是确定参数是否已经发生变化，这时原假设的值，可以根据过去的经验、对过程的了解情况来确定；二是如果检验的目的是某种理论或模型是否正确，原假设的值可以通过有关这个过程的一些理论或模型来确定；三是如果检验的目的是检验是否符合某种特定标准，原假设的值可以根据事先设计的标准或合同的要求来确定。

（5）假设检验的目的主要是收集证据拒绝原假设。原假设最初被假设是成立的，之后就是要根据样本数据确定是否有足够的不符合原假设的证据以拒绝原假设。原假设被认为是真的，如果有足够的证据与原假设不符，则拒绝原假设。假设检验得出的结论都是根据原假设进行阐述的。我们要么拒绝原假设，要么不拒绝。但不能拒绝原假设时从来不说接受原假设，因为没有证据证明原假设是真的。原假设在开始进行检验时被认定是真的，当我们没有足够的证据拒绝时，并不等于证明了原假设是真的。它仅仅意味着：我们没有足够的证据拒绝原假设，因此不能拒绝原假设。当我们拒绝原假设时得出的结论是清楚的，比如在例 6-16 中，如果拒绝原假设，就可以说该品牌洗衣液的容量与说明书所标识的不符；但如果不拒绝原假设，只能说明样本提供的证据不足以推翻原假设，并不等于承认原假设是真的，因而不能说该品牌洗衣液的容量大于等于 500 ml。因此当不拒绝原假设时，实际上并未给出明确的结论，也就是说不拒绝原假设并未说明该洗衣液的容量大于 500 ml，也未说明它小于 500 ml。

在假设检验中，研究者感兴趣的备择假设的内容，可以是原假设 H_0 某一特定方向的变化，也可以是一种没有特定方向的变化。比如在例 6-16 中，研究者感兴趣的是洗衣液的容量是否低于 500 ml；同样例 6-17 中研究者感兴趣的是家庭拥有汽车的比例是否高于 30%。这种具有方向性的假设称为单侧检验。相反，例 6-19 中研究者感兴趣的备择假设没有特定的方向，只是关心备择假设 H_1 是否不同于原假设 H_0，并不关心是大于还是小于，这种没有特定方向的假设，称为双侧检验。

在单侧检验中，由于研究者感兴趣的方向不同，又可以分为左单侧检验和右单侧检验。如果研究者感兴趣的备择假设的方向为“<”，称为左单侧检验；如果研究者感兴趣的备择假设的方向为“>”，称为右单侧检验。

原假设和备择假设不是随意提出的，应根据所检验的问题的具体背景而定。常常是采取“不轻易拒绝原假设”的原则，即没有充分理由不能轻易否定的命题作为原假设，而相应地把没有足够把握就不能轻易肯定的命题作为备择假设。假设拒绝与否的依据是小概率原理，即概率很小的事件在一次试验中几乎是不可能发生的，若发生了，就是不合理的。所谓不合理现象的产生，并非指形式逻辑上的绝对矛盾，而是基于小概率原理。假设检验就是根据小概率原理使用了一种类似于“反证法”的推理方法。这里的“反证法”不同于一般的反证法，因为在假设检验中，我们只是依据一个样本来进行推断，用一个实例去证明某个命题是正确的，这在逻辑上是不充分的，但用一个反例去推翻一个命题，理由是充足的，因为一个命题成立时不允许有反例存在。所以，假设检验运用的是概率意义上的反证法，在建立假设时本着“不轻易拒绝原假设”的原则，一旦检验结论为拒绝原假设，就会有较大的把握程度（即错误判断的可能性很小）；而当不能否定原假设时，只能将它作为真的保留下来，但事实上它有可能是假的，所以，不拒绝它可能是个错误。为了使拒绝原假设有较大的把握程度，假设检验时通常将概率“不超过 α 的事件”称为“小概率事件”，并且这个概率 α 称为显著性水平。小概率原理与假设检验的关系可用图 6-2 表示。

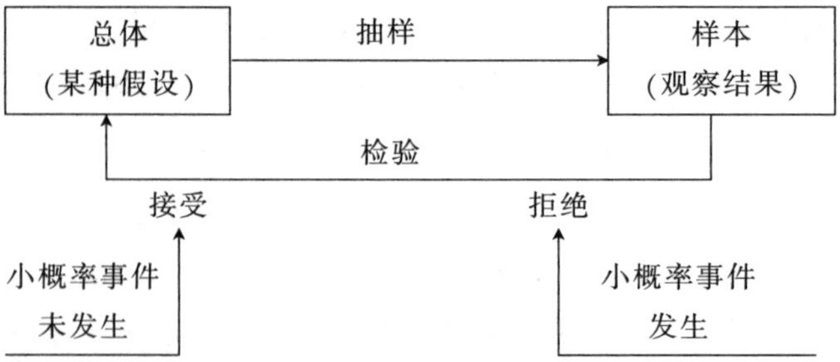

图 6-2　小概率原理示意图

在日常生活中,我们习惯于把概率很小的事件当作在一次观测中是不可能出现的事件。如飞机失事、火车出轨等都是小概率事件,但我们不会因为有过这类事故就不乘坐飞机或者火车。因为,这些事故发生的概率很小,大家普遍认为它不可能发生。这里有个关键问题是概率要小到什么程度才足以否定原来所作的假设?通常的做法是在进行假设检验时,应该事先规定一个小概率的标准,作为判断的界限。这个标准就是显著性水平 α。当一个事件发生的概率小于显著性水平 α 时,就认为它是小概率事件,通常取 $\alpha=0.01$、0.05、0.1 等。

二、假设检验的两类错误

(一)两类错误的含义

通过假设检验,拒绝原假设 H_0 是在认为小概率事件在一次抽样中实际上不会发生的前提下作出的,事实上小概率事件也可能发生;接受原假设 H_0,是因为拒绝它的理由还不充分,并非认为它绝对正确。因此,由假设检验作出的判断不可能百分之百正确,而且存在两类错误,即Ⅰ类错误与Ⅱ类错误。Ⅰ类错误是当原假设为真时拒绝原假设,故又称为“弃真错误”,犯Ⅰ类错误的概率一般记为 α。Ⅱ类错误是当原假设为假时接受原假设,故又称为“纳伪错误”,犯Ⅱ类错误的概率通常记为 β。

例如,在进行产品质量抽查时,如果这批产品质量本来是合格的(原假设 H_0 为真时),但由于抽样的随机性而抽到过多的不合格品,从而导致判断这批产品质量为不合格的结论(拒绝原假设 H_0),这就犯了Ⅰ类错误。如果这批产品质量本来是不合格的(原假设 H_0 为不真时),但由于抽样的随机性而抽到过少的不合格品,从而导致判断这批产品质量为合格产品(接受原假设 H_0),这就犯了Ⅱ类错误。在假设检验的过程中,一般来说检验决策结果可归纳为表 6-4 所表示的四种情况。

表 6-4　假设检验决策结果

决策	H_0 是真实的	H_0 是不真实的
拒绝 H_0	Ⅰ类错误(α)	正确
未拒绝 H_0	正确	Ⅱ类错误(β)

（二）两类错误之间的关系

由假设检验做出的决策既可能犯“Ⅰ类错误”又可能犯“Ⅱ类错误”。假设检验时犯Ⅰ类错误的原因是，在原假设为真的情况下，检验统计量不巧刚好落入小概率的拒绝区域，从而导致拒绝了原假设。Ⅰ类错误与Ⅱ类错误之间的关系可以由图 6-3 来解释。

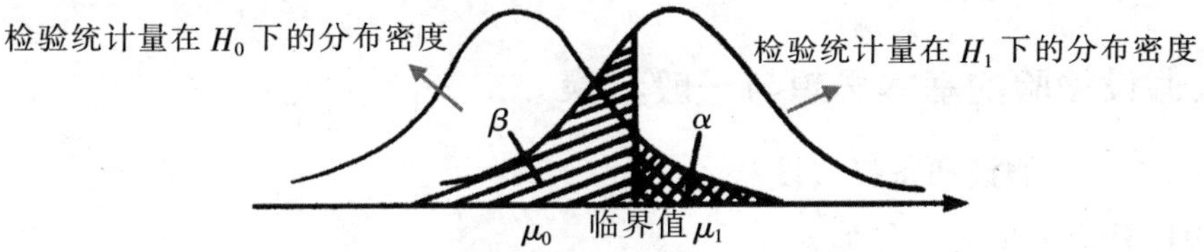

图 6-3　假设检验两类错误关系示意图

由图 6-3 可见，概率 α 与 β 是密切相关的，在样本一定的条件下，减小 α，就增大了 β；反之，增大 α，就减小了 β。

如果以法庭审判的例子来说明 α 与 β 的关系，由于法庭采用无罪推定的审判准则，在证明被告有罪之前先假定他是无罪的，即原假设 H_0：被告无罪，备择假设 H_1：被告有罪。法庭可能犯的Ⅰ类错误是：被告无罪但判他有罪，即冤枉了好人；Ⅱ类错误是：被告有罪但判他无罪，即放过了坏人。为了减少冤枉好人的概率 α，应尽可能接受原假设，判被告无罪，而这有可能增大了放过坏人的概率 β；反过来，为了不放过坏人，减少放过坏人的概率 β，相应地就又增加了冤枉好人的可能性 α。当然，这只是在一定证据下的两难选择。如果进一步收集有关的证据，在充分的证据下，就有可能做到既不冤枉好人又不放过坏人。这就是说，α 越大，越有可能犯Ⅰ类错误，越有可能否定真实的 H_0，β 越大，越有可能犯Ⅱ类错误，越有可能接受非真实的 H_0。

需要注意的是，只有当原假设被拒绝时，才会犯Ⅰ类错误；只有当原假设未被拒绝时，才会犯Ⅱ类错误。因此，可以不犯Ⅰ类错误或不犯Ⅱ类错误，但难以保证两类错误都不犯。从直觉上说，这两类错误的概率之间存在这样的关系，在样本容量不变的情况下，要减小 α 就会使 β 增大，而要增大 α 就会使 β 减小，两类错误就像一个跷跷板。我们自然希望犯两类错误的概率都尽可能小，但实际上难以做到，要使 α 和 β 同时减小的唯一办法是增加样本容量。但样本容量的增加，又会受到许多因素的限制，所以我们只能在两类错误的发生概率之间进行平衡，以使 α 与 β 控制在能够接受的范围之内。一般来说，对于一个给定的样本，如果犯Ⅰ类错误的代价比犯Ⅱ类错误的代价高，则将犯Ⅰ类错误的概率定得低一些较为合理；反之，如果犯Ⅰ类错误的代价比犯Ⅱ类错误的代价低，则将犯Ⅰ类错误的概率定得高一些。至于假设检验中先控制哪类错误，一般来说发生哪一类错误的后果更为严重，就应该首要控制哪类错误发生的概率，但由于犯Ⅰ类错误的概率是可以由研究者控制的，因此在假设检验中，我们往往先控制Ⅰ类错误的发生概率。

发生Ⅰ类错误的概率常被用于检验结论的可靠性度量，并将这一概率称为显著性水平。“显著”的意义在这里并不是指重要的，而是指非偶然的。如果样本提供的证据拒绝原假设，称检验的结果是显著的；如果不拒绝原假设，则称检验的结果是不显著的。一项检验在统计上是显著的（拒绝原假设），意思是这样的样本结果不是偶然得到的，或者说不是靠机遇能够得到的。同样，如果检验的结果是不显著的，则表明这样的样本结果是偶然得到的。

三、假设检验的基本思想与一般步骤

第一，提出原假设和备择假设。

假设的建立一般有三种形式：

(1) 双尾检验：$H_0:\mu=\mu_0$；$H_1:\mu\neq\mu_0$，这种形式的假设检验又称为双侧检验。

(2) 左尾检验：$H_0:\mu\geqslant\mu_0$；$H_1:\mu<\mu_0$，这种形式的假设检验又称为左侧检验。

(3) 右尾检验：$H_0:\mu\leqslant\mu_0$；$H_1:\mu>\mu_0$，这种形式的假设检验又称为右侧检验。

在实践应用中，假设的建立要根据所研究的实际问题而定。如果对所研究的问题只需判断有无显著差异或要求同时注意总体参数偏大或偏小的情况，则采取双侧检验。如果所关心的是总体参数是否比某个值偏大（或偏小），则采用单侧检验。例如，想要知道生产成本比原来是否有所降低时，用左侧检验，如果是想要知道经济效益比原来是否有所提高时，则可用右侧检验。

第二，选择适当的统计量，并确定其分布形式。

不同的假设检验问题需要选择不同的统计量作为检验统计量。选择统计量时应考虑“是大样本还是小样本”和“总体方差是已知还是未知”两个因素。一般来说，在总体为正态分布的前提下，大样本用“Z 检验”，小样本用“t 检验”。当总体方差或总体标准差未知时，可以用样本方差或样本标准差来替代（具体应用见假设检验的方法）。

第三，选择显著性水平 α，确定临界值 Z_α。

显著性水平应根据研究目的和要求来确定。显著性水平 α 表示 H_0 为真时拒绝 H_0 的概率，即是拒绝原假设所冒的风险。假设检验应用小概率事件实际不发生的原理，这里的小概率就是指 α。但是要小到什么程度才算是小概率？对此并没有统一的标准，通常是取 $\alpha=0.05$ 或 $\alpha=0.01$ 等。给定了显著性水平 α，就可由有关的概率分布表或者利用 Excel 函数功能计算得到临界值，从而确定检验统计量 Z 的接受区域。临界值就是接受区域和拒绝区域的分界点。

对于不同形式的假设，检验统计量 Z 的不拒绝区域和拒绝区域也是有所不同的。双侧检验的拒绝区域位于统计量分布曲线的两侧；左侧检验的拒绝区域位于统计量分布曲线的左侧；右侧检验的拒绝区域位于统计量分布曲线的右侧，如图 6-4 所示。

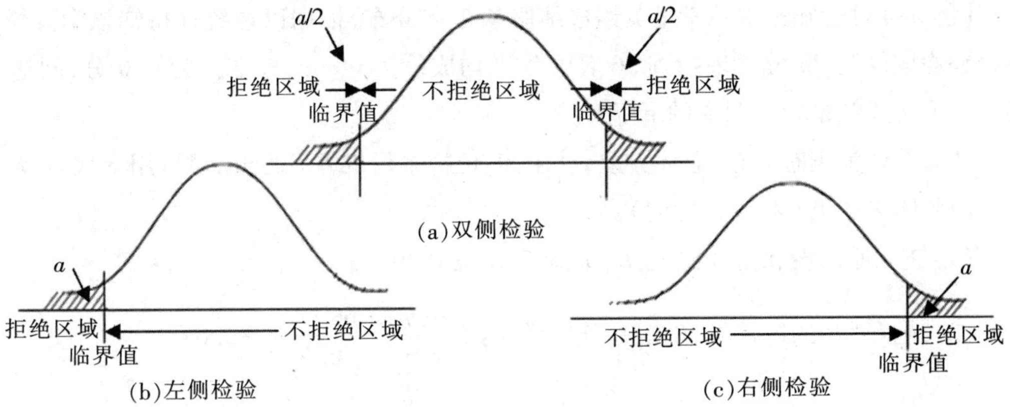

图 6-4 假设检验不拒绝区域和拒绝区域示意图

第四,统计判断。

根据样本资料计算出检验统计量 Z 的具体值,并用以与临界值 Z_α 比较,作出拒绝或不拒绝原假设的结论。如果检验统计量 Z 的值大于临界值 Z_α 的值,表明检验统计量 Z 落在拒绝区域内,这时样本所描述的情况与原假设有显著差异,应拒绝原假设;反之,则不能拒绝原假设。

四、假设检验的应用

在假设检验的过程中,以样本统计量来推断未知总体参数时,检验统计量的确定要根据样本的大小来确定,其确定标志标准可以归结为图 6-5。

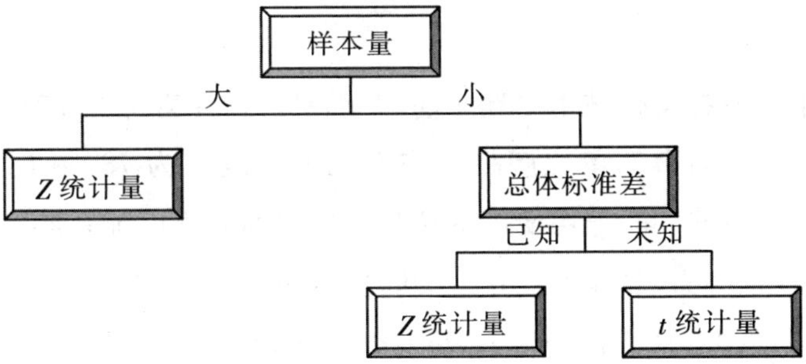

图 6-5 检验统计量的确定示意图

(一)总体均值的假设检验

1. 总体为正态分布,总体方差未知时的大样本假设检验

已知总体为正态分布,总体方差 σ^2 未知,$n>30$ 时,可应用“Z 检验”,计算检验统计量时用样本标准差 S 代替总体标准差 σ,则检验统计量为:

$$Z=\frac{\bar{x}-\mu_0}{\frac{S}{\sqrt{n}}}$$

【例 6-18】已知某学院学生英语成绩服从正态分布，根据以往统计得知该学院学生英语平均成绩为 72 分。现抽查 36 名学生平均成绩为 68 分，标准差为 6. 6 分，问这 36 名学生平均成绩是否有明显的下降？

已知总体为正态分布，总体方差 σ^2 未知，但样本标准差 S 已知，可以用 S 代替 σ，这时可用单侧 Z 检验（左侧 Z 检验）。

（1）建立原假设和备择假设：$H_0:\mu \geqslant 72$；$H_1:\mu<72$

（2）选择适当的统计量，确定其分布形式：$Z=\dfrac{\bar{x}-\mu_0}{\dfrac{S}{\sqrt{n}}}=\dfrac{68-72}{\dfrac{6.6}{\sqrt{36}}}\approx -3.64$

（3）选择适当的显著性水平，确定临界值。当显著性水平 $\alpha=0.01$ 时，查标准正态分布表得对应的临界值为：$Z_{0.01}=2.33$

（4）作出统计判断：$|Z|>Z_{0.01}$，$P<0.01$

检验结果为差异非常显著，这时我们有 99%的把握说学生成绩与以往相比有显著下降。

2. 总体分布不明，总体方差未知的大样本假设检验

当总体分布不明、总体方差 σ^2 未知，且 $n>30$ 时，可应用“Z 检验”，计算检验统计量时用样本标准差 S 代替总体标准差 σ，则检验统计量为：

$$Z=\frac{\bar{x}-\mu_0}{\dfrac{S}{\sqrt{n}}}$$

【例 6-19】某企业在实行技术更新之前，产品平均使用寿命为 759 小时，实行技术更新之后，抽取 100 件产品得知单位产品平均人工生产成本为 780 小时，标准差为 52 小时，试问技术更新之后的产品平均使用寿命与更新之前有无明显差异？

本例题总体分布不明，总体方差 σ^2 未知，但样本含量 $n=100$，故可用双侧 Z 检验。

（1）建立原假设和备择假设：$H_0:\mu=759$；$H_1:\mu\neq 759$

（2）选择适当的统计量，确定其分布形式：$Z=\dfrac{\bar{x}-\mu_0}{\dfrac{S}{\sqrt{n}}}=\dfrac{780-759}{\dfrac{52}{\sqrt{100}}}=3.96$

（3）选择适当的显著性水平，确定临界值。当显著性水平 $\alpha=0.1$ 时，查标准正态分布表得对应的临界值为：$Z_{\frac{0.1}{2}}=1.645$

（4）作出统计判断：$|Z|>Z_{\frac{0.1}{2}}$

检验结果为拒绝原假设，说明技术更新之后的平均使用寿命与技术更新之前有显著差异。

3. 总体为正态分布，总体方差已知时的大样本假设检验

当总体为正态分布，且总体方差 σ^2 已知时，检验样本平均数与总体平均数差异可以进行 Z 检验，检验统计量为：

$$Z=\frac{\bar{x}-\mu_0}{\frac{\sigma}{\sqrt{n}}}$$

【例 6-20】某类元件的使用寿命服从正态分布，分布的参数为：平均使用寿命为 100 小时，标准差为 10 小时。现在随机抽取 100 个，测得平均寿命为 98 小时，显著性水平 $\alpha=0.05$，问其使用寿命是否有明显下降。

由题可知，总体为正态分布，总体标准差 σ 已知，可以用左尾 Z 检验。

(1)建立适当的假设：$H_0:\mu\geqslant100$；$H_1:\mu<100$

(2)选择适当的统计量，确定其分布形式为：$Z=\frac{\bar{x}-\mu_0}{\frac{\sigma}{\sqrt{n}}}=\frac{98-100}{\frac{10}{\sqrt{100}}}=-2$

(3)选择适当的显著性水平，确定临界值。当显著性水平 $\alpha=0.05$ 时，查标准正态分布表得对应的临界值为：$Z_{0.05}=1.645$

(4)作出统计判断：$|Z|>Z_{0.05}$，$P<0.05$

检验结果为拒绝原假设，说明该类元件的使用寿命有明显下降。

4. 总体分布不明，总体方差已知的大样本假设检验

当总体分布不明、总体方差 σ^2 已知，$n>30$ 时，可以用 Z 检验，检验统计量为：

$$Z=\frac{\bar{x}-\mu_0}{\frac{\sigma}{\sqrt{n}}}$$

【例 6-21】某企业在新的生产流水线引进之前，月平均产值为 78 万元，标准差为 7.35 万元，新的生产流水线引进之后，随机抽查了 70 个月的月平均产值为 80.9 万元，问该企业引进新的生产流水线之后月平均产值是否有明显提高？

由题可知，总体分布不明，但样本含量 $n>30$，且总体标准差 σ 已知，故可用单尾检验（右尾检验）。

(1)建立适当的假设：$H_0:\mu\leqslant78$；$H_0:\mu>78$

(2)选择适当的统计量，确定其分布形式：$Z=\frac{\bar{x}-\mu_0}{\frac{\sigma}{\sqrt{n}}}=\frac{80.9-78}{\frac{7.35}{\sqrt{70}}}=2.16$

(3)选择适当的显著性水平，确定临界值。当显著性水平 $\alpha=0.05$ 时，查标准正态分布表得检验统计量 Z 的临界值为：$Z_{0.05}=1.645$

(4)作出统计判断：$|Z|>Z_{0.05}$，$P<0.05$

检验结果为拒绝原假设，表明引进新的生产流水线后月平均产值显著提高。

5. 总体为正态分布，总体方差未知的小样本假设检验

已知总体为正态分布，总体方差 σ^2 未知，且样本含量 $n<30$（小样本）时，可根据 t 分布理论检验。t 分布的检验统计量为：

$$t=\frac{\bar{x}-\mu_0}{\frac{S}{\sqrt{n}}}$$

【例 6-22】一种汽车配件的平均长度要求为 12 cm，高于或低于该标准均被认为是不合格的。汽车生产企业在购进配件时，通常是经过招标，然后对中标的配件提供商提供的样品进行检验，以决定是否购进。现对一个配件提供商提供的 10 个样本进行检验（见表 6-5）。假定该供货商生产的配件长度服从正态分布，在 0.05 的显著性水平下，检验该供货商提供的配件是否符合要求。

表 6-5　10 个零件尺寸的长度　　单位：cm

12.2	10.8	12.0	11.8	11.9
12.4	11.3	12.2	12.0	12.3

本例题总体服从正态分布，但总体方差 σ 未知，且样本含量 $n<30$，故可用 t 检验。

依据表 6-7 可计算出：$\bar{x}=11.89$ cm，$s=0.49$ cm

(1)建立适当的假设：H_0：$\mu=12$ cm；H_1：$\mu\neq12$ cm

(2)选择适当的统计量：$t=\frac{\bar{x}-\mu_0}{\frac{S}{\sqrt{n}}}=\frac{11.89-12}{\frac{0.49}{\sqrt{10}}}\approx-0.71$

(3)选择适当的显著性水平，确定临界值。当显著性水平 $\alpha=0.05$、$df=n-1=10-1=9$ 时，利用 Excel 计算检验统计量 t 的临界值为：$t_{0.05(9)}=2.26$

(4)作出统计判断：$|t|<t_{0.05(9)}$

检验结果为不能拒绝原假设，没有证据表明该供货商提供的零件不符合要求。

【注释】

t 检验称小样本检验，是根据 t 分布建立起来的一种假设检验方法，常用于平均数的检验。当总体服从正态公布、总体标准差未知，且 $n>30$ 时，可以用 Z 检验，而 $n<30$ 就要用 t 分布理论进行 t 检验了。t 分布是统计量 t 服从自由度 $df=n-1$ 的分布。t 分布与 Z 分布的相同点是：①平均数值于中央且等于 0，以纵轴为对称轴。②曲线由中央向两侧逐渐降低，两尾部无限延伸与横轴相靠终不相交。③曲线与横轴之间的所围成面积为 1。二者的不同点是：①标准正态曲线的形状不随 n 的大小而改变；t 分布曲线随着自由

度的不同而变化，且为一簇曲线，即不同的自由度有不同的曲线。②自由度越小，t 分布曲线越平坦，曲线中间越低，两侧尾部翘得越高；自由度越大，t 分布曲线越接近正态分布曲线；n 为∞时，t 分布曲线与标准正态分布曲线完全重合，t 分布就可由标准正态分布来取代。

通常当 $n>30$ 时，Z 检验与 t 检验结果相差无几，可用 Z 检验替代 t 检验，这就是当总体方差 σ 未知时，Z 检验法为什么要求大样本的原因。所以有时称 Z 检验为大样本检验法，t 检验为小样本检验法。

（二）总体比例的假设检验

总体比例是总体中具有某种相同特征的个体所占的比例，通常用 π 表示，π_0 表示对总体比例的某一假设值，用 p 表示样本比例。总体比例的检验与前面介绍的总体均值的检验基本上是相同的，区别只在于参数和检验统计量的形式不同。所以总体均值检验的整个流程都可以作为总体比例检验的参考，甚至有很多内容可以完全“照搬”。本部分将尽可能综合介绍总体比例的检验方法，而且只考虑大样本（$n>30$）情形下总体比例的检验。

总体比例检验的三种基本形式如下所示。

双侧检验　$H_0:\pi=\pi_0;H_1:\pi\neq\pi_0$

左侧检验　$H_0:\pi\geqslant\pi_0;H_1:\pi<\pi_0$

右侧检验　$H_0:\pi\leqslant\pi_0;H_1:\pi>\pi_0$

在构造检验统计量时，我们仍然利用样本比例 p 与总体比例 π 之间的距离等于多少个标准误差 $\sigma(p)$ 来衡量，因为在大样本情形下统计量 p 近似服从正态分布，而统计量：

$$Z=\frac{p-\pi_0}{\sqrt{\dfrac{\pi_0(1-\pi_0)}{n}}}$$

则近似服从标准正态分布，就是总体比例的检验统计量。

【例 6-23】化肥厂生产合成氨，按规定含氮量为 80%，现在每小时抽取 50 kg，一班 8 小时共抽取 400 kg 进行检验，测得平均浓度为 84%。试以 5%的显著性水平检验质量有没有明显的差异。

（1）设立原假设和备择假设：$H_0:\pi=80\%;H_1:\pi\neq80\%$

（2）根据抽检结果，检验统计量为：$Z=\dfrac{p-\pi_0}{\sqrt{\dfrac{\pi_0(1-\pi_0)}{n}}}=\dfrac{84\%-80\%}{\sqrt{\dfrac{80\%(1-80\%)}{400}}}=2$

（3）给定显著性水平 $\alpha=0.05$，由于是双侧检验，查标准正态分布表可得临界值为 1.96。

（4）作出统计判断。由于 $Z=2>1.96$，即落入拒绝域，所以拒绝原假设，即认为合成氨含氮量和标准含量有明显的差异。

对于总体比例左侧检验和右侧检验中拒绝域的建立,读者可直接参照相应大样本情形下总体均值的检验方法,这里不再另作总结。

本章小结

本章主要讲授了抽样推断的一般问题、抽样平均误差、极限误差与参数估计、抽样方案的设计、假设检验等五个大问题。

抽样推断是按照随机原则从总体中抽取部分单位进行调查,利用这部分单位的调查资料推算总体数量特征的一种统计分析方法。它的特点是:按照随机原则抽取样本单位,根据部分推断总体,运用概率估计法,存在抽样误差但可事先计算并加以控制。抽样推断具有能够解决全面调查无法或难以解决的问题,可补充和修正全面调查的资料,用于生产过程的质量检查与控制,短期内可取得时效性强的资料等重要作用。

抽样误差是指在遵循随机原则的前提下,抽取的样本指标与总体真值指标之间的差别或离差。影响抽样误差大小的因素有总体各单位标志值的差异程度、样本单位数的多少、抽样方法、抽样的组织形式。

抽样平均误差是指所有可能的样本指标与总体指标之间离差平方的算术平均数的平方根,即所有样本指标与总体指标之间的标准差,实际上是所有样本指标间的标准差。

抽样极限误差又叫允许误差,它是抽样指标和总体指标之间抽样误差的最大可能范围,等于样本指标可允许变动的上限或下限与总体指标之差的绝对值。

区间估计有两个问题:一是估计的精确度,即抽样极限误差的大小;二是估计的可靠度,即概率度的大小。精确度与可靠度二者是矛盾的,即概率度越大,参数估计的置信度越高,抽样误差范围越大,精确度越低;概率度越小,参数估计的置信度越低,抽样误差范围越小,而精确度越高。

统计抽样要设计好抽样方案,重点是编制好抽样框,确定样本单位的抽取方法,选择合理的抽样组织形式。

必要样本单位数是既能满足参数估计精度和把握程度要求,又能使调查经费最小的样本单位数。影响必要样本单位数的因素有总体各单位标志值的差异程度、抽样极限误差的大小、参数估计的置信度、抽样方法和抽样组织形式。

假设检验就是对一个关于总体参数或总体分布形式的假设,利用样本资料来检验其真或伪的可能性。具体来说,就是利用样本资料计算出有关的检验统计量,再根据该统计量的抽样分布理论来判断样本资料对原假设是否有显著的支持性或排斥性,即在一定的概率下判断原假设是否合理,从而决定接受或否定原假设。假设检验的基本思想是某种带有概率性质的反证法。首先我们提出一个“假设”,然后来检验这个“假设”的真实性。为了检验这种真实性是否成立,我们首先假设这个“假设”是成立的,看由此会产生什么结果。如果导致一个不合理的现象出现,那么就表示原先的假设是不正确的,这时我们只能拒绝这个原“假设”;如果没有导致不合理的现象发生,则我们就没有理由拒绝原“假设”。这里所说的“不合理”并不是形式逻辑中绝对的不合理,而是基于我们在实践中广泛采用的一个原则——小概率原理,假设检验的基本思想就是依据小概率原理来判断原假设的真实性。小概率原理认为小概率事件在一次抽样中实际上不会发生,如果被认定为小概率的事件在一次实验或观察中真的发生了,我们就认为把该事件作为小概率事件是不合理的。因此,我们可以拒绝这个原假设。它有两类错误:弃真错误和纳伪错误。

思考与练习

课后思考

1. 什么是统计抽样? 它有什么特点和作用?

2. 怎样理解总体指标是唯一的、样本指标是随机的?

3. 如何理解抽样误差,它与工作误差和系统性误差有何区别?

4. 如何理解抽样平均误差,它的理论性公式和应用性公式各是怎样的?

5. 什么是抽样极限误差? 它与抽样平均误差有何关系?

6. 什么是概率度和置信度? 二者关系如何?

7. 怎样理解参数估计的精确度和可靠度? 二者关系如何?

8. 什么是必要样本单位数? 为什么要确定必要样本单位数? 确定必要样本单位数应考虑哪些因素?

知识自测

1. 单项选择题

(1)抽样推断是建立在(　　)基础上的。

A. 有意抽样　　B. 随意抽样

C. 随机抽样　　D. 任意抽样

(2)抽样推断的目的是(　　)。

A. 以样本指标推断总体指标　　B. 取得样本指标

C. 以总体指标估计样本指标　　D. 以样本的某一指标推断另一指标

(3)在抽样推断中,可以计算和控制的误差是(　　)。

A. 抽样实际误差　　B. 抽样标准误差

C. 非随机误差　　D. 系统性误差

(4)在假设检验中,原假设所表达的含义是(　　)。

A. 总体参数发生了变化　　B. 总体参数没有发生变化

C. 变量间存在某种关系　　D. 总体参数是错误的

(5)在假设检验中,不拒绝原假设意味着(　　)。

A. 原假设肯定是正确的　　B. 原假设肯定是错误的

C. 没有证据证明原价是正确的　　D. 没有证据证明原假设是错误的

(6)当备择假设为 $H_1:\mu<\mu_0$,此时的假设检验称为(　　)。

A. 双侧检验　　B. 右单侧检验

C. 左单侧检验　　D. 显著性检验

(7)一种零件的标准长度为 5 cm,现欲检验某天生产的零件是否符合标准要求,建立的原假设和备择假设应为(　　)。

A. $H_0:\mu=5$ cm;$H_1:\mu\neq5$ cm　　B. $H_0:\mu\neq5$ cm;$H_1:\mu=5$ cm

C. $H_0:\mu\leq5$ cm;$H_1:\mu>5$ cm　　D. $H_0:\mu\geq5$ cm;$H_1:\mu<5$ cm

(8)随机抽取一个 $n=500$ 的样本,计算得到样本均值为 60,样本标准差为 30,要检验假设 $H_0:\mu=65$;$H_1:\mu\neq65$,检验的统计量为(　　)。

A. 1.18　　B. -3.72　　C. -2.36　　D. 2.36

(9)抽样标准误 $\sigma(\bar{x})$、抽样极限误差 $\Delta(\bar{x})$ 和概率 Z 三者之间成反比关系的是(　　)。

A. $\sigma(\bar{x})$ 与 $\Delta(\bar{x})$　　B. Z 与 $\Delta(\bar{x})$　　C. Z 与 $\sigma(\bar{x})$　　D. 没有

(10)对两工厂工人工资作纯随机不重复抽样调查,调查的工人数一样,两工厂工资方差一样,但第二个工厂工人数多一倍,则抽样平均误差(　　)。

A. 第一个工厂大　　B. 第二个工厂大

C. 两个工厂一样大　　D. 不能作结论

2. 判断题

(1)抽样的随机原则,就是要保证总体各单位有同等被抽中的机会,而不受人们主观因素的影响。(　　)

(2)抽样调查与典型调查的重要区别就在于前者的抽样误差是无法估计和控制的。(　　)

(3)抽样调查是一种非常科学的方法,因而在以样本统计量推断总体参数时,其可靠性是完全肯定的。(　　)

(4)每一次抽样的实际抽样误差虽然不可知,却是唯一的,因而抽样误差不是随机变量。(　　)

(5)系统性误差和登记性误差是可以避免的,而偶然性误差是不可避免的。(　　)

(6)抽样误差范围越小,则参数估计的置信度也越小。(　　)

(7)重复抽样的误差要比不重复抽样的误差小些。(　　)

(8)在假设检验中,原假设和备择假设只有一个成立而且必有一个成立。 ( )

(9)在假设检验中,Ⅰ类错误是指当原假设错误时拒绝了原假设。 ( )

(10)在假设检验中,不拒绝原假设就意味着原假设是正确的。 ( )

技能训练

1. 在2 000名大学生中随机抽取200名调查,调查的结果是:平均体重58千克,又据历史资料可知大学生体重的标准差是10千克。试用重复抽样和不重复抽样两种方法计算抽样平均误差。

2. 某厂对10 000件产品按纯随机不重复抽样的方法抽出1 000件进行检验,其中不合格品为120件,如用0.954 5的概率保证,问这批产品中,不合格率的区间估计范围是多大?如果其他条件不变,允许误差缩小1/2,下次进行调查时应抽多少件产品?

3. 某快餐店想要估计每位顾客午餐的平均花费金额,在为期3周的时间里选取49名顾客组成了一个简单随机样本。

要求:

(1)假定总体标准差为15元,求样本均值的抽样标准误差。

(2)在95%的置信水平下,求允许误差。

(3)如果样本均值为12元,求总体均值在95%的置信区间。

4. 对某型号的电子元件进行耐用性能检查,抽样的资料如表6-6所示。

表6-6 某型号的电子元件抽样的资料

耐用时数/小时	元件数/个
900以下	1
900—950	2
950—1 000	6
1 000—1 050	35
1 050—1 100	43
1 100—1 150	9
1 150—1 200	3
1 200以上	1

要求:

(1)耐用时数的误差范围不超过10.382小时,试估计该批电子元件的平均耐用时数的区间范围,并说明其可靠程度的大小。

(2)设该厂的产品质量检验标准规定,元件耐用时数在1 000小时以下的为不合格品。如要求合格品率估计的误差范围不超过8.58%,试估计该批电子元件合格品率的区间范围,并说明其概率保证程度。

5. 某班级男生的身高呈正态分布,并且已知平均身高为 170 厘米,标准差为 12 厘米。

要求:

(1)若抽查 10 人,这 10 人的平均身高在 166.2—173.8 厘米之间的可能性有多大?

(2)如果进行一次男生身高抽样调查,要求以 95%把握保证允许误差不超过 3 厘米,问需要抽查多少人?

(3)如果允许误差仍为 3 厘米,保证程度提高为 99.73%,需抽查多少人?

6. 某味精厂生产一种塑袋包装的味精,规定每袋规格重量不低于 100 克,现抽取其中 1%进行检验,结果如下:

每袋重量/克	100 以下	100—102	102—104	104—106	106 以上	合计
数量/袋	5	13	62	17	3	100

在放回抽样条件下,这批塑袋包装味精平均每袋重量是否达到规格重量的要求(显著性水平为 0.05)?

7. 某公司宣称有 75%以上的消费者满意其产品的质量。一家市场调查公司受委托调查该公司此项声明是否属实。随机抽样调查 625 位消费者,表示满意该公司产品质量者有 500 人,试问在 0.05 的显著性水平下,该公司的声明是否属实?

第七章　列联分析

知识目标

(1)认识列联表在分类数据分析中的重要作用。
(2)掌握列联表的构造及其分布。
(3)掌握χ^2独立性检验的思想、方法及其应用。
(4)掌握列联表中相关性测量方法。
(5)了解列联分析需要注意的问题。

技能目标

(1)能在实践中根据变量的特征制作恰当的列联表,并基于列联表进行初步分析。
(2)能根据列联表完成χ^2独立性检验,说明两类别变量间是否存在统计意义上显著的相关关系。
(3)能根据列联表计算相关系数,反映两类别变量间的相关关系强弱。

案例导入

非英语专业学生英语学习方式与考试成绩的相关性

对于非英语专业的学生来说,进入大学后对英语的学习放松了很多。现在有一种现象,很多学生对大学里的英语课不重视,平时逃课或不认真听课,只在期末考试前进行复习,或是凭借着高中时的英语水平期望通过大学英语期末考试。这就形成一种常态:平时对英语不关心,或考试只依靠复习。无论是只靠课堂,还是只靠复习,或是两种方式都采用,对英语的期末考试都会有一定的效果,但学生们想要知道,哪种方式能取得更好的成绩。比如,仅靠期末前的突击复习是否可行?仅靠原来的英语水平能否通过考试?课堂加复习是否能显著提高成绩?

面对这些问题,我们首先考察解决这一问题的相关变量。其一是学习方式,这是一个明确的分类变量,在此将学习方式区分为单纯依赖课堂、单纯依赖复习、课堂加复习和课堂与复习均不采用(即依赖原有知识积累)。另一个是英语期末考试成绩变量,百分制成绩时它是一个数值型变量,但太过细微的成绩差异无法认为是学习方式导致的,此时，可以将百分制的英语期末考试成绩按等第制进行划分，区分为不及格（低于60分）、及格（60—70分）、中等（70—80分）、良好（80—90分）和优秀（90—100分）五个级别，从而将数值型的成绩变量转换为分类型的英语成绩变量。

那么，如何考查学生学习方式与分类型英语期末考试成绩两个变量之间是否存在相关关系呢？前面章节的单变量分析已无法满足这一分析目的，我们需要在两个分类型变量间建立联系，此时，自然而然地大家会想到，用表格的行代表一个分类变量，列代表另一个分类变量，去统计学生人数的分布，以此来展现两个分类变量间的关系。

通过对某学院大一500名学生的调查发现，学生学习方式与英语期末考试成绩的人员分布情况如表7-1所示。

由表7-1中的统计数字可以直观地看出，单纯依赖课堂的学生英语期末考试成绩中等水平的人数最多，单纯依赖复习和课堂加复习学习方式的学生英语期末考试成绩良好的人数最多，同时，单纯依赖复习的学生期末成绩为优秀的比例（4/80）要低于课堂加复习学生期末成绩为优秀的比例（64/300），依赖原有知识积累的学生英语期末考试成绩不及格人数最多，让我们感受到学习方式和英语期末考试成绩之间应该存在着某种关联。

表7-1　学生学习方式与英语期末考试成绩的人员分布

分组	优秀	良好	中等	及格	不及格	合计
单纯依赖课堂	2	12	37	15	4	70
单纯依赖复习	4	36	29	10	1	80
课堂加复习	64	160	56	20	0	300
依赖原有知识积累	0	2	8	15	25	50
合计	70	210	130	60	30	500

数字是枯燥的，但数字背后讲述的问题是有趣的。面对分类型变量，可以利用列联表分析英语考试成绩与学习方式的关系。类似的问题还包括性别与文化程度的关系，文化程度与生育意愿的关系，年龄阶段与书写特征的关系，上市公司行业与公司规模的关系等等有趣的问题。

案例分析

上述资料中，通过制作两个分类变量的交叉列联表，让我们直观地感受到学习方式与英语期末考试成绩之间存在着关联性，那么，我们该如何具体地获知两个分类变量间的关系？如何从概率意义上说明两个分类变量间关系是否显著？又该如何通过一些指标值的计算来反映变量关系的强弱？通过本章的学习将带您找到这些问题的答案。

第一节　列联表概述

一、分类数据

在第一章,我们知道根据数据计量尺度的不同,可以将统计数据分为定类数据、定序数据、定距数据与定比数据。其中,定类数据和定序数据通常是对事物进行分类的结果,描述现象的类别特征,可以统称为分类数据。虽然它们可以用数值表示,但不同数值仅描述了调查对象的不同特征。例如,学习方式区分为单纯依赖课堂、单纯依赖复习、课堂加复习和课堂与复习均不采用(即依赖原有知识积累)四种类型,可以用数字“1”“2”“3”“4”来分别代表四种不同的方式。对于这样的分类数据,我们可以汇总统计各类出现的次数(即频数),但不适合进行加减乘除等数值运算。

通过之前的学习,我们还知道,在一些问题的研究中,数值型数据可以通过分组的方法,将其转化为分类数据。例如,英语期末考试成绩百分制记分时是一个数值型变量,但为了凸显考试成绩的差异,可以按照一定的标准把不同分数的学生分为不同的类型,如区分为不及格(低于 60 分)、及格(60—70 分)、中等(70—80 分)、良好(80—90 分)和优秀(90—100 分)五个不同级别,这就转换为有 5 个类别的分类变量,对不同类别的学生人数的统计结果就是频数。

二、列联表的结构

列联表是统计表的一种,是观察数据按两个或两个以上的分类变量进行交叉分类时所列出的频数或频率分布表。如表 7-1 所示,要了解学生学习方式和英语期末考试成绩是否有关,根据 500 名学生的信息,构造了学习方式和英语期末考试成绩两个变量的列联表。

一般地,若总体中的个体可以按两个变量 X 和 Y 分类,其中,变量 X 有 r 个类别:X_1,X_2,…,X_r,变量 Y 有 s 个类别:Y_1,Y_2,…,Y_s。从总体中抽取大小为 n 的样本,用 n_{ij} 表示个体属性满足 $X=X_i$ 且 $Y=Y_j$ 的样本数量,n_{ij} 称为频数。此时,变量 X 和 Y 的 $r×s$ 列联表的一般形式如表 7-2 所示。

表 7-2　变量 X 和 Y 的 $r×s$ 频数分布列联表

X	Y						行频数和
	Y_1	Y_2	…	Y_j	…	Y_s	$\sum_j$
X_1	n_{11}	n_{12}	…	n_{1j}	…	n_{1s}	$n_{1\cdot}$
X_2	n_{21}	n_{22}	…	n_{2j}	…	n_{2s}	$n_{2\cdot}$

续表

X	Y						行频数和 $\sum_j$
	Y_1	Y_2	…	Y_j	…	Y_s	
⋮	⋮	⋮	…	⋮	…	⋮	⋮
X_i	n_{i1}	n_{i2}	…	n_{ij}	…	n_{is}	$n_{i\cdot}$
⋮	⋮	⋮	⋮	⋮	⋮	⋮	⋮
X_r	n_{r1}	n_{r2}	⋮	n_{rj}	⋮	n_{rs}	$n_{r\cdot}$
列频数和 $\sum_i$	$n_{\cdot 1}$	$n_{\cdot 2}$	…	$n_{\cdot j}$	…	$n_{\cdot s}$	n

表中交叉位置的每一个数据 n_{ij} 都反映来自变量 X 和变量 Y 两方面的信息。

$n_{i\cdot}$ 表示对应第 i 行的频数和，$n_{\cdot j}$ 表示对应第 j 列的频数和。

当表 7-2 中所有的频数更换为频率表示时，即频数表格中每个交叉单元格中的频数均除以数据总个数 n，就得到变量 X 和 Y 的 $r×s$ 频率分布列联表 $p_{ij}=\dfrac{n_{ij}}{n}$，如表 7-3 所示。

表 7-3　变量 X 和 Y 的 $r×s$ 频率分布列联表

X	Y						行频率和 $\sum_j$
	Y_1	Y_2	…	Y_j	…	Y_s	
X_1	p_{11}	p_{12}	…	p_{1j}	…	p_{1s}	$p_{1\cdot}$
X_2	p_{21}	p_{22}	…	p_{2j}	…	p_{2s}	$p_{2\cdot}$
⋮	⋮	⋮	⋮	⋮	⋮	⋮	⋮
X_i	p_{i1}	p_{i2}	…	p_{ij}	…	p_{is}	$p_{i\cdot}$
⋮	⋮	⋮	⋮	⋮	⋮	⋮	⋮
X_r	p_{r1}	p_{r2}	…	p_{rj}	…	p_{rs}	$p_{r\cdot}$
列频率和 $\sum_i$	$p_{\cdot 1}$	$p_{\cdot 2}$	…	$p_{\cdot j}$	…	$p_{\cdot s}$	1

如表 7-2、表 7-3 所示，只有两个分类变量时，称之为二维列联表。若所考虑的分类变量多于两个，也可以按类似的方式作出多维列联表。只要研究内容涉及两个或两个以上分类变量的分析，均可以制作列联表。

三、列联表中观察值的分布

观察值的分布是根据实际观察（调查）到的数据整理出的频数（频率）分布。表 7-1 就是根据实际观察到的数据构造的二维频数分布表，描述的就是实际观察值的分布。

由于列联表同时反映两个或两个以上变量的分布，因此，可以根据列联表中数据所描述的含义，将列联表中观察值的分布分为联合分布、边缘分布和条件分布。

（一）联合分布

列联表中间部分的数据 n_{ij} 或 p_{ij} 是由两个变量共同决定的，即 $X=X_i$ 且 $Y=Y_j$ 的频数或频率，将其称为联合分布。

（二）边缘分布

列联表中最下面一行 $n_{\cdot j}$ 或 $p_{\cdot j}$ 表示 $Y=Y_j$ 的频数或频率，与变量 X 无关，代表变量 Y 的分布；最右边一列 $n_{i\cdot}$ 或 $p_{i\cdot}$ 表示 $X=X_i$ 的频数或频率，与变量 Y 无关，代表变量 X 的分布。

它们的位置通常在列联表的边缘（最下面一行或最右边一列），因此，将它们称为边缘分布，只与某一个变量有关。

（三）条件分布

在列联表中还可以考察中间特定某一行或某一列的频数或频率分布，即一个变量取固定值时另一个变量的分布，称为条件分布。表 7-2 和表 7-3 中，中间每一行的数据说明的是变量 X 取固定值时变量 Y 频数或频率的条件分布，中间每一列的数据说明的是变量 Y 取固定值时变量 X 频数或频率的条件分布。

使用条件分布的目的通常是考察当一个变量取不同类别时，另一个变量的分布是否有差异。这种差异直接通过表 7-2 或表 7-3 的频数或频率分布表难以展现，因此，条件分布通常会用单元格的频数（频率）除以对应行（或列）的总频数（频率），以此来反映的条件分布更便于变量分布在不同类别间的比较。

用单元格的频数除以对应列的总频次，即$\dfrac{n_{ij}}{n_{\cdot j}}$构成的分布称为关于变量 X 的条件分布，也就是当变量 Y 取固定值时变量 X 的分布，如表 7-4 所示。变量 X 的条件分布中，各列的和等于 1。

表 7-4　变量 X 的条件分布

X	Y						边缘项
	Y_1	Y_2	…	Y_j	…	Y_s	
X_1	$\frac{n_{11}}{n_{\cdot 1}}$	$\frac{n_{12}}{n_{\cdot 2}}$	…	$\frac{n_{1j}}{n_{\cdot j}}$	…	$\frac{n_{1s}}{n_{\cdot s}}$	$\frac{n_{1\cdot}}{n}$
X_2	$\frac{n_{21}}{n_{\cdot 1}}$	$\frac{n_{22}}{n_{\cdot 2}}$	…	$\frac{n_{2j}}{n_{\cdot j}}$	…	$\frac{n_{2s}}{n_{\cdot s}}$	$\frac{n_{2\cdot}}{n}$
⋮	⋮	⋮	⋮	⋮	⋮	⋮	⋮
X_i	$\frac{n_{i1}}{n_{\cdot 1}}$	$\frac{n_{i2}}{n_{\cdot 2}}$	…	$\frac{n_{ij}}{n_{\cdot j}}$	…	$\frac{n_{is}}{n_{\cdot s}}$	$\frac{n_{i\cdot}}{n}$

续表

X	Y						边缘项
	Y_1	Y_2	…	Y_j	…	Y_s	
⋮	⋮	⋮	⋮	⋮	⋮	⋮	⋮
X_r	$\frac{n_{r1}}{n_{\cdot 1}}$	$\frac{n_{r2}}{n_{\cdot 2}}$	…	$\frac{n_{rj}}{n_{\cdot j}}$	…	$\frac{n_{rs}}{n_{\cdot s}}$	$\frac{n_{r\cdot}}{n}$
求和项$\sum_i$	1	1	…	1	…	1	1

同理，用单元格的频数除以对应行的总频次，即$\frac{n_{ij}}{n_{i\cdot}}$构成的分布称为关于变量 Y 的条件分布，也就是当变量 X 取固定值时变量 Y 的分布，如表 7-5 所示。变量 Y 的条件分布中，各行求和等于 1。

表 7-5　变量 Y 的条件分布

X	Y						求和项$\sum_j$
	Y_1	Y_2	…	Y_j	…	Y_s	
X_1	$\frac{n_{11}}{n_{1\cdot}}$	$\frac{n_{12}}{n_{1\cdot}}$	…	$\frac{n_{1j}}{n_{1\cdot}}$	…	$\frac{n_{1s}}{n_{1\cdot}}$	1
X_2	$\frac{n_{21}}{n_{2\cdot}}$	$\frac{n_{22}}{n_{2\cdot}}$	…	$\frac{n_{2j}}{n_{2\cdot}}$	…	$\frac{n_{2s}}{n_{2\cdot}}$	1
⋮	⋮	⋮	⋮	⋮	⋮	⋮	⋮
X_i	$\frac{n_{i1}}{n_{i\cdot}}$	$\frac{n_{i2}}{n_{i\cdot}}$	…	$\frac{n_{ij}}{n_{i\cdot}}$	…	$\frac{n_{is}}{n_{i\cdot}}$	1
⋮	⋮	⋮	⋮	⋮	⋮	⋮	⋮
X_r	$\frac{n_{r1}}{n_{r\cdot}}$	$\frac{n_{r2}}{n_{r\cdot}}$	…	$\frac{n_{rj}}{n_{r\cdot}}$	…	$\frac{n_{rs}}{n_{r\cdot}}$	1
边缘项	$\frac{n_{\cdot 1}}{n}$	$\frac{n_{\cdot 2}}{n}$	…	$\frac{n_{\cdot j}}{n}$	…	$\frac{n_{\cdot s}}{n}$	1

【例 7-1】根据表 7-1 可以得到关于学习方式的条件分布（见表 7-6），以及关于英语期末考试成绩的条件分布（见表 7-7）。

表 7-6 学生学习方式的条件分布

	优秀	良好	中等	及格	不及格	合计
单纯依赖课堂	2. 86%	5. 71%	28. 46%	25. 00%	13. 33%	14. 00%
单纯依赖复习	5. 71%	17. 14%	22. 31%	16. 67%	3. 33%	16. 00%
课堂加复习	91. 43%	76. 19%	43. 08%	33. 33%	0. 00%	60. 00%
依赖原有知识积累	0. 00%	0. 95%	6. 15%	25. 00%	83. 33%	10. 00%

由表 7-6 可知，英语期末考试成绩为优秀的学生中，采用课堂加复习学习方式的占比 91. 43%，依赖原有知识积累的占比为 0，而英语期末考试成绩为不及格的学生中，采用课堂加复习学习方式的占比为 0，依赖原有知识积累的占比 83. 33%。

表 7-7 英语期末考试成绩的条件分布

	优秀	良好	中等	及格	不及格
单纯依赖课堂	2. 86%	17. 14%	52. 86%	21. 43%	5. 71%
单纯依赖复习	5. 00%	45. 00%	36. 25%	12. 50%	1. 25%
课堂加复习	21. 33%	53. 33%	18. 67%	6. 67%	0. 00%
依赖原有知识积累	0. 00%	4. 00%	16. 00%	30. 00%	50. 00%
合计	14. 00%	42. 00%	26. 00%	12. 00%	6. 00%

同理，也可以根据表 7-7 的数据，分析同一种学习方式下，英语期末考试成绩各等级的人员分布。

第二节 独立性检验

一、列联表中变量的相互独立性

在列联表中，可以通过比较条件分布来研究两个类别变量之间的关系。当一个变量取不同类别时，另一个变量的条件分布存在明显差异，就说明两个变量是相关的。如表 7-6 反映的不同英语期末考试成绩等级的学生其学习方式的条件频率分布存在较为明显的差异，表 7-7 反映的不同学习方式的学生英语期末考试成绩等级的条件频率分布存在较大差异，都表明学习方式与英语期末考试成绩等级存在一定程度的相关关系。

反之，当一个变量取不同值时，另一个变量的条件分布只有微小差异，或者根本无差异，则认为两个变量不相关，即两个变量相互独立。从频率分布看，两个变量相互独立的表现是条件分布等于边缘分布。从表 7-4 变量 X 的条件分布看，有：

$$\frac{n_{i1}}{n_{\cdot 1}}=\frac{n_{i2}}{n_{\cdot 2}}=\cdots=\frac{n_{ij}}{n_{\cdot j}}=\cdots=\frac{n_{is}}{n_{\cdot s}}=\frac{n_{i\cdot}}{n}(i=1,2,\cdots,r)$$

从表 7-5 变量 Y 的条件分布看，有：

$$\frac{n_{1j}}{n_{1\cdot}}=\frac{n_{2j}}{n_{2\cdot}}=\cdots=\frac{n_{ij}}{n_{i\cdot}}=\cdots=\frac{n_{rj}}{n_{r\cdot}}=\frac{n_{\cdot j}}{n}(j=1,2,\cdots,s)$$

更一般地，列联表中两个变量的相互独立可以表达为：

$$\frac{n_{ij}}{n_{\cdot j}}=\frac{n_{i\cdot}}{n}(i=1,2,\cdots,r)\text{或}\frac{n_{ij}}{n_{i\cdot}}=\frac{n_{\cdot j}}{n}(j=1,2,\cdots,s)$$

两式可以共同变换为：

$$\frac{n_{ij}}{n}=\frac{n_{i\cdot}}{n}\times\frac{n_{\cdot j}}{n}$$

上式说明，若两个变量相互独立，则在频率分布的列联表中，联合频率分布等于相对应的边缘频率分布的乘积。

当给定列联表的边缘分布后，若两个变量相互独立，此时可以按照变量独立条件下联合分布与边缘分布的关系，计算得到两变量独立条件下的联合频数（或频率）分布，通常将其称为期望值的分布。

【例 7-2】根据表 7-1 可以得到学习方式与英语期末考试成绩等级相互独立时的期望频数分布表，见表 7-8。

表 7-8　期望频数分布表

	优秀	良好	中等	及格	不及格	合计
单纯依赖课堂	9.8	29.4	18.2	8.4	4.2	70
单纯依赖复习	11.2	33.6	20.8	9.6	4.8	80
课堂加复习	42	126	78	36	18	300
依赖原有知识积累	7	21	13	6	3	50
合计	70	210	130	60	30	500

单纯依赖课堂且成绩优秀的期望频数为：$\frac{70}{500}\times\frac{70}{500}\times500=9.8$

其余期望联合频数分布的计算均依赖相对应的边缘分布，方法类似。

二、χ^2 独立性检验

在社会经济问题分析时，经常会遇到要求判断两个分类变量之间是否存在联系的问题。例如，学习方式与英语期末考试成绩是否相关，性别与文化程度是否相关，学历与生育意愿是否相关等等。在这种情况下可以使用 χ^2 检验，判断两个分类变量是否相互关联。如果不存在相互关联，就称为独立。所以，把这类问题的处理称为χ^2独立性检验。

（一）χ^2独立性检验的统计思想

如前所述，在列联表中，两个变量相互独立的表现是频率的条件分布等于边缘分布（或联合分布等于边缘分布的乘积）。从两个变量相互独立的总体中抽取一个随机样本，由于随机误差的存在，用样本观察值制作的列联表中，频率的条件分布恰好等于边缘分布的可能性是很小的。χ^2独立性检验的目的就是明确列联表中样本观察值的分布与两个变量相互独立时的期望值分布相比，相差多大时可以认定总体中两个变量是相关的。

利用样本观察值制作出列联表以后，就得到了两个变量的边缘分布，如表7-2所示。利用表7-2边缘分布的数据，根据“两变量相互独立时，频率的联合分布等于边缘分布的乘积”这一特征，可以构建出两个变量完全独立时期望的列联表，设期望的列联表每个交叉单元格中的频数为e_{ij}，如表7-9所示。

表7-9　变量X和Y相互独立时的期望频数分布表

X	Y						边缘分布
	Y_1	Y_2	…	Y_j	…	Y_s	$\sum_j$
X_1	e_{11}	e_{12}	…	e_{1j}	…	e_{1s}	$n_{1\cdot}$
X_2	e_{21}	e_{22}	…	e_{2j}	…	e_{2s}	$n_{2\cdot}$
⋮	⋮	⋮	⋮	⋮	⋮	⋮	⋮
X_i	e_{i1}	e_{i2}	…	e_{ij}	…	e_{is}	$n_{i\cdot}$
⋮	⋮	⋮	⋮	⋮	⋮	⋮	⋮
X_r	e_{r1}	e_{r2}	…	e_{rj}	…	e_{rs}	$n_{r\cdot}$
边缘分布$\sum_i$	$n_{\cdot 1}$	$n_{\cdot 2}$	…	$n_{\cdot j}$	…	$n_{\cdot s}$	n

值得注意的是，表7-2中两个变量的边缘分布与表7-9中两个变量的边缘分布是相同的。

接下来的问题是按照假设检验的思想，构造χ^2检验统计量，用来说明观察到的联合分布与两个变量相互独立时的期望联合分布的差异是否足够大。如果差异足够大，则认为两个变量是相关的。如果差异很小，则没有足够的证据证明两个变量相关。

（二）χ^2 独立性检验的步骤

χ^2 独立性检验属于非参数检验的范畴，其根本思想就在于比较期望频数和实际频数的吻合程度。

1. 检验的原假设与备择假设

χ^2 独立性检验的目的是判断总体中两个变量是否相互独立，因此，检验的原假设为总体中两个变量相互独立，备择假设为总体中两个变量相关。

由于两个变量相互独立时，联合频率分布等于对应的两个边缘频率分布的乘积，因此，χ^2 独立性检验的原假设可以表示为：

$$H_0: \frac{n_{ij}}{n}=\frac{n_{i.}}{n}\times\frac{n_{.j}}{n}, \text{即 } p_{ij}=p_{i.}\times p_{.j}(i=1,2,\cdots,r;j=1,2,\cdots,s)$$

备择假设可以表示为：

$$H_1: \frac{n_{ij}}{n}\neq\frac{n_{i.}}{n}\times\frac{n_{.j}}{n}, \text{即 } p_{ij}\neq p_{i.}\times p_{.j}(i=1,2,\cdots,r;j=1,2,\cdots,s)$$

2. 确定观测的联合频数分布与期望的联合频数分布

首先，利用样本数据制作观测的联合频数分布表。

其次，利用观测的联合频数分布表中边缘分布的数据，计算得到期望的联合频数分布，计算公式如下：

$$e_{ij}=p_{i.}\times p_{.j}\times n=\frac{n_{i.}}{n}\times\frac{n_{.j}}{n}\times n=\frac{n_{i.}\times n_{.j}}{n}$$

3. 确定检验的统计量

比较实际观测的联合频数分布与期望的联合频数分布之间差异所使用的统计量是 χ^2 统计量。正因如此，这种检验称为 χ^2 检验。

χ^2 统计量的计算公式如下：

$$\chi^2=\sum_{i=1}^{r}\sum_{j=1}^{s}\frac{(n_{ij}-e_{ij})^2}{e_{ij}}\sim\chi^2(r-1)(s-1)$$

由 χ^2 统计量的计算式可知，实际观测的联合频数分布 n_{ij} 与期望的联合频数分布 e_{ij} 之间的差异越小，χ^2 统计量的值越小，原假设成立的可能性越大，就无法认为变量 X 和变量 Y 存在相关关系。反之，实际观测的联合频数分布 n_{ij} 与期望的联合频数分布 e_{ij} 之间的差异越大，χ^2 统计量的值越大，原假设成立的可能性越小，越有理由认为变量 X 和变量 Y 存在相关关系。

4. 根据小概率标准确定检验的临界值

由上面的分析可知，进行 χ^2 检验时，χ^2 值越小，意味着越可能接受原假设，χ^2 值越大，意味着越有可能拒绝原假设。因此，不存在双侧检验问题，仅是一个右单侧检验。

χ^2 检验统计量服从自由度为 $(r-1)\times(s-1)$ 的 χ^2 分布。根据显著性水平 α，查 χ^2 分

布表，确定检验的临界值χ_{α}^{2}，得到χ^{2}检验的拒绝域为：$\chi^{2}>\chi_{\alpha}^{2}$。

5. 给出检验结论

将计算出的χ^{2}统计量值与根据显著性水平α查表得到的检验临界值χ_{α}^{2}进行比较。如果处于接受域，没有充足的理由拒绝原假设，认为变量X和变量Y不相关，即相互独立。如果处于拒绝域，有充足的理由拒绝原假设，认为变量X和变量Y相关。

【例 7-3】利用χ^{2}独立性检验说明英语学习方式与期末考试成绩等级之间是否存在相关关系。

根据表 7-1 学习方式与英语期末考试成绩等级观测的联合分布表，以及表 7-8 学习方式与英语期末考试成绩等级相互独立时的期望频数分布表，计算χ^{2}统计量，有：

$$\chi^{2}=\frac{(2-9.8)^{2}}{9.8}+\frac{(4-11.2)^{2}}{11.2}+\cdots+\frac{(25-3)^{2}}{3}=305.14$$

当显著性水平$\alpha=0.05$时，查自由度为$(4-1)\times(5-1)=12$的χ^{2}分布表，得到检验的临界值$\chi_{\alpha}^{2}=21.03$。

因为$\chi^{2}=305.14>\chi_{\alpha}^{2}=21.03$，所以，有充足的理由拒绝原假设，认为英语学习方式与期末考试成绩等级之间存在相关关系。

三、应用χ^{2}检验应注意的问题

第一，要求样本量足够大，特别是每个单元格的期望频数不能太小，否则应用χ^{2}检验可能会得出错误的结论。

从χ^{2}统计量的公式可以看出，如果期望频数e_{ij}过小，会使$\frac{(n_{ij}-e_{ij})^{2}}{e_{ij}}$不适当地增加，造成对$\chi^{2}$检验统计量的高估，从而导致不适当地拒绝原假设的结论。

第二，应用χ^{2}检验时，每个单元格的期望频数不应小于 5。

如果仅有两个单元格，单元格的最小期望频数不应小于 5，否则不能进行χ^{2}检验。单元格在两个以上时，期望频数小于 5 的单元格不能超过总格子数的 20%，否则不能进行χ^{2}检验。如果出现期望频数小于 5 的单元格超过 20%，可以采取合并类别的办法来解决这一问题，即将期望频数较小的类别并入相邻类别中，再进行检验。

综合来看，χ^{2}检验是一种用途很广的、对计数资料进行的假设检验方法。

第三节 列联表中的相关测量

前面讨论了如何利用χ^{2}独立性检验，对列联表中两个分类变量之间的相关性进行统计检验。如果变量相互独立，说明它们之间没有联系；反之，则认为它们之间存在联系。接下来的问题是，如果变量之间存在联系，它们之间的相关程度有多大？

对两个变量之间相关程度的测定，主要依靠相关系数。列联表中的变量是分类变量，它们所表现的是研究对象的不同品质或类别差异。所以，可以把这种分类数据之间的相关称为品质相关。经常用到的品质相关系数有以下几种。

一、φ 相关系数

φ 相关系数是描述 2×2 列联表数据相关程度最常用的一种相关系数。

φ 相关系数的计算公式为：

$$\varphi=\sqrt{\frac{\chi^2}{n}}$$

其中，χ^2 是按照上节讲述的内容计算出的 χ^2 检验统计量值；n 为列联表中的总频数，即样本量。

φ 相关系数适用于 2×2 列联表，即适用于均只有两个类别的两个分类变量之间相关性的测度。这是因为对于 2×2 列联表中的数据，计算出的 φ 相关系数可以控制在 0—1 之间。如表 7-10 所示，就是一个简化的 2×2 列联表。

表 7-10　简化的 2×2 列联表

X	Y		边缘和 $\sum_j$
	Y_1	Y_2	
X_1	a	b	$a+b$
X_2	c	d	$c+d$
边缘和 $\sum_i$	$a+c$	$b+d$	$n=a+b+c+d$

由上节分析可知，当变量 X 和变量 Y 相互独立、不存在相关关系时，在 2×2 列联表中每个交叉单元中频数的期望值为：

$$e_{11}=\frac{(a+c)\times(a+b)}{a+b+c+d}=\frac{(a+c)\times(a+b)}{n}$$

$$e_{12}=\frac{(b+d)\times(a+b)}{a+b+c+d}=\frac{(b+d)\times(a+b)}{n}$$

$$e_{21}=\frac{(a+c)\times(c+d)}{a+b+c+d}=\frac{(a+c)\times(c+d)}{n}$$

$$e_{22}=\frac{(b+d)\times(c+d)}{a+b+c+d}=\frac{(b+d)\times(c+d)}{n}$$

于是，χ^2 检验统计量为：

$$\chi^2=\frac{(a-e_{11})^2}{e_{11}}+\frac{(b-e_{12})^2}{e_{12}}+\frac{(c-e_{21})^2}{e_{21}}+\frac{(d-e_{22})^2}{e_{22}}$$

$$=\frac{n(ad-bc)^2}{(a+b)(c+d)(a+c)(b+d)}$$

将其代入 φ 相关系数的计算公式，有：

$$\varphi=\sqrt{\frac{\chi^2}{n}}=\sqrt{\frac{(ad-bc)^2}{(a+b)(c+d)(a+c)(b+d)}}=\frac{abs(ad-bc)}{\sqrt{(a+b)(c+d)(a+c)(b+d)}}$$

其中，$abs(ad-bc)$ 表示差值 $(ad-bc)$ 的绝对值。

由计算式可知，当 $ad=bc$ 时，φ 相关系数等于 0。当 $b=0, c=0$，或 $a=0, d=0$ 时，φ 相关系数均等于 1。

为了更加直观理解 φ 相关系数计算结果的含义，基于前述两个变量相互独立的表现是条件分布等于边缘分布这一特征，可知：

$$\frac{a}{a+c}=\frac{b}{b+d}\left(=\frac{a+b}{n}\right)\Rightarrow a(b+d)=b(a+c)\Rightarrow ad=bc$$

由此，φ 相关系数的分子项恰好是 ad 与 bc 之间的绝对差值，这一差值的大小可以直观反映变量之间相关程度的强弱。差值越小，说明两个变量的相关程度越低，特别地，当 $ad=bc$ 时，φ 相关系数等于 0，说明变量 X 和变量 Y 之间是相互独立的。反之，这一差值越大，φ 相关系数偏离 0 越远，说明变量 X 和变量 Y 之间的相关程度越高。当 $b=0, c=0$ 时，意味着当 $X=X_1$ 时，$Y=Y_1$，当 $X=X_2$ 时，$Y=Y_2$，说明变量 Y 的取值完全取决于变量 X，两变量完全相关，此时 φ 相关系数等于 1。同样地，当 $a=0, d=0$ 时，意味着当 $X=X_1$ 时，$Y=Y_2$，当 $X=X_2$ 时，$Y=Y_1$，也说明变量 Y 的取值完全取决于变量 X，两变量完全相关，此时 φ 相关系数等于 1。因此，当 $\varphi=1$ 时，必有某个方向对角线上观察到的频数全都为 0。

特别说明的是，在列联表中，变量值代表分类，可以任意变换变量值的前后位置，因此，φ 相关系数不需要区分正负号，不需要考虑正相关或负相关问题。

此外，φ 相关系数也可以针对大于 2×2 的列联表进行计算，但其取值无法限定在 0—1 之间。两变量相互独立时，φ 相关系数仍等于 0，但两变量存在相关关系时，φ 相关系数可能大于 1，无上限约束。

【例 7-4】根据表 7-1 的数据计算 φ 相关系数。

前面我们已经根据表 7-1 中的数据计算得到 $\chi^2=305.14$，进一步：

$$\varphi=\sqrt{\frac{\chi^2}{n}}=\sqrt{\frac{305.14}{500}}=0.7812$$

φ 相关系数偏离 0 较远，可以认为英语学习方式与期末考试成绩等级之间存在一定程度的相关关系。

二、列联相关系数

列联相关系数，简称 c 系数，主要用于大于 2×2 列联表的情况。

c 系数的计算公式为：

$$c=\sqrt{\frac{\chi^2}{\chi^2+n}}$$

当列联表中的两个变量相互独立时，即 $\chi^2=0$，此时 $c=0$，但两个变量完全相关时，由于分母中 n 的影响，它不可能达到 1。

c 系数的特点是，其可能的最大值依赖于列联表的行数和列数，且随着行数 r 和列数 s 的增大而增大。例如，列联表行数和列数相等，且两个变量完全相关时，我们知道，观察到的频数必然只出现在某个方向的对角线上。假定样本总数为 n。

当为表 7-11 的 2×2 列联表时，此时 $\chi^2=n$，$c=\sqrt{0.5}=0.7071$。

表 7-11　完全相关的 2×2 列联表

X	Y		边缘和 $\sum_j$
	Y_1	Y_2	
X_1	$n/2$	0	$n/2$
X_2	0	$n/2$	$n/2$
边缘和 $\sum_i$	$n/2$	$n/2$	n

当为表 7-12 的 3×3 列联表时，此时 $\chi^2=2n$，$c=\sqrt{\frac{2}{3}}=0.8165$。

表 7-12　完全相关的 3×3 列联表

X	Y			边缘和 $\sum_j$
	Y_1	Y_2	Y_3	
X_1	$n/3$	0	0	$n/3$
X_2	0	$n/3$	0	$n/3$
X_3	0	0	$n/3$	$n/3$
边缘和 $\sum_i$	$n/3$	$n/3$	$n/3$	n

当为表 7-13 的 4×4 列联表时，此时 $\chi^2=3n$，$c=\sqrt{\frac{3}{4}}=0.866$。

表 7-13 完全相关的 4×4 列联表

X	Y				边缘和 $\sum_j$
	Y_1	Y_2	Y_3	Y_4	
X_1	$n/4$	0	0	0	$n/4$
X_2	0	$n/4$	0	0	$n/4$
X_3	0	0	$n/4$	0	$n/4$
X_4	0	0	0	$n/4$	$n/4$
边缘和 $\sum_i$	$n/4$	$n/4$	$n/4$	$n/4$	n

c 系数可能的最大值随着行数 r 和列数 s 的增大而增大的特点,导致根据不同的行数和列数计算的 c 系数不便于比较,除非两个列联表中的行数和列数完全一致,这是 c 系数的局限性。但由于 c 系数计算简便,且对总体的分布没有任何要求,所以 c 系数仍不失为一个适应性较广的两分类变量相关程度测度值。

【例 7-5】根据表 7-1 的数据计算 c 相关系数。

前面我们已经根据表 7-1 中的数据计算得到 $\chi^2=305.14$,进一步:

$$c=\sqrt{\frac{\chi^2}{\chi^2+n}}=\sqrt{\frac{305.14}{305.14+500}}=0.6156$$

由计算结果可知,c 系数偏离 0 较远,可以认为英语学习方式与期末考试成绩等级之间存在一定程度的相关关系。

三、Cramer's V 相关系数

鉴于 φ 相关系数适用于 2×2 列联表,对于大于 2×2 列联表无上限,而 c 系数适用于大于 2×2 列联表,但 c 系数无法达到 1。克莱默(Cramer)提出了 V 相关系数。

Cramer's V 相关系数的计算公式为:

$$V=\sqrt{\frac{\chi^2}{n\times\min(r-1,s-1)}}$$

式中,$\min(r-1,s-1)$ 表示取列联表行数减 1(即 $r-1$)和列数减 1(即 $s-1$)中较小的一个。

Cramer's V 相关系数的取值范围在 0—1 之间。当列联表中的两个变量相互独立时,即 $\chi^2=0$,此时 $V=0$。当两个变量完全相关时,$V=1$。如果列联表中一个变量的类别数为 2,那么 $\min(r-1,s-1)=1$,则 Cramer's V 相关系数与 φ 相关系数相同。

【例 7-6】根据表 7-1 的数据计算 Cramer's V 相关系数。

前面我们已经根据表 7-1 中的数据计算得到 $\chi^2=305.14$,进一步:

$$V=\sqrt{\frac{\chi^2}{n\times\min(r-1,s-1)}}=\sqrt{\frac{305.14}{500\times\min(3,4)}}=\sqrt{\frac{305.14}{500\times3}}=0.451$$

由计算结果可知，Cramer's V 偏离 0 有一定的距离，可以认为英语学习方式与期末考试成绩等级之间存在一定程度的相关关系。

需要注意的是，对于不同的列联表，由于行数和列数的差异会影响相关系数值。因此，在对不同列联表变量之间的相关程度进行比较时，不同列联表中行与行、列与列的个数要相同，并且采用同一种系数，这样的相关系数值才具有可比性。

本章小结

实际中，我们经常面对分类变量相关关系的测度问题，如性别与文化程度的关系、文化程度与生育意愿的关系、上市公司资产规模与所属行业的关系等等。列联表是统计表的一种，是观察数据按两个或两个以上的分类变量进行交叉分类时所列出的频数或频率分布表，是帮助我们分析两个分类变量是否存在相关关系的有效工具。由于列联表同时反映两个或两个以上变量的分布，因此，可以根据列联表中数据所描述的含义，将列联表中观察值的分布分为联合分布、边缘分布和条件分布。

在列联表中，当一个变量取不同类别时，另一个变量的分布无差异，就说明两个变量是不相关的。当一个变量取不同类别时，另一个变量的分布存在明显差异，就说明两个变量是相关的。从频率分布看，两个变量相互独立的表现是条件分布等于边缘分布。当给定列联表的边缘分布后，若两个变量相互独立，此时，可以按照变量独立条件下联合分布与边缘分布的关系计算得到相应的联合分布频数，通常将其称为期望值的分布。

χ^2 统计量是以观测频数与期望频数为基础定义的。基于 χ^2 统计量可以从概率意义上判断两个分类变量是否存在显著的相关关系，χ^2 统计量应用时要求样本量足够大，特别是每个单元格的期望频数不能太小，否则应用该检验可能会得出错误的结论，通常要求列联表中每个单元格的期望频数不应小于 5。

测度两个分类变量的相关程度可以用 φ 相关系数、c 系数、Cramer's V 相关系数。φ 相关系数主要用于 2×2 列联表数据相关程度测度。c 系数适用于大于 2×2 列联表，但 c 系数无法达到 1。Cramer's V 相关系数取值介于 0—1 之间，对列联表中分类变量的类别数无要求。在对不同列联表变量之间的相关程度进行比较时，不同列联表中行与行、列与列的个数要相同，并且采用同一种系数，这样的相关系数值才具有可比性。

思考与练习

课后思考

1. 什么是列联表？列联表可以反映哪些分布？
2. 两个分类变量相互独立时列联表表现出什么特征？
3. 利用 χ^2 统计量进行独立性检验时应注意哪些问题？
4. 如何测量列联表中分类变量间的相关程度？
5. 各品质相关系数的特点是什么？

知识自测

1. 单项选择题

某地进行绿色农产品购买意愿调查，被调查者年龄与购买意愿的交叉列联表如下表所示：

购买意愿	年龄			合计
	30 岁以下	30—50 岁	50 岁以上	
愿意	60	240	40	340
一般	110	100	90	300
不愿意	30	60	20	110
合计	200	400	150	750

根据上表，回答(1)—(5)题。

(1)购买意愿的边缘频率分布为(　　)。

A. $\frac{60}{200},\frac{110}{200},\frac{30}{200}$　B. $\frac{240}{400},\frac{100}{400},\frac{60}{400}$　C. $\frac{40}{150},\frac{90}{150},\frac{20}{150}$　D. $\frac{340}{750},\frac{300}{750},\frac{110}{750}$

(2)年龄 30—50 岁人群条件下，绿色农产品购买意愿的频率分布为(　　)。

A. $\frac{60}{200},\frac{110}{200},\frac{30}{200}$　B. $\frac{240}{400},\frac{100}{400},\frac{60}{400}$　C. $\frac{40}{150},\frac{90}{150},\frac{20}{150}$　D. $\frac{340}{750},\frac{300}{750},\frac{110}{750}$

(3)如果要检验被调查者的年龄段与其购买意愿是否相关，χ^2 检验的原假设可以表述为(　　)。

A. 各年龄段被调查者购买意愿的频数分布相同

B. 各年龄段被调查者购买意愿的频率分布不同

C. 不同购买意愿人群的年龄段频数分布不同

D. 调查者的年龄段与其购买意愿相关

(4)年龄30—50岁且愿意购买人群的期望频数是(　　)。

A. 240　　B. 340　　C. 400　　D. 181.33

(5)根据这个列联表，χ^2 分布的自由度是(　　)。

A. 3　　B. 4　　C. 6　　D. 9

(6)列联分析是利用列联表研究(　　)。

A. 两个或多个属性(定性变量)间的关系

B. 两个数值型变量间的关系

C. 一个分类型变量和一个数值型变量间的关系

D. 不受变量类型的约束

(7)在列联分析中，χ^2 独立性检验统计量分布的自由度为(　　)。

A. 行数　　B. 行数与列数的乘积

C. 列数　　D. 行数减1与列数减1的乘积

(8)在列联分析中，观察值总数为500，列联表中给定单元的行合计数为140，列合计数为162，则该给定单元频数期望值为(　　)。

A. 140　　B. 162　　C. 45.36　　D. 45.45

(9)关于 χ^2 统计量，下列说法中错误的是(　　)。

A. $\chi^2 \geqslant 0$，因为它是对平方值结果的汇总

B. χ^2 统计量越小，则观察值和期望值越接近

C. χ^2 统计量描述了观察值和期望值的接近程度

D. χ^2 统计量越大，则观察值和期望值越接近

(10)当列联表中的两个分类变量相互独立时，计算的各个品质相关系数等于(　　)。

A. 1　　B. -1　　C. 0　　D. 无法确定

2. 判断题

(1)若两个变量相互独立，则在频率分布的列联表中，联合分布等于边缘分布的乘积。　　(　　)

(2) χ^2 独立性检验的原假设是行变量与列变量完全相关。　　(　　)

(3)在对不同列联表变量之间的相关程度进行比较时，不同列联表中行与行、列与列的个数要相同，并且采用同一种系数，这样的系数值才具有可比性。　　(　　)

(4)列联表中的行、列两个分类变量互换位置不影响 χ^2 统计量的计算结果。

(　　)

(5)使用列联表分析两个变量之间的独立性，当其他条件不变时，期望频数与实际频数之间的差异越小，说明变量之间相互独立的可能性越小。　　(　　)

(6)列联表中的期望频数是期望行变量与列变量相互独立时计算得到的频数。

(　　)

(7)测度两个分类变量的相关程度可以用 φ 相关系数、c 系数、Cramer's V 相关系数,这些相关系数取值介于-1—1 之间。 ( )

(8)无论样本量大小,χ^2 独立性检验均能对行变量与列变量的相关性作出准确判断。 ( )

(9)χ^2 独立性检验中,χ^2 统计量服从自由度为(行数×列数)的χ^2 分布。 ( )

(10)利用 Cramer's V 相关系数可以对任意多个分类变量间的相关性进行比较。

( )

技能训练

1. 某公司售后部门随机抽取了近期 200 名报修客户进行回访,报修后等待时间与对维修满意度的相关资料如下表所示:

满意度	等待时间	
	小于 24 小时	超过 24 小时
满意	135	30
不满意	20	15

要求:

(1)以 0.05 的显著性水平检验客户报修后等待时间与对维修满意度之间是否显著相关。

(2)若显著相关,分别计算 φ 相关系数和 Cramer's V 相关系数说明变量的相关程度。

2. 下表是随机调查的 500 名驾驶员在过去一年里出现的交通事故数资料:

交通事故数	驾龄		
	不足 3 年	3—8 年	8 年以上
0 次	153	152	96
1 次	32	18	5
2 次	18	10	3
3 次及以上	8	4	1

要求:

(1)以 0.05 的显著性水平检验驾驶员驾龄与交通事故数之间是否显著相关。

(2)若显著相关,分别计算 c 系数、Cramer's V 相关系数说明变量的相关程度。

第八章　方差分析

知识目标

(1)了解方差分析的一般思想及主要作用。
(2)掌握单因素方差分析的数学模型和基本原理。
(3)了解双因素方差分析的基本原理。
(4)了解双因素方差分析中的交互作用。

技能目标

(1)能够正确地将实际问题转化为方差分析问题。
(2)能够正确地解读相应统计分析结果。

案例导入

2022年10月,党的二十大报告中提出了建设交通强国的伟大构想,体现了党中央对未来交通体系建设的长远规划。然而,近年来随着我国国民经济的迅猛发展以及城市化进程的加快,机动车数量大幅增加,道路交通基础设施的建设已然无法满足人民群众日益增长的交通需求,交通拥堵、交通事故频发成为我国城市化进程中亟待解决的问题之一。通过有效地发展城市公共交通,有助于解决大中城市的交通问题,"公交出行,绿色出行"俨然成为一种新的时尚。然而,当前公交运行的准时性和舒适性成为乘客公交出行所关注的焦点之一。衡量公交运行准时性的主要标准就是其运营时长,而公交运营时长则主要由站间运行时间、站点停靠以及信号路口的等候等事件的发生所决定。

在考虑公共交通运输工具停靠某一站点时,我们首先会关注站点所处片区居民的聚集程度、当天天气情况等因素,诸如雨雪天气、大风或是晴天,都会影响公交运输工具停靠站点时所耗费的时长。上述因素涉及定性变量对连续型数据的影响,为此我们可以引入本章所介绍的方差分析方法进行考察。

案例分析

本章所要学习的方差分析(Analysis of Variance, ANOVA)是由英国统计学家罗纳德·艾尔默·费歇尔在20世纪20年代发展起来的一种统计方法,它被广泛应用于分析心理学、生物学、工程和医药的试验数据。而在社会实践中,研究一个(或多个)分类型变量与一个数值型变量之间关系时，方差分析就是主要方法之一。通过本章的学习，你能够了解方差分析的基本思想、理论、方法与运用，包括方差分析的基本概念和思想，单因素方差分析、双因素方差分析的原理和流程。

第一节 方差分析概述

与假设检验方法相比，方差分析可以提高检验的效率，同时由于它是将所有的样本信息结合在一起，也增加了分析的可靠性。例如，设 4 个总体的均值分别为 μ_1、μ_2、μ_3、μ_4，如果采用一般假设检验方法，如 t 检验，一次只能研究两个样本，要检验 4 个总体的均值是否相等，则需要作 6 次检验，分别为检验 1：$H_0:\mu_1=\mu_2$，检验 2：$H_0:\mu_1=\mu_3$，检验 3：$H_0:\mu_1=\mu_4$，检验 4：$H_0:\mu_2=\mu_3$，检验 5：$H_0:\mu_2=\mu_4$，检验 6：$H_0:\mu_3=\mu_4$。

很显然，作这样的两两比较十分烦琐，而且，每次检验两个的做法共需进行 6 次。如果 $\alpha=0.05$，每次检验犯Ⅰ类错误的概率都是 0.05，进行多次检验会使犯Ⅰ类错误的概率相应增加。检验完成时，犯Ⅰ类错误的概率会大于 0.05，即连续作 6 次检验犯Ⅰ类错误的概率为 $1-(1-\alpha)^6=0.265$，而置信水平则会降低到 0.95^6 即 0.735。

一般来说，随着个体显著性检验次数的增加，偶然因素导致差别的可能性也会增加（并非均值真的存在差别）。而方差分析方法则是同时考虑所有的样本，因此排除了错误累积的概率，从而避免拒绝一个真实的原假设。

一、方差分析及其有关术语

方差分析是在科学试验中探讨不同试验条件或处理方法对于试验结果的影响，常常要比较不同试验条件下样本间均值的差异。当试验结果受到多个因素（分类变量）的影响，并且在每个因素上受到不同级别水平的影响，那么为了从数量上反映各因素以及因素内不同程度级别的影响，需要采用方差分析。

本质上它所研究的是分类型（定类尺度）自变量对数值型（定距和定比尺度）因变量的影响。方差分析就是通过检验各总体的均值是否存在显著差异，来判断分类型自变量对数值型因变量的影响程度，从而鉴别各种因素的效应，选取一种最优的方案。

根据所分析的分类型自变量的多少，方差分析可分为单因素方差分析和多因素方差分析。当方差分析中只涉及一个分类型自变量时称为单因素方差分析（One-way Analysis of Variance）。如果方差分析中涉及两个或两个以上分类型自变量，则称为双因素或多因素方差分析（Multi-factor Analysis of Variance）。本书重点讲解单因素方差分析和双因素方差分析的基本原理与分析过程。

为更好地理解方差分析的含义，先通过一个例子来说明方差分析的有关概念以及方差分析所要解决的问题。

【例 8-1】消费者与产品生产者、销售者或服务的提供者之间经常发生纠纷，从而消费者常常会向消费者协会投诉。为了对几个行业的服务质量进行评价，消费者协会在零售业、旅游业、航空公司、家电制造业分别抽取了不同的企业作为样本，其中零售业抽取 7 家、旅游业抽取 6 家、航空公司抽取 5 家、家电制造业抽取 5 家。每个行业中所抽取的这些企业，假定它们在服务对象、服务内容、企业规模等方面基本上是相同的。然后统计出最近一年中消费者对总共 23 家企业投诉的次数，结果如表 8-1 所示。一般来说，某一企业如果收到顾客投诉的次数越多，说明该企业服务的质量就越差。根据此数据，消费者协会能够判断出这几个行业之间的服务质量是否存在显著差异。

表 8-1　四个行业不同的企业被投诉次数

零售业	旅游业	航空公司	家电制造业
57	68	31	44
66	39	49	51
49	29	21	65
40	45	34	77
34	56	40	58
53	51	—	—
44	—	—	—

要分析四个行业之间的服务质量是否有显著差异，实际上也就是要判断行业对被投诉次数是否有显著影响，作出这种判断最终被归结为检验这四个行业被投诉次数的均值是否相等。如果它们的均值相等，就意味着行业对被投诉次数是没有影响的，也就是它们之间的服务质量没有显著差异；如果均值不全相等，则意味着行业对被投诉次数是有影响的，它们之间的服务质量应该有显著差异。

在方差分析中，影响因变量变化的客观条件，也就是所要检验的对象称为因素或因子（Factor）。因素的不同等级称为水平（Level）或处理（Treatment）。每个因子水平下得到的样本数据称为观测值。例 8-1 中，行业是要检验的对象，称为因素或因子；零售业、旅游业、航空公司、家电制造业是行业这一因素的具体表现，称为水平或处理，在每个行业下得到的样本数据（被投诉次数）称为观测值，由于这里只涉及行业一个因素，因此称为单因素四水平的试验。因素的每一个水平可以看作一个总体，如零售业、旅游业、航空公司、家电制造业可以看作四个总体，上面的数据可以看作从这四个总体中抽取的样本数据。再例如，要在不同的温度下进行一项试验，温度就是一个因素，在 20 ℃、25 ℃、30 ℃、35 ℃四个温度值下作试验，每一个温度值就是一个水平，共有四个水平，在每一个温度下试验得到的数据就是观测值。

单因素方差分析中,涉及两个变量:一个是分类型自变量,一个是数值型因变量。例如,在上面的例子中,要研究行业对被投诉次数是否有影响,这里的行业就是自变量,它是一个分类型变量,零售业、旅游业、航空公司、家电制造业就是行业这个自变量的具体取值。被投诉次数是因变量,它是一个数值型变量,不同的被投诉次数就是因变量的取值。方差分析要研究的就是行业对被投诉次数是否有显著影响。

二、方差分析的基本思想和原理

为了分析分类型自变量对数值型因变量的影响,需要从分析数据误差来源入手。

(一)图形描述

怎样判断行业对被投诉次数是否有显著影响?或者说,行业与被投诉次数之间是否有显著的关系?我们画出它们的散点图,例如,图 8-1 是四个行业被投诉次数的散点图,图中的数据如 49、48、35、59 分别为零售业、旅游业、航空公司、家电制造业被投诉次数的均值。

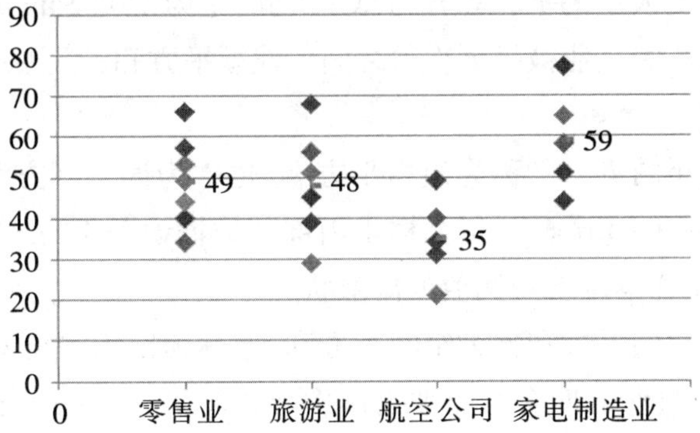

图 8-1　不同行业被投诉次数的散点图

从散点图可以看出,不同行业被投诉的次数是有明显差异的,而且,即使是在同一个行业,不同企业被投诉的次数也明显不同。从图 8-1 中可以看出,家电制造业被投诉的次数较多,而航空公司被投诉的次数较少。这表明行业与被投诉次数之间有一定的关系。如果行业与被投诉次数之间没有关系,那么它们被投诉次数的均值应该相差不多,在散点图上所呈现的模式也就应该很接近。

(二)误差分解

仅仅从散点图上观察还不能提供充分的证据证明不同行业被投诉次数之间有显著差异,也许这种差异是由抽样的随机性造成的。因此,需要有更准确的方法来检验这种差异是否显著,也就是进行方差分析。之所以叫方差分析,是因为虽然我们感兴趣的是均值,但在判断均值之间是否有差异时需要借助于方差。这个名字也表明,它是通过对数据误差来源的分析来判断不同总体的均值是否相等,进而分析自变量对因变量是否有显著影响。因此,进行方差分析时,需要考察数据误差的来源。下面结合表 8-1 中的数据说明数据之间的误差来源及其分解过程。

首先,注意到在同一行业(同一个总体)下,样本的各观测值是不同的。例如,在零售业中,所抽取的7家企业之间被投诉的次数是不同的。由于企业是随机抽取的,因此它们之间的差异可以看成是随机因素的影响造成的,或者说是由抽样的随机性所造成的随机误差。这种来自水平内部的数据误差也称为组内误差。例如,零售业中所抽取的7家企业被投诉次数之间的误差就是组内误差,它反映了一个样本内部数据的离散程度。显然,组内误差只含有随机误差。

其次,不同行业(不同总体)之间的观测值也是不同的。来自不同水平之间的数据误差称为组间误差。这种差异可能是由抽样本身形成的随机误差,也可能是由行业本身的系统性因素造成的系统误差。因此,组间误差是随机误差和系统误差的总和。例如,四个行业被投诉次数之间的误差就是组间误差,它反映了不同样本之间数据的离散程度。

在方差分析中,数据的误差是用平方和来表示的。

反映全部数据误差大小的平方和称为总平方和,记为SST(Sum of Squares for Total)。例如,所抽取的全部23家企业被投诉次数之间的误差平方和就是总平方和,它反映了全部观测值的离散状况。

反映组内误差大小的平方和称为组内平方和,也称为误差平方和或残差平方和,记为SSE(Sum of Squares for Error)。每个样本内部的数据误差平方和加在一起就是组内平方和,它反映了每个样本内各观测值的离散状况。

反映组间误差大小的平方和称为组间平方和,也称为因素平方和,记为SSA(Sum of Squares for Factor A)。例如,四个行业被投诉次数之间的误差平方和就是组间平方和,它反映了样本均值之间的差异程度。

图8-2给出了数据误差的分解过程,有关各误差的计算方法将在第二节介绍。

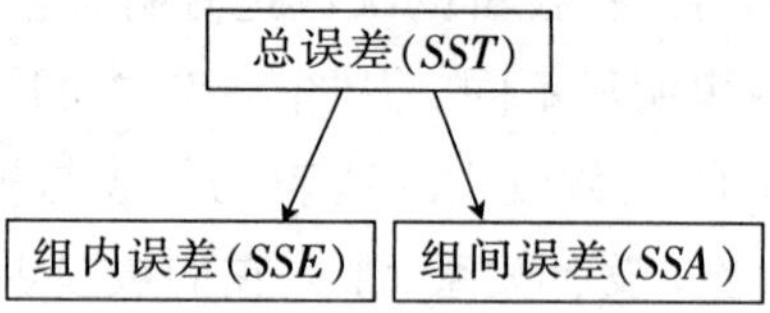

图8-2　误差分解图

(三)误差分析

如果不同行业对被投诉次数没有影响,那么在组间误差中只包含随机误差,而没有系统误差。这时,组间误差与组内误差经过平均后的数值(称为均方或方差)就应该很接近,它们的比值就会接近1。反之,如果不同行业对被投诉次数有影响,在组间误差中除了包含随机误差,还会包含系统误差,这时组间误差平均后的数值就会大于组内误差平均后的数值,它们之间的比值就会大于1。当这个比值大到某种程度时,就认为因素的不同水平之间存在着显著差异，也就是自变量对因变量有显著影响。因此，判断行业对被投诉次数是否有显著影响这一问题，实际上也就是检验被投诉次数的差异主要是什么原因所引起的。如果这种差异主要是系统误差，就认为不同行业对被投诉次数有显著影响。在方差分析的假定前提下（见下面的介绍），要检验行业（分类型自变量）对被投诉次数（数值型因变量）是否有显著影响，在形式上也就转化为检验四个行业被投诉次数的均值是否相等的问题。

三、方差分析中的基本假定

方差分析中有三个基本假定，分别如下。

（1）每个总体都应服从正态分布。也就是说，对于因素的每一个水平，其观察值是来自服从正态分布总体的简单随机样本。比如，例 8-1 中，要求每个行业的被投诉次数必须服从正态分布。

（2）各个总体的方差 σ^2 必须相同。也就是说，各组观察数据是从具有相同方差的正态总体中抽取的。比如，例 8-1 中，要求四个行业被投诉次数的方差都相等。

（3）观察值是独立的。例如，例 8-1 中，要求每个被抽中企业的被投诉次数与其他企业的被投诉次数独立。

在上述假定成立的前提下，要分析自变量对因变量是否有影响，形式上也就转化为检验自变量的各个水平（总体）的均值是否相等。例如，判断行业对被投诉次数是否有显著影响，实际上也就是检验具有相同方差的 4 个正态总体的均值（被投诉次数的均值）是否相等。

尽管不知道 4 个总体的均值，但可以用样本数据来检验它们是否相等。如果 4 个总体的均值相等，可以预期这 4 个样本的均值也会很接近。事实上，4 个样本的均值越接近，推断 4 个总体均值相等的证据也就越充分；反之，样本均值越不同，推断总体均值不同的证据就越充分。换句话说，样本均值变动越小，越支持原假设 H_0；样本均值变动越大，越支持备择假设 H_1。如果原假设 $H_0:\mu_1=\mu_2=\mu_3=\mu_4$（四个行业被投诉次数的均值相同）为真，则意味着每个样本都来自均值为 μ、方差为 σ^2 的同一个正态总体。由样本均值的抽样分布可知，来自正态总体的一个简单随机样本的样本均值 $\bar{x}$ 服从均值为 μ、方差为 $\sigma(\bar{x})$ 的正态分布。

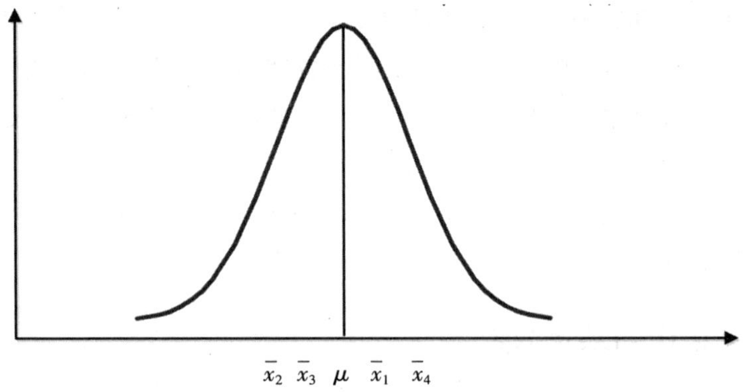

图 8-3 原假设为真时样本平均数的抽样分布

如果μ_1、μ_2、μ_3、μ_4完全不同,则意味着 4 个样本分别来自均值不同的 4 个正态总体,因此有 4 个不同的抽样分布。在这种情况下,各样本均值也不像原假设为真时那样接近了。

四、问题的一般提法

设某因素有 k 个水平,每个水平的均值分别用$\mu_1,\mu_2,\cdots,\mu_k$表示,要检验 k 个水平(总体)的均值是否相等,需要提出如下假设:

$H_0:\mu_1=\mu_2=\cdots=\mu_k$(自变量对因变量没有显著影响)

$H_1:\mu_1,\mu_2,\cdots,\mu_k$不全相等(自变量对因变量有显著影响)

注意:各个水平下均值彼此不全相等,并不意味着$\mu_1,\mu_2,\cdots,\mu_k$彼此不等,也不意味着这些均值两两不等。实际上不全相等仅表明至少存在某一个均值不同于其他均值。

例 8-1 中,设μ_1为零售业被投诉次数的均值,μ_2为旅游业被投诉次数的均值,μ_3为航空公司被投诉次数的均值,μ_4为家电制造业被投诉次数的均值。为检验行业对被投诉次数是否有影响,需要提出如下假设:

$H_0:\mu_1=\mu_2=\mu_3=\mu_4$(行业对被投诉次数没有显著影响)

$H_1:\mu_1,\mu_2,\mu_3,\mu_4$不全相等(行业对被投诉次数有显著影响)

第二节 单因素方差分析

单因素方差分析研究的是一个分类型自变量对一个数值型因变量的影响。例如,要检验不同行业被投诉次数的均值是否相等,这里只涉及行业一个因素,因而属于单因素方差分析。

一、数据结构

为叙述方便,在单因素方差分析中,用 A 表示因素,因素的 k 个水平分别用 A_1,A_2,

$\cdots, A_k$ 表示，每个观测值用 $x_{ij}(i=1,2,\cdots,k;j=1,2,\cdots,n)$ 表示，即 x_{ij} 表示第 i 个水平（总体）的第 j 个观测值。例如，x_{21} 表示第二个水平的第一个观测值，其中，从不同水平中所抽取的样本量可以相等，也可以不相等。

表 8-2 单因素方差分析的数据结构

观测值 j	因素 i			
	A_1	A_2	$\cdots$	A_k
1	x_{11}	x_{21}	$\cdots$	x_{k1}
2	x_{12}	x_{22}	$\cdots$	x_{k2}
$\vdots$	$\vdots$	$\vdots$	$\ddots$	$\vdots$
n	x_{1n}	x_{2n}	$\cdots$	x_{kn}

二、单因素方差分析的步骤

为检验自变量对因变量是否有显著影响，首先需要提出"两个变量在总体中没有关系"的原假设，然后构造一个用于检验的统计量来检验这一假设是否成立。具体来说，方差分析包括提出假设、构造检验的统计量、统计决策等步骤。

（一）提出假设

在方差分析中，原假设所描述的是在按照自变量的取值确定的类别中，因变量的均值相等。因此，检验因素的 k 个水平（总体）的均值是否相等，需要提出如下形式的假设：

$$H_0: \mu_1=\mu_2=\cdots=\mu_i=\cdots=\mu_k \text{（自变量对因变量没有显著影响）}$$

$$H_1: \mu_1, \mu_2, \cdots, \mu_i, \cdots \mu_k \text{ 不全相等（自变量对因变量有显著影响）}$$

式中，μ_i 为第 i 个总体的均值。

如果拒绝原假设 H_0，则意味着自变量对因变量有显著影响，也就是自变量与因变量之间有显著关系（需要注意的是，拒绝 H_0 时，只是表明至少有两个总体的均值不相等，并不意味着所有的均值都不相等）。如果不拒绝原假设 H_0，则没有证据表明自变量对因变量有显著影响，也就是说，不能认为自变量与因变量之间有显著关系。

（二）构造检验的统计量

为检验原假设 H_0 是否成立，需要确定检验的统计量。如何构造这一统计量呢？这里结合表 8-2 的数据结构说明其计算过程。

1. 计算各样本的均值

假定从第 i 个总体中抽取一个容量为 n_i 的简单随机样本，令 $\bar{x}_i$ 为第 i 个总体的样本均值，则有：

$$\bar{x}_i=\frac{\sum_{j=1}^{n_i} x_{ij}}{n_i}, i=1,2,\cdots,k$$

上式中，n_i 为第 i 个总体的样本量，x_{ij} 为第 i 个总体的第 j 个观测值。例如，根据表8-1中的数据，计算零售业的样本均值为：

$$\bar{x}_1=\frac{\sum_{j=1}^{7}x_{1j}}{n_1}=\frac{57+66+49+40+34+53+44}{7}=49$$

同样可以得到旅游业、航空公司、家电制造业的均值，结果如表8-3所示。

表8-3　四个行业被投诉次数及其均值

零售业	旅游业	航空公司	家电制造业
57	68	31	44
66	39	49	51
49	29	21	65
40	45	34	77
34	56	40	58
53	51	—	—
44	—	—	—
$\bar{x}_1=49$	$\bar{x}_2=48$	$\bar{x}_3=35$	$\bar{x}_4=59$
$\bar{\bar{x}}=\frac{57+66+\cdots 58}{23}=47.87$			

2. 计算全部观测值的总均值

全部观测值的总均值等于全部观测值的总和除以观测值的总个数，令总均值为 $\bar{\bar{x}}$，则有：

$$\bar{\bar{x}}=\frac{\sum_{i=1}^{k}\sum_{j=1}^{n_i}x_{ij}}{n}=\frac{\sum_{i=1}^{k}n_i\bar{x}_i}{n}$$

上式中，$n=n_1+n_2+\cdots+n_k$。根据表8-1的数据，计算结果如表8-3所示。

3. 计算各误差平方和

为构造检验的统计量，在方差分析中，需要计算三个误差平方和，它们是总平方和（总离差平方和）、组间平方和（因素平方和）、组内平方和（误差平方和或残差平方和）。

（1）总平方和，是全部观察值 x_{ij} 与总平均值 $\bar{\bar{x}}$ 的离差平方和，反映全部观察值的离散状况。计算公式为：

$$SST=\sum_{i=1}^{k}\sum_{j=1}^{n_i}(x_{ij}-\bar{\bar{x}})^2$$

例如，在表8-3中已经计算出 $\bar{\bar{x}}=47.87$，计算出的总平方和为：

$SST=(57-47.87)^2+(68-47.87)^2+\cdots+(58-47.87)^2=4164.61$

它反映了全部23个观测值与这23个观测值平均数之间的差异。

(2)组间平方和,是各组平均值 $\bar{x}_i$ 与总平均值 $\bar{\bar{x}}$ 的离差平方和,反映各样本均值之间的差异程度,因此又称为因素平方和。其计算公式为:

$$SSA=\sum_{i=1}^{k}n_i(\bar{x}_i-\bar{\bar{x}})^2$$

例如,根据表8-3中的有关结果,计算组间平方和为:

$$\begin{aligned}SSA&=\sum_{i=1}^{4}n_i(\bar{x}_i-\bar{\bar{x}})^2\\&=7\times(49-47.87)^2+6\times(48-47.87)^2+5\times(35-47.87)^2+5\times(59-47.87)^2\\&=1\ 456.61\end{aligned}$$

(3)组内平方和,是每个水平或组的各样本数据与其组均值的误差平方和,反映了同一个组内部每个样本观测值的离散状况。该平方和反映了随机误差的大小,计算公式为:

$$SSE=\sum_{i=1}^{k}\sum_{j=1}^{n_i}(x_{ij}-\bar{x}_i)^2$$

在例8-1中,先求出每个行业内各样本被投诉次数与其均值的误差平方和,然后将四个行业的误差平方和加总,即为 SSE。例如,根据表8-3的有关结果,计算各行业误差平方和分别为:

零售业:$SSE_1=\sum_{j=1}^{7}(x_{1j}-\bar{x}_1)^2=(57-49)^2+(66-49)^2+\cdots+(44-49)^2=700$

旅游业:$SSE_2=\sum_{j=1}^{6}(x_{2j}-\bar{x}_2)^2=(68-48)^2+(39-48)^2+\cdots+(51-48)^2=924$

航空公司:$SSE_3=\sum_{j=1}^{5}(x_{3j}-\bar{x}_3)^2=(31-35)^2+(49-35)^2+\cdots+(40-35)^2=434$

家电制造业:$SSE_4=\sum_{j=1}^{5}(x_{4j}-\bar{x}_4)^2=(44-59)^2+(51-59)^2+\cdots+(58-59)^2=650$

然后将其加总可以得到:$SSE=700+924+434+650=2\ 708$

上述三个平方和之间的关系为:

$$\sum_{i=1}^{k}\sum_{j=1}^{n_i}(x_{ij}-\bar{\bar{x}})^2=\sum_{i=1}^{k}n_i(\bar{x}_i-\bar{\bar{x}})^2+\sum_{i=1}^{k}\sum_{j=1}^{n_i}(x_{ij}-\bar{x}_i)^2$$

总平方和(SST)=组间平方和(SSA)+组内平方和(SSE)

从上面的计算结果也可以验证这一点:4 164.61=1 456.61+2 708

从上述三个误差平方和可以看出,SSA 是对随机误差和系统误差大小的度量,它反映了自变量(行业)对因变量(被投诉次数)的影响,称为自变量效应或因子效应;SSE 是对随机误差大小的度量,它反映了除自变量对因变量的影响之外,其他干扰因素对因变量的总影响,因此,SSE 代表残差变量所引起的误差,称为残差效应;SST 是对全部数据总误差程度的度量,它反映了自变量和残差变量的共同影响,因此它等于自变量效应加残差效应。

4. 计算统计量

由于各误差平方和的大小与观测值的多少有关，为了消除观测值的数量对误差平方和大小的影响，需要将其平均，也就是用各平方和除以它们所对应的自由度[①]，这一结果称为均方(Mean Square)，也称为均方和或方差。三个平方和所对应的自由度分别为：

SST 的自由度为 $n-1$，其中 n 为全部观测值的个数。

SSA 的自由度为 $k-1$，其中 k 为因素水平(总体)的个数。

SSE 的自由度为 $n-k$。

我们再看 *SSE*，对每一种水平而言，其观察值个数为 n_i，在其计算过程中，必须满足 $\sum_{j=1}^{n_i}(x_{ij}-\bar{x}_i)=0$ 这样一个条件，故该种水平下的自由度为 n_i-1，总共有 k 个水平，因此拥有的自由度个数为 $\sum_{i=1}^{k}(n_i-1)=n-k$。

由于要比较的是组间均方与组内均方之间的差异，所以通常只计算 *SSA* 的均方和 *SSE* 的均方。*SSA* 的均方也称为组间均方或组间方差，记为 *MSA*，其计算公式为：

$$MSA=\frac{组间平方和}{自由度}=\frac{SSA}{k-1}$$

例如，根据例 8-1 计算的 MSA 为：$MSA=\frac{SSA}{k-1}=\frac{1\ 456.61}{4-1}=458.54$

SSE 的均方也称为组内均方或组内方差，记为 *MSE*，其计算公式为：

$$MSE=\frac{组内平方和}{自由度}=\frac{SSE}{n-k}$$

例如，根据例 8-1 计算的 *MSE* 为：$MSE=\frac{SSE}{n-k}=\frac{2\ 708}{23-4}=142.53$

将上述 *MSA* 和 *MSE* 进行对比，即得到所需要的检验统计量 F。当原假设 H_0 为真时，二者的比值服从分子自由度为 $k-1$、分母自由度为 $n-k$ 的 F 分布，即：

$$F=\frac{MSA}{MSE}\sim F(k-1,n-k)$$

例如，根据例 8-1 计算，得：$F=\frac{MSA}{MSE}=\frac{458.54}{142.53}=3.41$

(三)统计决策

如果原假设 $H_0:\mu_1=\mu_2=\cdots=\mu_i=\cdots=\mu_k$ 成立，则表明没有系统误差，组间方差 *MSA* 与组内方差 *MSE* 的比值差异就不会太大；如果组间方差显著大于组内方差，说明各水平

① 自由度(Degrees of Freedom)，简称 *df*，我们可以把它理解为一个表达式中可以自由变动的变量个数。如：$a+b+c=0$ 中，若 a、b 自由取值，要使约束条件成立，c 就不能自由取值，它必须满足 $c=-(a+b)$，所以 $a+b+c=0$ 的自由度为 2。

（总体）之间的差异显然不仅仅有随机误差，还有系统误差。以例 8-1 来说，如果行业对被投诉次数没有影响，那么四个行业被投诉次数的均值之间的差异与每个行业被投诉次数的内部差异相比，二者就不会相差很大；反之，则意味着行业对被投诉次数有影响。可见，判断因素的水平是否对其观测值有显著影响，实际上也就是比较组间方差与组内方差之间差异的大小。那么，它们之间的差异大到何种程度才表明有系统误差存在呢？这就需要用检验的统计量进行判断。将统计量的值 F 与给定的显著性水平 α 的临界值 F_α 进行比较，从而作出对原假设 H_0 的决策，如图 8-4 所示。

根据给定的显著性水平 α，在 F 分布表中查找与分子自由度 $df_1=k-1$、分母自由度 $df_2=n-k$ 相应的临界值 $F_\alpha(k-1,n-k)$。

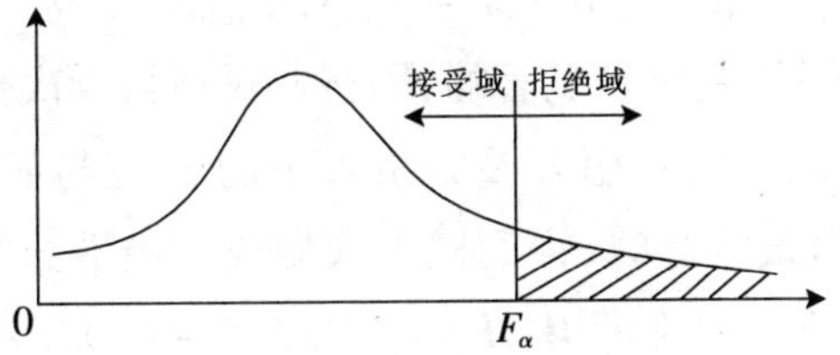

图 8-4　F 检验示意图

若 $F>F_\alpha$，则拒绝原假设 $H_0:\mu_1=\mu_2=\cdots=\mu_i=\cdots=\mu_k$，表明 $\mu_i(i=1,2,\cdots,k)$ 之间的差异是显著的；也就是说，所检验的因素（行业）对观测值（被投诉次数）有显著的影响。

若 $F<F_\alpha$，则不拒绝原假设 H_0，没有证据表明 $\mu_i(i=1,2,\cdots,k)$ 之间有显著的差异；也就是说，这时还不能认为所检验的因素（行业）对观测值（被投诉次数）有显著影响。

例如，根据上面的计算结果，计算出的 $F=3.41$。若取显著性水平 $\alpha=0.05$，根据分子自由度 $df_1=k-1=4-1=3$ 和分母自由度 $df_2=n-k=23-4=19$，运用 Excel 函数功能可得相应的临界值 $F_{0.05}(3,19)=3.13$。由于 $F>F_\alpha$，因此拒绝原假设 $H_0:\mu_1=\mu_2=\cdots=\mu_i=\cdots=\mu_k$。例 8-1 中拒绝原假设 H_0 意味着 μ_1、μ_2、μ_3、μ_4 之间有显著差异，即行业对被投诉次数有显著影响。

（四）方差分析表

上面详细介绍了方差分析的计算步骤和过程。为使计算过程更加清晰，通常将上述过程的内容列在一张表内，这就是方差分析表。其一般形式如表 8-4 所示。

表 8-4　方差分析表的一般形式

误差来源	平方和 SS	自由度 df	均方和 MS	F 值	P 值	F 临界值
组间（因素影响）	SSA	$k-1$	MSA	MSA/MSE	P-value	F_α
组内（误差）	SSE	$n-k$	MSE	—	—	—
总和	SST	$n-1$	—	—	—	—

将例 8-1 的计算结果列成方差分析表,如表 8-5 所示。

表 8-5　例 8-1 方差分析计算结果

误差来源	平方和 SS	自由度 df	均方和 MS	F 值	P 值	F 临界值
组间(因素影响)	1 456. 61	3	485. 54	3. 41	0. 038 8	3. 13
组内(误差)	2 708	19	142. 53	—	—	—
总和	4 164. 61	22	—	—	—	—

从上述方差分析表可以看到,由于 $F=3.41>F_{0.05}(3,19)=3.13$,所以拒绝原假设 H_0,表明 μ_1,μ_2,μ_3,μ_4 之间的差异是显著的,即行业对被投诉次数的影响是显著的。

在进行决策时,也可以直接利用方差分析表中的 P 值与显著性水平 α 的值进行比较。所谓 P 值是指当原假设为真时,得到样本数据或更极端数据的概率。若 $P<\alpha$,则拒绝 H_0;若 $P>\alpha$,则不拒绝 H_0。本例题中,$P=0.0388<\alpha=0.05$,因此拒绝 H_0。

三、关系强度的测量

例 8-1 的方差分析结果显示,不同行业被投诉次数的均值之间有显著差异,这意味着行业(自变量)与被投诉次数(因变量)之间的关系是显著的。从图 8-1 的散点图中也可以看出,不同行业被投诉次数之间是有明显差异的。

表 8-5 中给出了组间平方和(组间 SS),它度量了自变量(行业)对因变量(被投诉次数)的影响效应。实际上,只要组间平方和不等于零,就表明两个变量之间有关系(只是是否显著的问题)。当组间平方和比组内平方和(组内 SS)大,而且大到一定程度时,就意味着两个变量之间的关系显著,大得越多,表明它们之间的关系就越强;反之,当组间平方和比组内平方和小时,就意味着两个变量之间的关系不显著,小得越多,表明它们之间的关系就越弱。

那么,怎样度量它们之间的关系强度呢?可以用组间平方和 SSA 占总平方和 SST 的比例大小来反映,这一比例记为 R^2,即 $R^2=\frac{SSA}{SST}$,其平方根 R 就可以用来测量两个变量之间的关系强度。

例如,根据表 8-5 中的结果计算得:$R^2=\frac{SSA}{SST}=\frac{1\,456.61}{4\,164.61}=0.349\,8=34.98\%$

这表明,行业(自变量)对被投诉次数(因变量)的影响效应占总效应的 34. 98%,而残差效应则占 65. 02%。也就是说,行业对被投诉次数差异解释的比例达到近 35%,而其他因素(残差变量)所解释的比例为 65%以上。尽管 R^2 并不高,但行业对被投诉次数的影响已经达到了统计上显著的程度。

R^2 的平方根(类似于第九章相关与回归分析中介绍的相关系数 r)可以用来测量自变量与因变量之间的关系强度。例如,根据上面的结果可以计算出 $R=0.59$,这表明行业与被投诉次数之间有中等以上的关系。

第三节　双因素方差分析

一、双因素方差分析及其类型

单因素方差分析只是考虑一个分类型自变量对数值型因变量的影响。在对实际问题的研究中,有时需要考虑几个因素对试验结果的影响。例如,分析影响彩电销售量的因素时,需要考虑品牌、销售地区、价格、质量等多个因素的影响。当方差分析中涉及两个分类型自变量时,称为双因素方差分析(Two-way Analysis of Variance)。

【例 8-2】有 4 个品牌的彩电在 5 个地区销售,为分析彩电的品牌("品牌"因素)和销售地区("地区"因素)对销售量的影响,取得以下每个品牌在各地区的销售量数据,如表 8-6 所示。试分析品牌和地区对彩电的销售量是否有显著影响。

表 8-6　4 个品牌的彩电在 5 个地区的销售量数据　　单位:台

品牌	地区 1	地区 2	地区 3	地区 4	地区 5
品牌 1	365	350	343	340	323
品牌 2	345	368	363	330	333
品牌 3	358	323	353	343	308
品牌 4	288	280	298	260	298

在上面的例子中,品牌和地区是两个分类型自变量,销售量是一个数值型因变量。同时分析品牌和地区对销售量的影响,分析究竟是一个因素在起作用,还是两个因素都起作用,还是两个因素都不起作用,这就是一个双因素方差分析问题。

在双因素方差分析中,由于有两个影响因素,例如,彩电的品牌因素和地区因素,如果品牌和地区对销售量的影响是相互独立的,分别判断品牌和地区对销售量的影响,这时的双因素方差分析称为无交互作用的双因素方差分析,或称为无重复双因素(Two-factor without Replication)方差分析;如果除了品牌和地区对销售量的单独影响,两个因素的搭配还会对销售量产生一种新的影响,例如,某个地区对某种品牌的彩电有特殊偏好,这就是两个因素结合后产生的新效应,这时的双因素方差分析称为有交互作用的双因素方差分析,或称为可重复双因素(Two-factor with Replication)方差分析。

二、无交互作用的双因素方差分析

(一)数据结构

在无交互作用的双因素方差分析中,由于有两个因素,因此在获取数据时,需要将一个因素安排在“行”(Row)的位置,称为行因素;另一个因素安排在“列”(Column)的位置,称为列因素。设行因素有 k 个水平:行 1,行 2,…,行 k;列因素有 r 个水平:列 1,列 2,…,列 r。行因素和列因素的每一个水平都可以搭配成一组,观察它们对试验数据的影响,共抽取 kr 个观察数据,其数据结构参见表 8-7。

其中行因素共有 k 个水平,列因素共有 r 个水平。每一个观测值 $x_{ij}(i=1,2,\cdots,k;j=1,2,\cdots,r)$ 看作由行因素的 k 个水平和列因素的 r 个水平所组合成的 $k\times r$ 个总体中抽取的样本量为 1 的独立随机样本。这 $k\times r$ 个总体中的每一个总体均服从正态分布,且有相同的方差。

$\bar{x}_{i\cdot}$ 是行因素的第 i 个水平下各观测值的平均值,其计算公式为:

$$\bar{x}_{i\cdot}=\frac{\sum_{j=1}^{r}x_{ij}}{r},i=1,2,\cdots,k$$

$\bar{x}_{\cdot j}$ 是列因素的第 j 个水平下各观测值的平均值,其计算公式为:

$$\bar{x}_{\cdot j}=\frac{\sum_{i=1}^{k}x_{ij}}{k},j=1,2,\cdots,r$$

$\bar{\bar{x}}$ 是全部 kr 个样本数据的总平均值,其计算公式为:

$$\bar{\bar{x}}=\frac{\sum_{i=1}^{k}\sum_{j=1}^{r}x_{ij}}{kr}$$

表 8-7　双因素方差分析的数据结构

观测值		列因素 j				平均值 $\bar{x}_{i\cdot}$
		列 1	列 2	…	列 r	
行因素 i	行 1	x_{11}	x_{12}	…	x_{1r}	$\bar{x}_{1\cdot}$
	行 2	x_{21}	x_{22}	…	x_{2r}	$\bar{x}_{2\cdot}$
	⋮	⋮	⋮	⋮	⋮	⋮
	行 k	x_{k1}	x_{k2}	…	x_{kr}	$\bar{x}_{k\cdot}$
平均值 $\bar{x}_{\cdot j}$		$\bar{x}_{\cdot 1}$	$\bar{x}_{\cdot 2}$	…	$\bar{x}_{\cdot r}$	$\bar{\bar{x}}$

(二)分析步骤

与单因素方差分析类似,双因素方差分析也包括提出假设、构造检验的统计量、统计决策等步骤。

1. 提出假设

为了检验两个因素的影响，需要对两个因素分别提出如下假设。

对行因素提出的假设为：

$H_0: \mu_1 = \mu_2 = \cdots = \mu_i = \cdots = \mu_k$［行因素（自变量）对因变量没有显著影响］

$H_1: \mu_i (i=1,2,\cdots,k)$不完全相等［行因素（自变量）对因变量有显著影响］

式中，μ_i 为行因素的第 i 个水平的均值。

对列因素提出的假设为：

$H_0: \mu_1 = \mu_2 = \cdots = \mu_j = \cdots = \mu_r$［列因素（自变量）对因变量没有显著影响］

$H_1: \mu_j (j=1,2,\cdots,r)$不完全相等［列因素（自变量）对因变量有显著影响］

式中，μ_j 为列因素的第 j 个水平的均值。

2. 构造检验的统计量

为检验 H_0 是否成立，需要分别确定检验行因素和列因素的统计量。与单因素方差分析构造统计量的方法一样，也需要从总平方和的分解入手。总平方和是全部样本观察值 $x_{ij}(i=1,2,\cdots,k;j=1,2,\cdots,r)$ 与总的样本平均值 $\bar{\bar{x}}$ 的误差平方和，记为 SST，即：

$$\begin{aligned} SST &= \sum_{i=1}^{k}\sum_{j=1}^{r}(x_{ij}-\bar{\bar{x}})^2 \\ &= \sum_{i=1}^{k}\sum_{j=1}^{r}(\bar{x}_{i.}-\bar{\bar{x}})^2+\sum_{i=1}^{k}\sum_{j=1}^{r}(\bar{x}_{.j}-\bar{\bar{x}})^2+\sum_{i=1}^{k}\sum_{j=1}^{r}(x_{ij}-\bar{x}_{i.}-\bar{x}_{.j}+\bar{\bar{x}})^2 \end{aligned}$$

其中，分解后的等式右边的第一项是行因素所产生的误差平方和，记为 SSR，即：

$$SSR=\sum_{i=1}^{k}\sum_{j=1}^{r}(\bar{x}_{i.}-\bar{\bar{x}})^2$$

第二项是列因素所产生的误差平方和，记为 SSC，即：

$$SSC=\sum_{i=1}^{k}\sum_{j=1}^{r}(\bar{x}_{.j}-\bar{\bar{x}})^2$$

第三项是除了行因素和列因素之外的剩余因素所产生的误差平方和，称为随机误差平方和，记为 SSE，即：

$$SSE=\sum_{i=1}^{k}\sum_{j=1}^{r}(x_{ij}-\bar{x}_{i.}-\bar{x}_{.j}+\bar{\bar{x}})^2$$

上述各平方和的关系为：

$$SST=SSR+SSC+SSE$$

在上述误差平方和的基础上计算均方，也就是将各平方和除以相应的自由度。与各误差平方和相对应的自由度分别是：

总平方和 SST 的自由度为 $kr-1$；

行因素的误差平方和 SSR 的自由度为 $k-1$；

列因素的误差平方和 SSC 的自由度为 $r-1$；

随机误差平方和 SSE 的自由度为$(k-1)(r-1)$。

为构造检验统计量,需要计算下列各均方。

行因素的均方,记为 MSR,即:

$$MSR=\frac{SSR}{k-1}$$

列因素的均方,记为 MSC,即:

$$MSC=\frac{SSC}{r-1}$$

随机误差项的均方,记为 MSE,即:

$$MSE=\frac{SSE}{(k-1)(r-1)}$$

为检验行因素对因变量的影响是否显著,采用下面的统计量:

$$F_R=\frac{MSR}{MSE}\sim F(k-1,(k-1)(r-1))$$

为检验列因素对因变量的影响是否显著,采用下面的统计量:

$$F_C=\frac{MSC}{MSE}\sim F(r-1,(k-1)(r-1))$$

3. 统计决策

计算出检验统计量后,根据给定的显著性水平 α 和两个自由度,查 F 分布表得到两个相应的临界值 F_α 和 F'_α,然后将 F_R 与 F_α、F_C 和 F'_α 进行比较。

若 $F_R>F_\alpha$,则拒绝原假设 $H_0:\mu_1=\mu_2=\cdots=\mu_i=\cdots=\mu_k$,表明 $\mu_i(i=1,2,\cdots,k)$ 之间的差异是显著的;也就是说,所检验的行因素对观测值有显著影响。

若 $F_C>F'_\alpha$,则拒绝原假设 $H_0:\mu_1=\mu_2=\cdots=\mu_j=\cdots=\mu_r$,表明 $\mu_j(j=1,2,\cdots,r)$ 之间的差异是显著的;也就是说,所检验的列因素对观测值有显著影响。

为使计算过程更加清晰,通常将上述过程的内容列成方差分析表,其一般形式如表 8-8 所示。

表 8-8 无交互作用的双因素方差分析表

误差来源	平方和 SS	自由度 df	均方和 MS	F 值	P 值	F 临界值
行因素	SSR	$k-1$	MSR	$F_R=\frac{MSR}{MSE}$	P_1	F_α
列因素	SSC	$r-1$	MSC	$F_C=\frac{MSC}{MSE}$	P_2	F'_α
误差	SSE	$(k-1)(r-1)$	MSE	—	—	—
总和	SST	$kr-1$	—	—	—	—

通常采用 P 值进行显著性检验。表 8-8 中如果考虑行因素，则 P_1 表示在 $F(k-1,(k-1)(r-1))$ 分布中大于等于 F_R 的概率；F_α 为 $F(k-1,(k-1)(r-1))$ 分布中上 α 分位点，即在 $F(k-1,(k-1)(r-1))$ 分布中大于 F_α 的概率为 α。同理，如果考虑列因素，则 P_2 为 $F(r-1,(k-1)(r-1))$ 分布中大于等于 F_C 的概率，F'_α 为 $F(r-1,(k-1)(r-1))$ 分布中上 α 分位点，即在 $F(r-1,(k-1)(r-1))$ 分布中比 F'_α 大的概率为 α。

对行因素而言，根据假设检验中的“小概率事件原理”，当 $P_1<\alpha$ 时，表明概率为 α 的几乎不可能发生的事件以更小概率 P_1 的可能性发生了，因此拒绝原假设。这表明行因素对因变量具有显著性影响。同理对列因素而言，当 $P_2<\alpha$ 时，拒绝原假设。也同样表明列变量对因变量具有显著性影响。

根据表 8-6 中的数据，分析品牌和地区对销售量是否有显著影响（$\alpha=0.05$）。

对品牌（行）因素提出的假设为：

$H_0:\mu_1=\mu_2=\mu_3=\mu_4$（品牌对销售量没有显著影响）

$H_1:\mu_i(i=1,2,3,4)$不完全相等（品牌对销售量有影响）

对地区（列）因素提出的假设为：

$H_0:\mu_1=\mu_2=\mu_3=\mu_4=\mu_5$（地区对销售量没有显著影响）

$H_1:\mu_j(j=1,2,3,4,5)$不完全相等（地区对销售量有影响）

由于双因素方差分析的计算复杂，利用 Excel 给出其计算结果（参照第十章第六节），结果如表 8-9 所示。

表 8-9　例 8-2 无交互作用的双因素方差分析结果

误差来源	平方和 *SS*	自由度 *df*	均方和 *MS*	*F* 值	*P* 值	*F* 临界值
行因素	13 004.55	3	4 334.85	18.11	9.46×10^{-5}	3.49
列因素	2 011.70	4	502.93	2.10	0.14	3.26
误差	2 872.70	12	239.39	—	—	—
总和	17 888.95	19	—	—	—	—

表 8-9 中的“行”指行因素，即品牌因素；“列”指列因素，即地区因素。由于 $F_R=18.11>F_\alpha=3.49$，所以拒绝原假设 H_0，表明 μ_1,μ_2,μ_3,μ_4 之间的差异是显著的，这说明品牌对销售量有显著影响。

由于 $F_C=2.10<F_\alpha=3.26$，所以不拒绝原假设 H_0，表明 $\mu_1,\mu_2,\mu_3,\mu_4,\mu_5$ 之间的差异不显著，不能认为地区对销售量有显著影响。

直接用 P 值进行分析，结论也是一样。用于检验行因素的 $P=0.00<0.05$，所以拒绝原假设 H_0；用于检验列因素的 $P=0.14>0.05$，因此不拒绝原假设 H_0。

（三）关系强度的测定

方差分析结果显示，不同品牌的销售量均值之间有显著差异，这意味着品牌（行自变量）与销售量（因变量）之间的关系是显著的。而不同地区的销售量的均值之间没有显著差异，表明地区（列自变量）与销售量（因变量）之间的关系是不显著的。那么，两个变量合起来与销售量之间的关系强度究竟如何呢？

表 8-9 中给出了行自变量（品牌）的平方和（行 *SS*）、列自变量（地区）的平方和（列 *SS*）、误差平方和（误差 *SS*）。其中，行平方和度量了品牌这个自变量对因变量（销售量）的影响效应，列平方和度量了地区这个自变量对因变量（销售量）的影响效应。这两个平方和加在一起则度量了两个自变量对因变量的联合效应，联合效应与总平方和的比值定义为 R^2，其平方根 R 则反映了这两个自变量联合起来共同对因变量的作用强度。

即有：

$$R^2=\frac{\text{联合效应}}{\text{总效应}}=\frac{SSR+SSC}{SST}$$

依据表 8-9 的输出结果计算，得：

$$R^2=\frac{SSR+SSC}{SST}=\frac{13\ 004.55+2\ 011.70}{17\ 888.95}=83.94\%$$

这表明，品牌因素和地区因素合起来总共解释了销售量差异的 83.94%，其他因素（残差变量）只解释了销售量差异的 16.06%。而 $R=0.916\ 2$，则表明品牌和地区两个因素合起来对销售量有较强的作用强度。

当然，也可以分别考察品牌和地区与销售量之间的关系，这就需要分别进行每个自变量与销售量的单因素方差分析，并分别计算每个 R^2。下面分别给出品牌和地区因素与销售量的单因素方差分析结果，见表 8-10 和表 8-11，请读者自己进行分析。

表 8-10　品牌与销售量的单因素方差分析结果

误差来源	平方和 *SS*	自由度 *df*	均方和 *MS*	*F* 值	*P* 值	*F* 临界值
组间	13 004.55	3	4 334.85	14.20	8.97×10^{-5}	3.24
组内	4 884.40	16	305.28	—	—	—
总和	17 888.95	19	—	—	—	—

表 8-11 地区与销售量的单因素方差分析结果

误差来源	平方和 SS	自由度 df	均方和 MS	F 值	P 值	F 临界值
组间	2 011. 70	4	502. 93	0. 48	0. 75	3. 06
组内	15 877. 25	15	1 058. 48	—	—	—
总和	17 888. 95	19	—	—	—	—

通过表 8-10 和表 8-11 可以发现，与双因素方差分析所得出的结论一致。但双因素方差分析中的误差平方和等于 2 872. 70，比分别进行单因素方差分析时的任何一个平方和(4 884. 40 和 15 877. 25)都小。这是因为在双因素方差分析中，误差平方和不包括两个自变量中的任何一个，因而减少了残差效应。而在分别作单因素方差分析时，将行因素(品牌)作自变量时，列因素(地区)被包括在残差中；同样，将列因素作自变量时，行因素被包括在残差中。因此，对于两个自变量而言，进行双因素方差分析要优于分别对两个因素进行单因素方差分析。

三、有交互作用的双因素方差分析

在上面的分析中，假定两个因素对因变量的影响是独立的，但如果两个因素搭配在一起会对因变量产生一种新的效应，就需要考虑交互作用对因变量的影响，这就是有交互作用的双因素方差分析。

(一)数据结构

设两个因素分别是 A 和 B，因素 A 共有 k 个水平，因素 B 共有 r 个水平，在水平组合 (A_i,B_j) 下的试验结果 X_{ij} 服从 $N(\mu_{ij},\sigma^2)$ $(i=1,\cdots,k;j=1,\cdots,r)$，假设这些试验结果相互独立。为对两个因素的交互作用进行分析，每个水平组合下至少要进行两次试验，不妨假设在每个水平组合 (A_i,B_j) 下重复 m 次试验(Excel 中称 m 为每一样本的行数)，每次试验的观测值用 x_{ijl} $(l=1,\cdots,m)$ 表示，那么有交互作用的双因素方差分析的数据结构如表 8-12 所示。

表 8-12　有交互作用双因素方差分析的数据结构

观测值		因素 B					
		B_1		…	B_r		均值
		x_{i1l}	均值		x_{irl}	均值	
因素 A	A_1	$x_{111},x_{112},\cdots,x_{11m}$	$\bar{x}_{11}.$	…	$x_{1r1},x_{1r2},\cdots,x_{1rm}$	$\bar{x}_{1r}.$	$\bar{x}_{1}.$
	A_2	$x_{211},x_{212},\cdots,x_{21m}$	$\bar{x}_{21}.$	…	$x_{2r1},x_{2r2},\cdots,x_{2rm}$	$\bar{x}_{2r}.$	$\bar{x}_{2}.$
	⋮	⋮	$\bar{x}_{m}.$	⋮	⋮	⋮	⋮
	A_k	$x_{k11},x_{k12},\cdots,x_{k1m}$	$\bar{x}_{k1}.$	…	$x_{kr1},x_{kr2},\cdots,x_{krm}$	$\bar{x}_{kr}.$	$\bar{x}_{k}.$
	均值	$\bar{x}_{.1}$		…	$\bar{x}_{.r}$		$\bar{\bar{x}}$

表 8-12 中，x_{ijl} 为对应于行因素的第 i 个水平和列因素的第 j 个水平的第 l 个观察值；$\bar{x}_{i}.$ 为行因素的第 i 个水平的样本均值；$\bar{x}_{.j}$ 为列因素的第 j 个水平的样本均值；$\bar{x}_{ij}.$ 对应于行因素的第 i 个水平和列因素的第 j 个水平组合的样本均值；$\bar{\bar{x}}$ 为全部 n 个观察值的总均值。

各均值计算公式分别如下：

$$\bar{x}_{ij}. = \frac{1}{m}\sum_{l=1}^{m} x_{ijl}$$

$$\bar{x}_{i}. = \frac{1}{rm}\sum_{j=1}^{r}\sum_{l=1}^{m} x_{ijl}$$

$$\bar{x}_{.j} = \frac{1}{km}\sum_{i=1}^{k}\sum_{l=1}^{m} x_{ijl}$$

$$\bar{\bar{x}} = \frac{1}{krm}\sum_{i=1}^{k}\sum_{j=1}^{r}\sum_{l=1}^{m} x_{ijl} = \frac{1}{k}\sum_{i=1}^{k}\bar{x}_{i}. = \frac{1}{r}\sum_{j=1}^{r}\bar{x}_{.j}$$

（二）分析步骤

与无交互作用双因素方差分析模型一样，有交互作用的双因素方差分析也包括提出假设、构造检验的统计量、统计决策等步骤。提出假设时，需要对行变量、列变量、交互作用变量分别进行，方法与上述类似，这里不再赘述。其方差分析表的一般形式如表 8-13 所示。

表 8-13　有交互作用的双因素方差分析表

误差来源	平方和 SS	自由度 df	均方和 MS	F 值	P 值	F 临界值
行因素	SSR	$k-1$	$MSR=\frac{SSR}{k-1}$	$F_R=\frac{MSR}{MSE}$	P_1	F_α
列因素	SSC	$r-1$	$MSC=\frac{SSC}{r-1}$	$F_C=\frac{MSC}{MSE}$	P_2	F'_α
交互作用	SSRC	$(k-1)(r-1)$	$MSRC=\frac{SSRC}{(k-1)(r-1)}$	$F_{RC}=\frac{MSRC}{MSE}$	P_3	F''_α
误差	SSE	$kr(m-1)$	$MSE=\frac{SSE}{kr(m-1)}$	—	—	—
总和	SST	$n-1$	—	—	—	—

各平方和的计算公式如下：

总平方和 $SST=\sum_{i=1}^{k}\sum_{j=1}^{r}\sum_{l=1}^{t}(x_{ijl}-\bar{\bar{x}})^2$

行变量平方和 $SSR=rm\sum_{i=1}^{k}(\bar{x}_{i.}-\bar{\bar{x}})^2$

列变量平方和 $SSC=km\sum_{j=1}^{r}(\bar{x}_{.j}-\bar{\bar{x}})^2$

交互作用平方和 $SSRC=m\sum_{i=1}^{k}\sum_{j=1}^{r}(\bar{x}_{ij}-\bar{x}_{i.}-\bar{x}_{.j}+\bar{\bar{x}})^2$

误差项平方和 $SSE=SST-SSR-SSC-SSRC$

（三）应用实例

【例 8-3】考察电池的板极材料与使用的环境温度对电池的输出电压的影响。现根据材料类型与环境温度都取了 3 个水平，测得输出电压数据如表 8-14 所示，问不同材料、不同温度及它们的交互作用对输出电压有无显著影响（$\alpha=0.05$）。

表 8-14　材料与环境温度的输出电压影响的测试表　　单位：伏

材料类型	环境温度		
	15℃	25℃	35℃
1	130	34	20
	155	40	70
	174	80	82
	180	75	58

续表

材料类型	环境温度		
	15℃	25℃	35℃
2	150	136	25
	188	122	70
	159	106	58
	126	115	45
3	138	174	96
	110	120	104
	168	150	82
	160	139	60

同样,利用 Excel 中可重复方差分析工具计算得到如表 8-15 所示结果。

表 8-15　可重复方差分析计算结果

误差来源	平方和 *SS*	自由度 *df*	均方和 *MS*	*F* 值	*P* 值	*F* 临界值
行因素	6 767.06	2	3 383.53	6.73	0.004 261	3.35
列因素	47 535.39	2	23 767.69	47.25	1.52×10^{-9}	3.35
交互作用	13 180.44	4	3 295.11	6.55	0.000 807	2.73
误差	13 580.75	27	502.99	—	—	—
总和	81 063.64	35	—	—	—	—

由表 8-15 计算结果可知,因为 $F_R=6.73$,$F_\alpha=3.35$,$F_R>F_\alpha$ 或者 P 值等于 0.004 261,远小于显著性水平 0.05,因此拒绝原假设,即材料对输出电压的影响显著;同样,因为 $F_C=47.25$,$F'_\alpha=3.35$,$F_C>F'_\alpha$,或者因为 P 值等于 1.52×10^{-9},几乎为零,远远小于显著性水平 0.05,因此拒绝原假设,即环境温度对输出电压的影响显著;因为 $F_{RC}=6.55$,$F''_\alpha=2.73$,$F_{RC}>F''_\alpha$,或者 P 值等于 0.000 807,因此拒绝原假设,即材料与温度的交互作用对输出电压的影响显著。

本章小结

方差分析是一种假设检验方法,其基本思想可概述为:把全部数据的总方差分解成几部分，每一部分表示某一影响因素或各影响因素之间的交互作用所产生的效应，将各部分方差与随机误差的方差相比较，依据 F 分布作出统计推断，从而确定各因素或交互作用的效应是否显著。

方差分析的主要目标是检验均值间的差别是否在统计意义上显著。如果只比较两个均值，事实上方差分析的结果和 t 检验完全相同。之所以很多情况下采用方差分析，是因为它具有如下两个优点：方差分析可以在一次分析中同时考察多个因素的显著性，比 t 检验所需的观测值少；方差分析可以考察多个因素的交互作用。

方差分析的缺点是条件有些苛刻，需要满足如下条件：各样本是相互独立的；各样本数据来自正态总体；各处理组总体方差相等。方差分析在医药、制造业、农业等领域有重要应用，多用于试验优化和效果分析中。

本章介绍了单因素方差分析、无交互作用的双因素方差分析、有交互作用的双因素方差分析的特点、原理、计算步骤和数学模型，由于计算工作量较大，实际计算方差分析过程中，一般借助诸如 Excel 之类的统计相关软件进行，具体操作过程参见第十章的有关内容。对读者而言，我们需要明确解读统计软件方差分析的结果，并得出正确的结论。

思考与练习

课后思考

1. 要检验多个总体均值是否相等时，为什么不作两两比较，而用方差分析？
2. 方差分析中有哪些基本假定？
3. 简述方差分析的基本思想。
4. 解释因子、水平和处理、组内误差和组间误差的含义。
5. 简述方差分析的基本步骤。

知识自测

1. 单项选择题

（1）某饮料生产企业研制了一种新型饮料，饮料有五种颜色。如果要考察颜色是否会影响销售量，则水平为（　　）。

A. 2　　B. 3　　C. 4　　D. 5

（2）下列指标中包含有系统性误差的是（　　）。

A. SSR　　B. SSE　　C. $\bar{x}_j$　　D. $\bar{\bar{x}}$

（3）SST 的自由度是（　　）。

A. $r-1$　　B. $n-r$　　C. $r-n$　　D. $n-1$

（4）单因素方差分析的备择假设应该是（　　）。

A. $\mu_1=\mu_2=\mu_3=\cdots=\mu_k$

B. $\mu_1,\mu_2,\mu_3,\cdots,\mu_k$ 不全相等

C. $\mu_1,\mu_2,\mu_3,\cdots,\mu_k$ 全不相等

D. $\mu_1\neq\mu_2\neq\mu_3\neq\cdots\neq\mu_k$

(5)如果要拒绝原假设,则下列式子(　　)必须成立。

A. $F<F_\alpha$

B. P 值$<\alpha$

C. $F=1$

D. P 值$>\alpha$

(6)对双因素方差分析(无交互作用),下列命题哪个是错的?(　　)。

A. $SST=SSR+SSC+SSE$

B. SSC 的自由度是 r-1

C. F 临界值只有一个

D. 必须对两个因素分别决策

(7)如果要比较 3 种化肥(A、B 两种新型化肥和传统化肥)施于 3 种不同类型(酸性、中性和碱性)的土地上,考查其对作物的产量影响有无差别,则往往考虑用(　　)方法。

A. 单因素方差分析

B. 三因素方差分析

C. 无交互作用的双因素方差分析

D. 有交互作用的双因素方差分析

(8)关于方差分析的说法不正确的是(　　)。

A. 方差分析是一种检验若干个正态分布的均值和方差是否相等的统计方法

B. 方差分析是一种检验若干个独立正态总体均值是否相等的一种统计方法

C. 方差分析实际上是一种 F 检验

D. 方差分析基于偏差平方和的分解和比较

(9)在单因素方差分析中,若因子的水平个数为 k,全部观察值的个数为 n,那么(　　)。

A. SST 的自由度为 n

B. SSA 的自由度为 k

C. SSE 的自由度为 $n-k-1$

D. SST 的自由度等于 SSE 的自由度与 SSA 的自由度之和

(10)方差分析中,如果拒绝原假设,则说明(　　)。

A. 自变量对因变量有显著影响

B. 所检验的各总体均值之间全部相等

C. 不能认为自变量对因变量有显著影响

D. 所检验的各样本均值之间全部相等

2. 判断题

(1)运用方差分析必须保证各总体之间相互独立,且抽取的样本必须是随机样本。(　　)

(2)对于无交互作用的双因素方差分析而言,F 临界值可以是一个也可能是两个。(　　)

(3)进行单因素方差分析的前提之一是要求 k 个水平的 k 个总体的方差都相等。（　）

(4) SST 和 SSR 都含有随机误差。（　）

(5)根据无交互作用的双因素方差分析表，能够计算三个 F 值。（　）

(6)为研究天气状况对公交运输过程中上下车时长的影响，将天气控制在了三种情形上，则称这种方差分析是三因素方差分析。（　）

(7)单因素方差分析的组内误差反映了随机因素和系统因素的影响。（　）

(8)方差分析中因变量是数值型变量，自变量则只能是品质型变量，不能是数值型变量。（　）

(9)在单因素方差分析中，计算 F 统计量的分子是组间方差，分母是组内方差。（　）

(10)如果检验统计量的 p 值趋近于0，那么表明方差分析应该接受原假设。（　）

技能训练

1. 将24家生产产品大致相同的企业按资金分为三类，每个公司的每100元销售收入的生产成本（单位：元）如下表所示。这些数据能否说明三类公司的市场生产成本有差异？（假定生产成本服从正态分布，且方差相同，$\alpha=0.05$）

20—30	30—50	50 以上
69	75	77
72	76	80
70	72	75
76	70	86
72	80	74
72	68	86
66	80	80
72	74	83

2. 某SARS研究所对31名志愿者进行某项生理指标测试，结果见下表。这三类人的该项生理指标有差别吗？（假定该生理指标服从正态分布，且方差相同，$\alpha=0.05$）

SARS患者	1.8	1.4	1.5	2.1	1.9	1.7	1.8	1.9	1.8	1.8	2.0
疑似者	2.3	2.1	2.1	2.1	2.6	2.5	2.3	2.4	2.4	—	—
非患者	2.9	3.2	2.7	2.8	2.7	3.0	3.4	3.0	3.4	3.3	3.5

3. 为了解三种不同配比的饲料对仔猪影响的差异，对三种不同品种的猪各选三头进行试验，分别测得其三个月间体重增加量如下表所示。试分析不同饲料与不同品种对猪的生长影响有无显著差异。（假定其体重增加量服从正态分布，且方差相同，$\alpha=0.05$）

体重增量		因素 B(品种)		
		B_1	B_2	B_3
因素 A（饲料）	A_1	30	31	32
	A_2	31	36	32
	A_3	27	29	28

4. 比较三种化肥（A、B 两种新型化肥和传统化肥）施撒在三种类型（酸性、中性和碱性）的土地上对作物的产量情况有无差别，将每块土地分成六块小区，施用 A、B 两种新型化肥和传统化肥。收割后，测量各组作物的产量，得到的数据如下表所示。化肥类别、土地类型及它们的交互作用对作物产量有影响吗？（假定作物产量服从正态分布，且方差相同，$\alpha=0.05$）

化肥种类	土地		
	酸性	中性	碱性
A	30,35	31,32	32,30
B	31,32	36,35	32,30
传统	27,25	29,27	28,25

第九章　相关与回归分析

知识目标

(1)了解相关关系的概念及分类。

(2)掌握相关关系和函数关系的不同。

(3)理解相关系数的作用和意义。

(4)理解相关分析与回归分析的区别。

(5)掌握线性相关分析和一元线性回归分析的理论和方法。

技能目标

(1)能依据实际资料计算相关系数以测定两个变量之间相关关系的密切程度。

(2)能根据有关数据建立两个变量的回归模型,并利用建立的模型分析问题,进行预测。

案例导入

肉鸡体重与添加剂重量的回归分析

孟山都公司是美国的一家农业生物技术跨国公司。该公司曾生产并销售用于饲养禽类、猪、牛等牲畜的蛋氨酸添加剂。由于家禽饲养者的工作量大,但边际效益低,因此他们需要经济实惠且尽可能富含营养的家禽饲料。在给定的饲料消化水平下,最理想的饲料成分能促进牲畜快速生长和肉鸡体重的提高,为了生产出最优的家禽饲料,并使得鸡肉价格与其他牲畜肉价格具有相对优势,孟山都公司运用回归分析对肉鸡体重(用 y 表示)与饲料中加入的蛋氨酸添加剂数量(用 x 表示)之间的关系进行了探究。最初,他们建立了下面这一估计的简单线性回归方程:$y=0.21+0.42x$。这个回归方程说明饲料中的添加剂每增加 1 单位,则肉鸡体重增加 0.42 单位。然而,实验发现这与事实不很符合。进一步的研究显示,虽然少量的蛋氨酸能提高肉鸡体重,但经过某一最高点后,肉鸡体重水平将下降,使增加的蛋氨酸仅有微小的收益或者根本没有收益。经过仔细研究,公司又建立了肉鸡体重与蛋氨酸添加剂数量之间的曲线回归方程:$y=-0.189+1.32x-0.506x^2$。通过回归分析,孟山都公司从而确定了家禽饲料中最适宜的蛋氨酸添加剂含量水平。

案例分析

以上案例表明，相关与回归分析应用领域非常广泛，无论是在生活中，还是在学习研究上，抑或在经济管理方面都有着不可或缺的作用。如何进行相关与回归分析就是本章所要学习的内容。

第一节　相关关系的概念及种类

一、变量间的关系

我们通常说万事万物都是有联系的，就是说在自然界或现实生活中很多的现象或事物相互之间有着紧密的联系，它们相互依赖，相互促进，相互制约，当然联系有大有小。而在社会经济管理工作中，我们经常会发现一个现象与另一个现象之间关系非常紧密，而有的却不是那么相互关联，但都能通过一定的方法用数字将它们之间的关系反映出来。社会现象之间的相互关系通常可分为函数关系和相关关系两种不同的类型。

（一）函数关系

函数关系我们比较熟悉，设有两个变量 x 和 y，变量 y 随着变量 x 变动而变动，当变量 x 取某一个数值时，变量 y 有唯一确定的数值与之相对应，则称 y 是 x 的函数，记为 $y=f(x)$，其中 y 是因变量，x 是自变量，y 的数值完全取决于 x。此时，变量间表现出来的关系就称之为函数关系。例如，设某工厂的一种产品的销售额为 y，销售量为 x，销售价格为 a，则销售额与销售量之间的关系就可用 $y=ax$ 来表示。若销售价格不变，销售额完全由销售量决定，销售额与销售量之间的关系就是函数关系。又如企业的原材料消耗额 y 与产量 x_1、单位产品消耗 x_2、原材料价格 x_3 之间的关系可用 $y=x_1\times x_2\times x_3$ 来表示，原材料消耗额与产量、单位产品消耗、原材料价格之间也是一种确定性的函数关系。很明显，函数关系是一种一一对应的关系，这种关系在经济生活中广泛存在。

（二）相关关系

在现实生活中，并非所有变量在数值上都是一一对应的，例如儿女的身高与父母的身高之间的关系，学生的成绩与学习时间之间的关系，水稻的亩产量与化肥施用量之间的关系。这些变量与变量之间的关系是确实存在的，但又不是函数关系。此时，当一个或几个相互联系的变量取一定数值时，与之相对应的另一变量的值虽然不确定，但它仍按某种规律在一定的范围内变化。这种变量之间客观存在的不严格、不确定的数量依存关系，就称为相关关系。相关关系不能用一个确定的数学关系式表达出来，其中一个变量的变化与另一个变量的变化并非一一对应。理解相关关系要注意两点：第一，变量之间确实存在数量上的依存关系，当一个变量发生数量上的变化时，另一个变量通常也会发生改变。例如:随着银行存款利率的提高,居民储蓄存款的数量一般也会提高;随着一般生活用品价格的提高,通常会使消费者对该商品的购买量减少。第二,一个变量的取值不能由另一个变量唯一确定,不像圆的周长与圆的直径的关系就是周长一定是直径的 π 倍。父母的身高与儿女的身高确实存在关系,但是父母高不一定儿女就高,儿女的身高除了受遗传影响以外,还会受到营养、锻炼等因素的影响。学习时间长不一定成绩就很好,因为成绩的好坏除了受学习时间影响外,还会受到诸如家庭环境、自身素质等因素的影响。

显然,函数关系与相关关系的区别在于函数关系是一一对应的,是确定的,而相关关系是不确定的。然而函数关系与相关关系之间也存在着联系。一方面,由于观察、测量会产生误差,函数关系在确定之前,在实际中通常通过相关关系表现出来;另一方面,在研究相关关系时,我们通常需要使用函数关系的形式来表示,以便找到相关关系的一般数量表现形式,从而能够更好地去分析问题。某种特定的情况下,相关关系可能转变成函数关系。

二、相关关系的种类

相关关系在社会现象中的表现形态各异,依据的标准不同,则形式也不同。

1. 依据相关变量变动方向分为正相关和负相关

对于两个相关的变量,随着一个变量增加而另一变量也增加,一个变量减少而另一变量也减少,则称这两个变量正相关,两个变量变化的方向相同。例如,在不过度的前提下,对水稻的施肥量增加,则水稻的亩产量也增加;家庭收入减少,则居民储蓄存款也会减少。如果随着一个变量增加而另一变量却减少,一个变量减少而另一变量却增加,则称这两个变量负相关,两个变量变动的方向不同。例如,当商品价格升高时,商品的销售量通常会减少,商品产量增加,则单位产品成本通常减少。

2. 依据相关关系的表现形态分为线性相关和非线性相关

对于两个相关的变量,将它们不同的相关数值组合在直角坐标系中用点表示出来,如果这些点在坐标系中的排列近似地表现为一条直线,则称这两个变量线性相关。如果表现出来的是近似的曲线,如抛物线、双曲线、指数曲线等,则称这两个变量非线性相关。如一般情况下化肥的施用量与农产品的亩产量的关系就是非线性关系,开始随着化肥的增加产量会增加,而随着化肥用量的进一步过度增加,则产量不仅不会增加,反而会减少,表现的形态是一个近似抛物线。

3. 依据相关关系涉及变量多少分为单相关和复相关

两个变量之间的相关关系叫单相关,单相关只涉及两个变量。如研究学生学习成绩与学习时间之间的关系就是单相关。而在统计实践中,更多的是分析多个变量之间的关系。如果研究相关关系时涉及的变量是两个或两个以上,则称之为复相关,也叫多元相关。例如,农民人均收入的高低同农业机械化程度、农民的文化素质、外出务工人数、工业化程度之间的关系，便是复相关。

4. 依据变量间相关程度不同分为完全相关、不完全相关和不相关

两个变量间的关系是确定的，即其中一个变量的数量变化完全由另一个变量的数量变化所确定，则称这两个变量完全相关，此时，相关关系就是函数关系，可以用一定的数学表达式(方程或模型)表示出来。例如圆的面积与它的半径之间的关系就是完全相关，可以用 $s=\pi\times r^2$ 表示。如果两个变量彼此互不影响，其数量变化各自独立，则这两个变量呈不相关关系。例如，股票的价格与气温之间是不相关的。既不是完全相关，又不是不相关，介于此两者之间的相关关系，称之为不完全相关，现实生活中这种关系最多，是相关与回归分析的主要研究对象。

三、相关分析的主要内容

为了研究变量之间关系的密切程度，探究变量变化的规律，探索影响某一变量或社会现象的本质原因，从而作出判断、预测和控制，我们就要进行相关和回归分析。相关和回归分析的主要内容如下：

1. 变量之间相关关系的存在性和表现形态的确定

这一部分是相关分析的起点，只有相关关系存在，才能进行相关关系分析，否则就会浪费很多的时间和精力，且不能取得有价值的结果。相关关系不同的表现形态需要用不同的分析方法来进行分析，不能把非线性关系当作线性关系来分析，否则将会导致对结果认识得不准确，甚至是错误，反之也一样。主要方法是定性分析、绘制相关图。

2. 相关关系密切程度的确定

在统计分析中，要找出影响某一社会现象的主要原因、次要原因，确定因素对该现象的影响程度，就必须分析相关变量之间相关关系的密切程度，其主要可通过散点图、相关表来判断，最主要也是最准确的是通过计算变量间相关系数来确定。

3. 合适数学表达式的确定

为了测定变量之间数量变化上的一般关系，通常使用合适的数学表达式来表示。这种表达式就是方程，学术研究中通常称之为数学模型。如果现象间的关系表现为线性相关，则要采用直线方程；如果现象间的关系表现为非线性，则采用曲线方程，如双曲线、抛物线方程等。这部分结果是后续统计工作中进行判断、推算和预测的依据，非常重要。

4. 变量估计值可靠程度的测定

确定合适的数学表达式后，则可以确定自变量变化时因变量变化幅度的大小。如果给定若干自变量数值，根据该数学表达式必能计算出因变量的数值大小，比较估计出的因变量与实际的因变量的差距大小，差距大则误差大，则可靠程度低，差距小则误差小，则可靠程度高。

5. 对因变量的估计和预测

统计工作中，在确定了数学表达式和可靠程度之后，通常还要根据确定了的数学表

达式来对社会经济现象进行估计和预测。这也是相关和回归分析的最终目的,统计工作的终极目标之一。

第二节 相关分析

在进行相关分析与回归分析时,我们首先必须做的工作就是确定相关关系的存在性与其表现形态,而这项工作通常是通过相关表和散点图来进行描述,相关表和散点图使得变量间的关系变得很直观。

一、相关表与散点图

(一)相关表

相关表是在统计调查的基础上,用表格的形式将一系列成对的标志值列举而成的一种统计表,是相关分析的基本方法之一。根据资料是否分组,相关表可分为简单相关表和分组相关表。

1. 简单相关表

简单相关表是资料未经分组的相关表,它是把因素标志值(变量值)按照一定顺序一一对应平行排列起来的统计表。简单相关表是客观现象标志之间相关研究初步结果的表现形式之一。表 9-1 是铁路某预制件厂总成本与产品产量的原始资料。

表 9-1 产量和生产成本的原始资料

产量 /千件	8. 0	6. 1	5. 0	7. 2	1. 2	2. 0	4. 0	4. 0	3. 1
总成本/千元	160	132	115	135	62	82	112	110	80

表 9-2 是根据原始资料编制成的相关表。

表 9-2 产量和总成本简单相关表

序号	产量	总成本
1	1. 2	62
2	2. 0	82
3	3. 1	80
4	4. 0	110
5	4. 0	112
6	5. 0	115
7	6. 1	132
8	7. 2	135
9	8. 0	160
合计	40. 6	988

从表 9-2 可以看出，虽然总成本和产量之间的关系不是非常严格，但随着产量的增加，总成本是逐步增加的，有直线相关的趋势。

2. 分组相关表

分组相关表是在简单相关表的基础上，将原始数据进行分组编制成的统计表。根据分组情况不同，分组相关表通常有单变量分组和双变量分组两种形式。

（1）单变量分组表。指在有相关关系的两个变量中，只根据一个变量进行分组，另一个变量不进行分组，并只计算出次数和平均数的一种相关表。这种相关表在变量的依存关系分析中用得较多。如表 9-3 所示。

表 9-3　单变量分组表

产量/件	企业数量/个	平均单位成本/元
20	9	16. 8
30	5	15. 6
40	5	15. 0
50	6	14. 6
70	6	14. 3
90	4	14. 1

从表 9-3 可以看出，随着产量的增加，平均单位成本逐渐降低，这两者呈负相关关系，且随着产量以一定的幅度增加，单位成本减少的幅度越来越小，其表现形态是曲线。

（2）双变量分组表。指两个变量都按一定的顺序同时进行分组所制成的相关表。其编制步骤是：首先，分别确定两个变量的数组；其次，按两个变量的数组设计表格；最后，计算各组次数置于相对应的表格位置之中。例如，为研究分析产量（件）和单位成本（元）的关系，有 30 个同类企业调查得到的原始资料如表 9-4 所示。

表 9-4　产量与单位成本的原始资料

产量/件	20	30	20	20	40	30	80	80	50	40	30	20	80	50	40
单位成本/元	18	16	16	15	16	15	14	14	15	15	16	18	14	14	15
产量/件	20	50	20	30	50	20	50	40	20	80	40	20	50	80	30
单位成本/元	16	16	18	16	15	18	15	14	16	14	15	16	14	15	15

根据原始资料表发现产量和单位成本按单项式分组，它们分别有 5 个和 4 个变量值，就设置 5 组和 4 组，因而要设计一个 5×4 的统计表，编制结果如表 9-5 所示。

表 9-5 产量与单位成本双变量分组表

单位成本/元	产量/件					合计
	20	30	40	50	80	
18	4	—	—	—	—	4
16	4	3	1	1	—	9
15	1	2	3	3	1	10
14	—	—	1	2	4	7
合计	9	5	5	6	5	30

从表 9-5 中明显可以看出,单位成本集中在左上角到右下角斜线上,这就表示产量与单位成本是负相关。双变量分组表设置两个合计栏,分别表明各变量分组的次数分布状况。制作双变量分组相关表,可以把自变量放在纵列,其变量值从小到大自左至右排列;因变量放在横行,其变量值从大到小由上至下排列。如此安排的目的是使相关表和散点图的形式取得一致,能直观地看出两个变量之间相关的方向。

(二)散点图

散点图是描述变量间关系的一种直观方法。用坐标系的横轴代表变量 x,用坐标系的纵轴代表变量 y,由不同的 x 和不同的 y 形成的每一组数据在坐标系中用不同的点来表示,这些点就是散点,由这些散点和坐标系所组成的二维数据图就叫作散点图。散点图能描述两个变量间的大致关系,从中可以直观地看到两个变量间大体的关系形态和关系密切程度。如图 9-1 所示,其中图(a)、(b)中所有的点都在一条直线上,为完全相关;图(c)中的点杂乱没有规律,说明变量间不存在相关关系;图(d)中的点类似双曲线的一支,表明变量为非线性相关;图(e)、(f)中的点分布在一个狭长的区域内类似直线,各个点虽然不在同一条直线上,但是,它们有在同一条直线上变动的趋势,说明变量间为线性相关关系,图(e)为正相关,图(f)为负相关。

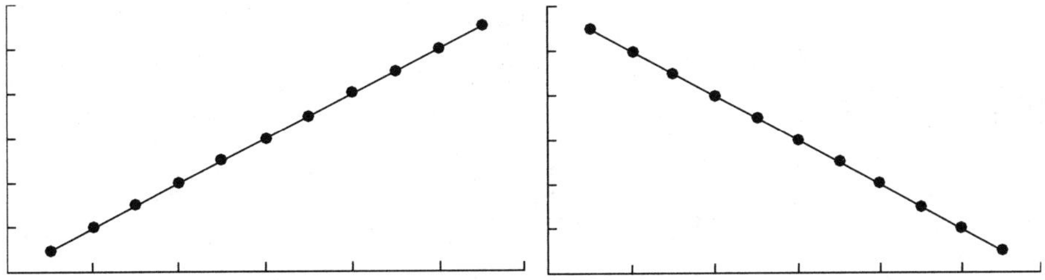

(a) (b)

图 9-1a 变量间相关关系示意图

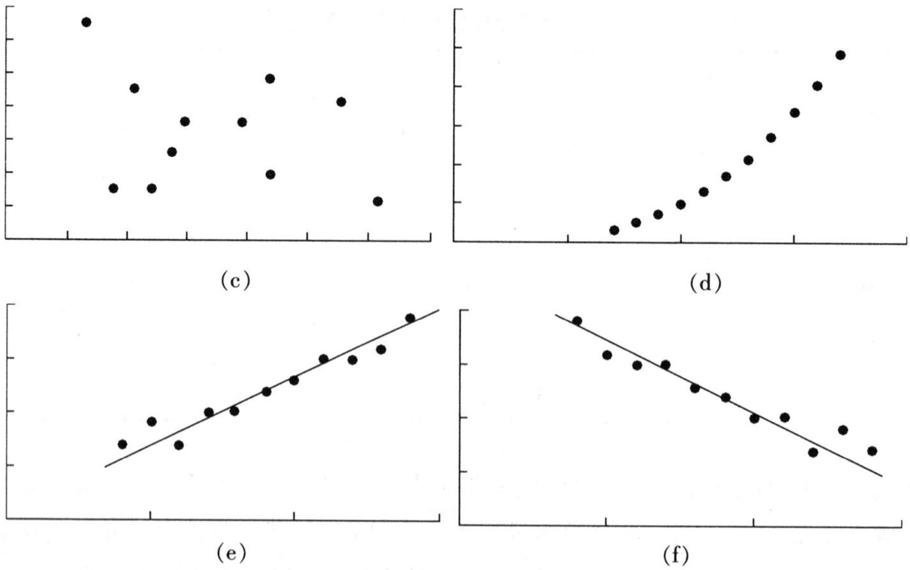

图 9-1b　变量间相关关系示意图

二、相关系数

(一)相关系数的含义

根据相关表和散点图的确可以使得相关关系更加直观,然而要想看出相关关系的强弱(相关关系的密切程度),通常采用的是相关系数。相关系数是对变量间关系密切程度进行度量的一种指标。如果我们是以总体数据来计算的话,则相关系数的计算公式为:

$$\rho=\frac{\mathrm{Cov}(X,Y)}{\sigma(X)\times\sigma(Y)}$$

其中,ρ 为总体相关系数,$\sigma(X)$ 为变量 X 的总体标准差,$\sigma(Y)$ 为变量 Y 的总体标准差,$\mathrm{Cov}(X,Y)$ 为变量 X 与变量 Y 的协方差。

在实际工作中我们的分析资料往往是样本资料,所以有:

$$r=\frac{\mathrm{cov}(x,y)}{s_x\times s_y}$$

其中:

$$\mathrm{cov}(x,y)=\frac{\sum_{i=1}^{n}(x_i-\bar{x})(y_i-\bar{y})}{n-1}$$

$$s_x=\sqrt{\frac{\sum_{i=1}^{n}(x_i-\bar{x})^2}{n-1}}\qquad s_y=\sqrt{\frac{\sum_{i=1}^{n}(y_i-\bar{y})^2}{n-1}}$$

(二)相关系数的计算

在实践工作中,根据资料是否分组有不同的计算方法。

1. 未分组资料的相关系数计算

(1)积差公式计算法。指以两个变量与各自的平均值的离差为基础，通过两个离差乘积的大小和正负来反映两个变量之间的相关程度和相关性质的一种计算方法。相关系数基本公式如下：

$$r=\frac{\sum_{i=1}^{n}(x_i-\bar{x})(y_i-\bar{y})}{\sqrt{\sum_{i=1}^{n}(x_i-\bar{x})^2}\sqrt{\sum_{i=1}^{n}(y_i-\bar{y})^2}}$$

【例 9-1】利用表 9-2 的资料求相关系数。

为了计算时方便，可以先列出相关系数计算表，如表 9-6 所示。

表 9-6　相关系数计算表

序号	x	y	$(x-\bar{x})$	$(x-\bar{x})^2$	$(y-\bar{y})$	$(y-\bar{y})^2$	$(x-\bar{x})(y-\bar{y})$
1	1. 2	62	-3. 31	10. 96	-47. 78	2 282. 93	158. 15
2	2. 0	82	-2. 51	6. 30	-27. 78	771. 73	69. 73
3	3. 1	80	-1. 41	1. 99	-29. 78	886. 85	41. 99
4	4. 0	110	-0. 51	0. 26	0. 22	0. 05	-0. 11
5	4. 0	112	-0. 51	0. 26	2. 22	4. 93	-1. 13
6	5. 0	115	0. 49	0. 24	5. 22	27. 25	2. 56
7	6. 1	132	1. 59	2. 53	22. 22	493. 73	35. 33
8	7. 2	135	2. 69	7. 24	25. 22	636. 05	67. 84
9	8. 0	160	3. 49	12. 18	50. 22	2 522. 05	175. 27
合计	40. 6	988	—	41. 95	—	7 625. 57	549. 63

根据上表计算可得：

$$\bar{x}=\frac{\sum x}{n}=\frac{40.6}{9}=4.51(\text{吨})$$

$$\bar{y}=\frac{\sum y}{n}=\frac{988}{9}=109.78(\text{万元})$$

$$r=\frac{\sum_{i=1}^{n}(x_i-\bar{x})(y_i-\bar{y})}{\sqrt{\sum_{i=1}^{n}(x_i-\bar{x})^2}\sqrt{\sum_{i=1}^{n}(y_i-\bar{y})^2}}=\frac{549.63}{\sqrt{41.95\times 7\,625.57}}=0.97$$

(2)简捷公式计算法。从上面的计算过程容易看出，积差公式计算法的计算工作量较大，略显繁杂。为了方便，将积差公式经过数学变换可以得到相对简捷的公式：

$$r=\frac{n\sum xy-\sum x\sum y}{\sqrt{n\sum x^2-(\sum x)^2}\sqrt{n\sum y^2-(\sum y)^2}}$$

表 9-7　相关系数简捷算法计算表

序号	x	y	x^2	y^2	xy
1	1. 2	62	1. 44	3 844	74. 4
2	2. 0	82	4. 00	6 724	164. 0
3	3. 1	80	9. 61	6 400	248. 0
4	4. 0	110	16. 00	12 100	440. 0
5	4. 0	112	16. 00	12 544	448. 0
6	5. 0	115	25. 00	13 225	575. 0
7	6. 1	132	37. 21	17 424	805. 2
8	7. 2	135	51. 84	18 225	972. 0
9	8. 0	160	64. 00	25 600	1 280. 0
合计	40. 6	988	225. 10	116 086	5 006. 6

由表 9-7 可知：

$n=9 \quad \sum xy=5\ 006.6 \quad \sum x=40.6 \quad \sum y=988 \quad \sum x^2=225.10 \quad \sum y^2=116\ 086$

代入得：

$$r=\frac{n\sum xy-\sum x\sum y}{\sqrt{n\sum x^2-(\sum x)^2}\sqrt{n\sum y^2-(\sum y)^2}}=\frac{9\times5\ 006.6-40.6\times988}{\sqrt{9\times225.1-40.6^2}\times\sqrt{9\times116\ 086-988^2}}=0.97$$

经过数学变换还可以得到以下公式：

$$r=\frac{\sum xy-n\bar{x}\ \bar{y}}{\sqrt{\sum x^2-n\bar{x}^2}\sqrt{\sum y^2-n\bar{y}^2}}$$

将以上数据代入该公式得：

$$r=\frac{5\ 006.6-9\times4.51\times109.78}{\sqrt{225.1-9\times4.51^2}\sqrt{116\ 086-9\times109.78^2}}=0.97$$

2. 分组资料的相关系数计算

（1）积差公式计算法。计算公式为：

$$r=\frac{\sum(x-\bar{x})(y-\bar{y})f}{\sqrt{\sum(x-\bar{x})^2f}\sqrt{\sum(y-\bar{y})^2f}}$$

【例 9-2】根据表 9-3 资料计算相关系数。

表 9-8　单变量分组表相关系数计算表

序号	x	f	y	$x-\bar{x}$	$(x-\bar{x})^2f$	$y-\bar{y}$	$(y-\bar{y})^2f$	$(x-\bar{x})(y-\bar{y})f$
1	20	9	16. 8	-26	6 084	1. 54	21. 34	-360. 36
2	30	5	15. 6	-16	1 280	0. 34	0. 58	-27. 20
3	40	5	15. 0	-6	180	-0. 26	0. 34	7. 80
4	50	6	14. 6	4	96	-0. 66	2. 61	-15. 84
5	70	6	14. 3	24	3 456	-0. 96	5. 53	-138. 24
6	90	4	14. 1	44	7 744	-1. 16	5. 38	-204. 16
合计	—	35	—	—	18 840	—	35. 79	-738. 00

根据平均数计算公式容易得到：

$$\bar{x}=\frac{\sum xf}{\sum f}=\frac{20\times9+30\times5+40\times5+50\times6+70\times6+90\times4}{35}=46(\text{件})$$

$$\bar{y}=\frac{\sum yf}{\sum f}=\frac{16.8\times9+15.6\times5+15\times5+14.6\times6+14.3\times6+14.1\times4}{35}=15.26(\text{元})$$

根据以上公式可求得：

$$r=\frac{-738}{\sqrt{18\ 840}\times\sqrt{35.79}}=\frac{-738}{821.15}=-0.898\ 8$$

(2)简捷公式计算法。计算公式为：

$$r=\frac{\sum f(\sum xyf)-\sum xf\sum yf}{\sqrt{\sum f(\sum x^2f)-(\sum xf)^2}\sqrt{\sum f(\sum y^2f)-(\sum yf)^2}}$$

表 9-9　相关系数简捷算法计算表

序号	x	f	y	xf	yf	x^2	y^2	x^2f	y^2f	xyf
1	20	9	16. 8	180	151. 2	400	282. 24	3 600	2 540. 16	3 024
2	30	5	15. 6	150	78. 0	900	243. 36	4 500	1 216. 80	2 340
3	40	5	15. 0	200	75. 0	1 600	225. 00	8 000	1 125. 00	3 000
4	50	6	14. 6	300	87. 6	2 500	213. 16	15 000	1 278. 96	4 380
5	70	6	14. 3	420	85. 8	4 900	204. 49	29 400	1 226. 94	6 006
6	90	4	14. 1	360	56. 4	8 100	198. 81	32 400	795. 24	5 076
合计	—	35	—	1 610	534. 0	—	—	92 900	8 183. 10	23 826

$$r=\frac{\sum f(\sum xyf)-\sum xf\sum yf}{\sqrt{\sum f(\sum x^2f)-(\sum xf)^2}\sqrt{\sum f(\sum y^2f)-(\sum yf)^2}}$$

$$=\frac{35\times23\ 826-1\ 610\times534}{\sqrt{35\times92\ 900-(1\ 610)^2}\times\sqrt{35\times8\ 183.1-(534)^2}}$$

$$=\frac{-25\ 830}{812.034\times35.391}$$

$=-0.8988$

需要注意的是，如果分组不是单项式分组，而是组距式分组时，则必须求出组中值，将组中值作为变量值再代入公式进行计算。

（三）相关系数的范围和性质

1. 相关系数的取值范围

相关系数的取值范围：$-1\leqslant r\leqslant1$。当 $r<0$ 时，表示负相关，$r>0$ 时，表示正相关，$r=0$ 时，表示无线性相关。

在经济分析中，若 $|r|=1$，完全线性相关，变量间呈函数关系；$|r|=0$，变量间无线性相关关系，但有可能有非线性相关关系。

2. 相关密切程度的判别

相关系数 r 是表示现象之间相关程度的统计指标，当 r 的绝对值越大，表明现象的相关关系越强，否则，表明相关关系越弱。相关关系的一般判断标准为：

$0<|r|<0.3$，微弱相关

$0.3\leqslant|r|<0.5$，低度相关

$0.5\leqslant|r|<0.8$，显著相关（中度相关）

$0.8\leqslant|r|<1$，高度相关

需要注意的是，相关系数绝对值趋近于 1 的程度和样本数据量有关系，样本数据量越少，相关系数绝对值越接近于 1，如果只有两组数据则相关系数的绝对值为 1。有鉴于此，在进行相关分析时，样本数据量不能太少。

第三节　一元线性回归分析

一、回归分析概述

（一）回归分析的概念和种类

“回归”一词是由英国生物学家 F. 高尔登首先提出的，他在对遗传学的研究中发现，有着高个双亲的子女和具有矮个双亲的子女，他们的身高均表现出有向一般人平均身高回归的趋势。他在这一研究中建立的数学公式就被叫作回归方程式。回归方程式是通过回归分析得出的，回归分析就是指将两个或两个以上变量间的紧密的相关关系，利用变量的一些样本数据模拟出一个数学关系式，并据此用一个或几个变量的取值去估计另一个变量取值的统计分析方法。

回归有不同的类别，根据参与回归的变量个数不同，回归有一元回归和多元回归之

分。一元回归就是指只有一个因变量和一个自变量的回归,也叫简单回归;多元回归则是含有两个或两个以上的自变量和一个因变量的回归,也叫复回归。根据回归出的方程的表现形态分类,则有线性回归和非线性回归之分,线性回归也叫直线回归,非线性回归也叫曲线回归。其中,一元线性回归是最基本的。

(二)回归分析的意义

相关分析和回归分析相互补充,密切联系。相关分析需要回归分析来表明现象数量关系的具体形式,而回归分析则应该是建立在相关分析的基础之上。只有具有密切相关关系的回归分析才有意义,但它们也有一些区别。

第一,回归分析是研究两个变量之间的因果关系,所以首先应该通过定性分析来确定哪个是因变量,哪些是自变量,否则可能没有意义。而相关分析只要求变量存在相关关系,不需考虑它们之间是什么关系。一般而言,回归现象中的变量一定相关,但是,相关的两变量不一定就有回归现象。

第二,回归分析主要是从一组样本数据出发,确定出变量之间的数学关系式,并对这些关系式的可靠程度进行检验,同时通过关系式确定影响因变量的主、次因素,并利用关系式进行估计和预测。而相关分析则主要是对两个变量之间关系的描述,并通过相关系数对变量间关系的密切程度进行测度。

第三,回归分析中因变量是随机变量,而自变量则不是;相关分析中变量都是随机的。

二、一元线性回归分析

(一)回归方程的建立

当两个变量间存在密切的相关关系时,我们可以根据定性分析,确定自变量 x 和因变量 y 后,再进行回归分析。一元线性回归分析是用来研究一个自变量和一个因变量之间的线性关系。如果两个变量之间是完全线性相关,则我们通常用方程式 $y=\beta_0+\beta_1x$ 来表示。但现实社会经济中,很多的变量之间的关系并不一定是完全线性相关或其表现形式并非线性相关。如果通过散点图来说明,则已知的数据表示的坐标点并不是在一条直线上,而是围绕着某一条直线上下浮动。这也说明了因变量不一定只受某一自变量的影响,还可能受其他因素的影响,所以通常用以下方程式来表示一元线性回归模型:

$$y=\beta_0+\beta_1x+\varepsilon$$

其中,β_0 和 β_1 是模型的参数,ε 是随机误差项。在回归分析中,通常假定误差项的期望(平均值)为0,对于所有的自变量 x 的值,随机误差项的方差相同,误差为随机变量,服从正态分布或近似正态分布,且相互独立。由于误差项的平均值为0,则可得到一元线性理论回归方程形式如下:

$$\bar{y}=\beta_0+\beta_1x \text{ 或 } E(y)=\beta_0+\beta_1x$$

在回归方程中,如果已知 β_0 和 β_1 的值,则很容易根据自变量的值计算因变量的平均值,但通常情况下 β_0 和 β_1 的值是未知的,一元线性回归分析的基本任务就是利用有限的样本对参数 β_0 和 β_1 作出合理的估计。利用样本数据估计出的一元线性回归方程通常可用以下方程形式表示:

$$\hat{y}=\hat{\beta}_0+\hat{\beta}_1x$$

方程式的图示是一条直线,式中 $\hat{y}$ 是利用样本得到的 y 的估计值,通常称为回归值;$\hat{\beta}_0$ 和 $\hat{\beta}_1$ 是样本统计量,分别是 β_0 和 β_1 的估计量。$\hat{\beta}_0$ 是估计出的回归直线在 y 轴上的截距;$\hat{\beta}_1$ 为回归直线的斜率,称为回归系数,是 x 每变动一个单位时 y 的平均变动值。

(二)回归方程的参数估计

根据样本数据,怎样才能使估计出的参数是最合理、最具有代表性的呢?统计学中有最小二乘法、最大似然法等,而最大似然法更适用于长期的事物现象的估计和预测,简单线性估计通常是进行中短期估计,所以一般用最小二乘法来估计参数。最小二乘法也叫最小平方法,其原理实际就是拟合一条最佳配置线,也就是使得样本数据点到该直线上对应点的纵向距离之和最短,实际操作就是使因变量 y 的观察值(样本数值)y_i 与对应的估计值 $\hat{y}_i$ 的差的平方和达到最小,从而求得参数 β_0 和 β_1 的估计值。即:

$$\sum(y-\hat{y}_i)^2=\sum(y-\hat{\beta}_0-\hat{\beta}_1x)^2=\text{最小}$$

令 $Q=\sum(y-\hat{\beta}_0-\hat{\beta}_1x)^2$,在获取了样本数据 x、y 后,Q 即是 $\hat{\beta}_0$ 和 $\hat{\beta}_1$ 的函数,根据微积分极值定理,只需对 Q 分别求 $\hat{\beta}_0$ 和 $\hat{\beta}_1$ 的偏导数,并令 $\hat{\beta}_0$ 和 $\hat{\beta}_1$ 的偏导数等于 0,便可求出 $\hat{\beta}_0$ 和 $\hat{\beta}_1$,数学过程如下。

对 Q 分别求 $\hat{\beta}_0$ 和 $\hat{\beta}_1$ 的偏导数,并令 $\hat{\beta}_0$ 和 $\hat{\beta}_1$ 的偏导数等于 0 可得:

$$\frac{\partial Q}{\partial\hat{\beta}_0}=-2\sum(y-\hat{\beta}_0-\hat{\beta}_1x)=0$$

$$\frac{\partial Q}{\partial\hat{\beta}_1}=-2\sum x(y-\hat{\beta}_0-\hat{\beta}_1x)=0$$

整理后可得如下二元一次方程组:

$$\begin{cases}n\hat{\beta}_0+\hat{\beta}_1\sum x=\sum y\\ \hat{\beta}_0\sum x+\hat{\beta}_1\sum x^2=\sum xy\end{cases}$$

解方程组可得

$$\begin{cases}\hat{\beta}_1=\dfrac{n\sum xy-\sum x\sum y}{n\sum x^2-(\sum x)^2}\\ \hat{\beta}_0=\bar{y}-\hat{\beta}_1\bar{x}\end{cases}$$

也可转化为积差公式:

$$\begin{cases}\hat{\beta}_1=\dfrac{\sum(x-\bar{x})(y-\bar{y})}{\sum(x-\bar{x})^2}\\ \hat{\beta}_0=\bar{y}-\hat{\beta}_1\bar{x}\end{cases}$$

根据估计出的回归方程 $\hat{y}=\hat{\beta}_0+\hat{\beta}_1x$，我们可以进行预测，方法是任取一个 x_1 代入 $\hat{y}=\hat{\beta}_0+\hat{\beta}_1x$，便可计算得到一个 $\hat{y}$，$\hat{y}$ 即是自变量为 x_1 时 y 的回归值（或预测值）。

（三）一元线性回归分析的方法

1. 积差公式计算法

【例 9-3】某铁路预制件厂产量（x，千件）与总成本（y，千元）资料如表 9-10 所示。试利用回归分析的方法对该资料的产量和总成本进行分析，并预测产量为 9 000 件时的总成本是多少。

表 9-10　回归分析积差公式计算表

序号	x	y	$(x-\bar{x})$	$(x-\bar{x})^2$	$(y-\bar{y})$	$(y-\bar{y})^2$	$(x-\bar{x})(y-\bar{y})$
1	1. 2	62	−3. 31	10. 96	−47. 78	2 282. 93	158. 15
2	2. 0	82	−2. 51	6. 30	−27. 78	771. 73	69. 73
3	3. 1	80	−1. 41	1. 99	−29. 78	886. 85	41. 99
4	4. 0	110	−0. 51	0. 26	0. 22	0. 05	−0. 11
5	4. 0	112	−0. 51	0. 26	2. 22	4. 93	−1. 13
6	5. 0	115	0. 49	0. 24	5. 22	27. 25	2. 56
7	6. 1	132	1. 59	2. 53	22. 22	493. 73	35. 33
8	7. 2	135	2. 69	7. 24	25. 22	636. 05	67. 84
9	8. 0	160	3. 49	12. 18	50. 22	2 522. 05	175. 27
合计	40. 6	988	—	41. 95	—	7 625. 57	549. 63

根据积差公式有：

$$\begin{cases}\hat{\beta}_1=\dfrac{\sum(x-\bar{x})(y-\bar{y})}{\sum(x-\bar{x})^2}\\ \hat{\beta}_0=\bar{y}-\hat{\beta}_1\bar{x}\end{cases}$$

解得：$\hat{\beta}_1=\dfrac{549.63}{41.95}=13.10$，$\hat{\beta}_0=109.78-13.10\times4.51=50.70$

代入回归模型有：$\hat{y}=50.70+13.10x$

当产量为 9 000 时（即 $x=9$），总成本为：$\hat{y}=50.70+13.10\times9=168.60$（千元）

计算结果说明：当产量每增加 1 千件时，总成本平均增加 13. 10 千元，产量为 9 000

件时,总成本为 168.60 千元。

2. 简捷公式计算法

仍用例 9-3 资料为例说明简捷公式计算方法,如表 9-11 所示。

表 9-11 回归分析简捷公式计算表

序号	x	x^2	y	y^2	xy
1	1.2	1.44	62	3 844	74.4
2	2.0	4.00	82	6 724	164.0
3	3.1	9.61	80	6 400	248.0
4	4.0	16.00	110	12 100	440.0
5	4.0	16.00	112	12 544	448.0
6	5.0	25.00	115	13 225	575.0
7	6.1	37.21	132	17 424	805.2
8	7.2	51.84	135	18 225	972.0
9	8.0	64.00	160	25 600	1 280.0
合计	40.6	225.10	988	116 086	5 006.6

根据参数估计公式得:

$$\hat{\beta}_1=\frac{n\sum xy-\sum x\sum y}{n\sum x^2-(\sum x)^2}=\frac{9\times 5\ 006.60-40.60\times 988}{9\times 225.10-40.60^2}=13.10$$

$$\hat{\beta}_0=\bar{y}-\hat{\beta}_1\bar{x}=\frac{988}{9}-13.10\times\frac{40.60}{9}=50.70$$

所以,估计回归方程为:

$\hat{y}=50.70+13.10x$(结果与积差公式计算法相同)

(四)回归直线的拟合优度

回归直线 $\hat{y}=\hat{\beta}_0+\hat{\beta}_1 x$ 一定程度上描述了变量 x 与 y 之间的数量关系,可根据自变量 x 的取值来估计或预测因变量 y 的取值。但估计或预测的精度如何将取决于回归直线对观测数据的拟合程度。可以看出,如果各观测数据的散点都落在这一直线上,那么这条直线就是对数据的完全拟合,直线充分代表了各个点,此时用 x 来估计 y 是没有误差的。各观测点越是紧密围绕直线,说明直线对观测数据的拟合程度越好,反之则越差。回归直线与各观测数据的接近程度称为回归直线对数据的拟合优度。为说明回归直线的拟合优度,则需要计算判定系数。

判定系数是对估计的回归方程拟合优度的度量。为说明其含义,需要对因变量 y 取值的变差进行研究。因变量 y 的值是不同的,y 值的这种波动称为变差。变差的产生来自两个方面：一是由于自变量 x 的值不同引起的；二是除自变量 x 以外的其他因素的影响。对一个具体的 y 的观测来说，变差的大小通常用实际观测值与其均值之差 $(y-\bar{y})$ 来表示，n 个观测值的总变差用这些离差的平方和来表示，称为总离差平方和，记为 SST，即：

$$SST=\sum_{i=1}^{n}(y_i-\bar{y})^2$$

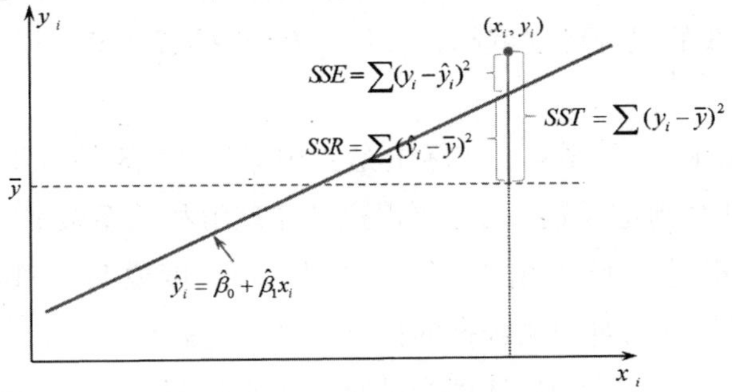

图 9-2　总变差的分解示意图

从图 9-2 可以看出，每个观测点的离差都可以分解为两个部分：

$$SST=SSR+SSE$$

其中：

$$SST=\sum_{i=1}^{n}(y_i-\bar{y})^2$$

$$SSR=\sum_{i=1}^{n}(\hat{y}_i-\bar{y})^2$$

$$SSE=\sum_{i=1}^{n}(y_i-\hat{y}_i)^2$$

上述公式中，SST 为总离差平方和，它分解为两部分，其中 SSR 是回归值 $\hat{y}_i$ 与均值 $\bar{y}$ 的离差平方和。根据估计的回归方程，估计值 $\hat{y}_i=\hat{\beta}_0+\hat{\beta}_1x_i$，因此 $\hat{y}_i-\bar{y}$ 是由于 x 变化引起的 y 的变化，其平方和 SSR 反映了 y 的总变差中由于 x 与 y 之间的线性关系引起的 y 的变化部分，是由回归直线解释的 y 的变差部分，称为回归平方和。另一部分 SSE 是 y 的观测值与回归值 $\hat{y}_i$ 的离差平方和，是除了 x 对 y 的线性影响之外的其他因素对 y 的变差的作用，是不能由回归直线来解释的那一部分 y 的变差，称为残差平方和。

从图 9-2 可以看出，回归直线拟合的好坏取决于 SSR 和 SSE 的大小，或者说取决于回归平方和 SSR 占总离差平方和 SST 的比例 SSR/SST 的大小，各观测点越是靠近直线，SSR/SST 就越大，直线拟合得越好。

因此，回归平方和占总平方和的比例称为判定系数，记为 R^2，计算公式如下：

$$R^2=\frac{SSR}{SST}==1-\frac{SSE}{SST}$$

常用如下简捷计算公式计算：

$$R^2=\frac{(n\sum xy-\sum x\sum y)^2}{[n\sum x^2-(\sum x)^2]\times[n\sum y^2-(\sum y)^2]}$$

判定系数 R^2 测度了回归直线与观测数据的拟合程度。若所有的观测点都落在直线上,残差平方和 $SSE=0$,$R^2=1$,拟合是完全的。若 y 的变化与 x 无关,x 则完全无助于解释 y 的变差,此时 $R^2=0$。可见,R^2 的取值范围是[0,1]。R^2 越接近于1,表明回归平方和占总平方和的比例越大,回归直线与各观测点越接近,用 x 的变化解释的 y 值变差的部分就越多,回归直线的拟合程度就越好;反之,R^2 越接近于0,回归直线的拟合程度就越差。

在一元线性回归中,相关系数 r 实际上是判定系数 R^2 的平方根。这一结论不仅可以由相关系数直接计算判定系数 R^2,也可以进一步理解相关系数的意义。相关系数 r 与回归系数 $\hat{\beta}_1$ 的符号相同,实际上相关系数也从另一个角度说明了回归直线的拟合程度。$|r|$越接近1,表明回归直线对观测数据的拟合程度就越高。

【例9-4】根据例9-3的数据,计算产量对总成本的回归直线的判定系数,并解释其意义。

$$R^2=\frac{(9\times5\ 006.60-40.60\times988)^2}{[9\times225.10-40.60^2]\times[9\times116\ 086-988^2]}=0.944\ 4$$

计算结果表明,在总成本取值的变差中,有94.44%可以由总成本与产量之间的线性关系来解释,或者说,在总成本取值的变动中,有94.44%是由产量变动引起的,可见总成本与产量之间有较强的线性关系。

(五)估计标准误差

建立了回归模型后,根据自变量的数值,可以估计出因变量的值,但这只是一个可能的估计值,代表一般关系的平均值,它和实际值是有出入的,也就是说是有误差的。误差越小估计的准确性就越高,误差越大估计的准确性就越低。估计标准误差就是用来说明估计出的回归方程代表性强弱的统计分析指标,其计算原理与标准差基本相同,计算公式为:

$$S_e=\sqrt{\frac{\sum(y_i-\hat{y}_i)^2}{n-2}}=\sqrt{\frac{SSE}{n-2}}$$

从上述公式可以看出,估计标准误差是残差平方和 SSE 除以它的自由度 $n-2$ 后的平方根。估计标准误差越大,说明估计值与实际值差距就越大,估计值或者是回归方程的代表性就越弱;估计标准误差越小,估计值与实际值差距就越小,则估计值或者是回归方程的代表性就越强。

下面具体说明简单线性回归估计标准误差的测定方法。

【例9-5】利用例9-3数据,求其估计值与实际值之间的标准误差。

序号	x	y_i	$\hat{y}_i$	$y_i-\hat{y}_i$	$(y_i-\hat{y}_i)^2$
1	1.2	62	66.42	−4.42	19.54
2	2.0	82	76.90	5.10	26.01
3	3.1	80	91.31	−11.31	127.92
4	4.0	110	103.10	6.90	47.61
5	4.0	112	103.10	8.90	79.21
6	5.0	115	116.20	−1.20	1.44
7	6.1	132	130.61	1.39	1.93
8	7.2	135	145.02	−10.02	100.40
9	8.0	160	155.50	4.50	20.25
合计	—	—	—	—	424.31

$$S_e=\sqrt{\frac{\sum(y_i-\hat{y}_i)^2}{n-2}}=\sqrt{\frac{424.31}{7}}=7.79$$

这就是说，根据产量估计总成本时，平均的估计误差为7.79千元。

（六）显著性检验

回归分析的主要目的是根据所建立的回归模型用自变量 x 来估计或预测因变量 y 的值。当建立了回归模型后，还不能马上进行估计或预测，因为该模型是根据样本数据建立的，它是否真实地反映了自变量 x 和因变量 y 之间的关系，需要通过检验后才能证实。

如前所述，在根据样本数据建立回归模型时，已经假定变量 x 与变量 y 之间存在线性关系，即 $y=\beta_0+\beta_1x+\varepsilon$，并假定随机误差项 ε 是一个服从正态分布的随机变量，且对不同的 x 其具有相同的方差。但这些假定是否成立，需要通过检验才能确定。

回归分析中的显著性检验主要包括两个方面的内容：一是线性关系的检验；二是回归系数的检验。

1. 线性关系的检验

线性关系的检验是检验自变量 x 和因变量 y 之间的线性关系是否显著，或者说它们之间的关系能否用一个线性模型 $y=\beta_0+\beta_1x+\varepsilon$ 来表示。如果 $\beta_1=0$，则 y 等于一个常数 β_0，x 与 y 没有任何关系，故方程不存在。如果 $\beta_1\neq0$，则 y 随着 x 的变化而变化，说明回归方程有意义，据此提出回归模型线性关系检验的原假设与备择假设如下：

$$H_0:\beta_1=0;H_1:\beta_1\neq0$$

为了对 $\beta_1=0$ 进行检验，需要构造用于检验的统计量，该统计量的构造是以回归平

方和 SSR、残差平方和 SSE 为基础的，具体形式如下：

$$F=\frac{SSR/1}{SSE/(n-2)}\sim F(1,n-2)$$

所以若原假设 $H_0:\beta_1=0$ 成立，则 F 值应越接近于 0；若原假设 $H_0:\beta_1=0$ 不成立，F 的值将变得无穷大，因此较大的 F 值将导致拒绝原假设 H_0，此时可以判定变量 x 与 y 之间存在显著的线性关系。

【例 9-6】利用例 9-3 数据，检验产量与总成本之间线性关系的显著性（显著性水平 0.05）。

第一，提出假设。

$H_0:\beta_1=0$（两个变量间线性关系不显著）

$H_1:\beta_1\neq 0$（两个变量间线性关系显著）

第二，计算检验统计量 F。

$$F=\frac{SSR/1}{SSE/(n-2)}=\frac{7\ 201.25/1}{424.31/(9-2)}=118.8$$

第三，作出决策。根据显著性水平 0.05、分子自由度为 1、分母自由度为 7，查 F 分布表得到相应临界值 $F_\alpha=5.59$，由于 F 值大于临界值 5.59，所以拒绝原假设，表明产量与总成本之间的线性关系显著。

2. 回归系数的显著性检验

回归系数的显著性检验是要检验自变量 x 对因变量 y 的影响是否显著的问题。在一元线性回归模型 $y=\beta_0+\beta_1x+\varepsilon$ 中，如果回归系数 $\beta_1=0$，回归线是一条水平线，表明因变量 y 的取值不依赖于自变量 x，即两个变量之间没有线性关系。如果回归系数 $\beta_1\neq 0$，也不能肯定就得出两个变量之间存在线性关系的结论，需要进一步判断这种关系是否具有统计意义上的显著性，回归系数的显著性检验就是检验回归系数 β_1 是否等于 0。

回归系数显著性检验的具体步骤如下：

第一步，提出假设。

$$H_0:\beta_1=0;\ H_1:\beta_1\neq 0$$

第二步，计算检验统计量的值。

$$t=\frac{\hat{\beta}_1}{S_{\hat{\beta}_1}}$$

第三步，作出决策。

回归方程显著性的 F 检验、回归系数显著性的 t 检验这两种检验之间是否存在一定的关系？回答是肯定的。对一元线性回归这两种检验的结果是等价的。可以证明，回归模型显著性检验的检验统计量 F 等于回归系数显著性检验的检验统计量 t 的平方。因而对一元线性回归实际只需要作其中的一种检验即可。

（七）利用回归模型进行估计和预测

回归分析的主要目的是根据所建立的回归模型进行预测或控制。在回归模型经过各种检验并表明符合预定的要求后，就可以利用回归模型实现预测或控制这一目的。所谓预测是指通过自变量 x 的取值来预估因变量 y 的取值。例如，根据前面建立的产量与总成本之间的回归模型，给出一个产量的数值，就可以得到总成本的一个预测值。而控制则与预测恰好相反，控制是根据一个想要的 y 的值求得所要求的自变量 x 的值。这里主要介绍根据回归模型进行估计和预测的方法，其中包括点估计和区间估计。

1. 点估计

根据回归模型，对于自变量 x 的一个特定值 x_0 求出因变量 y 的一个估计值就是点估计。点估计可分为两种：一是平均值的点估计；二是个别值的点估计。

根据回归模型，对于自变量 x 的一个特定值 x_0 求出因变量 y 的平均值的一个估计值 $E(y_0)$，称为平均值的点估计。

根据回归模型，对于自变量 x 的一个特定值 x_0 求出因变量 y 的个别值的一个估计值 $\hat{y}_0$，称为个别值的点估计。

在点估计的条件下，对同一个 x_0，平均值的点估计和个别值的点估计的结果是一样的，但在区间估计中则有所不同。

2. 区间估计

根据回归模型，对于自变量 x 的一个特定值 x_0 求出因变量 y 的一个估计值的区间就是区间估计。区间估计也有两种：一是置信区间估计，它是对自变量 x 的一个特定值 x_0 求出因变量 y 的平均值的估计区间，这一区间称为置信区间；二是预测区间估计，对于自变量 x 的一个特定值 x_0 求出因变量 y 的一个个别值的估计区间，这一区间称为预测区间。

对于给定的 x_0，$E(y_0)$ 在 $1-\alpha$ 置信水平下的估计区间可表示为：

$$\hat{y}_0 \pm t_{\alpha/2} S_e \sqrt{\frac{1}{n}+\frac{(x_0-\bar{x})^2}{\sum_i^n (x_i-\bar{x})^2}}$$

对于给定的 x_0，y 的一个个别值 y_0 在 $1-\alpha$ 置信水平下的置信区间可表示为：

$$\hat{y}_0 \pm t_{\alpha/2} S_e \sqrt{1+\frac{1}{n}+\frac{(x_0-\bar{x})^2}{\sum_i^n (x_i-\bar{x})^2}}$$

本章小结

函数关系是一种一一对应、确定的关系，相关关系是不确定的。相关关系在社会现实中的表现形态各异，有正相关和负相关之分，有线性相关和非线性相关之分，亦有单相关和复相关之分，还有完全相关、不完全相关和不相关之分。

相关关系的存在性以及表现形态的确定是相关分析和回归分析的基础，它通常是通过相关表和散点图来进行描述，使得变量间的相关关系表现得更加直观，易于判断。然而要想判断变量间关系的密切程度，则一般可通过计算相关系数判别，积差法及其推理方法是最常用的方法。相关系数在-1和1之间变动，相关系数的绝对值越大，变量间相关关系越密切，相关系数的绝对值越小，变量间相关关系则越弱。

回归分析就是将两个或两个以上变量间的紧密的相关关系，利用变量的一些样本数据模拟出一个数学关系式，并据此用一个或几个变量的取值去估计另一个变量的取值的统计分析方法。回归有一元回归和多元回归之分，也有线性回归和非线性回归（曲线回归）之分，回归分析的基本任务就是利用有限的样本数据对各参数作出合理的估计。线性回归适用于对中短期的社会经济现象进行研究，其参数通常是采用最小二乘法来确定。而非线性回归则往往要转变成线性回归来估计其参数值的大小，然后再回到原状态，从而达到估计和预测的最终目标。

思考与练习

课后思考

1. 什么是相关关系，它与函数关系的区别和联系是什么？
2. 回归分析与相关分析有何区别和联系？
3. 相关分析和回归分析的主要内容是什么？
4. 相关关系是怎么分类的？
5. 回归分析有什么意义？

知识自测

1. 单项选择题

（1）相关关系是指变量之间有（　　）。

A. 严格的关系　　　　B. 不严格的关系

C. 任意两个变量之间的关系　　　　D. 内在关系但不严格的数量关系

（2）下列现象属于函数关系的是（　　）。

A. 家庭收入与支出的关系

B. 圆的半径与圆的面积的关系

C. 产品产量与单位成本的关系

D. 施肥量与粮食单位面积产量的关系

(3)下列属于非线性相关关系的是(　　)。

A. 施肥量与粮食单位面积产量的关系

B. 销售量一定,销售总额与单位商品价格的关系

C. 一般情况下,居民收入与居民储蓄存款的关系

D. 圆的周长与圆的直径之间的关系

(4)相关系数的取值范围是(　　)。

A. $0\leqslant r\leqslant 1$　　B. $-1<r<1$　　C. $-1\leqslant r\leqslant 1$　　D. $r>1$

(5)相关系数为零,说明两个变量间(　　)。

A. 是严格的函数关系　　B. 不存在相关关系

C. 不存在线性相关关系　　D. 存在曲线关系

(6)当变量 x 的数值增大时,变量 y 的数值明显减小,相关点的分布集中呈直线状态,则表明这两个变量间是(　　)。

A. 强正相关　　B. 弱正相关

C. 强负相关　　D. 弱负相关

(7)判定现象之间相关关系密切程度的主要方法是(　　)。

A. 绘制散点图　　B. 编制相关表

C. 进行定性分析　　D. 计算相关系数

(8)现象之间相互依存关系的程度越高,则相关系数值(　　)。

A. 越接近于∞　　B. 越接近于-1

C. 越接近于 1　　D. 越接近于-1 或 1

(9)回归方程 $y_c = a + bx$ 中的回归系数 b 说明自变量变动一个单位时,因变量(　　)。

A. 变动 b 个单位　　B. 平均变动 b 个单位

C. 变动 $a+b$ 个单位　　D. 平均变动 $a+b$ 个单位

(10)相关系数与估计标准误差的关系表现为(　　)。

A. 相关系数越大,估计标准误差的数值越小

B. 相关系数越小,估计标准误差的数值越大

C. 相关系数绝对值越大,估计标准误差的数值越小

D. 相关系数绝对值越小,估计标准误差的数值越小

2. 判断题

(1)相关系数为+1 时,说明两变量完全相关;相关系数为-1 时,说明两个变量不相

关。 (　　)

(2)若一变量的值增加时另一变量的值也增加,说明变量之间存在正相关关系;若一变量的值减少时另一变量的值也减少,说明变量之间存在负相关关系。 (　　)

(3)只有当相关系数接近+1时,才能说明两变量之间存在高度相关关系。 (　　)

(4)回归系数和相关系数都可以用来判断变量之间相关关系的密切程度。 (　　)

(5)两个变量的相关系数等于0说明变量之间没有关系。 (　　)

(6)回归系数 β_1 的符号与相关系数 r 的符号可以相同也可以不相同。 (　　)

(7)回归分析和相关分析一样,所分析的两个变量都一定是随机变量。 (　　)

(8)当回归标准误差值较小时,说明模型的拟合程度较好。 (　　)

(9)由直线方程 $y_i=-450+2.5x$,可知变量 x 与 y 之间存在正相关关系。 (　　)

(10)若两个变量完全相关,则判定系数 $R^2=1$。 (　　)

技能训练

1. 某市10家大型超市营业员人均销售额和利润率资料如下:

超市序号	人均销售额/万元	利润率/%
1	6	12.6
2	5	10.4
3	8	18.5
4	1	3.0
5	4	8.1
6	7	16.3
7	6	12.3
8	3	6.2
9	3	6.6
10	7	16.8

要求:

(1)计算相关系数。

(2)根据资料建立以利润率为因变量的回归方程,预测当人均销售额为8万元时利润率是多少?并依据方程说明人均销售额和利润率的相关关系种类。

(3)计算估计标准误差。

2. 根据10个中小城市某年商品房销售情况的调查结果,得如下资料:

城市序号	1	2	3	4	5	6	7	8	9	10
月平均销量/套	78	96	103	116	118	122	130	152	161	180

续表

城市序号	1	2	3	4	5	6	7	8	9	10
每平方均价/百元	112	110	106	100	96	92	86	80	76	70

试分析10个城市月平均销量与每平方均价的关系，并预测当每平方均价为65百元时，月平均销量可望达到多少套？

3. 已知：$n=6$，$\sum x=21$，$\sum y=426$，$\sum x^2=79$，$\sum y^2=30\ 268$，$\sum xy=1\ 481$，要求：

（1）计算相关系数。

（2）建立回归直线方程。

（3）计算估计标准误差。

第十章　Excel 软件在统计中的应用

知识目标

(1)了解 Excel 软件的主要操作过程。
(2)熟练掌握 Excel 软件的基本数据分析方法。
(3)初步掌握 Excel 软件作高阶统计分析的方法。

技能目标

(1)能应用 Excel 软件进行数据处理和图表的绘制。
(2)能应用 Excel 软件进行基础统计分析。

案例导入

大数据+Excel　未来可期

Microsoft Excel 是 Microsoft 为使用 Windows 和 Apple Macintosh 操作系统的电脑编写的一款电子表格软件。直观的界面、出色的计算功能和图表工具,再加上成功的市场营销,使 Excel 成为时下最流行的个人计算机数据处理软件。

1980 年,著名未来学家阿尔文·托夫勒在其出版的经典著作《第三次浪潮》中曾经预言:如果说 IBM 主机拉开了信息化革命的大幕,那么“大数据”则是第三次浪潮的华彩乐章。

2011 年 5 月,麦肯锡公司发布了《大数据:创新、竞争和生产力的下一个前沿领域》报告,陈述了大数据时代的到来,指出“数据已经渗透到了每一个行业和业务职能领域,逐渐成为重要的生产因素”。大数据技术的引入,对于数据处理与分析软件提出了更高的要求。根据 2020 年 11 月 27 日的百度大数据统计,百度网盘中用户数据的存储总量突破了 1 000 亿 GB,换算成实体书则可装满 206 万个国家图书馆。庞大的数据,一方面对数据存储、处理及分析软件的引入提出了更高的要求。同时在兼有大数据处理分析专业软件的同时,更需要将 Excel 这类软件的使用发挥到极致。

关于数据的作用无须赘言,如何将数据从众多资料中萃取提炼出来,对于数据统计与分析人员来说,不仅需要具备一定的统计学知识,还需要适当的统计工具将结果展现出来。显然,对大多数人来说,进行数据统计分析与处理最为简便的工具就是 Excel。对于不同的普通的办公人员，经常需要针对数据进行统计分析，也希望通过 Excel 软件使得自己的分析更加专业；从事数据统计与分析工作，在使用了专业的数据分析软件下，也需要以 Excel 软件作为备用工具。

同时，自 2007 Microsoft Office System 开始，出现了一个崭新的用户界面，该界面被称为 Ribbon 界面，并沿用在 Microsoft Office 2010、Microsoft Office 2013 和 Microsoft Office 2016 中。随着版本的不断更新，Excel 软件强大的数据处理功能和操作的简易性逐渐走入了一个新的境界，整个系统的智能化程度也不断提高。

案例分析

统计分析方法是研究者或决策者不可缺少的一项工具，但由于统计运算公式复杂且实务资料量庞大，导致很多人都觉得统计方法很难应用。随着电脑系统的蓬勃发展，应用统计软件进行资料分析时只需输入资料，点选适当的统计分析功能或菜单模块，完全不需用到任何数学公式，就能够实现数据的统计分析功能。因此，高等院校在进行统计学课程教学过程中有必要引入统计分析软件，以便协助统计教学。

目前市面上有许多统计套装软件，如 SPSS、SAS、R 等，甚至于 Python，均可提供各种常见的统计分析功能，其中 Excel 统计分析工具有中、英文版，亲和力极佳，可轻松进行许多基础统计分析及绘制各种统计图表，分析结果展示简洁易懂，非常适合各种领域使用。本章以 Excel 2016 为例，介绍 Excel 在统计中的应用。

第一节　用 Excel 软件收集与整理数据

一、用 Excel 抽取样本

【例 10-1】假定有 100 个总体单位，每个总体单位给一个编号，共有 1 到 100 个编号，输入 Excel 工作表后如图 10-1 所示。

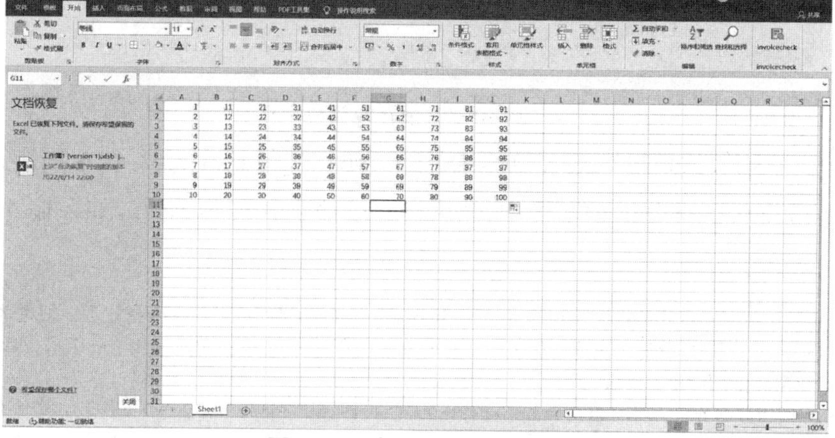

图 10-1　各总体单位编号表

输入各总体单位的编号后,可按以下步骤操作:

第一步:单击工具菜单,选择数据分析选项,打开数据分析对话框,从中选择抽样。如图 10-2 所示。①

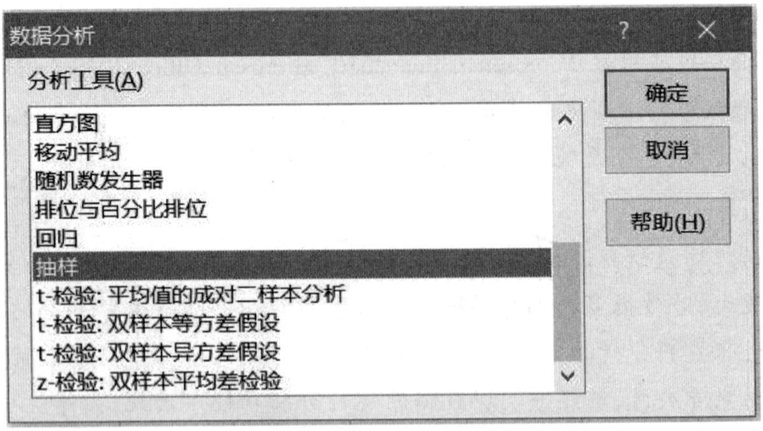

图 10-2　数据分析对话框

第二步:单击抽样选项,弹出抽样对话框,如图 10-3 所示。

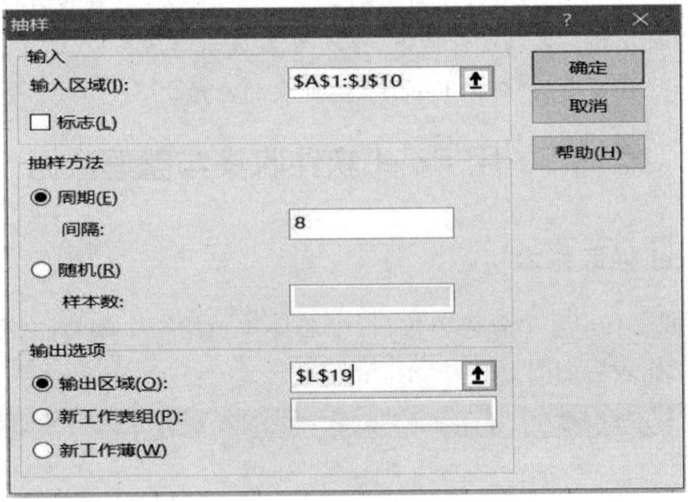

图 10-3　抽样对话框

第三步:在输入区域框中输入总体单位编号所在的单元格区域,在本例题是$ A $ 1:$ J $ 10,系统将从 A 列开始抽取样本,然后按顺序抽取 B 列至 J 列。如果输入区域的第

① Excel 2016 除了可以用函数来实现统计功能,还提供了"分析工具库"以简化分析过程。只需为每一个分析工具设定必要的数据和参数,分析工具库就会使用适宜的统计函数,在输出表格中显示相应的结果。其中,有些工具在生成输出表格时还能同时生成图表。

Excel 2016 调用数据分析工具可以按照如下操作。首先打开任意一个 Excel,点击"文件",接着点击"选项",之后点击"加载项",然后选中"分析工具库",最后点击"转到";弹出对话框,选择"分析工具库",然后点击"确定";点击菜单栏中的"数据",然后发现最右边出现了"数据分析"工具栏,现在就可以进行数据分析了。

一行或第一列为标志项(横行标题或纵列标题),可单击标志复选框。

第四步:在抽样方法项下,有周期和随机两种抽样模式。

"周期"模式即所谓的等距抽样,采用这种抽样方法,需将总体单位数除以要抽取的样本单位数,求得取样的周期间隔。如我们要在 100 个总体单位中抽取 12 个,可在"间隔"框中输入 8。

"随机"模式适用于纯随机抽样、分类抽样、整群抽样和阶段抽样。采用纯随机抽样,只需在"样本数"框中输入要抽取的样本单位数即可;若采用分类抽样,必须先将总体单位按某一标志分类编号,然后在每一类中随机抽取若干单位,这种抽样方法实际是分组法与随机抽样的结合;整群抽样也要先将总体单位分类编号,然后按随机原则抽取若干类作为样本,对抽中的类的所有单位全部进行调查。可以看出,此例题的编号输入方法只适用于等距抽样和纯随机抽样。

第五步:指定输出区域,在这里我们输入$ L $ 19,单击确定后,即可得到抽样结果,如图 10-4 所示。

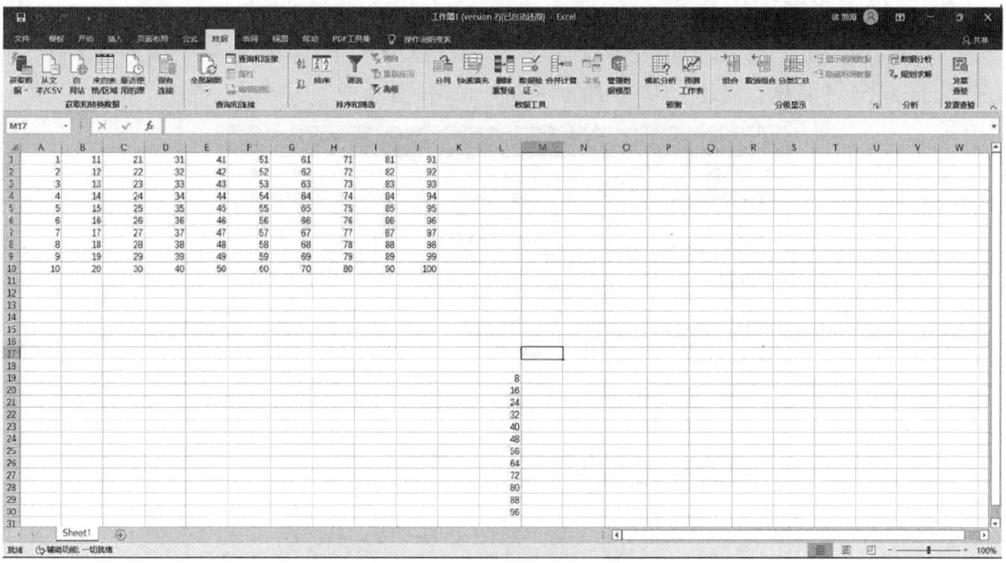

图 10-4 等距抽样结果

二、用 Excel 进行统计分组

用 Excel 进行统计分组有两种方法,一是利用 FREQUENCY 函数;二是利用数据分析中的"直方图"工具。我们介绍一下后者的操作方法。

【例 10-2】把 50 名工人的月产量资料输入工作表,如图 10-5 所示:

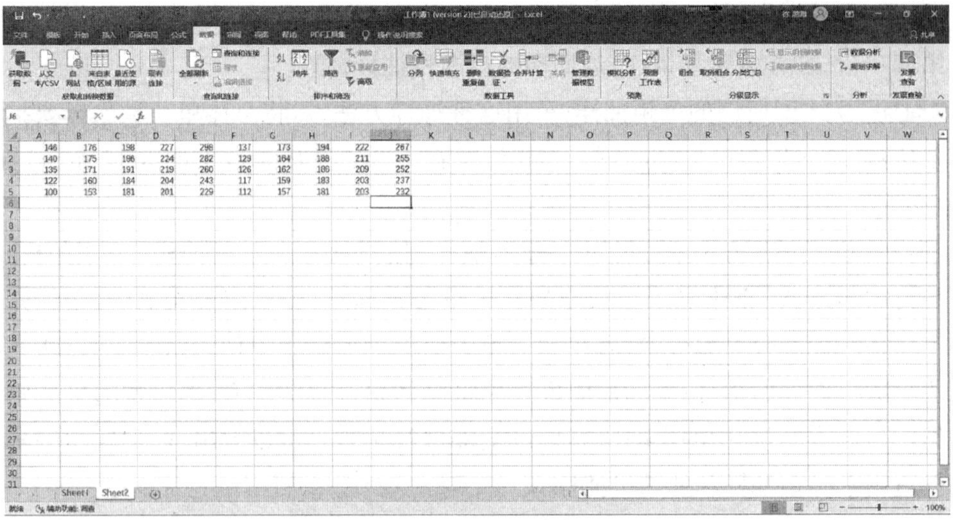

图 10-5　工人月产量资料

然后按以下步骤操作。

第一步：在工具菜单中单击数据分析选项，从其对话框的分析工具列表中选择直方图，打开直方图对话框。如图 10-6 所示：

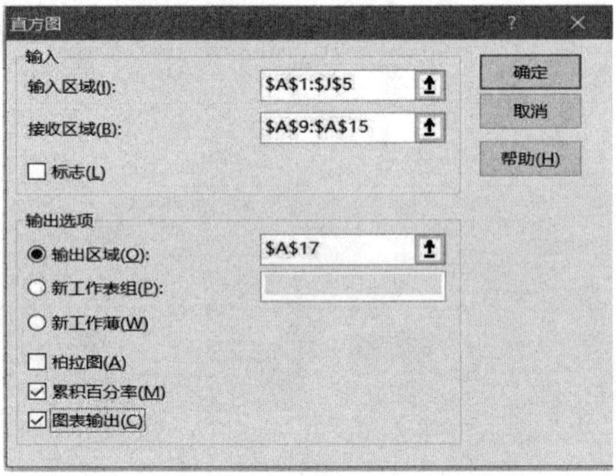

图 10-6　直方图对话框

第二步：在输入区域输入$ A $ 1：$ J $ 5，在接收区域输入$ A $ 9：$ A $ 15。接收区域指的是分组标志所在的区域，假定我们把分组标志输入到 A9：A15 单元格，注意这里只能输入每一组的上限值，即 130、160、190、220、250、280、310。

第三步：选择输出选项，可选择输入区域、新工作表组或新工作簿。我们在这里选择输出区域，可以直接选择一个区域，也可以直接输入一个单元格（代表输出区域的左上角），这里我们推荐只输入一个单元格（本例题为 A17），因为往往事先并不知道具体的输出区域有多大。

第四步：选择图表输出，可以得到直方图；选择累计百分率，系统将在直方图上添加累积频率折线;选择柏拉图,可得到按降序排列的直方图。

第五步:点击确定按钮,可得输出结果如图 10-7 所示。

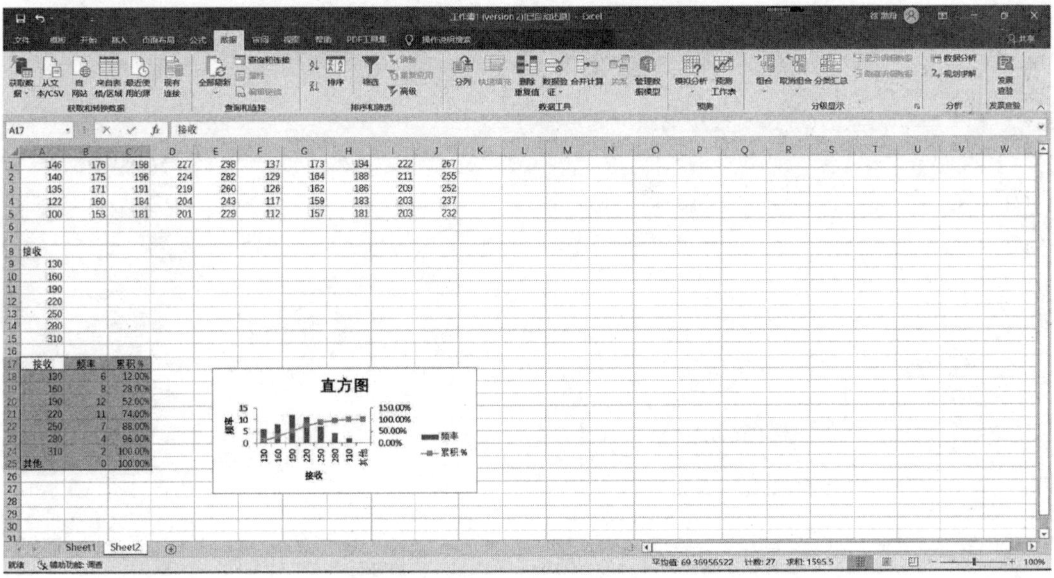

图 10-7　频数分布和直方图

应当注意,图 10-7 中的小图实际上是一个条形图,而不是直方图,若要把它变成直方图,可按如下操作:

用鼠标右击任一直条,在弹出的快捷菜单中选取数据系列格式,弹出数据系列格式对话框,如图 10-8 所示。

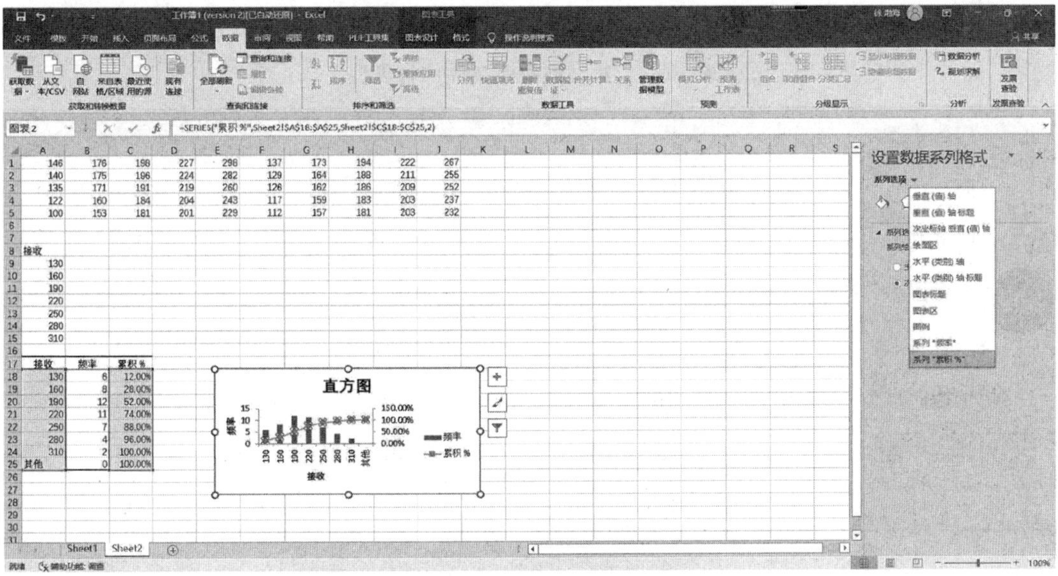

图 10-8　数据系列格式对话框

在电子表格右侧选择选项标签，把间隙宽度改为0，点击确定后即可得到直方图，如图10-9所示。

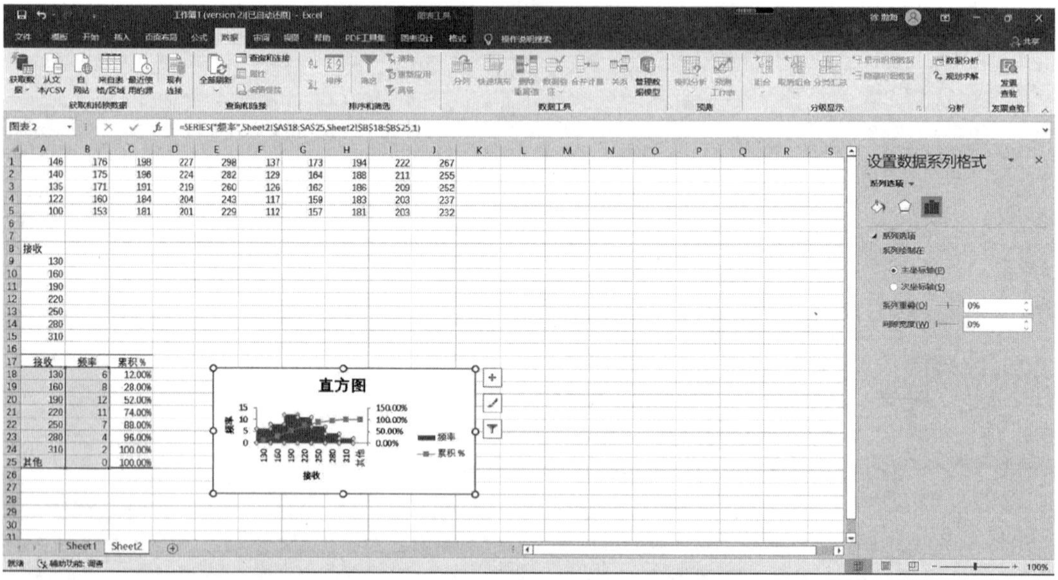

图10-9 调整后的直方图

三、用Excel制作统计表

Excel本身就是一张巨大的表格，在一般情况下可以直接根据所输入的数据进行处理和分析，无须再制表。但若为了美观和醒目或打印输出，也可以对原有的表格进行修饰。

表10-1 某城市居民关注广告类型

广告类型	人数/人	比例	频率/%
商品广告	112	0.560	56.0
服务广告	51	0.255	25.5
金融广告	9	0.045	4.5
房地产广告	16	0.080	8.0
招生招聘广告	10	0.050	5.0
其他广告	2	0.010	1.0
合计	200	1	100.0

以表10-1某城市居民关注广告类型为例来说明常见统计表的绘制步骤。

第一步：用鼠标单击Excel某一单元格，先输入表头“某城市居民关注广告类型”；然后，将表体中的文字和数字分别对应输入到其他单元格中。

第二步：调整单元格列宽。可以先从表体单元格的列宽调整开始，由于 Excel 缺省的单元格列宽为 8 个标准字符即 4 个汉字，如果输入的汉字多于 4 个，就应调整。通常，为了表格的美观，表格各列也可以不是等宽分布，头尾两列适当加宽，中间各列略窄，这之后再考虑等宽度。纵栏标题若超过 4 个汉字，可将其列宽调整到 14 个标准字符。其方法有两种：一是先选住该列，从“格式”菜单中选择“列”，然后进入“列宽”对话框，将字符数调整到 14 即可；另一更灵活简便的办法是将鼠标指针移至需调整列的列号单元格的右边界（同时也是下一列单元格的左边界），待鼠标指针变成横向后，按下鼠标左键向左（缩小）或向右（扩大）拖拉至所需的宽度再放开鼠标，就可完成操作。

第三步：更改和修饰表格线。在我国，统计表格一般要求是左右开口式的，顶线和底线为粗线或双线，内线为细线，并且横行标题所在的行通常不加线。对于本例题，应先将整个表格选住，然后从“格式”菜单找到“单元格”项，按下其中的“边框”对话框，通过预览选取合适的“线条样式”，可以一次对整个表格或部分单元格进行上、下、左、右边框或斜线的调整。

如果要将表格顶线和底线变成粗体，可将“线条样式”定为磅值较大的粗线，点击上边框按钮和下边框按钮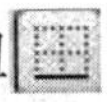，最后，点击“确定”退出即可。横内线和纵内线也可通过类似的处理而得到。横行标题和数据所在行的线条也可以通过该办法去掉，只是应注意图案颜色的配合。该过程的关键对话框如图 10-10 所示。

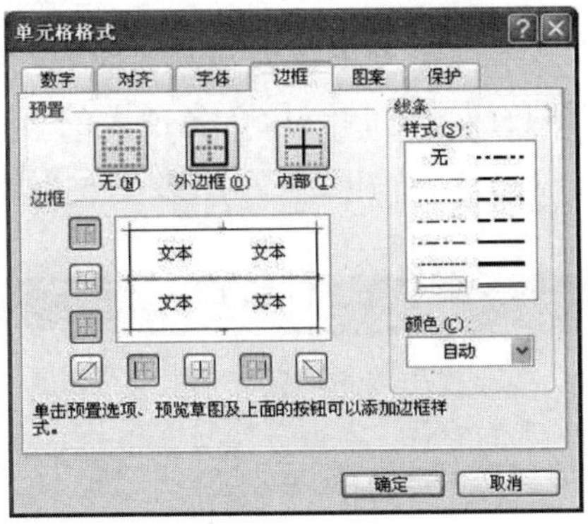

图 10-10　表格线调整示意图

第四步：合并单元格，将表头的总标题和表脚的资料来源合理放置。选中待合并的若干个单元格，然后从“格式”菜单找到“单元格”项，点击其中的“对齐”对话框，将“合并单元格”勾上，点击“确定”就完成了任务，如图 10-11 所示。

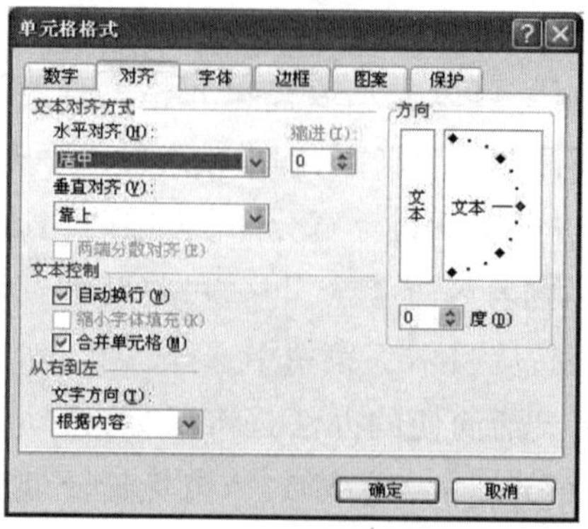

图 10-11　合并单元格示意图

第五步：对表格进行其他方面的更改和修饰。选中对象，根据前述方法，依次点击“格式”→“单元格”→“字体”，选择字体和字号。比如，将表的总标题设置为 12 号常规黑体，将表体的内容设置为 10 号常规宋体，将资料来源设置为 9 号常规宋体等。再对文字和数字进行左靠齐、右靠齐或居中的处理，使其合乎惯例和美观的要求。

四、用 Excel 制作统计图

Excel 提供的统计图有多种，包括柱形图、条形图、折线图、饼图、散点图、面积图、环形图、雷达图、曲面图、气泡图、股价图、圆柱图、圆锥图等，各种图的做法大同小异。本章以绘制饼图为例，简述其步骤。

利用例 10-2 中 50 名工人月产量分组数据绘制饼图，步骤如下。

第一步：选中某一部分频数区域，如针对 50 名工人的月产量频数分布列绘制饼图。单击“插入”菜单，选择“图表部分”，弹出“更改图表类型”对话框，选择“所有图表”下“饼图”，如图 10-12 所示。

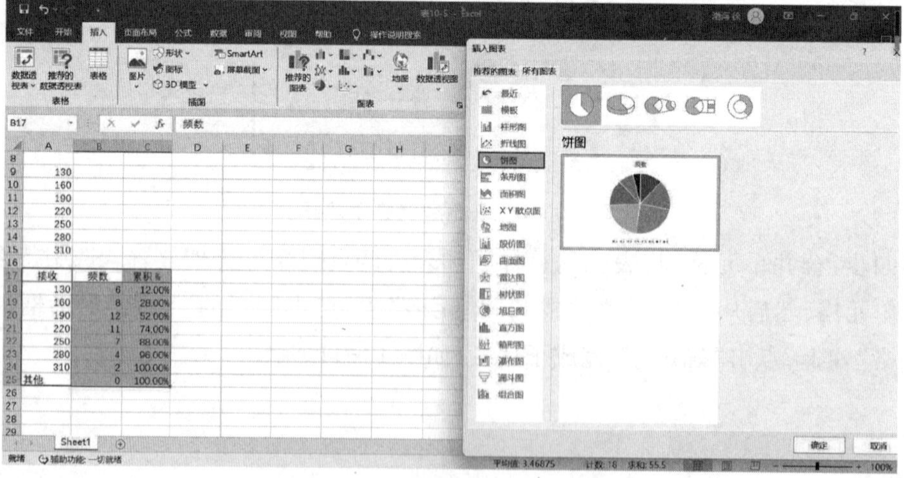

图 10-12　“图表类型”对话框图

第二步:在“图表类型”中选择“饼图”,然后选择饼图的具体样式。并且可以在饼图上添加标签。

第三步:右击鼠标就可以在饼图上添加数值或文字标签。即可得到如图 10-13 所示的饼图。

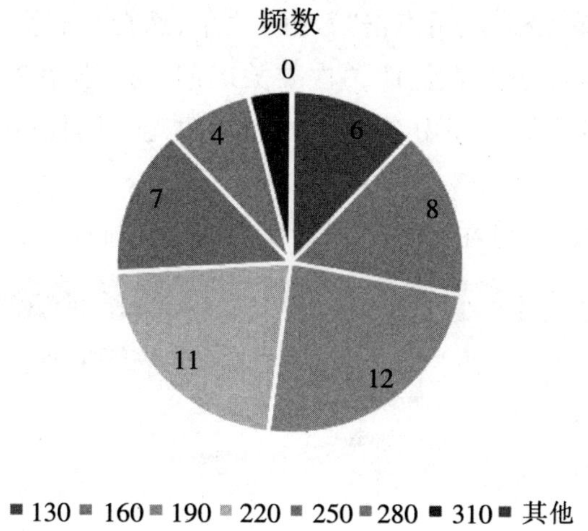

图 10-13 饼图

五、数据整理

数据输入之后,需要对数据进行整理。基本的数据整理方法包括排序、筛选和分类汇总等。

(一)数据排序

数据排序有两种方式:普通排序和自定义排序。普通排序是根据关键词按照默认次序进行排序,最多可同时使用三个关键词。一些特殊的排序方式,如按“星期日、星期一、星期二、星期三、星期四、星期五、星期六”的顺序排序时,需要用自定义排序。

【例 10-3】某班级 9 名学生各科成绩如图 10-14 所示,请按学生 1 成绩从低到高排序。

	A	B	C	D	E	F	G	H	I	J
1	课程	学生1	学生2	学生3	学生4	学生5	学生6	学生7	学生8	学生9
2	英语	76	90	97	71	70	93	86	83	78
3	经济数学	65	95	51	74	78	63	91	82	75
4	经济学	93	81	76	88	66	79	83	92	78
5	市场学	74	87	85	69	90	80	77	84	91
6	财务管理	68	75	70	84	73	60	76	81	88
7	会计学	73	92	65	78	87	90	70	69	94
8	统计学	55	91	68	73	84	81	70	69	94
9	计算机	85	78	81	95	70	67	82	72	80

图 10-14 学生各科成绩

第一步：单击 B 列中任一单元格。

第二步：在工具栏上点击“升序排列”按钮，从低到高对“学生 1”的成绩进行排序。排序后，可以看出“学生 1”最低成绩是统计学 55 分，最高是经济学 93 分。

排序可能出现若干门课程成绩相同的情况，此时还可以选择次要关键词进行排序。在数据区域单击任一单元格，然后点击“数据”菜单，选择“排序”，弹出如图 10-15 的排序对话框。“主要关键词”选“学生 1”，“次要关键词”选“学生 2”，如果学生 1 有两门课的成绩相同，则这两门课的排序由学生 2 的成绩决定。同样的道理，还可使用第三关键词。

如果需要自定义排序，可在“排序”对话框中自定义排序方式。

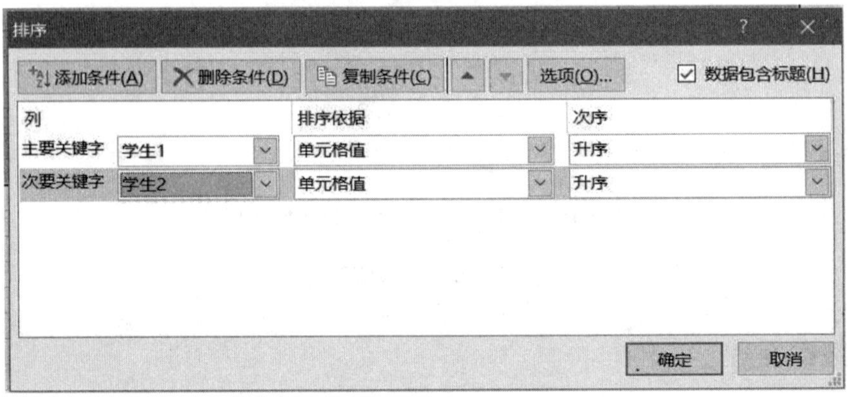

图 10-15 “排序”对话框

(二)数据筛选

筛选是查找和处理区域中数据子集的快捷方法。筛选区域显示满足条件的行。筛选行时，可对区域子集进行编辑、设置格式、制作图标和打印，而不必重新排列或移动。与排序不同，筛选并不重排数据，只是暂时隐藏不必显示的行。Excel 提供自动筛选和高级筛选两种筛选区域命令。使用例 10-3 数据，筛选出学生 4 成绩在 70—79 分间的课程。

第一步：单击数据区域上任一单元格。

第二步：单击“数据”菜单，选择“筛选”，出现如图 10-16 的结果。

	A	B	C	D	E	F	G	H	I	J
1	课程	学生	学生	学生	学生	学生	学生	学生	学生	学生
2	英语	76	90	97	71	70	93	86	83	78
3	经济数学	65	95	51	74	78	63	91	82	75
4	经济学	93	81	76	88	66	79	83	92	78
5	市场学	74	87	85	69	90	80	77	84	91
6	财务管理	68	75	70	84	73	60	76	81	88
7	会计学	70	73	92	65	78	87	90	70	66
8	统计学	55	91	68	73	84	81	70	69	94
9	计算机	85	78	81	95	70	67	82	72	80

图 10-16 自动筛选工作表

第三步：单击“学生 4”旁的下拉框，弹出如图 10-17 的选项以及子选项。

图 10-17 “自定义自动筛选方式”对话框

第四步:在“学生 4”的下拉选项中选择“数字筛选”,在下一级子选项中,选择“介于”,参数分别填入 70 和 79。

第五步:单击“确定”按钮则会选择学生 4 满足 70—79 分之间的课程。

如果需要取消筛选结果显示全部数据,则单击“数据”菜单,选择“筛选”,就会取消筛选条件。

第二节 用 Excel 计算描述统计量

Excel 中用于计算描述统计量的方法有两种:函数和描述统计工具。

一、用函数计算描述统计量

常用的描述统计量有众数、中位数、算术平均数、调和平均数、几何平均数、极差、标准差、方差、标准差系数等。一般来说,在 Excel 中求这些统计量,未分组资料可用函数计算,已分组资料可用公式计算。这里我们仅介绍如何用函数来计算未分组资料的描述统计量。

用函数运算有两种方法:一是手工输入函数名称及参数。这种输入形式比较简单、快捷,但需要非常熟悉函数名称及其参数的输入形式。所以,只有比较简单的函数才用这种方法输入。二是函数导入法。这是一种最为常用的办法,它适合所有函数的使用,而且在导入过程中有向导提示,因而非常方便。函数的一般导入过程为:点击菜单“公式”,选择“插入公式”,此时出现一个“插入函数”对话框;在对话框的“选择类别”中确定函数的类别(如常用函数或统计);在“选择函数”内确定欲选的函数名称,如 SUM、MODE 等;点击“确定”后即可出现该函数运算的对话框向导,再按向导的提示往下运行即可。

下面介绍统计中常用指标的函数运算方法。

1. 众数

为了解某单位职工的工资收入情况，随机抽取 30 人月工资如图 10-18 所示。

用函数方法求众数，应先将 30 人的工资数据输入 A1:A30 单元格。

(1)手工输入函数名称及参数。单击任一单元格，输入“= MODE(A1:A30)”，回车后即可得众数为 1 560。如图 10-19 所示。

	A	B	C	D	E	F	G
1	1560	1340	1600	1410	1590	1410	
2	1610	1570	1710	1550	1490	1690	
3	1380	1580	1470	1530	1560	1250	
4	1560	1350	1560	1510	1550	1460	
5	1550	1570	1980	1610	1510	1440	
6							
7							

图 10-18　职工月工资收入

1	1560				
2	1610				
3	1380				
4	1560	=MODE(A1:A30)			
5	1550				
6	1340				
7	1570				
8	1580				
9	1350				

图 10-19　手工输入函数名称及参数

(2)函数导入法。点击“公式”；找“插入函数”，此时出现一个“插入函数”对话框；在对话框的“选择类别”中确定函数的类别“全部”；在“选择函数”内确定欲选的函数名称“MODE”，如图 10-20 所示。

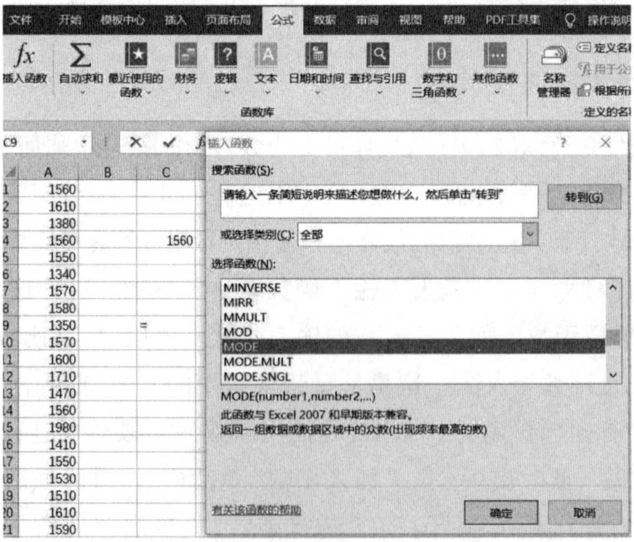

图 10-20　函数导入法“插入函数”对话框

点击“确定”后即可出现该函数运算的对话框向导，在 Number1 处输入 A1:A30 或选择 Excel 中的 A1:A30 区域，如图 10-21 所示。点击“确定”，在 Excel 中即得到众数 1 560。

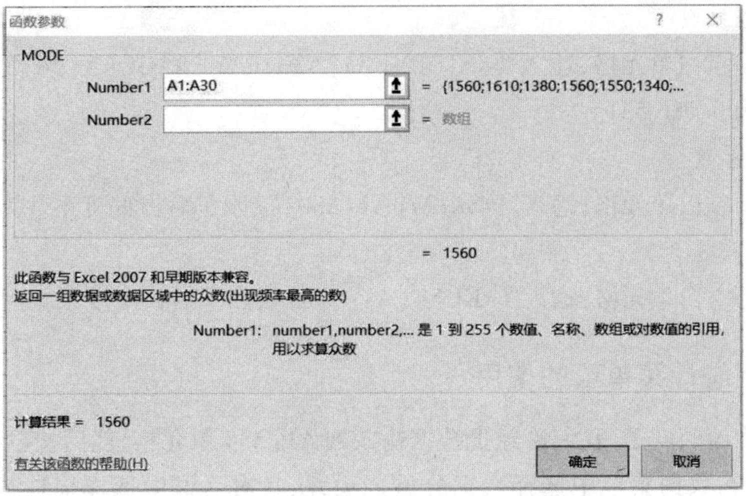

图 10-21 函数导入法“函数参数”对话框

运用函数导入法，只要知道每个函数的含义，即可按上述程序得到相应的运算结果。为节约篇幅这里不再一一讲解，下面仅列出各函数的含义及本例题中的运行结果。

2. 中位数

单击任一空白单元格，输入“=MEDIAN(A1:A30)”，回车后得中位数为 1 550。

3. 算术平均数

单击任一空白单元格，输入“=AVERAGE(A1:A30)”，回车后得算术平均数为 1 531.666 667。

4. 几何平均数

单击任一空白单元格，输入“=GEOMEAN(A1:A30)”，回车后得几何平均数为 1 526.3。

5. 调和平均数

单击任一空白单元格，输入“=HARMEAN(A1:A30)”，回车后得调和平均数为 1 521.06。

6. 截尾平均数

将数据按由小到大顺序排列后，因数据两端值不够稳定，按一定比例去掉头尾两端一定数量的观察值，然后再求平均，这样得到的平均数就是截尾平均数。如果按 6/30，即从 30 个数据中去掉最大的 3 个值和最小的 3 个值，再求平均数。单击任一空白单元格，输入“:TRIMMEAN(A1:A30,6/30)”，回车后得截尾平均数为 1 526.25。

7. 全距

单击任一空白单元格，输入“=MAX(A1:A30)-MIN(A1:A30)”，回车后得全距为730。

8. 标准差

单击任一空白单元格,输入“= STDEV(A1:A30)”,回车后得标准差为132.537 1。

9. 标准差系数

单击任一空白单元格,输入“=STDEV(A1:A30)/AVERAGE(A1:A30)”,回车后得标准差系数为0.086 531。

10. 偏度系数

单击任一空白单元格,输入“=SKEW(A1:A30)”,回车后得偏度系数为0.914 565。

11. 峰度系数

单击任一空白单元格,输入“=KURT(A1:A30)”,回车后得峰度系数为3.808 279。

二、描述统计菜单项的使用

仍使用上面的例子,我们已经把数据输入到A1:A30单元格,然后按以下步骤操作。

第一步:在数据菜单中选择数据分析选项,从其对话框中选择描述统计,点击“确定”后打开描述统计对话框,如图10-22所示。

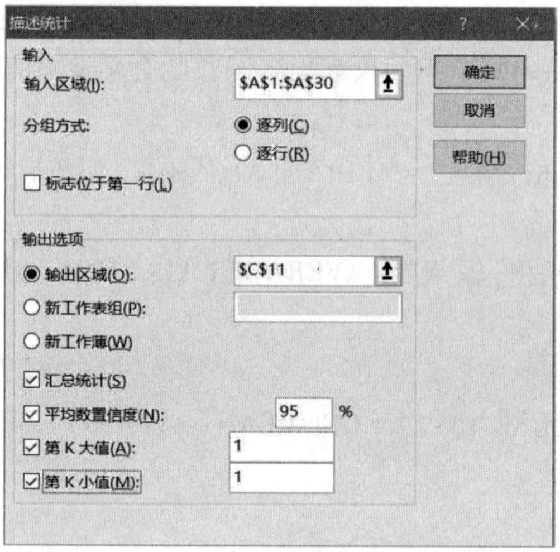

图10-22 描述统计对话框

第二步:在输入区域中输入$ A $1:$ A $30,在输出区域中选择$ C $11,其他复选框可根据需要选定。选择汇总统计,可给出一系列描述统计量;选择平均数置信度,会给出用样本平均数估计总体平均数的置信区间;第K大值和第K小值会给出样本中第K个大值和第K个小值。

第三步:单击确定,可得输出结果,如图10-23所示。

图10-23的结果中,平均指样本均值;标准误差指样本平均数的标准差;标准差指样本标准差,自由度为$n-1$;峰度即峰度系数;偏度即偏度系数;区域实际上是极差,或全

距。可以看出与我们前面用函数计算的结果完全相同。最大值为 1 980，最小值为 1 250。

10	1570		
11	1600	列1	
12	1710		
13	1470	平均	1531.667
14	1560	标准误差	24.19786
15	1980	中位数	1550
16	1410	众数	1560
17	1550	标准差	132.5371
18	1530	方差	17566.09
19	1510	峰度	3.808279
20	1610	偏度	0.914565
21	1590	区域	730
22	1490	最小值	1250
23	1560	最大值	1980
24	1550	求和	45950
25	1510	观测数	30
26	1410	最大(1)	1980
27	1690	最小(1)	1250
28	1250	置信度(95	49.49018

图 10-23　描述统计输出结果

第三节　用 Excel 进行时间数列分析

动态分析指标用 Excel 中的一般统计公式或统计函数就可以得到，时间数列趋势分析则需要专门的数据分析工具来解决。下面通过实例来讲解。

一、水平指标的计算

【例 10-4】根据 2007—2021 年我国社会消费品零售总额（亿元）资料（见图 10-24），完成相关的时间数列水平指标的分析。

	A	B	C	D
1	年份	社会消费品零售总额（亿元）	逐期增长量（亿元）	累计增长量（亿元）
2	2007	93571.6	-	-
3	2008	114830.1	21258.5	21258.5
4	2009	133048.2	18218.1	39476.6
5	2010	158008	24959.8	64436.4
6	2011	187205.8	29197.8	93634.2
7	2012	214432.7	27226.9	120861.1
8	2013	242842.8	28410.1	149271.2
9	2014	271896.1	29053.3	178324.5
10	2015	300930.8	29034.7	207359.2
11	2016	332316.3	31385.5	238744.7
12	2017	366262	33945.7	272690.4
13	2018	380987	14725	287415.4
14	2019	411649	30662	318077.4
15	2020	391981	-19668	298409.4
16	2021	440823	48842	347251.4
17	总平均值	269385.6267	24803.67143	
18				

图 10-24　2007—2021 年我国社会消费品零售总额水平指标分析计算

（一）平均发展水平的计算

图中的社会消费品零售总额数列属于时期总量指标时间数列。求平均发展水平可以直接采用简单算术平均法，因此，可以用 Excel 中的 AVERAGE 函数来计算。

选中 B17，输入公式 AVERAGE（B2：B16），按回车键，即可得到社会消费品零售总额 15 年的平均量。

（二）逐期增长量

选中 C3，输入“=B3-B2”，按回车键得到 2008 年相对于 2007 年社会消费品零售总额的增长量，然后定位在 C3 单元格右下角形成十字柄，再按住鼠标左键不放，向下拖拽到 C16 区域放开，即可得到各年份的逐期增长量。

（三）累计增长量

选中 D3，输入“=B3-B2”（注意：B2 要绝对引用），按回车键得到 2008 年相对于 2007 年社会消费品零售总额的累计增长量，然后定位在 D3 单元格的右下角形成十字柄，并按住鼠标左键不放，向下拖拽到 D16 区域放开，即可得到各年份的累计增长量。

（四）平均增长量

选中 C17，输入“=AVERAGE（C3：C16）”，按回车键，即可得到社会消费品零售总额的平均增长量。

二、速度指标的计算

常用的速度分析指标主要有发展速度、增长速度、平均发展速度和平均增长速度。

【例 10-5】继续利用上题 2007—2021 年我国社会消费品零售总额（亿元）资料，完成相关的时间数列速度指标的分析，参看图 10-25。

	A	B	C	D	E	F
1	年份	社会消费品零售总额（亿元）	环比发展速度(%)	定基发展速度(%)	环比增长速度(%)	定基增长速度(%)
2	2007	93571.6	-	-	-	-
3	2008	114830.1	122.718966	122.718966	22.71896601	22.71896601
4	2009	133048.2	115.8652653	142.1886555	15.86526529	42.18865553
5	2010	158008	118.7599682	168.8632021	18.75996819	68.86320208
6	2011	187205.8	118.4786846	200.0669006	18.47868462	100.0669006
7	2012	214432.7	114.5438336	229.1642977	14.54383358	129.1642977
8	2013	242842.8	113.2489588	259.526181	13.24895876	159.526181
9	2014	271896.1	111.9638301	290.5754524	11.9638301	190.5754524
10	2015	300930.8	110.6786011	321.6048459	10.67860113	221.6048459
11	2016	332316.3	110.4294742	355.1465402	10.42947415	255.1465402
12	2017	366262	110.2148766	391.4243211	10.21487661	291.4243211
13	2018	380987	104.0203461	407.1609334	4.020346091	307.1609334
14	2019	411649	108.0480436	439.929423	8.048043634	339.929423
15	2020	391981	95.22214314	418.9102249	-4.777856863	318.9102249
16	2021	440823	112.4602978	471.1076865	12.46029782	371.1076865
17	总平均值	269385.6267	111.7069035		11.70690355	

图 10-25　2007—2021 年我国社会消费品零售总额速度指标分析计算

（一）环比发展速度

选中 C3，输入“=B3/B2＊100”，按回车键得到 2008 年相对于 2007 年的环比发展速度，然后定位在 C3 单元格上，并按住鼠标左键不放，向下拖拽到 C16 区域放开，即可得到各年份的环比发展速度。

（二）定基发展速度

选中 D3，输入“＝B3/B2＊100”，按回车键得到 2008 年相对于 2007 年的定基发展速度，然后定位在 D3 单元格上，并按住鼠标左键不放，向下拖拽到 D16 区域放开，即可得到各年份的定基发展速度。

（三）环比增长速度

选中 E3，输入“＝C3－100”，按回车键得到 2008 年相对于 2007 年的环比增长速度，然后定位在 E3 单元格上，并按住鼠标左键不放，向下拖拽到 E16 区域放开，即可得到各年份的环比增长速度。

（四）定基增长速度

选中 F3，输入“＝D3－100”，按回车键得到 2008 年相对于 2007 年的定基增长速度，然后定位在 F3 单元格上，并按住鼠标左键不放，向下拖拽到 F16 区域放开，即可得到各年份的定基增长速度。

（五）平均发展速度

选中 C17，单击“公式”菜单，选择“插入函数”选项，出现插入函数对话框后，选择 GEOMEAN 函数，在数值区域中输入 C3:C16，点击确定即可。

（六）平均增长速度

选中 E17，输入“＝C17－100”，回车即可。

三、长期趋势测定——移动平均法

移动平均法是一种简单的平滑预测技术，通过对时间数列进行平滑以消除其随机波动。移动平均法既可以用于对时间数列进行平滑以描述数列的趋势（包括线性趋势和非线性趋势），也可以用于对平稳数列进行短期预测。

移动平均序列的计算可以通过设定公式的方式实现，也可以利用 Excel 数据菜单下的“数据分析”模块实现。下面通过例题给出具体的操作过程。

【例 10-6】根据 1995—2021 年我国农村人口数据（万人），试利用移动平均法模拟我国农村人口变动的长期趋势。

方法一：输入公式计算移动平均序列。

	A	B	C	D
1	年份	农村人口（万人）	3期移动平均序列	
2	1995	85947		
3	1996	85085	85069.66667	85069.67
4	1997	84177	84138.33333	84138.33
5	1998	83153	83122.66667	83122.67
6	1999	82038	82009.33333	82009.33
7	2000	80837	80812.66667	80812.67
8	2001	79563	79547	79547
9	2002	78241	78218.33333	78218.33
10	2003	76851	76932.33333	76932.33
11	2004	75705	75700	75700
12	2005	74544	74469.66667	74469.67
13	2006	73160	73066.66667	73066.67
14	2007	71496	71685	71685
15	2008	70399	70277.66667	70277.67
16	2009	68938	68816.66667	68816.67
17	2010	67113	67013.33333	67013.33
18	2011	64989	65283	65283
19	2012	63747	63653.33333	63653.33
20	2013	62224	62293	62293
21	2014	60908	60718.66667	60718.67
22	2015	59024	59080	59080
23	2016	57308	57333.33333	57333.33
24	2017	55668	55694.66667	55694.67
25	2018	54108	54119.33333	54119.33
26	2019	52582	52560.66667	52560.67
27	2020	50992	51136.33333	51136.33
28	2021	49835		

图 10-26　1995—2021 年我国农村人口数据及其移动平均

操作步骤(参见图 10-26)：

第一步：在 Excel 工作表中 B2：B28 区域中输入“农村人口”数据资料。

第二步：选定 C3 单元格。

第三步：输入公式“SUM(B2：B4)/3”，回车，得到 1996 年对应的移动平均序列值。

第四步：定位在 C3 单元格右下角形成十字柄，按住鼠标左键不放，向下拖拽到 C27 区域放开，得到 3 期移动平均序列。

方法二：利用“数据分析”模块的移动平均功能计算移动平均序列。

操作步骤：

第一步：在 Excel 工作表中 B2：B28 区域中输入“农村人口”数据资料。

第二步：点击 Excel“数据”菜单下的“数据分析”模块，选择其中的“移动平均”功能，确定，进入移动平均计算模块参数设定选项框，如图 10-27 所示。

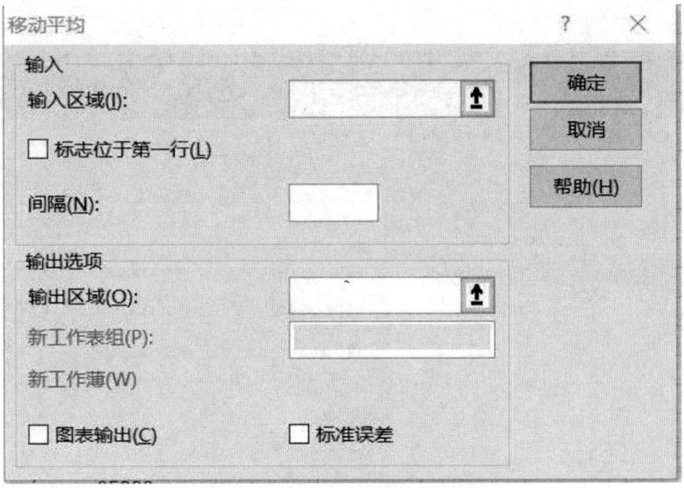

图 10-27 移动平均模块选项

第三步:设定计算移动平均的原始时间数列,在"输入区域"选"B2:B28",此时,不需要选"标志位于第一行"。如果"输入区域"选"B1:B28",此时,需要选"标志位于第一行"。

第四步:设置移动平均项数,在间隔栏输入 3,表示进行 3 项移动平均。

第五步:设置移动平均输出选项,选择选一个输出区域(D1),单击确定就可以得到同样的结果,如图 10-26 的 D 列数据所示。

四、长期趋势测定——趋势方程法

趋势方程法的关键是要通过最小二乘法得到趋势方程中系数值的估计。对此,可以利用系数估计公式在 Excel 中根据公式计算思路逐步输入公式计算,在此不对该方法作具体说明。也可以利用 Excel"数据"菜单下"数据分析"模块中的"回归"功能实现。下面通过例题给出"回归"功能具体的操作过程。

【例 10-7】根据 1995—2021 年我国农村人口数据(万人),模拟我国农村人口变动的长期线性趋势方程。

操作步骤:

第一步:在 Excel 工作表中 B2:B28 区域中输入"农村人口"数据资料。

第二步:点击 Excel"数据分析"模块下的"回归"功能,确定,进入回归分析参数设定选项框。

第三步:设置趋势方程的因变量,在"Y 值输入区域"选"B1:B28"。

第四步:设置趋势方程的自变量,在"X 值输入区域"选"C1:C28"。此时,X 值和 Y 值输入区域的第一个单元格均为变量名,因此,需要点击"标志"复选框。

第五步:设置回归结果输出选项,选择一个输出区域"E22"。对话框中各选项设置如图 10-28 所示。

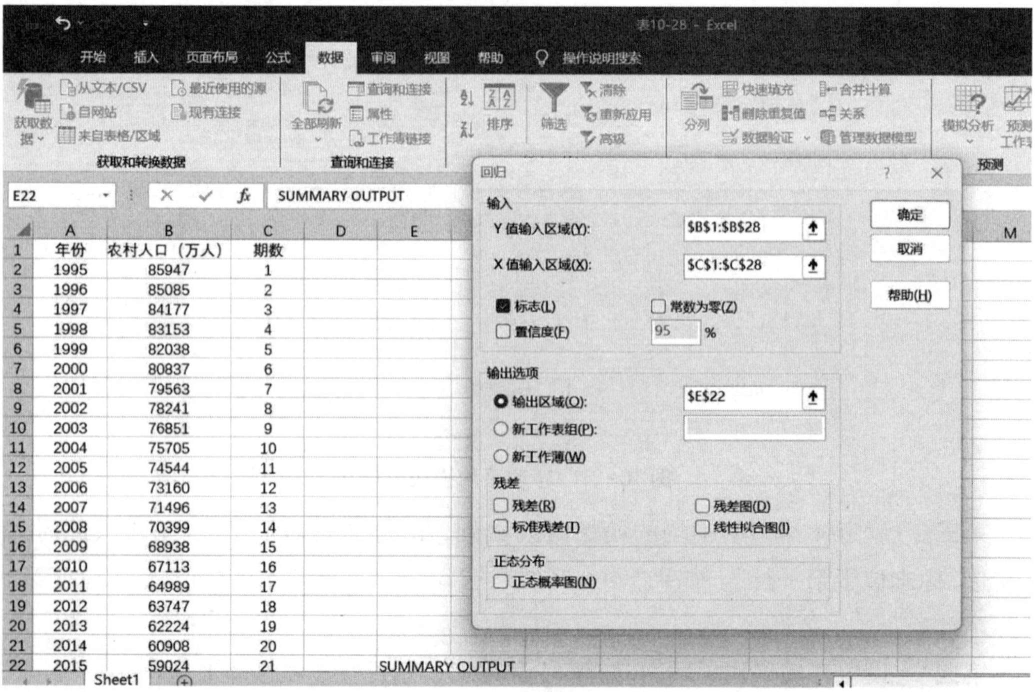

图 10-28　回归结果输出选项对话框

第六步：单击确定，Excel 给出回归分析的计算结果，如图 10-29 所示。

SUMMARY OUTPUT								
回归统计								
Multiple R	0.997451							
R Square	0.994909							
Adjusted R	0.994706							
标准误差	832.1554							
观测值	27							
方差分析								
	df	SS	MS	F	ignificance F			
回归分析	1	3.38E+09	3.38E+09	4886.052	3.42E-30			
残差	25	17312063	692482.5					
总计	26	3.4E+09						
	Coefficients	标准误差	t Stat	P-value	Lower 95%	Upper 95%	下限 95.0%	上限 95.0%
Intercept	89329.82	329.4065	271.1841	6.91E-45	88651.4	90008.25	88651.4	90008.25
期数	-1437.231	20.56115	-69.9003	3.42E-30	-1479.58	-1394.88	-1479.58	-1394.88

图 10-29　回归结果

由回归分析输出结果可得到线性趋势方程为：$\hat{y}_t = 89\ 329.82 - 1\ 437.23t$。

如果是要拟合抛物线方程，只需要输入 t 和 t^2 两列数据即可。如果是要拟合指数曲线方程,需要事先对因变量 Y 求对数,将 Y 的对数值作为"Y 值输入区域"即可。

五、季节性因素和循环因素的测定

对于季节性因素和循环因素分解,需要根据前述方法的计算步骤,利用公式、数据分析模块逐步操作进行,不涉及新的操作,因此不再赘述。

第四节 用 Excel 进行参数估计和假设检验

在 Excel 中,进行参数估计只能使用公式和函数的方法,而假设检验除以上两种方法外,还可以使用假设检验工具。

一、用 Excel 进行区间估计

【例 10-8】截至 2022 年,北京市运行的共 22 条地铁线路各自的里程信息数据如图 10-30 所示,求在概率 90%的保证下,计算北京地铁线路平均里程的估计区间。

	A	B	C	D	E
1	序号	线路名称	线路里程(公里	计算指标	
2	1	1号线	31	样本数据个数	22
3	2	八通线	23	样本均值	32.29641
4	3	2号线	23	样本标准差	13.2781
5	4	机场线	28	抽样平均误差	2.8309
6	5	4号线	49.94	置信水平	0.9
7	6	5号线	27.6	自由度	21
8	7	亦庄线	24	t值	1.720743
9	8	6号线	52.9	误差范围	4.871251
10	9	7号线	36.5	置信下限	27.42516
11	10	8号线	43.9	置信上限	37.16766
12	11	9号线	16.5		
13	12	房山线	32		
14	13	10号线	57.1		
15	14	13号线	40.9		
16	15	昌平线	31.6		
17	16	14号线	44.8		
18	17	15号线	43.15		
19	18	16号线	30.5		
20	19	S1线	10.2		
21	20	西郊线	9		
22	21	燕房线	16.6		
23	22	大兴机场线	38.331		

图 10-30 参数估计数据及结果

计算方法如下:

第一步:把数据输入到 C2:C23 单元格。

第二步:在 E2 中输入公式"=COUNT(C2:C23)",E3 中输入"=AVERAGE(C2:C23)",在 E4 中输入"STDEV(C2:C23)",在 E5 中输入"=E4/SQRT(E2)",在 E6 中输

入 0.90,在 E7 中输入“=E2-1”,在 E8 中输入“=TINV(1-E6,E7)”,在 E9 中输入“=E8 * E5”,在 E10 中输入“=E3-E9”,在 E11 中输入“=E3+E9”。在输入每一个公式后回车,便可得到上面的结果,从中我们可以知道,地铁线路平均里程的置信下限为 27.42 516,置信上限为 37.16 766。

关于总体方差的估计、总体比例的估计等可按类似方法进行。

二、用 Excel 进行假设检验

用 Excel 函数和公式进行假设检验与参数估计类似,大家可以自己做一下,我们这里介绍一下假设检验工具的使用。

在 Excel 中,假设检验工具主要有四个,如图 10-31 所示。

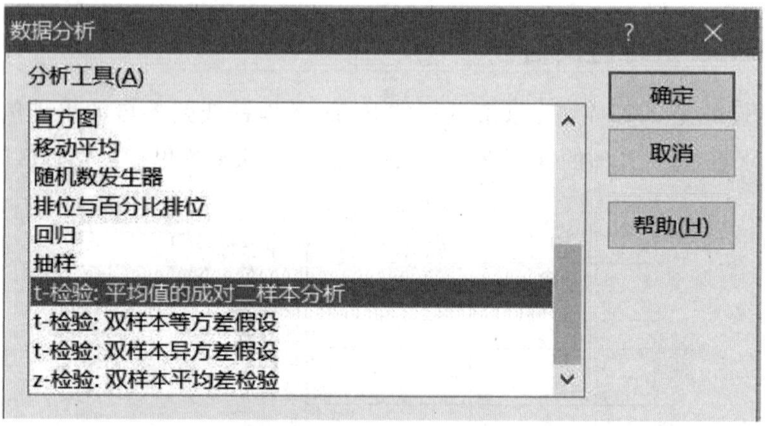

图 10-31　数据分析对话框

平均值的成对二样本分析指的是配对样本的 t 检验;双样本等方差检验是总体方差未知,但假定其相等的条件下进行的 t 检验;双样本异方差检验指的是总体方差未知,但假定其不等的条件下进行的 t 检验;双样本平均差检验实际上指的是在总体方差已知的条件下两个总体均值之差的检验,准确地说应该是 Z 检验。

我们介绍一下 Z 检验。

【例 10-9】某厂铸造车间为提高缸体的耐磨性而试制了一种镍合金铸件以取代一种铜合金铸件,现从两种铸件中各抽一个样本进行硬度测试(表示耐磨性的一种考核指标),其结果如下:

合镍铸件(X):72.0　69.5　74.0　70.5　71.8　72.0

合铜铸件(Y):69.8　70.0　72.0　68.5　73.0　70.0

根据以往经验知硬度 $X \sim N(\mu_1, \sigma_1^2)$,$Y \sim N(\mu_2, \sigma_2^2)$,且 $\sigma_1 = \sigma_2 = 2$,试在 $\alpha = 0.05$ 水平上比较镍合金铸件硬度有无显著提高。

计算步骤如下:

第一步:输入数据到工作表。

第二步：单击“数据”菜单，选择数据分析选项，弹出对话框后，在其中选择双样本平均差检验，弹出对话框如图 10-32 所示。

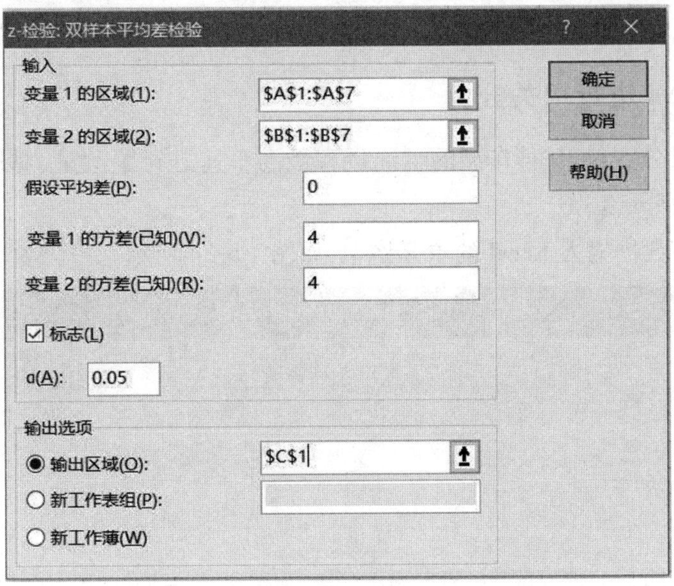

图 10-32　双样本平均差分析对话框

第三步：按图 10-32 所示输入后，点击确定按钮，得到输出结果如图 10-33 所示。

	A	B	C	D	E	F
1	合镍铸件	合铜铸件	z-检验: 双样本均值分析			
2	72	69.8				
3	69.5	70		合镍铸件	合铜铸件	
4	74	72	平均	71.63333	70.55	
5	70.5	68.5	已知协方差	4	4	
6	71.8	73	观测值	6	6	
7	72	70	假设平均差	0		
8			z	0.938194		
9			P(Z<=z) 单尾	0.174072		
10			z 单尾临界	1.644854		
11			P(Z<=z) 双尾	0.348145		
12			z 双尾临界	1.959964		
13						
14						
15						
16						

图 10-33　双样本平均差分析结果

在上面的结果中，可以根据 P 值进行判断，也可以根据统计量和临界值比较进行判断。如本例题采用的是单尾检验，其单尾 P 值为 0.17，大于给定的显著性水平 0.05，所以不能拒绝原假设，即没有证据证明镍合金铸件硬度有明显提高；若用临界值判断，得出的结论是一样的，如本例题 Z 值为 0.938 194，小于临界值 1.644 854，由于是右尾检验，所以不能拒绝原假设。

第五节　用 Excel 进行相关与回归分析

一、用 Excel 进行相关分析

【例 10-10】分别对 19 种车型的燃油量和最高车速进行了测量，对这两个变量进行相关分析和回归分析。

首先把有关数据输入 Excel 的单元格中，如图 10-34 所示。

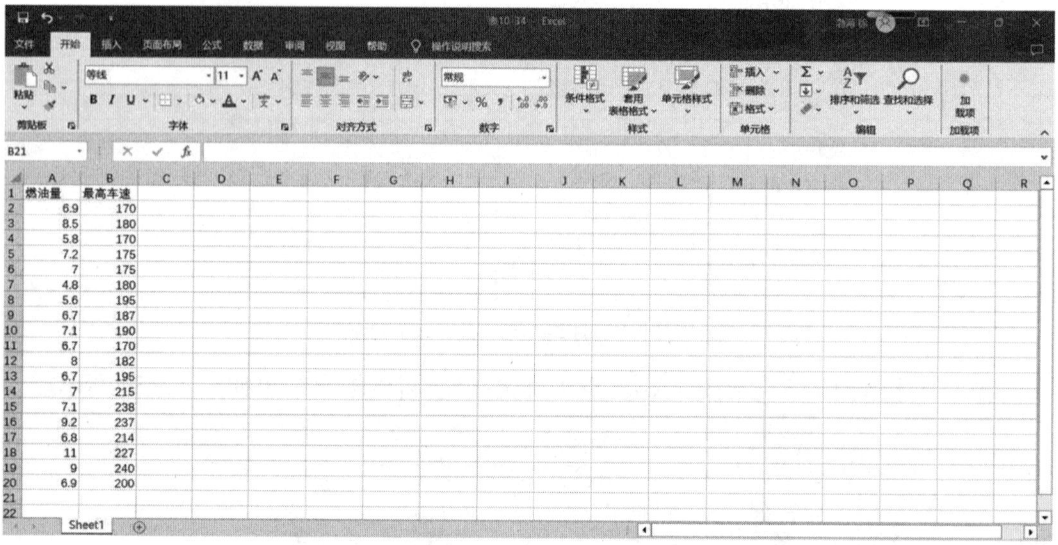

图 10-34　相关分析数据集

用 Excel 进行相关分析有两种方法，一是利用相关系数函数，另一种是利用相关系数宏。

1. 利用函数计算相关系数

在 Excel 中，提供了两种计算两个变量之间相关系数的方法：CORREL 函数和 PEARSON 函数，这两个函数是等价的，这里我们介绍用 CORREL 函数计算相关系数。

第一步：单击任一个空白单元格，单击“公式”菜单，选择“插入函数”，打开插入函数对话框，在函数分类中选择统计，在函数名中选择 CORREL，单击确定后，出现 CORREL 对话框。

第二步：在 Array1 中输入 A2：A20，在 Array2 中输入 B2：B20，即可在对话框下方显示出计算结果为 0.545，如图 10-35 所示。

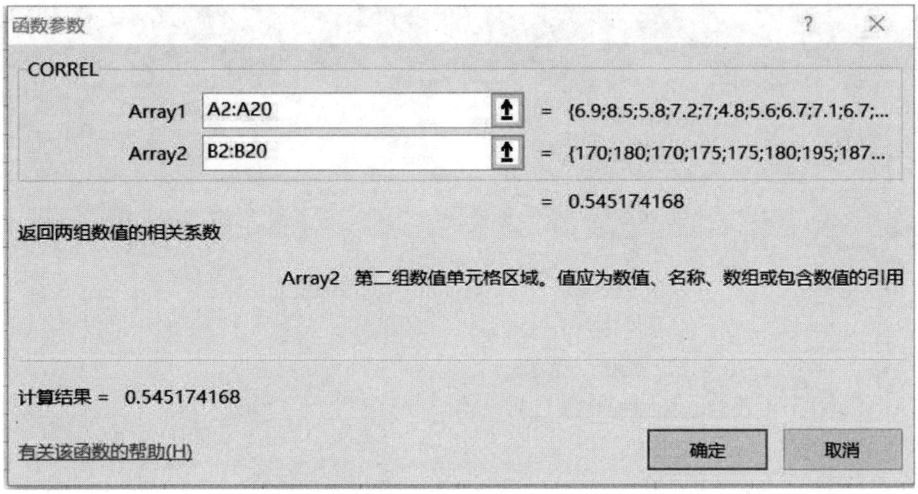

图 10-35　CORREL 对话框及输入结果

2. 用相关系数宏计算相关系数

第一步：单击“工具”菜单，选择“数据分析”选项，在其中选择相关系数，弹出相关系数对话框，如图 10-36 所示。

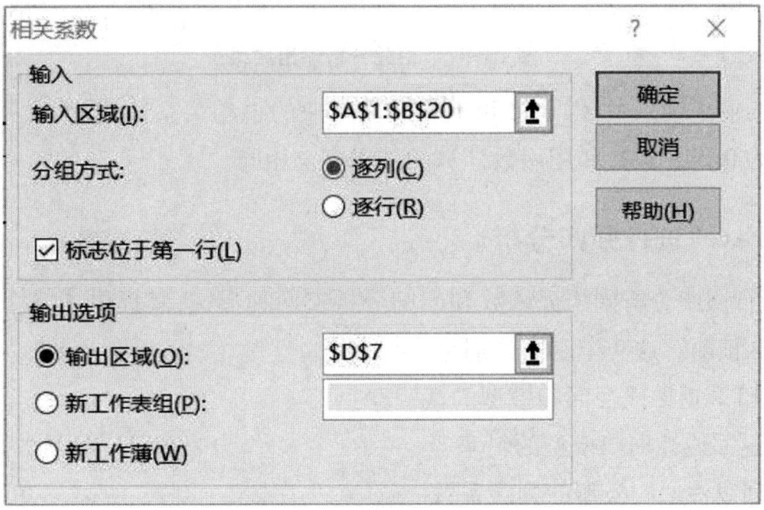

图 10-36　相关系数对话框

第二步：在输入区域输入$ A $ 1：$ B $ 20，分组方式选择逐列，选择标志位于第一行，在输出区域中输入$ D $ 7，单击确定，得到输出结果，如图 10-37 所示。

图 10-37 相关分析输出结果

在上面的输出结果中,燃油量和汽车最高车速的自相关系数均为 1,两个变量之间的相关系数为 0.545 174,和用函数计算的结果完全相同。

二、用 Excel 进行回归分析

Excel 进行回归分析同样分函数和回归分析宏两种形式,其提供了 9 个函数用于建立回归模型和预测。这 9 个函数分别是:

INTERCEPT 返回线性回归模型的截距

SLOPE 返回线性回归模型的斜率

RSQ 返回线性回归模型的判定系数

FORECAST 返回一元线性回归模型的预测值

STEYX 计算估计的标准误

TREND 计算线性回归线的趋势值

GROWTH 返回指数曲线的趋势值

LINEST 返回线性回归模型的参数

LOGEST 返回指数曲线模型的参数

用函数进行回归分析比较麻烦,我们这里介绍使用回归分析宏进行回归分析。

第一步:单击“数据”菜单,选择“数据分析”选项,出现数据分析对话框,在分析工具中选择回归,如图 10-38 所示。

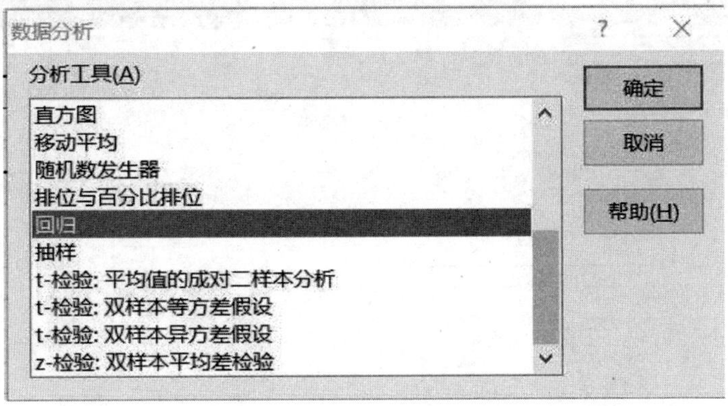

图 10-38　数据分析对话框

第二步:单击“确定”按钮,弹出回归对话框,在 Y 值输入区域输入$ A $ 2:$ A $ 20,在 X 值输入区域输入$ B $ 2:$ B $ 20,在输出选项选择输出区域$ D $ 2,如图 10-39 所示。

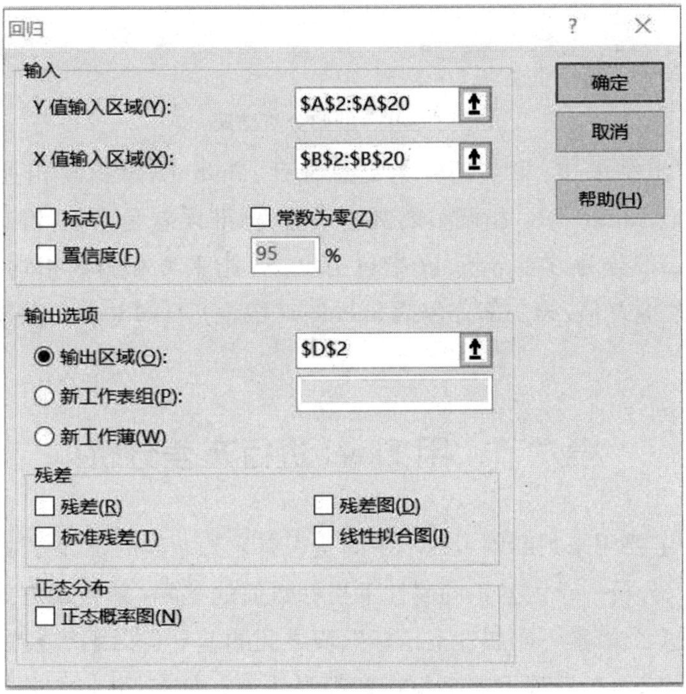

图 10-39　回归对话框

第三步:单击“确定”按钮,得到回归分析结果如图 10-40 所示。

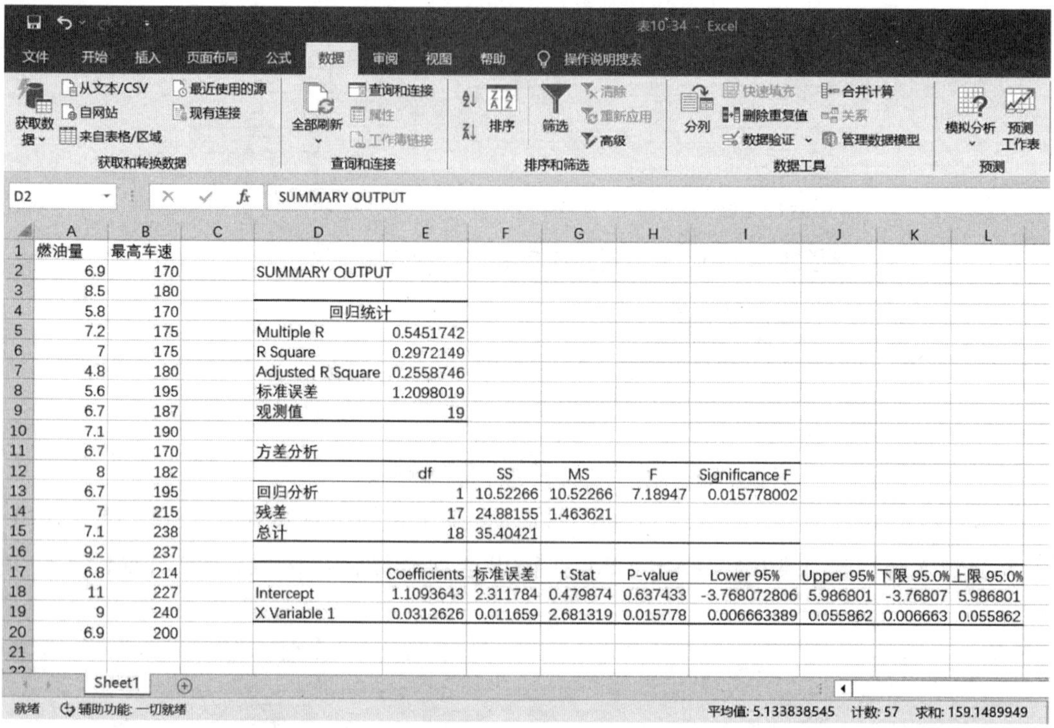

	A	B	C	D	E	F	G	H	I	J	K	L
1	燃油量	最高车速										
2	6.9	170		SUMMARY OUTPUT								
3	8.5	180										
4	5.8	170		回归统计								
5	7.2	175		Multiple R	0.5451742							
6	7	175		R Square	0.2972149							
7	4.8	180		Adjusted R Square	0.2558746							
8	5.6	195		标准误差	1.2098019							
9	6.7	187		观测值	19							
10	7.1	190										
11	6.7	170		方差分析								
12	8	182			df	SS	MS	F	Significance F			
13	6.7	195		回归分析	1	10.52266	10.52266	7.18947	0.015778002			
14	7	215		残差	17	24.88155	1.463621					
15	7.1	238		总计	18	35.40421						
16	9.2	237										
17	6.8	214			Coefficients	标准误差	t Stat	P-value	Lower 95%	Upper 95%	下限 95.0%	上限 95.0%
18	11	227		Intercept	1.1093643	2.311784	0.479874	0.637433	-3.768072806	5.986801	-3.76807	5.986801
19	9	240		X Variable 1	0.0312626	0.011659	2.681319	0.015778	0.006663389	0.055862	0.006663	0.055862
20	6.9	200										
21												

图 10-40 回归分析结果

在上面的输出结果中，第一部分为汇总统计，Multiple R 指复相关系数，R Square (R^2)指判定系数，Adjusted R^2 指调整的判定系数，标准误差是指估计标准误差，观测值指样本容量；第二部分为方差分析，*df* 指自由度，*SS* 指平方和，*MS* 指均方，*F* 指 *F* 统计量，Significance *F* 指 *P* 值；第三部分包括 Intercept(截距)，Coefficient(系数)，t Stat(t 统计量)。

第六节 用 Excel 进行方差分析

方差分析是主要用来判断因素的水平间是否有显著差异的统计方法，按照所考察的因素数目，既可以分析一个因素不同属性下指标数值的差异(单因素方差分析)，也可以分析两个因素或多个因素不同属性下指标数值之间的差异(多因素方差分析)。在方差分析中，一般都要求每个处理下的实验指标都服从正态分布，并且方差相等。其原理可以参考本书第八章的内容，由于计算量比较大，因此采用 Excel 等统计软件计算。

一、用 Excel 进行单因素方差分析

【例 10-11】已知不同类型绿茶中的叶酸含量如表 10-2 所示，试考虑这四种绿茶中的叶酸含量是否存在显著差异。

表 10-2　不同类型茶叶的叶酸含量统计表

水平	数据	各类样本数
1	7.9　6.2　6.6　8.6　8.9　10.1　9.6	$m_1=7$
2	5.7　7.5　9.8　6.1　8.4	$m_2=5$
3	6.4　7.1　7.9　4.5　5.0　4.0	$m_3=6$
4	6.8　7.5　5.0　5.3　6.1　7.4	$m_4=6$

第一步：将表 10-2 数据输入到 Excel 电子表格当中。取 $\alpha=0.05$。

第二步：调用“数据分析”模块，选择其中的“方差分析：单因素方差分析”，并“确定”。

第三步：弹出如图 10-41 的对话框，单击“输入区域”右侧窗口，选择待分析的数据范围；“分组方式”可根据本例题中数据的分布特点选择按“行”分组；复选项“标志位于第一列”代表了是否将所属类别纳入进来；结果的“输出选项”设置有 3 个选择，可以选择从 D10 单元格起显示输出结果（见图 10-42）。具体设置详见图 10-41。

注：一般数据默认分组方式为按列分组，复选项为“标志位于第一行”。α 一般默认为 0.05。

图 10-41　单因素方差分析对话框

第四步，单击“确定”，Excel 随即完成单因素方差分析的计算，如图 10-42 所示，其中包含均值、方差和 P 值。

图 10-42　单因素方差分析结果

二、用 Excel 进行双因素方差分析

在双因素方差分析中根据两个因素之间是否存在着交互作用，分为无重复双因素方差分析和可重复双因素方差分析。以下分别介绍利用 Excel 软件处理的基本步骤。

【例 10-12】为研究注射不同剂量雌激素对大白鼠子宫重量的影响，取了 4 窝不同种类的大白鼠($k=4$)，每窝 3 只，随机分配到 3 个组内($r=3$)接受不同剂量雌激素的注射，之后再测定其子宫重量，结果如表 10-3 所示：

表 10-3 双因素方差分析之大白鼠实验范例

大白鼠种类	雌激素剂量/(μg/100g)		
	0.2	0.6	0.8
A	106	116	145
B	42	68	115
C	70	111	133
D	42	63	87

(一)无重复双因素方差分析

第一步:和前面单因素方差分析类似,先考虑两因素之间无交互作用的情形。在“数据分析”工具模块中选择“方差分析:无重复双因素分析”,如图 10-43 所示,点击“确定”,就会出现相应的参数设置对话框,按照图 10-44 所示进行设置。

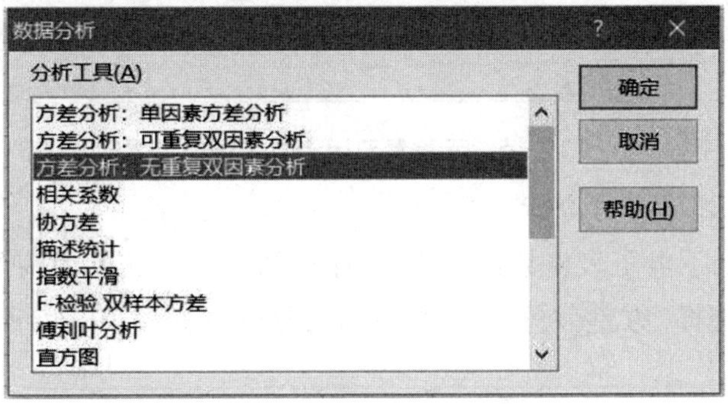

图 10-43 数据分析对话框

第二步:将光标置于输入区域,用鼠标将数据所在区域选定,如图 10-44 所示。

图 10-44 无重复双因素分析对话框

第三步：将光标置于输出区域，用鼠标选定任意区域（单元格，非数据所在区域），然后点击“确定”，即可得到结果，如图 10-45 所示。

方差分析：无重复双因素分析						
SUMMARY	观测数	求和	平均	方差		
行 1	3	367	122.3333	410.3333		
行 2	3	225	75	1369		
行 3	3	314	104.6667	1022.333		
行 4	3	192	64	507		
列 1	4	260	65	921.3333		
列 2	4	358	89.5	776.3333		
列 3	4	480	120	636		
方差分析						
差异源	SS	df	MS	F	P-value	F crit
行	6457.667	3	2152.556	23.77055	0.000992	4.757063
列	6074	2	3037	33.53742	0.000554	5.143253
误差	543.3333	6	90.55556			
总计	13075	11				

图 10-45　无重复双因素方差分析结果

（二）可重复双因素方差分析

第一步：考虑如下电子表格数据，此时在存在两个变量交互效应的前提下，在“数据分析”工具模块中选择“方差分析：可重复双因素分析”，如图 10-46 所示。

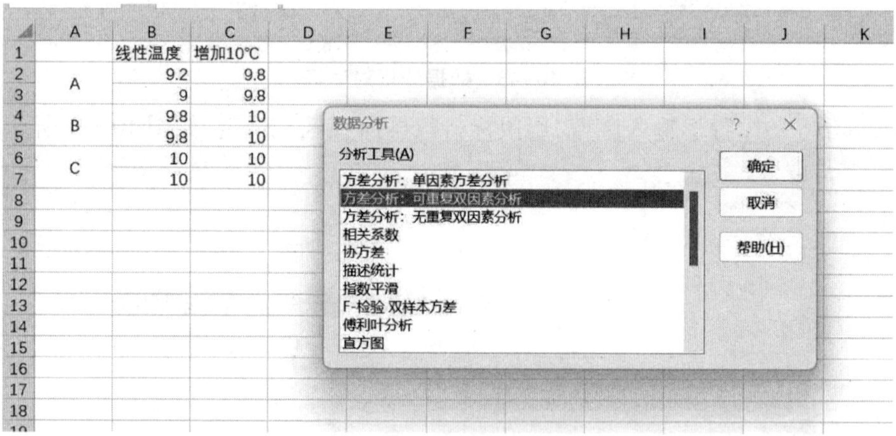

图 10-46　可重复双因素方差分析对话框

点击“确定”，再进行以下设置，参看图 10-47。

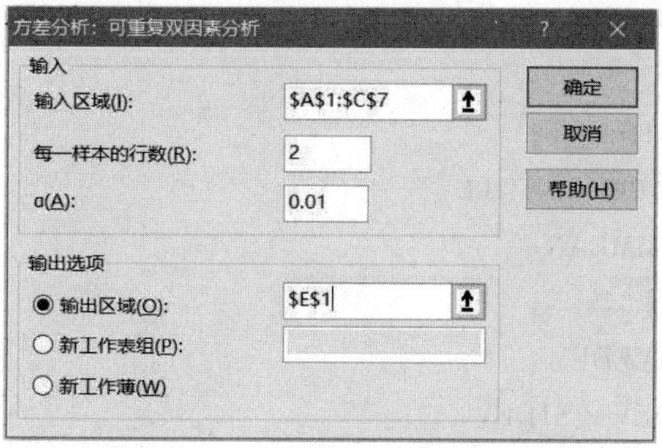

图 10-47　可重复双因素分析对话框

经过“方差分析:可重复双因素分析”设定后,点击“确定”得到如图 10-48 结果。

总计						
观测数	6	6				
求和	57.8	59.6				
平均	9.633333	9.933333				
方差	0.182667	0.010667				
方差分析						
差异源	SS	df	MS	F	P-value	F crit
样本	0.686667	2	0.343333	103	2.27E-05	10.92477
列	0.27	1	0.27	81	0.000105	13.74502
交互	0.26	2	0.13	39	0.000364	10.92477
内部	0.02	6	0.003333			
总计	1.236667	11				

图 10-48　可重复双因素方差分析结果

第七节　常用统计函数与统计分析模块

Excel 2016 的统计功能通常分为基本统计和数据分析两部分,分别以统计函数和分析工具库的形式来提供。下面对它们作个简单介绍。

一、统计函数

1. 描述统计量计算

(1)集中趋势计算

算术平均数:AVERAGE、AVERAGEA

几何平均数:GEOMEAN

调和平均数:HARMEAN

中位数:MEDIAN

众数:MODE

四分位数:QUARTILE

K 百分比数值点:PERCENTILE

内部平均值:TRIMMEAN

(2)离散程度计算

平均绝对偏差:AVEDEV

样本标准差:STDEVA、STDEV

总体的标准偏差:STDEVP、STDEVPA

样本方差:VAR、VARA

总体方差:VARP、VARPA

样本偏差平方和:DEVSQ

(3)数据分布形状测度计算

偏斜度:SKEW

峰度:KURT

标准化值 *Z*:STANDARDIZE

(4)数值计算

计数:COUNT、COUNTA

极值:MAX、MAXA、MIN、MINA、LARGE、SMALL

排序:RANK、PERCENTRANK

2. 概率计算

(1)离散分布概率计算

排列:PERMUT

概率之和:PROB

二项分布:BINOMDIST、CRITBINOM、NEGBINOMDIS

超几何分布:HYPGEOMDIST

泊松分布:POISSON

(2)连续变量概率计算

正态分布:NORMDIST、NORMINV

标准正态分布:NORMSDIST、NORMSINV

对数正态分布:LOGNORMDIST,LOGNORMINV

卡方分布:CHISQDIST,CHISQINV

t 分布:TDIST、TINV

F 分布:FDIST、FINV

β 概率分布：BETADIST、BETAINV

指数分布：EXPONDIST

韦伯分布：WEIBULLDIST

Γ 分布：GAMMADIST、GAMMAINV、GAMMALN

3. 频数分布处理

频数分布处理：FREQUENCY

4. 参数估计

均值极限误差计算：CONFIDENCE

5. 假设检验

方差假设检验：FTEST

均值假设检验：TTEST、ZTEST

6. 卡方检验

拟合优度和独立性检验：CHITEST

7. 相关、回归分析

相关分析：COVAR、CORREL、PEARSON

线性回归分析：FORECAST、RSQ、LINEST、INTERCEPT、SLOPE、STEYX、TREND

曲线回归：LOGEST、GROWTH

二、数据分析

Excel 2016 除了可以用函数来实现统计功能，还专门提供了 19 个数据分析工具，称为“分析工具库”，分别简要介绍如下。

1.“F-检验：双样本方差”分析工具

此分析工具可以进行双样本 F-检验，用来比较两个样本总体的方差是否相等。例如，可以对参加游泳比赛的两个队的时间记分进行 F-检验，查看二者的样本方差是否不同。

2.“t-检验：平均值的成对二样本分析”分析工具

此分析工具及其公式可以对成对双样本进行 t-检验，用来确定样本均值是否不等。此 t-检验并不假设两个总体的方差是相等的。当样本中出现自然配对的观察值时，可以使用此成对检验，例如对一个样本组进行了两次检验，抽取实验前的一次和实验后的一次。

3.“t-检验：双样本等方差假设”分析工具

此分析工具可以进行双样本 t-检验。此 t-检验先假设两个数据集的方差相等，故也称作齐次方差 t-检验。可以使用该 t-检验来确定两个样本均值是否相等。

4.“t-检验：双样本异方差假设”分析工具

此分析工具及其公式可以进行双样本 t-检验。此 t-检验先假设两个数据集的方差不等,故也称作异方差 t-检验。可以使用该 t-检验来确定两个样本均值是否相等。当进行分析的样本组方差不同时,可使用此检验。如果某一样本组在某次处理前后都进行了检验,则应使用“成对检验”。

5.“z-检验:双样本平均差检验”分析工具

此分析工具可以进行方差已知的双样本均值 z-检验。此工具用于检验两个总体均值之间是否存在差异的假设。例如,可以使用此检验来确定两种汽车模型性能之间的差异情况。

6.“抽样”分析工具

此分析工具以输入区域为总体构造总体的一个样本。当总体太大而不能进行处理或绘制时,可以选用具有代表性的样本。如果确认输入区域中的数据是周期性的,还可以对一个周期中特定时间段中的数值进行采样。例如,如果输入区域包含季度销售量数据,以四为周期进行取样,将在输出区域中生成某个季度的样本。

7.“傅立叶分析”分析工具

此分析工具可以解决线性系统问题,并能通过快速傅立叶变换(FFT)分析周期性的数据。此工具也支持逆变换,即通过对变换后的数据的逆变换返回初始数据。

8.“回归”分析工具

此分析工具通过对一组观察值使用“最小二乘法”直线拟合,进行线性回归分析。此工具可用来分析单个因变量是如何受一个或几个自变量影响的。例如,观察某个运动员的运动成绩与一系列统计因素的关系,如年龄、身高和体重等。在操作时,可以基于一组已知的体能统计数据,并辅以适当加权,对尚未进行过测试的运动员的表现作出预测。

9.“描述统计”分析工具

此分析工具用于生成对输入区域中数据的单变量值分析,提供有关数据趋中性和易变性的信息。

10.“排位与百分比排位”分析工具

此分析工具可以产生一个数据列表,在其中罗列给定数据集中各个数值的大小次序排位和相应的百分比排位。用来分析数据集中各数值间的相互位置关系。

11.“随机数发生器”分析工具

此分析工具可以按照用户选定的分布类型,在工作表的特定区域中生成一系列独立随机数字。可以通过概率分布来表示主体的总体特征。例如,可以使用正态分布来表示人体身高的总体特征,或者使用双值输出的伯努利分布来表示掷币实验结果的总体特征。

12.“相关系数”分析工具

此分析工具及其公式可用于判断两组数据集(可以使用不同的度量单位)之间的线性相关关系。可以使用“相关系数”分析工具来确定两个区域中数据的变化是否相关,即一个集合的较大数据是否与另一个集合的较大数据相对应（正相关）；或者一个集合的较小数据是否与另一个集合的较大数据相对应（负相关）；还是两个集合中的数据互不相关（相关性为零）。

13.“协方差”分析工具

此分析工具及其公式用于计算返回各数据点与一对均值偏差之间的乘积的平均值。协方差是测量两组数据相关性的量度指标。可以使用协方差工具来确定两个区域中数据的变化是否相关，即一个集合的较大数据是否与另一个集合的较大数据相对应（正协方差）；或者一个集合的较小数据是否与另一个集合的较大数据相对应（负协方差）；还是两个集合中的数据互不相关（协方差为零）。

14.“移动平均”分析工具

此分析工具及其公式可以基于特定的过去某段时期中变量的均值，对未来值进行预测。移动平均值提供了由所有历史数据的简单的平均值所代表的趋势信息。使用此工具可以预测销售量、库存或其他趋势。

15.“直方图”分析工具

在给定工作表中数据单元格区域和接收区间的情况下，计算数据的个别和累积频率，用于统计有限集中某个数值元素的出现次数。例如，在一个有 20 名学生的班级里，可以确定以字母打分（如 A、B 等）所得分数的分布情况。直方图表会给出字母得分的边界，以及在最低边界与当前边界之间某一得分出现的次数。出现频率最多的某个得分即为数据组中的众数。

16.“指数平滑”分析工具

此分析工具及其公式基于前期预测值导出相应的新预测值，并修正前期预测值的误差。此工具将使用平滑系数 α，其大小决定了本次预测对前期预测误差的修正程度。

17.“方差分析：单因素方差分析”分析工具

此分析工具通过简单的方差分析（ANOVA），对两个以上样本均值进行相等性假设检验（抽样取自具有相同方差的样本空间）。此方法是对双均值检验（如 t-检验）的扩充。

18.“方差分析：可重复双因素分析”分析工具

此分析工具是对双因素方差分析（ANOVA）的扩展，即每一组数据包含不止一个样本。

19.“方差分析：无重复双因素分析”分析工具

此分析工具通过双因素方差分析（ANOVA）（但每组数据只包含一个样本），对因素变量的两个以上样本均值进行相等性假设检验（抽样取自具有相同方差的样本空间）。

本章小结

Excel 是办公软件自动化中非常重要的一款软件，很多企业都是依靠 Excel 进行数据管理。它不仅能够方便地处理表格和进行图形分析，其更强大的功能体现在对数据的自动处理和计算方面。

本章首先介绍关于 Excel 的一些基础知识以及其在统计分析中常用的一些功能。Excel 分析工具库提供了大量的统计分析工具，为复杂的统计分析和计量分析带来了极大的便利。除此之外，Excel 还具有强大的数据库管理功能、图表绘制功能以及丰富的函数。本章通过一些实例，主要介绍了 Excel 在数据收集、数据整理、统计图表制作、描述性统计、动态数列、抽样推断、回归分析等方面的具体应用。

思考与练习

课后思考

1. Excel 统计功能主要有哪些?

2. 如何调用 Excel 数据分析工具?

3. 和其他数据处理分析工具相比，Excel 有哪些优点和缺点?

技能训练

1. 熟悉 Excel 各种常用函数的计算和使用。

2. 放下计算器和标准正态分布概率表、t 分布临界值表等，将各章思考与练习中的[技能训练]题目全部使用 Excel 计算。

附　录

综合练习一

一、单选题

1. 一个统计总体，(　　)。

A. 只能有一个标志　　B. 只能有一个指标

C. 可以有多个标志　　D. 可以有多个指标

2. 对无限总体进行调查最有效、最可行的方式通常是(　　)。

A. 抽样调查　　B. 全面调查　　C. 重点调查　　D. 典型调查

3. 某地区有 240 万人，共有 80 家医院，平均每家医院要服务 3 万人，这个指标是(　　)。

A. 总量指标　　B. 平均指标　　C. 比较相对指标　　D. 强度相对指标

4. 某电视台就“您最喜爱的真人秀节目是哪个？”随机询问了 2 000 名观众，为了度量该调查数据的集中趋势，适合选择(　　)指标。

A. 算术平均数　　B. 几何平均数　　C. 众数　　D. 中位数

5. 某企业 2022 年末在岗职工人数 300 人，全年发放职工工资总额 2 800 万元，全年实现产品销售额 12.89 亿元。上述总量指标依次为(　　)。

A. 时点指标、时期指标、时点指标　　B. 时点指标、时期指标、时期指标

C. 时期指标、时期指标、时点指标　　D. 时期指标、时点指标、时点指标

6. 某企业生产五种不同类型产品，在出厂价格未变的情况下，2022 年比 2021 年销售额增长 10%，则销售量总指数为(　　)。

A. 110%　　B. 100%　　C. 120%　　D. 101%

7. 学校进行毕业论文抽检，将毕业生按姓名拼音依次排列后，每隔 50 名学生抽取 1 名学生检测，这种调查方法是(　　)。

A. 简单随机抽样　　B. 整群抽样　　C. 系统抽样　　D. 分层抽样

8. 重复抽样在总体方差不变的情况下，要使抽样极限误差缩小为原来的一半，样本

容量必须(　　)。

A. 减小为原来的 1/2　　B. 减小为原来的 1/4

C. 增大到原来的 2 倍　　D. 增大到原来的 4 倍

9. 某地区粮食产量的环比增长速度 2021 年为 3%, 2022 年为 4%, 相比 2020 年, 该地区 2021—2022 年粮食产量共增长了(　　)。

A. 1%　　B. 7%　　C. 7.12%　　D. 12%

10. 用综合指数法编制总指数的关键问题之一是(　　)。

A. 确定被比对象　　B. 确定同度量因素及其固定时期

C. 确定对比时期　　D. 计算个体指数

二、判断题

1. 统计工作的研究对象是客观现象总体的数量方面。(　　)

2. 数量指标是说明总体规模的统计指标, 可以用数值表示; 质量指标是说明总体质量水平的统计指标, 不能用数值表示。(　　)

3. 各期环比发展速度的连乘积等于最末期的定基发展速度, 因此, 定基发展速度必大于各期的环比发展速度。(　　)

4. 基于大样本得到的估计量比基于小样本得到的估计量更接近总体参数。(　　)

5. 由假设检验作出的判断也不可能百分之百正确, 会存在弃真错误和纳伪错误。(　　)

6. 进行假设检验时, 如果没有充足理由拒绝原假设, 说明原假设肯定是正确的, 如果有充足理由拒绝原假设, 说明原假设肯定是错误的。(　　)

7. 相关分析中, Pearson 相关系数既可以测定线性相关, 也可以测定非线性相关。(　　)

8. 平均数指数是个体指数的平均数, 所以平均数指数是个体指数。(　　)

9. 考察两个变量相关时, 只要相关系数不等于 0, 就说明两变量间有相关关系。(　　)

10. 发展水平只能用绝对值表示。(　　)

三、简答题

1. 数据的计量尺度有哪些? 请举例说明。

2. 影响时间数列变化的因素有哪些? 各有什么特征?

四、计算题(写出必要的计算过程, 计算过程及结果均保留两位小数)

1. 随机从某高校应届毕业生中抽取 100 人, 了解他们的入职薪酬, 资料如下表所示:

入职薪酬/元	5 000 以下	5 000—8 000	8 000—10 000	10 000 以上
人数	25	50	15	10

要求：

(1)以 95.45%的概率保证程度对该校应届毕业生的平均薪酬作出区间估计。

(2)学校文件中提到本届应届毕业生入职薪酬 8 000 元以上学生比例为 30%，请以 5%的显著性水平，利用上表样本数据，对该说法进行检验。

2. 某企业 2023 年上半年各月产值和月末职工人数资料如下表所示：

月份	1	2	3	4	5	6	7
产值/万元	90	100	120	135	140	160	165
月末职工人数/人	55	58	60	64	66	70	72

要求：

(1)计算该企业 2023 年上半年月平均产值。

(2)已知该企业 2022 年末职工人数为 52 人，计算该企业 2023 年上半年月平均职工人数。

(3)计算该企业 2023 年上半年月平均劳动生产率。

(4)已知该企业 2022 年 12 月产值为 80 万元，计算该企业 2023 年上半年产值的月平均增长速度。

3. 某企业主要生产三种产品，过去两年的产量和单位成本资料如下表所示：

产品名称	计量单位	产量		单位成本/元	
		基期	报告期	基期	报告期
甲	件	2 000	2 400	40	38
乙	个	4 000	4 800	60	70
丙	千克	600	500	40	48

要求：

(1)计算单位成本总指数。

(2)计算产量总指数。

(3)计算总成本指数，并从绝对数和相对数两方面分析单位成本和产量变动对总成本的影响。

4. 在其他条件不变的情况下，某种商品的市场需求量(Y)与该商品的销售价格(X)有关，经过观测得到如下一组数据：

销售价格/元	10	6	8	9	12	11	9
市场需求量/吨	60	72	70	56	55	57	57

要求：

(1)计算销售价格与市场需求量之间的 Pearson 相关系数。

(2)拟合市场需求量对销售价格的回归直线，并解释回归系数的含义。

综合练习二

一、单选题

1. 下列属于品质标志的是(　　)。

A. 职工工资　　B. 职工学历　　C. 职工身高　　D. 职工体重

2. 对某市奶粉企业的罐装奶粉质量进行调查，调查单位是该市的(　　)。

A. 全部奶粉　　B. 全部奶粉企业

C. 每一罐奶粉　　C. 每一个奶粉企业

3. 某地区为了总结新农村建设经验，有意识地选择了几个先进乡村进行调查，这种调查属于(　　)。

A. 典型调查　　B. 问卷调查　　C. 重点调查　　D. 抽样调查

4. 某连续变量分组数列，其末组为开口组，下限为 800；又知其邻组的组中值为 620，则末组的组中值为(　　)。

A. 920　　B. 1 160　　C. 980　　D. 960

5. 全国 GDP 与人口数之比是(　　)。

A. 总量指标　　B. 平均指标　　C. 相对指标　　D. 数量指标

6. 某种产品单位成本计划比基期下降 3%，实际比基期下降 5%，单位成本计划完成程度相对指标为(　　)。

A. 98. 15%　　B. 97. 94%　　C. 101. 94%　　D. 102. 15%

7. 说明现象在较长时期内发展总速度的指标是(　　)。

A. 环比发展速度　　B. 定基发展速度

C. 环比增长速度　　D. 平均发展速度

8. 数量指标综合指数$\frac{\sum q_1 p_0}{\sum q_0 p_0}$变形为加权算术平均指数时的权数是(　　)。

A. $q_1 p_1$　　B. $q_0 p_0$　　C. $q_1 p_0$　　D. $q_0 p_1$

9. 对两个企业职工工资作纯随机不重复抽样调查，调查的职工人数一样，两企业工资方差一样，但是第二个企业职工人数比第一个企业多两倍，则抽样平均误差（　　）。

A. 两个企业一样大　　B. 第一个企业大

C. 第二个企业大　　D. 不能作结论

10. 关于方差分析的基本假定错误的是（　　）。

A. 每个总体都应服从正态分布　　B. 各个总体的方差必须相同

C. 每个观察值是独立的　　D. 每个样本是独立的

二、判断题

1. 变量是指可变的数量标志。（　　）

2. 数量指标是由数量标志值汇总而来，质量指标是由品质标志值汇总而来。（　　）

3. 人口普查每10年进行一次，所以它属于经常性调查。（　　）

4. 通过典型调查的资料在某种场合下可以用来近似推算总体指标。（　　）

5. 统计分组的关键是正确选择分组标志和划分各组界限。（　　）

6. 按两个或两个以上标志进行分组的统计表是复合表。（　　）

7. 结构相对指标的分子和分母可以互换。（　　）

8. 年距增减量是反映本期发展水平较上期发展水平的增减绝对量。（　　）

9. 在编制总指数时，虽将同度量因素加以固定，但同度量因素仍起权数作用。（　　）

10. 在抽样推断中，作为推断的总体和作为观察对象的样本都是确定的、唯一的。（　　）

三、简答题

1. 什么是统计分组？如何理解统计分组？有什么重要意义？

2. 简述方差分析的基本思想。

四、计算题（写出必要的计算过程，计算过程及结果均保留两位小数）

1. 某投资者以5万元为初始资金从事投资活动，一年后资金增加了3万元，两年后资金增加到11万元，第三年与第二年相比资金增加了4万元，第四年末拥有资金18万元。

要求：

（1）写出反映该投资者资金变动的时间数列。

（2）计算四年间该投资者资金的年平均增长量。

（3）计算四年间该投资者资金的年平均增长速度。

2. 某企业生产三种产品，其产量和出厂价格资料如下表所示：

产品名称	计量单位	出厂价格/元		产量	
		基期	报告期	基期	报告期
A	件	100	120	2 000	2 300
B	吨	50	60	1 000	1 500
C	台	2 000	2200	50	100

要求：

（1）计算产量综合指数和出厂价格综合指数。

（2）从相对数和绝对数两方面对企业总销售额的变动进行因素分析。

3. 对某品牌手机内置电池的质量进行抽检，从一批出厂产品中抽取 150 件进行质量检验，取得资料如下：

正常工作时间/千小时	件数/件
6—8	10
8—10	30
10—12	50
12—14	40
14—16	20
合计	150

要求：

（1）根据资料计算该批电池的平均正常工作时间及工作时间的标准差。

（2）计算平均正常工作时间的抽样平均误差，并以 95.45%的概率保证程度对平均正常工作时间作出区间估计。

（3）规定正常工作时间在 12 千小时以上为优等品，计算优等品率及优等品率的抽样平均误差。

（4）该企业对外宣称其生产的手机内置电池优等品率达到了 50%，请利用上述资料以 5%的显著性水平判断能否接受该企业的声明。

综合练习三

一、单选题

1. 下列统计指标中属于数量指标的是(　　)。

A. 某作物的亩产量　　B. 人均粮食产量

C. 粮食总产量　　D. 某作物的价格

2. 第三产业产值与第二产业产值之比是(　　)。

A. 结构相对指标　　B. 比例相对指标

C. 比较相对指标　　D. 强度相对指标

3. 某学院共有 10 个毕业班级,为调查该学院毕业生就业情况,从学院每个毕业班中各随机抽取 5 人,组成了一个 50 人的样本。这种调查组织形式是(　　)。

A. 简单随机抽样　　B. 分层抽样

C. 整群抽样　　D. 系统抽样

4. 某产品单位成本计划规定比基期下降 4%,实际比基期下降 5%,则该产品的单位成本计划完成程度指标为(　　)。

A. 80%　　B. 99%　　C. 101.1%　　D. 125%

5. 某农贸市场大蒜价格 2 月份比 1 月份上升 5%,3 月份比 2 月份下降 2%,则 3 月份大蒜价格与 1 月份相比(　　)。

A. 下降 2.9%　　B. 下降 3%　　C. 提高 3%　　D. 提高 2.9%

6. 某企业报告期产量比基期增长了 20%,总成本增长了 10%,则其产品单位成本降低了(　　)。

A. 8.3%　　B. 10%　　C. 30%　　D. 50%

7. 下面与必要样本容量成反比的是(　　)。

A. 极限误差的平方　　B. 概率度

C. 总体的标准差　　D. 总体的方差

8. 某学院历届毕业生的就业率在 93%左右,要检验 2023 年该学院毕业生的就业率是否发生了显著提高,建立的原假设和备择假设应为(　　)。

A. $H_0:P=93\%;H_1:P\neq93\%$　　B. $H_0:P>93\%;H_1:P\leqslant93\%$

C. $H_0:P\leqslant93\%;H_1:P>93\%$　　D. $H_0:P\geqslant93\%;H_1:P<93\%$

9. 判断下面哪组变量的线性相关程度最低。(　　)。

A. 某产品产量与单位成本的相关系数是 0.8

B. 某地区居民消费水平与收入的相关系数是 0.92

C. 某产品单位成本与利润率的相关系数是-0.95

D. 某产品销售量与销售价格的相关系数是-0.89

10. 已知某地区 2015 年的农业增加值为 300 亿元,2022 年为 1 500 亿元。则该地区的农业增加值在这段时间的年平均增长率为(　　)。

A. $\sqrt[8]{5}-1$　　B. $\sqrt[7]{5}-1$　　C. $\sqrt[6]{5}-1$　　D. 4

二、判断题

1. 各期环比增长速度相同时,逐期增长量也一定相同。(　　)
2. 连续型标志变量的分组,只能是组距式的。(　　)
3. 抽样极限误差越大,则区间估计的概率保证程度也越大。(　　)
4. 结构相对数的计算方法灵活,分子和分母可以互换。(　　)
5. 质量指标是反映总体质量的特征,因此可以用文字来表述。(　　)
6. 所有的相对指标都是无名数。(　　)
7. 典型调查与抽样调查的根本区别是选择调查单位的方法不同。(　　)
8. 若变量间相关系数越小,则说明变量间的线性相关关系越弱。(　　)
9. 如果零售物价上涨 2%,商品销售量增长 5%,则商品销售额增长 10%。(　　)
10. 平均增长速度不是根据各个增长速度直接求得,而是根据平均发展速度计算的。(　　)

三、简答题

1. 简述质量指标与数量指标之间的联系与区别。
2. 简述综合指数与平均指数有何区别与联系。

四、计算题(写出必要的计算过程,计算过程及结果均保留两位小数)

1. 某市 2015 年用水量为 25 亿立方米,若 2022 年该市用水量必须控制在 40 亿立方米以内,那么这 7 年间用水量的年增长率应控制在什么水平?若 2022 年实际用水量为 36 亿立方米,今后用水量以每年 5%的增长速度增长,到 2025 年该市用水量又将达到什么水平?

2. 某产品的合格率为 85%,经过对该产品的生产设备进行技术改造后,从改造后的设备生产的产品中抽取 100 件进行检验,发现合格品 92 件。问:在 5%的显著性水平下,能否认为技术改造后产品的质量显著提高了?